생활속의 스마트 IT

Smart Information Technology in Real Life

윤보현 김효숙 고유정 이근...

✔ 생활 속에서 접하고 있는 IT의 이해를 위한 새로운 개론서

✔ 컴퓨팅 사고와 창의적 문제해결능력 배양을 통해 스마트한 생활의 세계로의 입문서

✔ 4차산업혁명기술에 대한 이해를 바탕으로 스마트 시대를 살아가는 전공 및 비전공자를 위한 필독서

YD Edition 연두에디션

저자 약력

윤보현 교수
고려대학교 컴퓨터학과에서 이학석사 · 박사를 취득하였다. 한국전자통신연구원 지식처리팀 선임연구원 및 팀장을 역임하였고 현재는 목원대학교 스톡스대학 소프트웨어교양학부 교수로 재직 중이다. 빅데이터 및 자연어처리, 소프트웨어교육 분야를 연구하고 있으며 빠르게 변화하는 IT 환경 속에서 기본적인 개념 및 원리에 대한 이해, 문제 해결방법의 중요성을, 경험하면서 배우는 것의 중요성을 느끼며 이를 위한 교수학습 방법 및 저서를 개발하기 위해 노력하고 있다. 저서로는 『컴퓨터활용능력특강』(연두에디션 2019) 등이 있다.

김효숙 · 고유정 · 이금심 · 천은영
현재 목원대학교 스톡스대학 SW교양학부 소속으로 강의 활동을 하고 있다. 지능정보화사회에서 필수적인 역량인 IT활용 기술, 소프트웨어 코딩, 데이터분석, 그리고 디지털 리터러시에 관심을 갖고 교수학습 방법 및 콘텐츠 개발을 위한 연구를 하고 있다.

생활속의 스마트 IT

발행일 2021년 1월 5일 초판 1쇄
지은이 윤보현 · 김효숙 · 고유정 · 이금심 · 천은영
펴낸이 심규남
기 획 염의섭 · 이정선
표 지 이경은 | **본 문** 이경은
펴낸곳 연두에디션
주 소 경기도 고양시 일산동구 동국로 32 동국대학교 산학협력관 608호
등 록 2015년 12월 15일 (제2015-000242호)
전 화 031-932-9896
팩 스 070-8220-5528
ISBN 979-11-88831-69-2
정 가 26,000원

이 책에 대한 의견이나 잘못된 내용에 대한 수정 정보는 연두에디션 홈페이지나 이메일로 알려주십시오.
독자님의 의견을 충분히 반영하도록 늘 노력하겠습니다.
홈페이지 www.yundu.co.kr

※ 잘못된 도서는 구입처에서 바꾸어 드립니다.

PREFACE

본서는 IT의 기초 및 생활 속 IT 기술과 4차 산업혁명기술 이해를 통해 스마트한 생활을 가능하게 하고자하는 IT 분야의 새로운 패러다임의 개론서 입니다. 이 책을 통해 대학생활과 직장생활에서 꼭 필요한 IT 기술을 습득하여 대학생과 일반인들의 정보소양 지식을 제고했으면 합니다. 또한 IT 생활밀착형 시대에 필요한 프로그래밍 능력을 갖추어 창의적 문제해결능력을 향상시켰으면 합니다. 아울러 급속하게 변화하는 IT 환경에 부합하는 정보보안 능력을 갖추어, 4차 산업혁명 기반 생활변화에 능동적이고 진취적인 학생 및 사회인으로서 자질을 갖추게 되기를 바랍니다.

기존의 컴퓨터 개론서를 살펴보면, 다음과 같은 아쉬운 점을 발견할 수 있었습니다.

첫째, 시대흐름에 맞지 않는 내용이 있는 전공자 위주의 개론서가 많다는 점입니다. 책의 제목은 4차 산업혁명이라는 용어가 들어갔지만 내용은 컴퓨터구조, 운영체제, 데이터베이스 등 전공공부를 위한 내용으로 구성되어 있는 책이 많았습니다.

둘째, 생활 속에서 IT 기술을 이해하고 활용할 수 있는 개론서가 아닌 단순한 IT 분야의 기술 소개에 머무르고 있는 책이 많았습니다. 최근 IT 기술을 단순히 나열하는 방식으로 제작된 교재가 많았고, 생활 속에서 프로그램이 어떻게 적용되고 있는지 나아가서 컴퓨터 과학자처럼 생각하여 창의적으로 문제 해결을 할 수 있도록 하는 책이 미비한 상황입니다.

따라서 저자일동은 스마트 시대를 살아가는 전공 및 비전공자 모두를 위한 개론서를 작성하고자 하였으며, 단순한 기술 소개에 머무르지 않고 생활 속에서의 IT의 역할을 이해시키고, 컴퓨팅 사고와 활용능력을 배양하고, 나아가서 창의적 문제해결능력까지 배양이 가능한 책을 작성하는데 목표를 두었습니다.

이 책의 활용 대상 및 방법은 전공 및 교양 교과목에서 컴퓨터 및 IT 개론서로써 모두 활용이 가능하도록 내용이 다양할 뿐만 아니라 쉽게 구성되어 있습니다. 아울러 대학의 학생들을 위한 개론서로써 활용하는 것 이외에도 일반인들도 IT 분야를 이해하고 스마트한 삶을 영위하기 위한 책으로서 역할을 충분히 할 수 있다고 자부합니다.

이 책의 구성은 강의 시 활용할 수 있도록 주차별로 내용이 구성되어 있습니다. 또한 독자가 이해하기 쉽도록 단계별로 IT의 기본 다지기, 스마트한 생활의 세계로, 스마트 IT로 미래를 설계하다는 세 개의 파트로 구성되어 있습니다.

Week	Part	Chapter	Section
1	1 : IT의 기본 다지기	1장 정보화사회	1. 정보화사회의 이해 2. 업무 환경변화와 컴퓨터분야 직업
2		2장 컴퓨터와 모바일 기기	1. 컴퓨터 하드웨어와 모바일 기기 2. 컴퓨터 소프트웨어와 모바일 앱
3		3장 정보의 표현과 구조화	1. 정보의 표현과 관리 2. 정보의 구조화
4		4장 인터넷의 이해 및 웹	1. 인터넷 연결하기 2. 웹 작동 방법
5	2 : 스마트한 생활의 세계로	5장 소셜미디어와 문화콘텐츠	1. 소셜미디어의 이해와 활용 2. 문화콘텐츠 기획 및 제작
6		6장 생활 속의 알고리즘과 문제해결	1. 생활 속의 알고리즘 2. 컴퓨터 과학자처럼 생각하기
7		7장 개인정보보호와 정보보안	1. 개인정보보호의 이해 2. 정보보안의 이해
8		8장 사이버 공격과 윤리	1. 사이버 공격과 예방 2. 사이버 윤리와 중독
9	3 : 스마트 IT로 미래를 설계하다	9장 유비쿼터스와 웨어러블 디바이스	1. 유비쿼터스와 사물인터넷 2. 웨어러블 디바이스와 핀테크
10		10장 빅데이터와 클라우드 컴퓨팅	1. 빅데이터 2. 클라우드 컴퓨팅
11		11장 3D 프린터와 인공지능	1. 3D프린터와 무인운송수단 2. 인공지능과 지능형로봇
12		12장 5G와 스마트 헬스케어	1. 5G 서비스 2. 스마트 헬스케어
13		13장 가상현실과 블록체인	1. 가상현실과 증강현실 2. 블록체인

끝으로 이 책이 전통적인 컴퓨터 개론서에서 벗어나 스마트 시대를 살아가는 학생 및 일반인들에게 컴퓨터 개론서로써 새로운 지평을 열기를 바라며, 본서를 통해 IT에 대해 쉽게 이해하고, 스마트한 생활을 할 수 있기를 바랍니다. 아울러 책 출간을 위해 적극적으로 지원해주신 연두에디션 관계자분들께 깊은 감사의 말씀을 전합니다.

2021년 1월

CONTENTS

Part 2 : 스마트한 생활의 세계로

IT의 기본 다지기

CONTENTS

CHAPTER 1

정보화사회

CONTENTS

정보화사회의 이해

1. 정보화사회의 개념과 특징에 대해서 설명 할 수 있다.
2. 지능정보사회의 정의, 특징, 그리고 생활의 변화에 대해서 설명 할 수 있다.
3. 정보화사회의 순기능을 설명 할 수 있다.
4. 정보화사회의 역기능을 설명하고, 그 예방법을 실천할 수 있다.

1 정보화사회의 정의와 특징

정보화사회는 컴퓨터, 인터넷, 스마트 산업과 같은 정보기술 산업이 발달하며 대량의 정보가 빠르게 생산, 소비 유통됨에 따라 지식과 정보가 가치창출의 핵심이 되는 사회이다. 이러한 정보화사회로의 변화는 컴퓨팅 시스템 및 스마트 산업의 활용이라는 삶의 패턴의 변화로까지 이어지고 있다.

1.1 정보화사회의 정의

정보화사회는 지난 20세기 후반의 공업화 사회를 벗어나, 정보통신 기술이 발달함에 따라 다양한 가치 있는 정보를 생산하고 이를 이용하여 우리의 생활에 유익하고 편리한 생활을 할 수 있는 사회 즉, 정보가 사회의 중심이 되는 사회를 가리킨다. 따라서 정보화사회에서는 많은 지식을 얼마나 갖고 있는가 보다는, 얼마만큼 빠르고 정확하게 필요한 정보를 습득할 수 있는지, 그리고 습득한 정보를 잘 활용하여 당면한 과제를 얼마나 효과적으로 해결할 수 있는가 하는 점이 중요한 요소이다.

정보화사회라는 용어는 1960년대에 처음 등장하였다가 1980년, 엘빈 토플러가 자신의 저서 "제3의 물결"에서 '제3의 물결'을 후기 산업화 사회이자 정보화사회로 언급하면서 1980년대 중반 미국에서 본격적으로 정보화사회가 등장하게 되었다. 그는 1950년대 후반부터 이미 산업사회에서는 정보화사회로의 변화가 일어나기 시작하였고 정보화사회에서는 탈대량화, 다양화, 지식기반 생산과 변화의 가속이 있으리라 예측하였다.

정보화사회는 컴퓨터, 인터넷 등의 정보통신산업이 비약적인 발전을 하고 정보가 중심이 되는 사회이다. 그러므로 초고속 정보통신망이 전 세계적으로 구축되어 세계가 하나로 연결된다면, 더욱 많은 정보가 디지털화하여 다양하게 활용되는 성숙한 고도의 정보사회, 즉 지식 정보화사회가 될 것이다. 이렇듯 지식정보사회는 초고속 정보통신망의 시설 기반 위에서 온갖 정보와 창의적인 지식이 융합되어 기술과 산업을 이끄는 사회를 말한다. 이 시기에는 창의적인 지적재산권이 정보로 가공 및 상품화되고 초고속 정보통신망을 사용하여 전 세계적으로 유통되어 모든 산업을 선도할 것이며 지식정보가 중심이 되는 사회로 발전하게 될 것이다.

특히 최근에는 무선 통신 시스템과 이를 활용한 스마트 기기, 다양한 애플리케이션 등이 개발되어 사람들의 삶을 편리하게 하며 다양한 필요 또한 충족시킬 수 있게 되었다. 더불어 언제, 어디서든 심지어는 이동 중에도 원하는 정보를 찾거나 주고받을 수 있음으로써 삶의 질적 향상도 가져올 수 있었다.

1.2 정보화사회의 특징

정보의 가치를 가장 중요시하는 정보사회는 다음과 같은 특징을 지니고 있다.

- 정보가 사회적으로 중요한 가치를 가지며 전반적 사회생활 즉, 개인 생활을 비롯한 정치, 경제, 문화 등의 부면에서 정보 의존도가 높다.
- 컴퓨터 및 정보통신 기술의 발전으로 정보통신의 네트워크화를 구축하였으며 이를 이용한 네트워크 커뮤니케이션이 가능하다.
- 정보화로 인해 산업의 구조가 기존 재화(상품)의 생산에서 정보나 서비스 중심의 생산으로 재편된 사회이다. 즉, 사회 구조적으로 정보 산업 분야가 증대하고, 직업적인 면으로도 정보통신 기술과 관련된 분야가 다양해진다.
- 정보는 가장 중요한 자원으로서, 사회 전체가 정보의 가치 생산을 중심으로 움직이게 된다. 즉, 인간의 지적 창조력을 가장 중요시하는 고도의 지식 창출 사회이다.

이와 같이 정보사회는 정보를 가장 중요한 사회적 재화로 인식하므로 개인이 정보사회를 살아가는 데 있어 중요한 것은 각자의 생활에 필요한 다양한 정보를 얼마나 효율적으로 습득해서 활용하느냐 일 것이다.

2   지능정보사회와 생활변화

2.1 지능정보사회의 정의

지능정보사회는 ICT(Information & Communication Technology) 기반 아래 즉, 빅데이터, 인공지능, 사물인터넷 등 정보기술에 로봇 공학 또는 바이오 공학 등의 기술 등이 결합, 기술혁신을 이루어 산업 재편을 이루는 4차 산업혁명 시대를 가리킨다. 지능정보사회는 지능(효율화)의 극대화를 이루어 국가 사회 전반에서의 혁신을 가져오며 새로운 가치를 창출한다. 인간과 사물의 사고능력도 획기적으로 개선되어 문제 해결 능력이 제고되며 경제사회 시스템 또한 더 최적화된다. 이 사회는 기존의 컴퓨터와 인터넷을 기반으로 발전한 정보화사회에서 연장되는 사회로서, 인간과 모든 사물을 연결하는 초연결 기반과 빅데이터, 사용자 정보 등의 축적된 데이터를 토대로 자동화를 극대화하여 새로운 가치가 창출되는 사회이다.

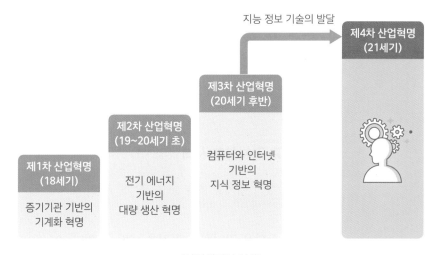

[산업혁명의 역사]

2.2 지능정보사회의 특징

1 사물-인간 간 상호작용 극대화

- 현재 자동화되지 않은 분야가 빠른 속도로 자동화되고, 모든 사물과 인간이 네트워크로 연결되고 각각의 데이터를 활용함으로 상호작용 영향력이 더욱 커질 것이다.
- 기계를 사용하는 자동화 분야가 빠르게 넓혀지고 확대되어 노동의 원자화가 이루어지면서 사람이 활용 가능한 시간도 늘어나게 될 것이다.
- 기계와 기계, 기계와 사람 간의 상호작용이 가능하다.
- 모든 사물과 인간이 연결되는 사회로 사물과 인간은 물론, 동물도 서로 소통이 가능하다.

2 지능기술기반 고도화 사회

- 로봇, AI와 같은 지능기술기반 행동 주체가 시장과 생활에 깊이 참여하는 것을 의미하며 이러한 주체들이 사회 내에서 참여하는 일이 많아지고 확대될 수록 지능기술기반 사회로 고도화된다.
- 데이터, 인공지능 기반기술의 발전으로 인해 가능하게 된 사회이다.
- 인공지능 기술의 발달로 자동화가 보편화되며 인간의 삶이 더욱 편리해지고, 개인 맞춤형 서비스도 확대한다.
- IoT+새로운 네트워크+빅데이터 등을 기반으로 한다.
- 데이터를 분석 및 활용하여 지능화된 서비스를 제공한다.
- 무형의 소프트웨어 파워와 중요성이 증가한다.
- 방대한 데이터를 기반으로 한 예측 시스템은 기업 형태나 국민 생활에 지속적이며 커다란 영향을 준다.

3 사고능력 개선, 문제 해결 제고, 가치창출 사회

- 모든 산업과 기업의 의사결정 과정이 내재한 지능을 기반으로 하여 새로운 가치를 창출한다.
- 지능형 서비스와 정보를 근거로 상황을 판단하고 결정을 내릴 수 있다.

- 빅데이터 정보를 근거로 인공지능이 서비스를 제공하는 사회로 마음을 분별하여 필요한 것을 예측하는 서비스까지 제공할 수 있다.
- 기존 사회는 인간이 정보를 수집, 선별, 분석 및 판단하였지만, 지능정보사회에서는 인공지능이 자기 학습을 하여 기존의 인간의 작업을 대체할 것이다.

4 연장적 정보화사회

- 기존의 정보화로부터 서서히 진화 또는 발전하면서 구성되는 사회이다.
- 지능정보사회 역시 인간의 욕구에 따라 효율화(지능화)를 추구한다.
- 정보사회와의 단절이 아닌 계속되어온 발전된 형태의 정보화의 흐름이다.
- 점진적으로 기계(AI)를 통한 대체가 이루어질 것이다.

2.3 정보사회와 지능정보사회의 비교

정보화사회는 초고속 인터넷망의 구축으로 인터넷 혁명이 시작되면서 국민, 기업, 정부가 인터넷 활용을 하는 사회이다. 사회와 경제의 모든 구성체가 네트워크화되는 것이 중요하고 그러므로 모든 네트워크화된 구성체 간의 개방·참여·공유가 필수적이다.

여기에서 더 발전한 지능정보사회는 IoT와 같은 지능화된 구성체가 초연결 환경을 중심으로 경제사회가 융합을 이루는 사회이다. 그리고 기존의 정보화사회는 산업·영역 간 연결 자체가 중요했다면 지능정보사회에서는 오히려 그러한 경계가 허물어진 사회이다. 그러므로 정보화사회에서는 편리하게 이용 가능한 보편적 서비스가 이루어졌다고 한다면, 지능정보사회에서는 어느 영역과도 결합 가능한 융합적 서비스가 이루어지고 있다고 할 수 있다.

정보화사회와 지능정보사회는 정보처리 과정에서도 차이가 있다. 정보화사회에서는 정보가 사람의 PC 작업을 통해 생성되는 반면, 지능정보사회에서는 사람뿐만 아니라 IoT와 같은 사물로부터도 정보가 생성된다.

또한 정보화사회에서는 개별 저장 공간을 통해 정보를 보관하지만, 지능정보사회에서는 클라우드(Cloud)를 사용하여 보관뿐 아니라 공유의 개념 또한 갖추게 되었다. 또 정보의 분석·유통도 정보화사회에서는 확인 또는 조회 수준에 그치지만 지능정보사회에서는 빅데이터(Big Data) 분석을 통해 데이터의 진보된 내재 가치 분석이 가능하다.

의사결정의 부분에 있어서도 정보화사회에서는 판단을 위한 보조적 지원 중심이지만 지능정보사회에서는 알파고와 같은 '인공지능(Artificial Intelligence)'에 의한 분석, 판단까지 가능하다. 또한 정보화사회에서는 PC 중심적으로 활용되었다면, 지능정보사회에서는 모바일도 이용 가능한 광범위한 활용성을 보인다.

	정보화사회	지능정보사회
정보생성	사람이 PC를 통해 생성함	사람과 사물 인터넷을 통해 생성
정보축적	개별저장 공간을 사용함	클라우드(Cloud)를 통한 공유의 개념으로 사용함
정보분석·유통	조회만 가능	빅데이터(Big Data) 개념의 분석이 가능함
의사결정	지원 중심으로 이루어짐	인공지능(AI)에 의한 판단까지 이름
활용	PC 중심으로 활용함	모바일로 광범위하게 활용함

[정보화사회와 지능정보사회의 차이점]

2.4 지능정보화사회의 생활변화

경제분야에서는 인공지능이 생산공정을 직접 분석하여 생산과정에서 비효율적인 요소를 제거하기 때문에 생산성이 증가할 것이다. 또한 정보사회에서부터 구축되고 축적되어온 각종 기반기술과 정보를 근거로 우리 사회체제와 각종 자원활용도를 무형적으로 최적화할 것이다. 대량의 데이터를 확보하고 있는 구글, 페이스북, 아마존, 바이두 등 거대 IT 관련 기업들은 기업 이익에 기여하는 인공지능 분야의 투자를 확대될 것이다. 이로 인해, 인공지능기술을 소유한 회사와 소유하지 못한 회사 간의 새로운 형태의 양극화가 발생할 것이다.

산업에서는 인공지능 기술의 도입으로 새로운 가치창출을 이루며 다양한 서비스가 제공될 것이고, 개인 맞춤형 서비스를 제공하기 위해 서비스의 단순화 및 전문화가 확대될 것이다. 또한, 기존 제조업과 IT/소프트웨어 산업 사이의 벽이 허물어지며 산업 간 융합되는 현상이 가속화 될 것이다.

생활변화 측면에서는 기존정보 간의 조합을 통해 새로운 정보가 생성되며, 빅데이터가 쏟아지며, 생활 여러 부분에서 인공지능 이용이 활성화된다. 이에 따라, 생활의 편리성과 효율성이 증가하며 삶이 윤택해질 것이며, 개인이 활용할 수 있는 시간 또한 늘어날 것이다. 그리고 단순하고 반복적인 업무뿐만 아니라 정보를 분석·판단·처리하는 일련의 과정 또한 인공지능이 대체하며 일상생활에서의 인간의 역할이 축소될 것이다. 반면, 인간적인 면이 부각되는 심리적인 측면 등 인간만이 할 수 있거나 인공지능보다 인간이 더 잘할 수 있는 직업 등이 각광받을 것으로 전망된다.

빅데이터, 인공지능, 사물인터넷 등 새로운 기술의 발달로 4차 산업의 지능화 시대가 도래하면서 생활에도 새로운 변화와 혁신이 찾아왔다. 실제 생활 속에 이루어진 지능정보기술의 사례를 살펴보면 다음과 같다.

- 일본에서는 호텔에서 사람 대신 로봇이 체크인하고 짐을 옮겨다 주는 일을 하는가 하면 패스트푸드점 등에서 무인 스마트 판매장이 늘어나고 있다.
- 자율주행 자동차의 실용화가 곧 실현될 것이다. 구글(Google)에서는 42만 마일까지 주행에 성공했고, 아우디(Audi)와 도요타에서도 거의 활용단계로 알려져 있다.
- 가상비서, 예를 들어 애플(Apple)에서 사용하는 정보검색의 음성 서비스 'Siri'의 활용이 증가하고 있다.
- 신문지 상의 줄거리를 근거로 AI가 소설을 완성, 문학 공모전을 통과하였다.

표 1.1   지능정보사회의 생활변화

사물 인터넷(IoT)	집 안에 있는 모든 사물(가전제품)을 하나의 통신망으로 연결, 외부에서도 스마트 기기를 이용하여 가전제품을 조정할 수 있다.
시공간을 초월한 영상 통화	인터넷이 연결된 곳이라면 어디든지 실시간 영상 통화를 할 수 있다.
실시간 교통 정보 제공 서비스	실시간 GPS 위성 서비스로 밀리는 길을 피해 빠르고 편리하게 목적지에 도착할 수 있다.
원격 진료 서비스	원거리 환자를 위한 원격 진료서비스가 가능하며, 의료용 로봇을 이용하여 세밀한 작업을 요구하는 수술을 할 수 있다.
웨어러블 컴퓨터	늘 입는 의류처럼 착용하여 나의 생체 리듬과 건강상태 등을 체크할 수 있다.
홈 네트워크 시스템	스마트 기기로 가정 내 가전 기기와 통신함으로 현재 기기 상태를 확인하거나 원격 조정할 수 있다.

- 금융 분야에서는 싱가포르 개발은행이 투자자문과 자산관리를 AI에게 맡기고, 미국 군인 전문보험회사(USSA)에서는 전역 군인의 사회 적응 상담을 맡기고 있다.
- 의료분야에서는 미국의 MD앤더슨 암센터가 IBM Watson과 협력한 결과 종전 20%에 불과하던 암 진단을 대장암 98%, 췌장암 94%, 자궁경부암 100%까지 진단할 수 있었다.

3   정보화사회의 순기능

정보사회에서는 인간의 지적 능력과 창조적 지식을 기반으로 새로운 정보가 생산되며, 사람들은 정보가 가치 있게 사용되기를 기대한다. 정보가 유용하게 활용되며 개인과 사회, 국가에 긍정적인 영향을 미칠 때 정보사회는 더욱 발전할 수 있다.

3.1 사회, 문화적 측면

각종 정보통신 기기와 인터넷의 발달은 인적 네트워크의 확대, 사회 참여 기회 확산 등 사회 전반에 걸쳐 주목할 만한 변화를 주도하고 있다. 인적 네트워크 형성에 가장 큰 영향을 미치는 서비스는 소셜 네트워크 서비스(SNS: Social Network Service)이다. 새로운 인맥을 맺거나 아는 사람들과 친목을 도모할 수 있는 SNS를 통해 사람들은 각종 정보를 실시간으로 주고받고, 생각을 자유롭게 표현할 수 있게 되었다. 이처럼 인터넷은 여러 사람이 정보와 지식을 교환하는 의사소통의 장으로 활용되어 집단 지성 창출에 기여하고 있으며, 사회 운동과 정치 참여 기회 확산에도 큰 역할을 하고 있다. 특히 정책 결정 과정에 시민의 다양한 의사가 반영될 기회가 많아져 참여 민주주의 실현에 가까워질 수 있게 되었다. 또한 정보기술의 발달로 시간과 공간의 제약을 덜 받게 되어 다양한 여가 활동을 즐길 수 있게 되었다. 개인의 개성과 창의성이 중시되면서 다양한 콘텐츠를 생산하거나 접할 수 있는 기회가 많아졌고, 예술 및 취미 분야에 대한 문화 접근성도 신장되었다. 이렇듯 문화 소외계층에게 다양한 문화를 향유할 수 있는 기회가 확대되며, 사회 전체의 문화 격차를 좁히는 데 큰 도움이 되고 있다.

3.2 산업, 경제적 측면

정보사회에서는 생산 현장에서 고도화된 컴퓨터와 자동화된 생산 기기를 이용해 대량의 상품을 신속하게 만들어낼 수 있게 되었다. 또한 정보기술을 활용하여 소비자의 요구를 빠르게 파악하고 반영할 수 있게 되면서 생산과 소비의 연계가 강화되었다. 소비자가 필요로 하는 상품을 적시에 생산하고 판매할 수 있게 된 것이다. 산업사회에서는 소품종 상품을 다량으로 생산하여 유통망을 통해 공급하고 소비자의 선택을 기다렸지만, 정보사회에서는 소비자의 다양한 요구를 반영한 다품종 상품을 소량으로 생산하여 소비자에게 직접 전달하는 방식으로 유통 형태도 변화하고 있다. 한편 정보사회에서는 지적 활동을 집약해 상품과 서비스의 부가 가치를 크게 높이고 고부가 가치를 창출하는 지식 집약적 산업이 주목받고 있다. 컴퓨터 · 항공기 · 원자력 등에 관련된 연구 개발 산업, 고급 의류나 주택용 생활 용품 등을 디자인하는 패션 산업, 소프트웨어나 정보 처리 서비스에 관련된 지식 산업 등이 그 예이다. 정보기술의 발달과 인터넷의 보급은 근무 형태에도 변화를 가져왔다. 화상회의와 전자결재 등이 보편화되면서 원격 근무나 재택근무가 가능해졌고, 이를 통해 노동의 시간적 · 공간적 제약을 극복하고, 근무지 이동에 소모되는 에너지를 절약할 수 있게 되었다.

표 1.2   정보사회의 순기능

사회, 문화적 측면	산업, 경제적 측면
• 인적 네트워크 확대 • 대중 집단 지성의 등장 • 사회 참여 기회 확대 • 다양한 여가 활동과 문화생활 확대 • 문화 격차의 해소	• 생산성 증가 • 노동의 질적 향상 • 새로운 유통 형태 등장 • 지식 집약적 산업의 확대 • 근무 형태의 변화

4   정보화사회의 역기능

정보사회가 되면서 신문이나 뉴스에서 개인정보 유출에 대한 피해 사례나 소프트웨어의 불법 복제 그리고 해킹에 대한 피해 등이 사회적 윤리 문제들로 대두되고 있음을 흔히 보고 듣게 된다. 이와 같이 정보사회의 발전은 생활의 편리함을 가져다 주는 장점도 있지만 무비판적인 쏠림 현상이나 부주의한 개인정보 유출, 사생활 침해, 서버에 의한 개인정보 유출, 사생활 침해가 일어날 수 있고 지능정보기술의 발전과 변화의 속도가 급격할 경우 대량 실업이 발생할 우려가 있다.

4.1 무비판적인 쏠림 현상

휴대용 스마트 기기를 이용한다면 언제 어디서나 자유롭게 글을 올릴 수 있다. 그런데 이렇게 작성되어 올려진 글은 실시간으로 보이고 무분별하게 퍼질 수 있으며 또한 내용에 대한 정확한 확인이나 판단이 어려울 수 있기 때문에 무비판적인 쏠림 현상이 나타나 문제가 될 수 있다.

특히, '가짜 뉴스' 같은 잘못된 정보는 매우 큰 문제를 야기한다. 그러므로 새로운 정보기술에 의한 정보는 빠르게 확산될 수 있다는 점을 인지하고 이것이 잘못된 정보인지 아닌지 분별하여 수용해야 할 것이다.

4.2 부주의한 개인정보 유출

SNS와 같이 대중에게 공개 가능한 서비스를 이용할 때나 스마트폰 등의 정보기기를 분실하게 된다면, 사용자의 개인기록과 같은 개인정보 또한 유출될 수 있다.

이는 자신뿐만 아니라 자신의 주변 사람에게도 피해를 줄 수 있으므로 공개된 서비스를 이용할 때는 자신의 중요한 개인 신상 정보 등을 남기지 않도록 주의해야 하며, 정보 기기도 분실하지 않도록 조심하거나 또는 장치의 기기 잠금 기능을 적절히 이용할 수 있다.

4.3 사생활 침해

스마트폰 등 정보기기의 발달로 인하여 다른 사람의 모습을 몰래 사진 찍거나 은밀히 동영상을 촬영하거나, 또는 다른 사람들의 대화 내용을 비밀리에 녹음하기도 하는 등 개인의 사생활을 침해하는 경우가 많이 발생하고 있다.

4.4 서버에 의한 개인정보 유출

포털 사이트, 인터넷 쇼핑몰, SNS 서비스 업체 등 국가나 기업들의 서버에는 기본적으로 엄청난 양의 개인정보가 저장되어 있다. 그러한 서버가 해커에 의해 공격받게 된다면 다량의 개인정보가 유출되어 피해를 볼 수 있다.

 TIP   개인정보 유출 방지는 이렇게 예방하세요!

1. 회원 가입 시 이용 약관을 읽는다.
2. 이용 목적에 맞는 개인정보를 요구하는지 확인한다.
3. 비밀번호는 정기적으로 바꾼다.
4. 정체불명의 사이트는 멀리한다.
5. 가입 해지 시 정보 파기 여부를 확인한다.
6. 생년월일이나 전화번호 등 잘 알려진 내용은 비밀번호로 쓰지 않는다.

4.5 지능정보기술의 발전과 변화의 속도가 급격할 경우 대량 실업이 발생할 우려

- 지능정보기술을 가진 개인과 그렇지 못한 개인 간의 양극화가 심화될 수 있으며, 네트워크를 장악하는 거대 기업이 출현할 가능성이 있다.
- 정보 획득의 불균형으로 도덕적 해이, 역선택 문제가 증가하며 피해자가 발생할 수 있다.
- 사람과 사람이 접촉하는 기회는 줄어들고, 상대적으로 인공지능과의 접촉이 증가함에 따라 사람 간 접촉을 기피하게 되는 등의 몰 인간성이 발생할 수 있다.
- 인공지능의 판단으로 문제 발생 시, 책임 소재에 대한 사회적 갈등이 생길 수 있다.

마무리하기

1. 정보화사회란 앨빈 토플러라는 미래학자가 "제3의 물결"이라는 미래서적에서 언급한 용어로 정보가 사회의 중심이며, 인터넷 등 정보통신 기술의 발전 아래 이전의 사회 보다 가치 있는 정보를 창출하여 유익하고 편리한 생활을 할 수 있는 사회를 말한다.

2. 지능정보사회는 ICT 기반 아래 지능의 효율화가 극대화되어 국가 사회 전반이 혁신되고 새로운 가치가 창출되는 사회이며, 인간과 사물의 사고능력이 획기적으로 개선되어 문제 해결 능력이 제고되고 경제사회 시스템이 최적화되는 사회를 말한다.

3. 정보화사회의 순기능으로는 사회 · 문화적 측면에서는 인적 네트워크 확대, 대중의 집단지성 등장, 사회참여의 기회확대, 다양한 여가 활동과 문화생활 확대, 문화 격차의 해소 등이 있으며, 산업 · 경제적 측면에서는 생산성의 증가, 노동의 질적 향상, 새로운 유통 형태의 등장, 지식 집약적 산업의 확대, 근무형태의 변화 등으로 볼 수 있다.

4. 정보화사회에서는 무비판적인 쏠림 현상, 부주의한 개인정보 유출, 사생활 침해, 서버에 의한 개인정보 유출과 같은 역기능도 발생하고 있어 정보사회를 살아가는데 필요한 공통적인 규범이나 예의를 필요로 한다.

주제	정보화사회의 이해		일자	
이름		학과	학번	

1. 정보화사회라는 용어를 처음 사용한 사람은?

　　① 폰 노이만 　　　　　　　　　　② 앨빈 토플러

　　③ 앨런 튜닝 　　　　　　　　　　④ 빌 게이츠

2. 지능정보사회의 특징이 <u>아닌</u> 것?

　　① 사물-인간 간 상호작용 극대화 　　② 단절적 정보화사회

　　③ 지능기술기반 고도화 사회 　　　④ 사고능력 개선, 문제해결 제고, 가치창출
　　　　사회

3. 다음 중 정보화사회의 그늘이 <u>아닌</u> 것은?

　　① 무비판적인 쏠림 현상 　　　　② 부주의한 개인정보 유출

　　③ 사생활 침해 　　　　　　　　④ 서버에 의한 개인정보보호

4. (　　　　)란 정보에 접근하고 이를 이용하는 고정에서 지역 간, 계층 간, 성별 간, 세대 간에 불평등이 발생하는 현상을 의미한다.

5. 정보화사회란 무엇인가?

6. 개인정보 유출 예방법을 나열하시오.

2 SECTION · · ·

업무환경변화와 컴퓨터분야직업

학습목표

1. 직장에서 새로운 업무처리 방식의 변화를 알 수 있다.
2. 컴퓨팅 관련 직업에 필요한 능력과 직업에 대해 이해할 수 있다.
3. 미래의 직업세계에 대해 설명할 수 있다.

1 정보기술과 직업환경

1.1 업무처리의 새로운 접근방식

성실하게 열심히 근무하는 것도 중요하지만 스마트하게 일을 처리할 때 높은 가치를 창출하며 효율성을 높일 수 있다. IBM 기업가치연구소의 최근 연구에 따르면, 동종 업계를 선도하는 기업들은 새로운 업무처리 방식의 개발과 도입에 적극성을 갖고 더욱 앞서가고 있다. 이들은 역동적이고 상호 연결된 협업방식을 통해 효율성 또한 증가시키고 있다. 하지만 다른 대부분의 일반적인 기업들은 이러한 변화에서 늦춰지고 있으며 원하는 수준에 도달하지 못하고 있다. 본 절에서는 선도 기업과 후발 주자 기업 모두에게 업무의 성격을 근본적으로 변화시키는 주요 실천 사례와 기술에 대한 통찰을 제공한다.

사업 업무 환경은 갈수록 복잡해지고 끊임없이 변화하고 있고 그로 인해 기업은 더 빠르게, 더 효과적으로, 더 낮은 비용으로 업무가 처리돼야 한다는 변화에 대한 강한 압력을 받고 있다. 즉, 업무의 기본적 구조에 있어 재정의가 필요한 것이다.

"업무"가 이제는 특정한 공간, 또는 시간에 얽매이지 않고 있으며, "업무 수행자"의 범위도 훨씬 넓어져 직접적으로는 직원, 공급업체, 제휴사에서부터 고객과 프리랜서, 그리고 갈수록 역량이 커져가는 스마트 기기 및 상호 접속 시스템으로 구성된 네트워크로까지 확대되고 있다. 다시 말해, 다양한 조직과 시간, 거리를 아우르는 비즈니스 프로세스가 구성되는 것이다.

 스마트한 업무방식 즉, 더욱 역동적이고 협력적이며 상호 연결된 방식으로 업무를 수행하는 접근방식을 기업들이 실제로 업무에서는 어떻게 활용하고 있는지, 그리고 이러한 관행들이 비즈니스 성과의 향상에 어떻게 기여하는지 더 정확히 파악하기 위한, 전 세계 275명 이상의 고위 경영자들을 대상으로 작성된 설문 조사가 있다. 이의 분석을 통해 파악된 몇 가지 중요한 사실은 다음과 같다.

- 선도 기업들은 타 경쟁사 대비 훨씬 광범위하게 스마트한 업무방식을 활용한다. 또한 효율성 제고에 그치지 않고 새로운 성장 동력으로 활용한다.
- 프로세스 및 기술 역량의 재구성, 협업의 확대와 정착, 의사 결정을 위한 종합적인 실시간 정보의 부족은 조직 전반의 빠르고 효과적인 의사결정을 둔화시키는 세 가지 요소이다.
- 스마트한 업무방식을 발전시키는 구체적인 기술을 적극적으로 채택한 기업은 역동성과 협력성, 상호 연결성에서 가장 우수한 기업들이다.

급변하고 업무처리가 복잡화하는 기업 환경에서 경쟁사보다 더욱 경쟁력을 갖추는 것은 단순히 일을 성실 근면하게 함이 아닌, 얼마나 스마트한 업무방식을 갖추었냐에 달려 있을 것이다. 각 산업 부문의 선도 기업들은 상황 변화 후 순응하는 것이 아니라 시시각각 변하는 상황에 발맞추어 신속히 대응하는 기민성을 갖추고 있다. 이들은 단순 개인의 능력이 아닌 광범위한 협업 네트워크의 집단적 능력을 활용한다. 이러한 기업의 직원들은 어느 분야에서 업무를 수행하는지 관계없이 필요한 정보와 전문성을 정확히 필요할 장소와 시간에 이용할 수 있다.

분명, 이러한 스마트한 업무처리 방식은 엄청난 가능성을 갖고 있으며, 조사와 사례 연구를 통해 일부 선도 기업들은 이미 실천 단계에서 효과를 거두고 있음을 볼 수 있다.

1 기민한 업무환경구축의 필요성

기업에서의 업무는 빠르고 끊임없이 발생한다. 실제, 대규모의 기업의 분주한 날의 업무처리량은 약 1조 건에 달한다고 한다. 게다가 기업 환경은 끊임없이 계속해서 변화한다. 경기는 등락하며 시장 수요는 변동하고 고객의 니즈 또한 계속해서 다양해지며, 또한 갑작스럽게 경쟁상대가 등장하기도 한다. 최근 들어 이러한 비즈니스 환경의 변화가 더욱더 빨라지고 극단화되었으며 더욱 밀접하게 상호 연결되어 왔다. 반면 업무처리에 활용하는 자원들 예를 들어 직원, 업무 프로세스, 투자 자금, 도구 등은 아직까지도 지나치게 정적이고 경직되어 있어 신속한 적응이 어렵다는 문제를 갖는다.

업무의 복잡성은 날이 갈수록 증가 추세에 있다. 업무에 관여되는 부서 주체도 점점 늘어나고 있으며 그에 따른 책임도 기업조직의 경계를 넘어 확대되고 있다. 다국적 기업의 경우에는 전 세계 인재 풀에 업무를 배분하는 글로벌 통합 기업으로 빠르게 변모 중이다.

또한 오늘날의 업무는 다양한 센서와 스마트 기기, 모니터링을 위한 디지털 시스템 등으로부터 얻는 여러 가지 정보를 기반으로 진행되는데 폭발적으로 늘어나는 정보 때문에 정작 필요한 정보와 자원은 찾기가 더 어려워지고 있다.

2 스마트한 업무처리 방법

기업 조사를 통해 관찰된 기업의 기민성을 높여주는 새로운 업무 접근방식은 크게 세 가지 범주로 분류할 수 있다.

- **역동성** : 업무 환경 변화에 신속히 적응 가능한 능력
- **협력성** : 조직 내외의 자원을 활용하고 통찰력을 공유하여 업무처리가 가능한 능력
- **연결성** : 시간, 거리 또는 조직적 경계에 관계없이 정보에 접근 가능한 능력

표 1.3   기업조직의 기민성을 높여주는 스마트한 업무방식

	사람	프로세스	정보
역 동 성	• 당면 업무를 처리할 수 있는 인력과 기술 역량을 쉽게 찾아내어 배치 • 여러 분야의 기술 역량을 신속히 결합하여 대응	• 업무 환경 변화를 반영하여 자동으로 프로세스 재구성 • 업무 프로세스를 관장하는 규칙을 업무 책임자가 담당, 관리하는 메커니즘 구축	• 다양한 수요층의 요구를 만족시키는 정보의 전달 또는 제시 • 자동으로 다양한 상황에서의 적절한 정보를 파악
협 력 성	• 조직 내 토론을 활성화하여 통찰력을 유인하며 생산성 향상을 촉진 • 업무 경계 외부 사람들의 도움을 수렴	• 주요 관계자들이 프로세스의 관련 자료를 쉽게 조회하고 이해할 수 있는 환경 조성 • 업무 프로세스 내에 협업 기능을 노입하여 의사 결정의 속도와 질 향상	• 개별 주체들이 정보에 의견을 제시하고 가치를 평가할 수 있는 환경 조성

	사람	프로세스	정보
연결성	• 위치, 시간 또는 장치에 구애되지 않는 생산적 업무 환경 구축	• 조직적 경계를 넘어 원활히 기존 활동을 서로 연결하고 새로운 활동을 창출하여 더욱 효과적으로 과제 완수	• 사람 또는 기술을 통해 발생한 실시간 정보를 포착 및 활용 • 여러 소스의 데이터 통합

기업 조사를 통해 관찰된 몇 가지 흥미로운 사실은 실적이 뛰어난 기업들은 그렇지 못한 타 경쟁사 대비 훨씬 광범위하게 스마트한 업무방식을 활용하고 있다는 것, 또한 효율성 제고에 그치지 않고 새로운 성장 동력으로 활용한다는 것이다. 그리고 역동성과 협력성, 연결성이 가장 우수한 기업들은 스마트한 업무방식을 발전시키는 특정 기술들을 널리 채택해왔다.

3 스마트한 업무처리 방식에서 요구되는 능력

스마트한 업부처리 방식에서는 다양한 목적에 부합하여 기존 프로세스와 신속하게 재구성하는 능력, 내부 협업은 물론 외부와의 협업을 촉진하는 차세대 협업능력, 업무 프로세스의 진행을 위하여 과다한 정보를 통합하는 통찰력이 필요하다.

■ 신속한 재구성 - 다양한 목적에 부합하는 능력

업무 프로세스에서 유연성이 제한적이라면 이 프로세서는 적합한 방식으로 설계될 수 없다. 업무 프로세스는 주변 환경 및 변화를 감지하여 대안을 분석하고 작업자가 업무처리 방식을 변경할 수 있도록 충분한 유연성과 지능을 갖춰야 한다. 또한 프로세스 상에서 필요하다면 다른 추가 자원들 즉, 타 부서의 전문 지식, 업무 파트너의 능력, 조직 내외의 다양한 정보 소스 등을 쉽게 이용할 수 있어야 한다.

예를 들어, 제조업체에서 부품의 공급에 잠재적 문제가 있을 것으로 예측한다면, 이 회사의 시스템은 자동으로 대체 공급업체들을 파악한 후, 비용, 시간, 고객평가에 미치는 영향 등 다양한 요소들을 비교 분석하여 대체 방안을 제안한다. 각 구성요소를 개별적으로 납품받을 것인지 아니면 미리 조립된 부분시스템 형태로 납품받을 것인지도 이 분석이 제안해 줄 수 있을 것이다.

■ 차세대의 협업 - 보조 요소가 아닌 필수 요소

전통적인 내부 협업방식에서는 대부분의 기업들이 비교적 개선에 성공해 왔다. 하지만 외부와의 협업과 통상적인 업무 프로세스에 협력적인 방식을 도입해야하는 두 가지 핵심적 영역에서는 여전히 범위와 성격 면에서 제한적인 기업들이 많다.

이러한 기업이 갖는 경계는 스마트한 업무처리에서 인위적 장벽으로 작용할 수 있다. 하지만 협업의 범위를 확장한다면, 기업조직은 업무 프로세스의 전통적 경계 너머의 다양하고 풍부한 전문성을 효과적으로 활용할 수 있다. 업무 파트너와 고객은 이러한 한계를 뛰어넘게 하는 중요한 기여자로서 문제의 해결 및 성과 개선에 도움을 줄 수 있다.

협업의 능력을 최대한 끌어내기 위해서 각 요소들은 프로세스의 구조에 최대한 긴밀히 통합돼야 하고 그럼으로써 직원들이 업무 범위 내에서 필요한 전문 역량을 쉽게 찾아내 이용할 수 있어야 한다. 예를 들어, 방사선과에서 환자의 CT 스캔 결과를 검토하던 중 기존에 없던 합병증을 발견했다면 담당자는 해당 증세에 대해 전문성을 갖춘 나라 반대 편에 있는 전문가를 즉시 찾아 의견을 교환할 수 있어야 한다. 더불어 적절한 외과의도 참여시켜 협업함으로 함께 환자의 생명을 구하기 위한 필요한 조치를 취할 수 있어야 한다.

멀티미디어, 블로그, 위키 등과 같은 새로운 소셜 소프트웨어 도구 또는 인스턴트 메시징과 같은 다양한 협업 기술을 사용할 수 있는데, 중요한 점은 이러한 도구를 더욱 폭넓은 가치 사슬 전반에 걸쳐 조직 내외의 일반적인 업무 프로세스로 정착시키는 것이다.

■ 통합적인 실시간 정보 - 행동을 위한 통찰력

오늘날에는 데이터의 부족으로 인한 문제보다는 많은 경우 업무 프로세스의 진행을 위한 통합적인 정보와 통찰력 부족의 문제를 겪고 있다. 수많은 센서와 스마트 기기를 업무에 활용하고 자연적, 인공적 프로세스와 시스템들이 갈수록 늘어나면서 업무에 활용할 수 있는 정보는 더욱 늘고 있다. 업무를 수행하기 위해서는 그 모든 정보의 의미를 파악하는 전략이 필요하다. 정보는 그것을 필요로 하는 분야와 프로세서의 맥락에 부합할 때 더욱 가치를 갖기 때문이다.

통합적인 실시간 정보를 활용한다면 보험회사의 경우, 수십억 건의 보험금 청구 가운데서 부정 청구건을 가려낼 수 있고 은행이라면 도난당한 신용카드의 사용 건을 분별할 수 있다. 또한 현장의 경찰관, 차량, 카메라 및 기타 기기로부터 수집한 현장 정보에서 상관관계를 분석한다면 범죄를 사전에 탐지하고 예방할 수도 있다. 병원의 경우 적시에 정보들이 연결된다면 치료를 개선하고 대기 시간을 줄임은 물론 의료 사고까지 예방할 수 있을 것이다.

통합적인 실시간 정보에 근거한 업무 진행 능력은 사실상 모든 산업 분야에서 효과가 있을 것이다. 호텔 서비스의 경우 상호보완적인 서비스를 제공하는 업체와 협업하여 고객의 여행 일정 정보를 수집하고 적절히 대응한다면, 그때 제공 가능한 수준의 서비스는 기존의 서비스 수준을 넘어설 것이다. 고객이 공항에 도착하는 상황에서부터 가정해 본다면, 고객의 실제 비행 상황과 시간을 고려하여 리무진 서비스 업체에 의뢰, 적시에 고객 픽업 서비스를 제공할 수 있다. 이후 공항 키오스크에서 체크인하면 여행자의 스마트폰을 통해 호텔 시스템과 통신하여 고객의 위치에 따른 이벤트를 자동 실행할 수 있다. 호텔에 도착하면 고객의 스마트폰에 환영 메시지가 표시되고 객실로 곧장 안내하는 서비스가 제공되고 고객이 객실에 입실했다는 메시지가 전달되면, 데스크 담당자는 대기 중이던 서비스 패키지를 올려 보내거나 룸서비스가 있다면 미리 주문받은 식사를 준비할 수도 있다. 이렇게 파트너와 효과적으로 협업한다면 이 호텔은 실시간 정보를 활용해서 탁월한 서비스를 제공하고 고객의 만족도와 충성도를 더욱 높일 수 있을 것이다.

2 컴퓨팅 분야의 직업역량 및 방법

2.1 컴퓨터 분야의 직업역량

컴퓨터 과학의 발전으로 사회의 많은 복잡한 문제들은 해결의 실마리를 얻을 수 있었다. 그리고 컴퓨팅 능력을 발달시켜 온 컴퓨터 과학자와 컴퓨터 공학자의 노력으로 우리는 앞으로도 더욱 복잡한 문제에도 대처할 수 있을 것이다.

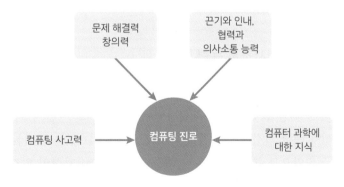

[컴퓨팅 관련 진로 선택의 컴퓨팅기술 분야]

현대 사회의 다양한 문제를 해결하는 데 컴퓨팅 기술이 다양하게 사용됨에 따라 컴퓨팅과 관련된 직업 또한 빠른 속도로 늘어나고 있다. 우리가 컴퓨팅 사고력과 다양한 컴퓨팅 능력을 갖춘다면 컴퓨터와 관련된 다양한 직업을 가질 수 있을 것이다.

단순히 컴퓨터를 좋아하고 잘 다룬다고 해서 컴퓨팅과 관련된 진로를 결정해서는 안된다. 내가 원하는 직업에서 필요한 역량과 기술이 무엇인지 먼저 파악하고, 그것을 발전시키기 위한 구체적인 계획을 세우고 실행해야 한다. 컴퓨팅과 관련된 진로도 컴퓨팅과 관련된 문제를 해결하기 위한 다양한 능력이 필요하다.

1 컴퓨팅 사고력

컴퓨팅 사고력이란 컴퓨팅 시스템의 능력을 활용하여 문제를 효과적이고 효율적으로 해결하는 절차적인 사고 능력이다. 컴퓨팅 사고력은 컴퓨팅 기술을 사용할 수 있는 능력이자 문제를 해결하기 위한 종합적인 능력이며 문제 해결 과정 그 자체이기도 하다. 실생활 문제의 해결방법은 여러 가지 일 수 있겠지만 효과적이고 효율적인 해결방법을 찾는다면 컴퓨팅 능력이 큰 도움이 된다. 그리고 컴퓨터 과학의 학습 및 컴퓨팅 능력을 통한 문제 해결 과정의 학습으로 컴퓨팅 사고력을 갖출 수 있다.

2 문제 해결력과 창의력

문제를 인식하고 그 문제를 해결하기 위해 자신의 자산을 활용하는 능력을 문제 해결력이라고 한다. 정확하게 문제를 정의하고, 문제 해결에 필요한 자료를 수집하며 문제의 다양한 해결방법을 고안하고 최적의 해법을 찾는 능력은 컴퓨팅 관련 직업에 꼭 필요하다. 더불어 기존의 방법보다 더욱 나은 방법을 찾기 위한 또는 다른 각도에서 해결방법을 고안하기 위한 창의력도 필요하다.

3 끈기와 인내, 협력과 의사소통 능력

복잡한 문제의 해결책을 찾는 일은 짧은 시간 안에 끝나기 쉽지 않다. 많은 시행착오가 있을 수도 있고 생각지 못한 변수로 인해 해결방법이 근본적으로 바뀔 수도 있다. 따라서 이러한 복잡한 문제의 해결 과정에는 끈기를 가지고 진행할 수 있는 인내심이 필요하다. 그리고 한 사람의 능력만으로 복잡한 문제는 해결되지 않는다. 자신의 의견을 다른 사람에게 설명하고 또 반대로 다른 사람의 의견을 들음으로 여러 사람의 의견을 종합하여 가장 최적의 해결방법을 찾는 협력과 의사소통능력이 필요하다.

4 컴퓨터 과학에 대한 지식

컴퓨터 과학에 대한 이해는 문제를 보다 효과적이고 효율적으로 해결할 수 있도록 돕는다. 컴퓨터 과학은 컴퓨터 구조, 운영 체제, 자료 구조, 데이터베이스, 네트워크, 프로그래밍, 인공 지능 등 매우 다양한 분야의 지식을 포함한다. 일반적으로 컴퓨터 과학의 각 분야는 서로 다른 것으로 보일 수 있지만 컴퓨터 과학의 각 부분은 더욱 효과적이고 효율적인 문제 해결방법을 찾는 공통된 목표를 갖는다. 이러한 컴퓨터 과학의 다양한 분야에 대한 지식을 갖는다면 컴퓨팅 시스템을 더욱 효과적으로 활용할 수 있을 것이다.

[컴퓨터 과학의 분야]

2.2 소프트웨어 개발자가 되기 위한 방법

소프트웨어 개발자는 특정한 문제의 해결을 위한 소프트웨어를 설계하고 제작하는 역할을 한다. 이제 소프트웨어 개발자가 갖추어야 하는 능력과 소프트웨어 개발 과정을 살펴보자.

1 소프트웨어 개발의 의미

소프트웨어 개발이라는 말을 들으면 보통은 프로그래밍 과정을 떠올리지만 사실 프로그래밍 과정은 소프트웨어 개발의 일부분일 뿐이다. 소프트웨어 개발이란 현재 가지고 있는 특정한 문제를 해결하기 위해 갖추어야 할 소프트웨어 기능이 무엇인지 분석하고 소프트웨어의 구조와 외형을 설계하며 이를 프로그래밍 언어를 통해 컴퓨터에서 구현하여 제작하는 일련의 과정 모두를 가리킨다.

따라서 소프트웨어 개발자는 기본적으로 문제를 올바로 인식하고 이를 컴퓨팅 시스템으로 해결할 수 있도록 컴퓨터 과학적 지식과 프로그래밍 능력을 갖추어야 한다. 다시 말해 하나의 소프트웨어를 설계부터 제작의 과정 모두를 진행할 수 있어야 한다.

2 소프트웨어 개발의 실제

소프트웨어 개발은 컴퓨터 과학의 원리와 기능을 활용하여 실제 문제를 해결하는 과정이다. 문제 해결 과정은 다양한 방식으로 나타날 수 있지만 일정한 개발 과정을 거치게 된다면 상대적으로 적은 시간과 비용으로 소프트웨어를 개발할 수 있다. 어떠한 소프트웨어 인지에 따라 조금씩 다를 수 있지만 일반적으로 아래 단계와 같은 과정을 따른다.

[소프트웨어 개발단계]

① 문제 분석

소프트웨어를 개발하기 위해서는 어떠한 문제를 해결해야 하는지에 대한 분석과 이 문제를 해결하는 데 필요한 소프트웨어의 기능은 무엇이어야 하는지에 대한 계획을 세우게 된다. 이는 소프트웨어의 필수 기능에 대한 내용으로 소프트웨어 요구 분석이라고도 한다.

② 소프트웨어 설계

문제 분석 단계에서 소프트웨어의 기능을 결정했다면 그 기능을 실제로 구현하기 위한 설계를 진행한다. 이 과정에는 소프트웨어의 실제 동작과 관련한 알고리즘의 계획과 소프트웨어의 외형 디자인 과정이 포함된다.

③ 소프트웨어 구현

소프트웨어 설계 과정이 끝나면 이제 실제 프로그래밍 언어로 기능을 구현한다. 소프트웨어 개발자는 필수 기능을 수행하기에 적절한 프로그래밍 언어를 선정하고 코딩 작업을 통해 실제로 동작하는 형태로 소프트웨어를 구현해야 한다.

④ 디스트와 디버깅

소프트웨어가 구현되었다면 기능을 시험해 보고 오류를 찾아 제거하기 위한 과정을 거쳐야 한다. 이 과정을 통해 소프트웨어의 필수 기능이 적절히 동작하는지, 실행 중 오류가 발생하지는 않는지, 발생한 오류를 적절히 수정하였는지 확인한다.

⑤ 소프트웨어 유지 보수

테스트까지 모두 통과한 소프트웨어라 할지라도 프로그램 사용 환경이 변화한다면 기능도 바뀌어야 할 수 있다. 또는 사용자의 요구에 따라 새로운 기능을 추가하거나 삭제할 필요도 있으므로 유지 보수 과정 또한 소프트웨어 개발에서 필요한 단계이다.

3 컴퓨터 분야에서 직업

정보사회는 사회의 구조와 환경의 변화에도 영향을 미치고 있음은 물론 직업에도 많은 변화를 불러일으키고 있다.

3.1 가상현실 전문가

가상현실 전문가는 3D 모델링 및 VRML 등의 기술을 이용하여 각종 응용분야(게임, 비행기 조종훈련, 가상 모델하우스 등)에 적합한 가상의 시공간을 만드는 시스템을 개발한다. 이 가상의 공간에서 사람들은 자유롭게 체험하고 가상의 경험을 할 수 있다.

> **💡 필요조건**
>
> 진취적인 사고와 분석력, 창조성이 돋보여야 하며, 컴퓨터 프로그램을 이해하고 현실과 가상을 연결하는 노력 등이 필요하다. 기본적으로 소프트웨어의 분석·설계·구현·테스트 등에 관한 이론적 지식과 실무 경험을 갖추어야 한다.

3.2 데이터 과학자

데이터 과학자는 현대 사회에 수집된 다양하고 방대한 양의 자료를 분석하여 문제 해결을 위한 근거를 제공하고 미래를 예측하는 직업으로 빅데이터 분석가가 대표적이다. 데이터 과학자는 빅데이터의 적절하고 올바른 활용이 가장 중요하기 때문에 사회 흐름을 분별하는 능력이 필요하다.

필요조건

현재 데이터가 앞으로 어떤 부분에 가치를 지니며 효과적인지에 대한 아이디어가 있어야 하며 알고리즘, 데이터 마이닝, 데이터 시각화를 위한 그래픽 디자인, 프로그래밍에 대한 지식을 갖추어야 한다.

3.3 시스템 엔지니어

시스템 엔지니어는 시스템을 분석하고 효율적으로 설계하여 사용자에게 기능과 편의를 제공하고 이 시스템을 유지 및 개선하는 관리 직업이다. 여러 대의 컴퓨팅 기기로 정보시스템을 구축하고 유지 관리하며 시스템이 동작하는데 필요한 기술을 제공하기도 한다.

 필요조건

컴퓨터 과학 분야 중, 운영 체제, 프로그래밍, 하드웨어, 데이터베이스, 정보통신 등에 대한 지식이 필요하다. 개인이 혼자 작업하는 것이 아니므로 의사소통 능력, 협동력 등이 필요하다.

3.4 사이버 수사관

사이버 수사관은 해킹, 개인정보 유출, 바이러스 유포 등 온라인에서 발생하는 다양한 범죄를 수사하는 직업이다.

필요조건

범죄 수사를 위한 디지털 자료에서 증거를 찾고 이를 분석하는 분석력, 비판적 사고력, 문제 해결 능력 등의 고등 사고 능력이 필요하며 하드웨어, 운영 체제, 네트워크 등에 대한 지식도 필요로 한다.

3.5 정보보호 전문가

정보보호 전문가는 정보보호와 보안 정책의 수립, 시스템에 내한 접근과 운영의 통제, 외부에서 침입자가 발생할 경우 신속한 탐지 및 대응, 그리고 정보를 보호하는 일을 하는 직업이다.

> 💡 **필요조건**
>
> 해커 침입 경로 분석능력, 컴퓨터 바이러스 분석능력과 각종 프로그램 언어와 네트워크, 운영체제, 데이터베이스 등의 컴퓨터 시스템 전반에 걸친 풍부한 지식이 필요하다.

3.6 컴퓨터 프로그래머

컴퓨터 프로그래머는 사용자가 요구하는 소프트웨어를 개발하는 직업이다. 이를 위해 프로그래머는 사용자의 요구 사항들을 정확하게 파악해야 하며, 효과적인 개발 방식에 대해서도 설계할 수 있어야 한다.

> 💡 **필요조건**
>
> 소프트웨어를 어떻게 개발하는 것이 좋을지 분석하는 능력, 문제 해결 과정의 설계 능력, 컴퓨팅 시스템을 동작시키기 위한 논리적 사고를 갖추어야 한다. 컴퓨터 프로그래머 역시 프로그램의 완성을 위해서 여러 사람과 함께 작업을 해야 하므로 의사소통 능력과 협동 능력이 필요하다. 그리고 프로그램을 완성하는 데에 필요한 책임과 인내심, 도전 정신도 요구된다.

4 ｜ 미래의 직업세계

4.1 직업세계의 변화를 가져오는 메가트렌드

일반적으로 21세기는 지식기반, 정보화, 세계화의 사회로 언급된다. 지식과 기술이 고도화함으로 단순 기술이나 기능을 활용하는 직업은 사라지고 컴퓨터와 기계를 활용하는 직업이 주종을 이룰 것이다. 또, 방송매체의 발달과 인터넷이 널리 보급되어 세계 각지에서 일어나는 일이나 정보를 실시간으로 받아 볼 수 있게 되므로 우리의 경쟁상대는 바로 세계 각 지역의 전 세계인이라 할 수 있다. 또 이미 일부에서 시작되었지만 사람들의 직업 형태나 모습도 대단히 다른 형태를 띠게 된다. 한 직장에서 일평생 근무하고 퇴직하던 평생직장은 거의 없어지게 된다. 경기 변동의 변화에 따라 취직과 퇴직이 수시로 일어나게 되고 직업이 사라지기도 하며 반대로 새로운 직업이 출현하기도 하면서 인생 중반 새로운 직업을 갖게 되는 모습도 일반적이게 된다. 한마디로 사회 전반은 물론, 직업세계 역시 변화가 많고 유동적이 된다.

미래의 직업세계는 전체 세계에 영향을 미치는 사회경제, 환경의 변화와 한국사회만의 고유의 특성 변화에 따라 매우 다양한 변화를 겪을 것이다. 이렇게 미래의 직업세계에 영향을 미치는 큰 변화, 즉, 메가트렌드는 첨단기술의 변화, 자연환경 변화, 그리고 사람의 변화(인구의 변화, 가치관의 변화, 소통방식의 변화)를 들 수 있다.

로봇기술, 인공지능, 유전공학 등과 같은 첨단과학기술분야의 발전은 우리의 상상을 초월하는 속도로 진행되고 있으며 이는 우리 사회 전 영역에 영향을 미치고 있다. 로봇기술의 발전은 의료서비스, 제조업, 가사노동 등 사회 전반에 걸쳐서 큰 영향을 미쳐 직업세계에도 변화를 가져올 것이며 유전공학과 신약의 개발은 인간의 수명을 연장시켜 고령화를 심화시킬 것이다. 또한 고령화는 새로운 직업의 탄생, 혹은 직업의 특성 변화에 큰 영향을 줄 것이다.

아울러 자연환경의 변화 역시도 미래의 사회, 미래의 직업 세계에 커다란 변화를 줄 것이다. 온난화로 인하여 북극의 빙하가 줄어들고 지구의 온도는 계속 상승함으로 이에 따른 자연재해가 끊이지 않고 있다. 이에 따라 환경을 보호하며 성장하는 녹색성장에 대한 전 사회적인 관심이 증가하고 있다. 이러한 녹색성장과 관련된 다양한 형태의 새로운 직업이 생겨날 것이고 어떤 직업들은 변화가 필요할 것이다.

사람과 관련하여서는 우선, 인구의 변화를 들 수 있다. 인구변화는 사회마다 다소간의 차이가 있고 양상도 다르게 나타날 것이다. 아프리카와 같은 저개발국가에서는 인구가 급증하겠지만 반대로 한국과 같은 곳은 저출산으로 인한 인구감소가 더욱더 뚜렷하게 나타날 것이다. 그리고 고령화에 따라 노인인구가 급증하게 되고 외국인과의 결혼, 외국 근로자들의 유입으로 외국 국적의 사람들도 늘어날 것이다. 이러한 저출산, 고령화, 다양화에 따른 인구의 변화는 우리 사회의 경제, 정치, 사회, 문화 분야에 광범위한 영향을 줄 것이며 직업세계도 영향을 받아 새로이 생성되는 직업 또는 감소되는 직업들이 생겨날 것이다.

인구 변화 외에도 사람들의 가치관도 변화할 것이다. 더 많이 소유하고, 더 편하게, 더 빠르게 가고자 하는 자본주의적 가치에 대한 전반적인 회의와 더불어 재검토가 일어나고 있다. 점차 대안적 삶의 가치관에 대한 사람들의 욕구가 강해지며 사람들의 심리적, 내면적 변화를 일으키고 이것은 소비하는 상품과 서비스에도 영향을 미칠 것이다. 또한 사람들의 소통방식의 급격한 변화도 일의 세계에 큰 영향을 미칠 것이다.

인터넷이 대중화되고 널리 보급되며 소통하는 방식도 크게 변화한다. 인터넷을 통해서 정보를 매우 신속히 수집하며 의견의 교류도 인터넷 상에서 이루어진다. 또한 지식의 전달 방법 역시 온라인 교육이나 다양한 형태의 인터넷 네트워킹을 통한 방법으로 이루어진다. 이러한 소통방식의 변화는 사람들의 소비생활, 여가생활, 교육 및 일의 모습에도 큰 영향을 미치게 된다.

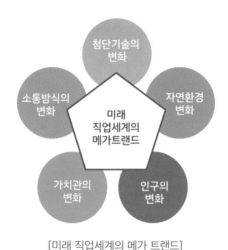

[미래 직업세계의 메가 트랜드]

4.2 미래의 직업세계의 모습

1 밝은 모습

환경의 변화와 더불어 볼 때 미래의 직업세계는 밝은 면과 어두운 면을 동시에 갖는다. 밝은 면은 사회가 점차 발전함에 따라 다양한 직업이 생겨난다는 것이다. 실제 미국에서는 지난 60여 년간 직업 종류수가 1만 2천여 개 더 생겨났고, 한국 역시 지난 50여 년간 1만 개 이상의 직업들이 생겨났다. 게다가 이러한 새로운 직업들은 많은 경우 고급의 지식과 기술을 활용하는 것들로서 상대적으로 임금이나 고용환경이 좋은 직업이라고 할 수 있었다. 또한 직업영역별로 수요가 늘고 성장하는 직업이 생겨난다. 이러한 성장 가능성이 높은 직업영역으로는 다음과 같다.

- **사람의 온기와 숨길이 반드시 필요한 직업들** : 영성적인 프로그램 활동가, 심리치료 활동가, 마사지 전문가 등

- **첨단과학 기술분야의 연구 개발자** : 나노, IT, 생명공학 부문의 연구자들에 대한 수요는 현재에도 매우 높으며 앞으로도 계속해서 더욱 가속화 할 것으로 전망
- **교육과 인재개발 관련 직업** : 고령화가 진행되고 직업사회가 빠르게 변화하며 학습에 대한 수요가 증가. 인구감소에 따라 미성년자를 위한 학교 교육 수요는 감소하나 성인 학습자를 위한 교육수요는 더욱 증가할 것으로 전망
- **녹색직업** : 환경 관련 부문의 다양한 직업에 대한 수요가 증가. 에너지 절약 기술, 재생 에너지 활용기술, 풍력발전과 같은 녹색 기술자에 대한 수요뿐 아니라 탄소배출권 관련 금융 등 금융전문가, 환경교육과 관련한 교육 서비스업종에 대한 수요도 증가할 것으로 전망
- **문화적 '재미' 관련 직업** : 사람들의 여가가 증가함에 따라 여가생활과 관련한 다양한 직업들이 창출. 또한 취향의 세분화 및 고급화 경향에 따라 의식주와 관련된 전문서비스 업들이 생겨날 것으로 전망
- **고령화 관련 직업** : 고령화가 진전됨에 따라 노인들을 위한 다양한 서비스와 상품 즉, 노인질환에 관련한 전문가, 노인의 학습이나 여가 관련 전문가, 요양시설 관련 직업들이 증가할 것으로 전망

2 어두운 모습

미래의 직업세계의 밝은 면 뒤에는 단점으로서 어두운 모습도 전망된다. 경제가 발전할수록 좋은 일자리가 더 많이 생겨나기보다는 첨단기술과 전산화로 인하여 일자리 개수는 오히려 감소하고 있는 것이다.

실제로 1980년대에는 GDP가 10억 원 증가할 때마다 일자리가 18개 늘어났지만, 지금은 11개 정도로 감소하였다. 그리고 2005년 이후 대기업, 금융기관, 공무원 등의 부문에서 일자리가 30만 개 정도 증가하였다면 대졸 이상 구직자는 250만 명 이상으로 더 큰 폭으로 증가하였다.

소위 고용없는 성장, 일자리를 창출하지 못하는 경제성장의 문제가 심각하게 대두되었으며 일자리 간 양극화도 심화하여 최고소득의 직업과 최저소득의 직업 간 소득 격차는 매우 급격하게 벌어지고 있다.

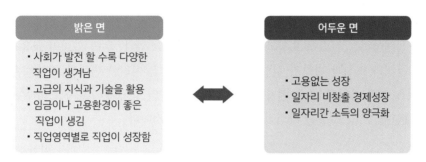

[미래의 직업세계의 밝은 면과 어두운 면]

3 대안적 일자리와 직업의 주류화

고용 없는 성장이 계속 진행됨에 따라 기업(사부문)이나 공무원(공부문) 같은 영역 이외의 제 3섹터의 일자리 즉, 사회적 기업이나 NGO 등과 같은 영역에서 직업 창출이 늘어날 수 있을 것으로 기대된다. 실제 미국의 경우, 국가 총생산액의 11%가 제 3섹터에서 창출된 것이라고 보고하고 있으므로 점차 제 3섹터의 기능과 역할은 커져 갈 것이다.

또한 개개인이 자신의 창의적 지식과 아이디어를 기반으로 '1인 기업'의 창업도 증가할 것이다. 이러한 소규모 작은 지식기반의 기업들이 서로 네트워킹을 통하여 대형 규모의 프로젝트를 수행한다면 대기업이나 공공부문이 갖는 비효율성을 극복한 효율적이고 창의적인 방식이 될 것이다.

4.3 변화하는 직업사회와 인재

직업세계의 빠른 변화에 휩쓸리지 않고 그 흐름을 이끌고 활용하는 주도적인 인재란 빠르게 답을 찾아내어 실수하지 않는 수렴적 태도를 보이는 사람이 아니라 새로운 생각으로 문제 해결방법을 만들어 내는 창의성을 가지며 다양한 정보와 기술, 다양한 사람, 차이를 아우르며 통합하는 통합 능력을 갖추고 의사소통이나 자기 관리와 같은 기본역량, 또 평생학습의 태도를 갖춘 유연한 발산적인 능력을 갖춘 사람이다.

창의성과 통합 능력은 다양성과 실패를 용인할 수 있는 분위기와 폐쇄되고 고립된 형태가 아니라 열린 공간에서 함께 일할 때 길러질 수 있다. 그러나 안타깝게도 한국의 교육 현실은 '시험공부'라는 협소한 틀에 아이들을 몰아넣고 '성적'이라는 한 가지 기준으로 아이들을 끊임없이 줄 세우기를 하며 실수하지 않는 치밀한 시험 준비 능력을 강조하고 있다.

이러한 한국 교육의 분위기와 현실은 직업사회의 변화에 능동적이고 역동적으로 대응하여 인재를 양성해야하는 시대적 요청과는 그 길을 달리하고 있다. 우리 사회의 교육의 모습에 전면적인 반성과 혁신과 변화가 절실히 필요한 시점이다. 이러한 변화와 혁신을 위해 교육계 내부의 노력뿐 아니라 '좋은 일자리 부족', '일자리간의 양극화'라는 구조의 문제도 반드시 함께 개선될 수 있도록 전 사회적인 지원이 필요할 것이다.

마무리하기

1. 업무처리를 위한 새로운 접근방식은 크게 세 가지 범주로 분류할 수 있다.
   - 역동성 : 업무 환경 변화에 신속히 적응 가능한 능력
   - 협력성 : 조직 내외의 자원을 활용하고 통찰력을 공유하여 업무처리 가능한 능력
   - 연결성 : 시간, 거리 또는 조직적 경계에 관계없이 정보에 접근 가능한 능력

2. 일반적인 소프트웨어의 개발과정은 문제분석 → 소프트웨어설계 → 소프트웨어구현 → 테스트와 디버깅 → 소프트웨어유지 보수 순으로 이루어진다.

3. 컴퓨터 분야 직업에서 요구되는 역량은 컴퓨팅 사고력, 문제해결력과 창의력, 끈기와 인내, 의사소통 능력, 컴퓨터에 대한 지식을 갖추어야 한다.

4. 미래의 직업세계는 글로벌 사회 전반에 영향을 미치는 변화와 한국사회의 고유의 특성변화에 따라 매우 다양화 될 것이다. 미래의 직업세계에 영향을 미칠 큰 변화 즉, 메가트렌드로는 첨단기술의 변화, 자연환경 변화, 그리고 사람의 변화를 들 수 있다.

5. 변화하는 시대에서 추구하는 올바른 인재상은 새로운 생각으로 문제 해결방법을 만들어 내는 창의성을 가지며 다양한 정보와 기술, 다양한 사람, 차이를 아우르며 통합하는 통합 능력을 갖추고 의사소통이나 자기 관리와 같은 기본역량, 또 평생학습의 태도를 갖춘 유연한 발산적인 능력을 갖춘 사람이다.

주제	업무환경변화와 컴퓨터분야직업		일자	
이름		학과	학번	

1. 스마트 라이프시대의 새로운 업무처리 접근방식이 <u>아닌</u> 것은?

   ① 역동성

   ② 접근성

   ③ 상호연결성

   ④ 협력성

2. 일반적인 소프트웨어의 개발과정 순서로 맞는 것은 무엇인가요?

   ① 문제분석→소프트웨어설계→테스트와 디버깅→소프트웨어구현→소프트웨어유지 보수

   ② 소프트웨어설계→문제분석→소프트웨어구현→테스트와 디버깅→소프트웨어유지 보수

   ③ 소프트웨어설계→문제분석→테스트와 디버깅→소프트웨어구현→소프트웨어유지 보수

   ④ 문제분석→소프트웨어설계→소프트웨어구현→테스트와 디버깅→소프트웨어유지 보수

3. 미래의 직업세계의 특징이 <u>아닌</u> 것은?

   ① 녹색직업에 관련된 수요가 증가한다.

   ② 소득의 격차가 감소한다.

   ③ 인구의 변화는 직업세계에 영향을 미치지 않는다.

   ④ 소통방식의 변화는 사람들의 소비생활, 여가생활, 교육, 일의 모습에도 크게 영향을 미치게 된다.

4. 4차 산업혁명시대의 컴퓨터분야의 유망한 일자리를 조사하여 보시오.

CHAPTER 2

컴퓨터와
모바일 기기

CONTENTS

SECTION · · ·

컴퓨터 하드웨어와 모바일 기기

학습목표

1. 컴퓨터 하드웨어는 어떤 부품으로 구성되어 있는지 이해할 수 있다.
2. 중앙처리장치, 기억장치, 입출력 장치, 통신장치의 종류와 기능에 대해 알 수 있다.
3. 모바일 시대의 등장 배경을 이해하고, 모바일 기기에 대해 설명할 수 있다.

1 계산하기, 컴퓨팅하기

컴퓨터는 자료 또는 명령어들을 입력받아 이진법을 이용하여 일정하고 논리적인 과정으로 계산하고 처리하는 전자기기로, 처리결과는 다양한 형태의 출력 장치로 출력이 가능하다. 초기의 컴퓨터는 단순히 사칙연산을 비롯한 계산을 빠르고 정확하게 처리하기 위한 목적으로 개발되었으나 컴퓨터 기술이 점차 발달하며 데이터를 저장하는 능력과 빠른 속도의 처리 능력을 보이면서 컴퓨터의 활용 범위는 점점 더 넓은 분야로 확대되기 시작하였다.

[세계 최초의 컴퓨터 에니악]

이렇듯 오늘날의 컴퓨터는 우리 사회의 여러 분야에서의 복잡한 일들을 분석하여 문제 해결에 도움을 주거나 단순하고 반복적인 일을 대신 처리하여 편리함을 주는 등 우리 사회에 없어서는 안 될 필수적인 장치로 발전하였다.

2   컴퓨터 본체 안에는 무엇이 들어 있을까?

하드웨어는 컴퓨터의 구성체 중에서 우리가 실제로 만질 수 있는 물리적이고 기계적인 전자 장치 자체를 가리키는 것으로 이 장치를 통해 자료를 입력하거나 실제 계산이나 컴퓨팅 처리가 진행되며 그 결과를 출력하거나 저장하는 기능을 수행한다. 하드웨어의 기능을 사람과 비교해서 살펴본다면 사람이 보고, 듣고, 말하고, 기억하고, 판단하고, 특정한 행동을 수행할 수 있는 것과 같이 컴퓨터도 하드웨어의 기능을 사용하여 입력, 연산, 제어, 기억, 출력을 수행하게 된다. 이와 같은 물리적인 하드웨어 장치를 컴퓨터 시스템의 5대 장치라고 한다.

컴퓨터의 중요 장치인 중앙처리장치(CPU)는 기억, 해석, 연산, 제어 기능을 수행한다. 최근에는 컴퓨터의 5대 장치를 다음과 같이 재정의하는데, 기존의 연산과 제어 기능을 합하여 입력, 처리, 기억, 출력장치에 네트워크를 위한 통신장치를 더한 것이다.

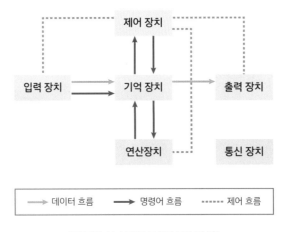

[컴퓨터 시스템(H/W)의 5대 장치]

2.1 중앙처리장치(CPU : Central Processing Unit)

중앙처리장치(CPU)는 사람의 두뇌와 같은 역할을 하기 때문에 컴퓨터의 가장 중요한 부분 중 하나이다. 두뇌가 없다면 인간은 아무런 사고와 행동을 할 수 없는 것처럼 컴퓨터도 CPU가 없다면 아무런 기능을 할 수 없다. CPU는 입력장치로부터 자료와 정보를 받아서 연산하거나 명령어를 해석하여 처리한 후 그 결과를 출력 장치로 보내는 연속되는 과정을 수행하고 컴퓨터가 동작하는 데 필요한 컴퓨터의 모든 장치를 조정한다. 그러므로 컴퓨터 시스템의 전체적인 성능은 이 장치의 성능에 따라 결정된다 할 수 있다.

CPU 중에서도 각종 전자부품과 반도체 등 중앙처리장치 전체를 하나의 칩 속에 넣어 만든 형태를 마이크로프로세서(Micro Processor)라고 부르며 제어 장치, 연산 장치, 레지스터로 구성되어 있다.

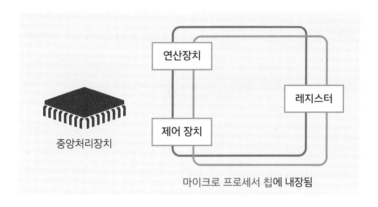

마이크로 프로세서 칩에 내장됨

1 제어장치(CU : Control Unit)

제어장치는 컴퓨터의 입출력 장치를 기본으로, 모든 장치 간 서로 유기적인 동작과 처리가 진행될 수 있도록 제어, 지시, 감독, 통제하는 역할을 한다. 특히, 입출력 장치에서 이루어지는 명령어들을 읽고 연산코드를 해석하여 그에 따른 필요한 입출력과 연산 장치에 의해 이루어지는 연산을 제어한다. 제어장치는 명령 계수기, 명령 레지스터, 명령 해독기, 번지 해독기, 부호기 등으로 구성된다.

2 연산장치(ALU ; Arithmetic Logical Unit)

연산장치는 주기억 장치나 외부의 입력에서, 또는 중앙처리장치 내의 레지스터에서 연산에 필요한 자료를 입력받아 제어장치(CU)가 제어와 지시, 명령하는 순서에 따라 산술 연산, 논리 연산, 관계 연산 등 다양한 실제 산술 논리 연산을 수행하는 장치이다. 연산장치는 가산기, 보수기, 누산기, 데이터 레지스터 등으로 구성된다.

3 레지스터(Register)

레지스터는 중앙처리장치 내에 있으며 저장 공간은 비록 작지만 매우 빠른 속도로 동작하는 임시 고속 기억 회로 장치이다. CPU는 자체적으로 데이터를 저장할 수 없으므로 명령어 과정에서 필수적으로 생기는 일부 저장자료의 처리를 위해 해당 데이터를 주기억 장치에서 읽어서 임시 저장하거나 임의의 데이터에 대한 처리결과를 일시적으로 저장하는 장소로 사용한다.

2.2 기억장치(Main Memory)

기억 장치란 컴퓨터에서 소프트웨어와 애플리케이션 등을 실행 중, 입력된 데이터를 연산 처리 하거나 연산 결과를 단기적 또는 장기적으로 보관하기 위한 장소이다. 컴퓨터의 기억 장치는 크게 주기억 장치와 보조 기억 장치로 나눌 수 있다.

1 주기억 장치

CPU가 마이크로프로세서칩 외부에서 직접 참조하는 고속의 메모리로, 내부 기억 장치라고도 한다. 고속의 빠른 처리 속도를 갖는 기억 장소이므로, 프로그램을 실행할 때 필요한 프로그램이나 자료를 이곳으로 이동시켜 고속으로 처리 또는 실행한다. 프로그램을 기억하는 프로그램 영역, 입력 자료를 기억하는 영역, 출력 자료를 기억하는 영역, 작업의 중간 계산 결과를 기억하는 작업 영역으로 구성된다.

① ROM(Read Only Memory)

ROM은 Read Only Memory 즉, 한 번 기록한 정보에 대해 오직 읽기만을 허용하며 일반적으로는 쓰기가 불가하다. 또 컴퓨터의 전원 공급이 없어도 저장 내용이 사라지지 않는 비휘발성 기억 장치다. 일반적으로 사용자의 수정이 필요 없이 기본 기능만을 처리하는 간단한 입출력 프로그램이나 펌웨어(Firmware)를 저장하기 위한 장소로 사용한다.

펌웨어(firmware)는 하드웨어를 제어하기 위한 프로그램으로 일반적으로 ROM에 저장되어 있다. 프로그램이기 때문에 소프트웨어의 특성을 가지고 있으면서, 동시에 ROM 에 고정되어 특정 하드웨어를 실행하기 위해 기능하므로 하드웨어의 특성도 갖는다.

② RAM(Random Access Memory)

RAM은 실행중인 프로그램이나 데이터를 저장하며, 자유롭게 데이터를 읽고 쓸 수 있는 주기억 장치이다. RAM은 전원이 공급될 때만 저장 기능이 가능하며 전원이 꺼지면 저장된 내용이 사라지는 휘발성, 다시 말해 소멸성 메모리이다.

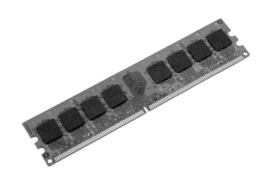

❷ 보조 기억 장치

주기억 장치는 속도는 빠르지만 한정된 기억용량을 가지므로 많은 양의 데이터를 기억하는 데에는 한계가 있다. 보조 기억 장치는 이를 보완하여 기억 능력을 확장하기 위한 장치이며 전원이 차단되어도 저장된 내용이 사라지지 않는다. 고속의 주기억 장치 대비 속도는 떨어지지만, 대용량의 데이터를 반영구적으로 저장할 수 있다.

① 하드디스크(Hard Disk)

하드디스크는 일련의 디스크들이 레코드판처럼 겹쳐져 있는 형태로서 이 디스크 표면의 '트랙'이라 불리는 동심원 안에 전자기적인 방법으로 데이터를 기록하는 보조기억장치이다. 대량의 데이터를 저장할 수 있으며 비교적 빠르게 접근할 수 있는 장점이 있다. 자주 사용하는 프로그램이나 데이터를 하드디스크에 저장하여 사용하면 데이터 접근 시간을 줄일 수 있고 처리시간이 단축되어 작업능률을 높일 수 있다.

② 광 디스크(Optical Disc)

광 디스크는 레이저 광과 디스크 홈의 반사를 이용하여 데이터를 기록하고 읽는 저장 매체이다. 직경 12cm의 콤팩트디스크 타입을 일반적으로 많이 사용하며 저렴한 가격으로 대용량의 저장이 가능하여 중요한 데이터의 백업 용도로 많이 사용된다. 대표적인 장치로는 CD-ROM, CD-R/W, DVD가 있으며 25GB 이상 기록 가능한 블루레이가 있다.

디스크의 모양으로는 CD, DVD, 블루레이의 구분이 어렵다.

③ SSD(Solid State Drive)

SSD는 하드디스크를 대체하게 될 차세대 반도체 보조 기억 장치로서 무소음, 저전력, 소형화, 경량화, 하드디스크 대비 고속의 속도를 지원하는 장점이 있다. 또 자기 디스크가 회전하는 방식의 하드디스크 드라이브(HDD)와 달리, 반도체 메모리를 이용하는 SSD는 기계장치에 의한 열과 소음이 발생하지 않으며 외부 충격에도 강하다.

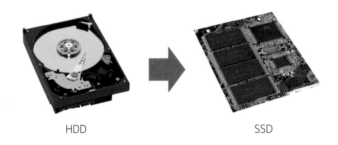

HDD   SSD

3 기타 기억 장치

① 캐시 메모리(Cache Memory)

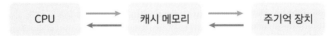

속도가 빠른 CPU와 상대적으로 CPU보다는 속도가 느린 주기억 장치 사이에 있는 휘발성의 고속 버퍼 메모리이다. 매우 고속이므로 자주 참조되는 데이터나 프로그램을 저장하여 버퍼역할을 하게 하여 결과적으로 CPU의 전체 처리시간을 감소시키는 데 그 목적이 있다. 캐시 메모리에는 입출력에 걸리는 시간이 일정한 특징을 갖는 정적램(SRAM)이 주로 사용되며, 주기억 장치보다는 훨씬 작은 용량을 갖는다.

② 가상 메모리(Virtual Memory)

주기억 장치가 한계를 갖는 경우, 기억 장치를 보다 확장하기 위해 하드디스크와 같은 보조 기억 장치 일부분을 사용하는 메모리 사용 기법이다. 주기억 장치를 보조하여 기억 장소를 확대하는 것이 목적이므로 현재의 주기억 장치만으로는 버거운 프로그램을 실행할 경우에 유용하다.

③ 버퍼 메모리(Buffer Memory)

컴퓨터의 주기억 장치와 다른 주변 장치 사이에서 데이터를 읽거나 기록할 때 일시적으로 기억할 수 있는 임시 기억 장치이다. 주기억 장치와 주변 장치 간에는 동작 속도, 접근 속도 등 전체적인 동작 성능이 차이가 발생함으로 두 장치 사이에 버퍼 메모리를 위치시켜 두 장치 간의 속도 차이를 보완하고 전체 성능을 높이기 위해 사용된다.

④ 플래시 메모리(Flash Memory)

플래시 메모리는 전원이 나가도 저장된 내용이 지워지지 않고 읽고, 쓰기가 수만 번 가능한 비휘발성 메모리로 주로 이동식 형태로 제작된다. USB, 디지털 카메라, MP3 Player 등 저장을 필요로 하는 다양한 디지털 기기에서 널리 사용된다.

2.3 입력장치(Input Unit)

입력장치는 컴퓨터가 인식할 수 없는 문자, 소리, 파형, 이미지 등과 같은 아날로그 형태의 외부 자료를 컴퓨터가 인식 가능한 디지털 신호로 변환하여 컴퓨터로 전달하기 위한 장치이다. 대표적인 입력장치로 키보드, 마우스, 스캐너, 터치패드, 디지타이저 등이 있다.

광학 마크 판독기 (OMR)		컴퓨터용 수성 사인펜으로 표시한 부분에 빛을 비추어 판독. 객관식 시험용 채점에 사용
광학 문자 판독기 (OCR)		인쇄된 문자에 빛을 비추어 판독. 세금고지서나 공공요금 청구서를 판독할 때 사용

자기 잉크 문자 판독기 (MICR)		자기 잉크로 인쇄된 문자나 기호를 판독. 수표 나 어음 판독에 사용
바코드 판독기 (BCR)		바형태의 코드에 빛을 비추어 판독. 상품에 인 쇄된 바코드를 인식하는 장치
스캐너 (Scanner)		그림이나 사진 등의 영상 정보를 디지털 그래 픽 정보로 변환하는 장치
터치패드		인체에서 발생하는 전자를 감지하는 센서 위 를 손가락으로 문지르거나 두드려 포인터의 위 치를 이동시키는 장치
생체 인식기		지문인식, 홍채인식, 지정맥인식, 음성인식, 얼 굴인식 등의 분야에 사용되는 장치

2.4 출력 장치(Output Unit)

출력 장치는 컴퓨터가 처리한 결과를 사용자가 확인할 수 있도록 결과물을 영상, 소리, 인
쇄물 등으로 변환하여 나타내 주는 장치로 모니터, 프린트가 대표적이다.

1 모니터(Monitor)

영상을 표시하는 출력 장치로, 눈으로 보며 컴퓨터를 사용하기 위한 필수 장치이다. 모니터에는 CRT, LCD, PDP, LED 모니터 등이 있다. 저렴한 모니터가 대중화하며 많은 사업현장에서는 듀얼 모니터 사용이 일반화되고 있다. 듀얼 모니터(dual monitor)는 하나의 컴퓨터 시스템에서 2개 이상의 모니터 장치를 사용하는 것을 말한다. 컴퓨터 작업이 많은 직군에서 보편적이며 증권사 같은 전문적인 금융환경의 경우 동시에 6대까지 사용하기도 한다.

[듀얼모니터]

2 프린터

컴퓨터에 저장된 또는 사용자가 원하는 데이터를 종이와 같은 인쇄 작업이 가능한 출력물에 텍스트 혹은 그래픽을 만드는 컴퓨터 출력 장치이다. 초기의 프린터는 도트 매트릭스 방식을 사용하여 출력하는 프린트가 사용하였으나, 현재는 일반적으로 잉크젯 프린터, 레이저 프린터를 사용한다. 한편, 인쇄 출력물 형태가 아닌 컴퓨터에 저장 가능한 디지털 전자문서 출력물을 출력하는 PDF 프린터와 같은 가상 프린터도 넓은 의미에서는 프린터의 일종으로 볼 수 있다.

2.5 통신 장치

통신 장치(Network Unit)는 컴퓨터, 스마트 기기 및 IoT 장비 간 서로 자료를 주고받을 수 있도록 통신 회선으로 연결하는 장치이다. 통신 장치의 종류에는 랜카드, 모뎀, 유무선 공유기 등이 있다.

[무선공유기]

3   모바일 기기

3.1 모바일 시대의 등장과 진화

정보통신 환경이 변화함에 따라 인터넷 환경도 발전하게 되었다.

초창기 인터넷은 '천리안' 서비스를 시작으로 PC 통신이 대중화가 시작되었으며, 초고속 통신망이 도입되고 인터넷이 일반화되며 폭발적인 인터넷 혁명이 일어났다. 2000년대는 모바일 기기가 널리 보급되고 보편화되면서 제2의 모바일 혁명이 일어났으며, 2010년대는 안드로이드와 iOS를 주로 사용하는 스마트 기기가 사용량이 증가됨에 따라 스마트 라이프 시대가 열리고 사물통신(Machine To Machine) 환경까지 구축하게 되었다.

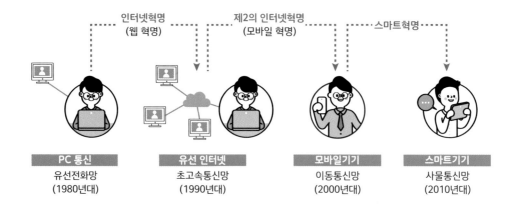

PC 통신	유선 인터넷	모바일기기	스마트기기
유선전화망 (1980년대)	초고속통신망 (1990년대)	이동통신망 (2000년대)	사물통신망 (2010년대)

이러한 스마트 라이프 시대는 2007년 6월 스티브 잡스의 애플에서 아이폰(iPhone)을 출시하며 더욱 빠르게 전개되었다. 그리고 점차 기존의 음성통화 서비스 사용은 감소한 반면, 모바일 인터넷을 사용하기 위한 데이터 서비스 요구는 증가하였다. 2016년 다보스포럼에서 클라우스 슈밥(Klaus Schwab)은 정보통신 기술(ICT) 융합으로 이루어지는 4차 산업혁명을 언급하였으며 인공지능, 사물인터넷, 빅데이터, 모바일, 로봇 등 첨단 정보통신기술이 경제, 사회 전반에 융합되어 나타나는 혁신적 변화가 일어나며 4차 산업혁명이 시작되었음을 알리고 있다. 이처럼 이동 통신망이 고속화되며 발전하고, 스마트폰이 대중화되고, 그리고 다양한 모바일 애플리케이션의 사용이 활성화 되었다. 그 결과 24시간 언제, 어디서든, 심지어 이동 중에도 인터넷 접속을 통해 정보를 공유하거나 의사소통, 또는 기타의 다양한 작업이 가능한 환경이 조성되었다.

3.2 모바일 기기

1 모바일 기기의 한계성

휴대성이 높아야 하는 모바일 기기는 특성상 크기가 작고 무게도 가벼워야 한다. 당연히 화면의 크기는 작아질 수밖에 없고, 프로세서의 성능도 PC에 비해 낮게 설계되었다. 배터리도 충전 량과 충전 속도와 같은 성능 상의 제약으로 인하여 전력 소모가 높은 프로세서는 구동에 어려움이 있을 수 있다. 또한 운영체제에 따라 일부 기기에서는 키보드나 마우스와 같은 편리한 입력장치 사용이 불가능하기에, 사용하기 편리한 사용자 인터페이스를 필요로 한다. 따라서 이러한 한계를 극복하기 위해서 모바일 기기의 새로운 인터페이스는 휴대성과 이동성을 높이도록 제작되고 있으며 더불어, 음성 입력, 카메라, 위치정보 등 모바일 기기의 센서 기능을 다양한 방법으로 활용하고 있다.

2 모바일 단말기의 종류

■ 일반 휴대폰

3G 혹은 3.5G 휴대폰은 스마트폰 이전의 휴대전화 단말기 형태의 '피처폰(Feature Phone)'을 말하며, 음성통화 이외에 간단한 무선인터넷 및 정보처리를 위한 낮은 성능의 컴퓨팅 기능이 내장되어있다.

■ 스마트폰(Smart Phone)

안드로이드, iOS와 같은 범용 운영체제를 탑재, 다양한 애플리케이션을 자유롭게 실행할 수 있는 고성능의 정보처리능력을 갖춘 폰을 말한다. 애플리케이션에 따라 PC처럼 다양한 기능을 수행할 수 있기에, '손 안의 PC'라고 불린다. 넓은 화면, 터치 입력 방식 등의 편리한 인터페이스, 다양한 멀티미디어 기능을 지원하며, 애플의 아이폰과 안드로이드 OS를 사용하는 삼성의 갤럭시, 구글의 픽셀이 대표적이다.

■ 태블릿 PC

애플에서 9.7인치 화면 0.5인치 두께의 아이패드(iPad)를 출시하며 새롭게 생긴 제품군으로 스마트 라이프 혁명에 큰 역할을 하였다. 태블릿 PC는 가벼우면서도 스마트폰 대비 큰 화면, 언제 어디서든 사용 가능한 모바일 인터넷, 대화면을 통한 멀티미디어 감상, 일부분 사무 작업 부문에서도 사용 가능한 장점을 갖는다. 삼성전자의 갤럭시탭, 애플사의 아이패드, 구글사의 넥서스 탭이 대표적이다.

■ **전자책 단말기**

아마존의 킨들(Kindle)은 가장 성공한 전자책 단말기로 이 제품이 출시되며 전자책 단말기 시장이 형성되었다. 태블릿 PC와 같이 이동 중에 무선 인터넷으로 출판물을 구독하거나 멀티미디어 데이터도 받을 수 있고 태블릿 PC 대비 저렴한 장점이 있지만, 일부 성능적인 면에서 태블릿 PC 대비 낮은 한계를 갖는다.

일반 휴대폰

스마트폰

iPad

Kindle File

마무리하기

1. 컴퓨터 하드웨어는 중앙처리장치, 기억 장치, 입력장치, 출력 장치, 통신 장치로 구성된다.

2. 중앙처리장치는 컴퓨터의 두뇌에 해당하며 정보를 관리하고 데이터의 흐름을 감독하며 지시하는 제어 장치와 수치 계산과 논리 연산이 이루어지는 연산장치, 임시기억장치인 레지스터로 구성된다.

3. 기억장치는 컴퓨터에서 애플리케이션 실행 정보를 저장하거나 입력된 데이터의 연산 결과를 단기적 또는 장기적으로 보관하기 위한 장소이다.

4. 주기억장치에는 비휘발성 메모리인 ROM과 휘발성 메모리인 RAM이 있고, 보조기억장치에는 하드디스크, 광디스크, SSD 등이 있다.

5. 캐시 메모리는 CPU와 주기억 장치 사이에 있으며, CPU와 주기억 장치의 속도차이를 해결해주는 휘발성의 고속 버퍼 메모리이다.

6. 입력장치는 컴퓨터가 인식할 수 없는 문자, 소리, 파형, 이미지 등과 같은 아날로그 형태의 외부 자료를 컴퓨터가 인식 가능한 디지털 신호로 변환하여 컴퓨터로 전달하기 위한 장치로 키보드, 마우스, 스캐너, 터치패드 등이 있다.

7. 출력 장치는 컴퓨터가 처리한 결과를 사용자가 확인할 수 있도록 결과물을 영상, 소리, 인쇄물 등으로 변환하여 나타내 주며 모니터, 프린트, 스피커 등이 있다.

8. 통신 장치는 컴퓨터, 스마트 기기 및 IoT 장비 간 서로 자료를 주고받을 수 있도록 통신 회선으로 연결해주며 종류로는 랜카드, 모뎀, 무선 공유기 등이 있다.

9. 모바일 기기는 휴대성과 이동성이 좋으며, 종류로는 일반 휴대폰, 스마트폰(Smart Phone), 태블릿 PC, 전자책 단말기 등을 말한다.

주제	컴퓨터 하드웨어와 모바일 기기		일자	
이름		학과		학번	

1. 실행중인 프로그램이나 데이터를 저장하며, 자유롭게 데이터의 판독과 기록이 가능한 주기억 장치는 무엇인가?

   ① 캐시메모리　　　　　　　　　　② 플래시메모리

   ③ ROM　　　　　　　　　　　　④ RAM

2. (　　　　)은(는) 하드디스크를 대체할 무소음, 저전력, 소형화, 경량화, 고효율의 속도를 지원하는 차세대 반도체 보조 기억 장치이다.

3. 스마트 라이프 시대는 언제부터 시작되었는가?

   ① 삼성이 갤럭시를 발표할 때

   ② 애플이 아이폰을 발표할 때

   ③ 애플이 아이패드를 발표할 때

   ④ 클라우스 슈밥이 4차산업혁명을 발표할 때

4. (　　　　)은(는) 주기억장치의 크기보다 큰 프로그램을 실행하기 위해 디스크의 일부 영역을 주기억장치처럼 사용하게 하는 메모리이다.

5. 다음 중 플래시 메모리에 대한 설명으로 옳지 않은 것은?

   ① 소비전력이 작다.

   ② 휘발성 메모리이다.

   ③ 정보의 입출력이 자유롭다.

   ④ 휴대전화, 디지털 카메라, 게임기, MP3 플레이어 등에 널리 이용된다.

6. 다음 중 컴퓨터의 CPU에서 덧셈, 뺄셈, 곱셈, 나눗셈 기능을 수행하는 장치로 옳은 것은?

① 레지스터　　　　　　　　　　② 바이오스(BIOS)장치

③ 연산장치(ALU)　　　　　　　　④ 제어장치(CU)

7. 다음 중 컴퓨터에서 사용되는 입력장치에 해당되지 않는 것은?

① 키보드　　　　　　　　　　　② 스캐너

③ 터치스크린　　　　　　　　　④ 펌웨어

8. (　　　　)은(는) HD급 고화질 비디오를 저장할 수 있는 차세대 광학 장치로 디스크 한 장에 25GB이상을 저장할 수 있다.

9. (　　　　)은(는) 사람의 두뇌와 같은 역할을 하며 컴퓨터의 가장 중요한 부분 중 하나이다. 입력 장치로부터 자료와 정보를 받아서 연산하거나 명령어를 해석하여 처리한 후 그 결과를 출력 장치로 보내는 역할을 수행한다.

10. 레지스터에 대해 설명하시오.

2 SECTION ···

컴퓨터 소프트웨어와 모바일 앱

학습목표

1. 소프트웨어의 종류에 대해 이해할 수 있다.
2. 운영체제의 정의와 특징에 대해서 이해할 수 있다.
3. 응용 소프트웨어의 종류에 대해서 이해할 수 있다.
4. 모바일 앱의 개념과 특징을 이해할 수 있다.

1 소프트웨어(Software)의 개념

소프트웨어는 컴퓨터의 하드웨어 자원을 활용하여 특정 목적을 달성하기 위한 프로그램이며 처리 절차에 관한 기술 및 각종 문서들을 포함하는 프로그램 전체를 말한다. 컴퓨터는 소프트웨어를 통해 작성된 프로세서에 따라 논리적 과정과 단계를 거쳐 동작한다. 이러한 소프트웨어는 크게 시스템 소프트웨어와 응용 소프트웨어로 구분할 수 있다.

[컴퓨터 시스템의 계층 구조]

예를 들어, 윈도우를 운영체제로 구동하는 컴퓨터에서 워드 작업을 한다면 이 작업을 하는 사람은 사용자에 해당되며, 응용 소프트웨어는 MS Word를 말하고, 시스템 소프트웨어는 윈도우가 되며, 사용자가 작업하는 컴퓨터 기기가 하드웨어이다.

2 　 시스템 소프트웨어

시스템 소프트웨어는 사용자가 편리하게 컴퓨터를 사용하고 응용 소프트웨어를 지원하기 위한 소프트웨어로, 운영체제와 언어 번역 프로그램이 이에 해당한다. 시스템 소프트웨어의 목표는 일반적으로 하드웨어 자원의 관리, 다른 시스템 소프트웨어와 응용 소프트웨어의 실행 지원, 사용자와 하드웨어 사이에서 중재자 역할에 있다. 대표적인 운영체제로는 윈도우, 맥 OS, 리눅스, 유닉스 등이 있다.

2.1 운영체제(OS: Operating System)

1 운영체제의 정의

운영체제는 전체 컴퓨터 시스템을 운영하기 위한 소프트웨어로서 컴퓨터 하드웨어를 관리하는 역할뿐만 아니라, 소프트웨어를 실행하기 기본 동작을 운영하고 관리하는 역할을 한다. 또한, 컴퓨터와 사용자 간의 중간자 역할을 함으로 사용자는 컴퓨터를 쉽고 편리하게 사용할 수 있다. 이러한 운영체제의 몇 가지 특징은 다음과 같다.

1. 컴퓨터 시스템을 제어하는 프로그램들의 집합

2. 하드웨어와 사용자 또는 응용 프로그램 사이에 위치

3. 하드웨어와 사용자 또는 응용 프로그램이 쉽고 편리하게 컴퓨터 시스템을 이용할 수 있도록 컴퓨터 시스템 제어 및 관리

4. 초기 운영체제는 단일 사용자 형태

5. 유닉스를 시작으로 다중 사용자, 다중 작업 운영체제

[운영체제 특징]

2 운영체제의 역할

컴퓨터 하드웨어를 사용자가 직접 조작하여 컴퓨터를 사용한다는 것은 매우 힘들고 비효율적이다. 따라서 사용자와 하드웨어 사이를 연결해 주며 하드웨어를 쉽게 사용할 수 있도록 별도의 소프트웨어가 필요한데, 그것이 바로 운영체제이다. 또한, 어떤 응용 소프트웨어가 특정 하드웨어 장치 또는 기능을 사용하고자 할 때도 중간에서 응용 소프트웨어의 하드웨어 제어를 도와주는 매개하는 역할도 수행한다. 컴퓨터에 전원을 공급하면 사용자가 컴퓨터를 사용할 수 있도록 먼저 운영체제가 실행되고, 반대로 컴퓨터를 종료하는 경우에는 전원이 끊어지는 순간까지 컴퓨터 시스템을 관리한 후 종료한다.

3 운영체제의 종류

운영체제는 컴퓨터를 위한 컴퓨터 운영체제와 이와 유사하지만 스마트 기기를 위한 별도의 운영체제인 모바일 운영체제로 나눌 수 있다.

■ 컴퓨터 운영체제

① DOS(Disk Operating System)

DOS는 초기의 개인용 컴퓨터에서 사용하던 운영체제이다. 명령어를 키보드를 이용하여 직접 입력하는 단순한 형태의 인터페이스를 사용하였다. 그래서 특정 기능을 사용하기 위해서는 해당 명령어를 알아야만 했기 때문에 사용이 어렵고 불편하였다. 하지만, 컴퓨터의 리소스를 적게 사용하고 운영체제를 위한 저장 공간이 매우 적어 현재는 단순한 프로그램을 실행하기 위한 내장형 운영체제로 사용한다.

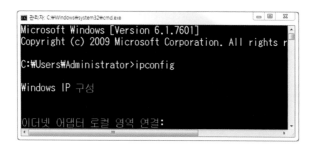

② 윈도우(Windows)

윈도우는 DOS를 개발했던 마이크로소프트사에서 GUI(Graphical User Interface)용으로 개발한 운영 체제로, 현재 전 세계적으로 가장 널리 사용되고 있다. DOS와 달리, 그래픽 중심의 인터페이스(GUI)여서 편리한 사용자 환경을 제공한다. 작업창을 도입하여 여러 개의 작업을 동시에 실행할 수 있는 멀티태스킹(Multitasking) 기능을 지원하며, 하드웨어를 설치할 때 설정을 자동으로 처리하여 충돌을 방지해 주는 PnP(Plug and Play) 기능도 지원한다. 그 외 디지털 미디어 제어 기능을 지원하는 등 사용자 중심의 인터페이스와 기능들로 지금까지 널리 보급될 수 있었다.

③ 유닉스(Unix)

1969년 미국의 AT&T사의 벨 연구소에 직원인 캔 톰슨과 데니스 리치 등이 개발한 멀티 태스킹과 다중 사용자를 지원하는 운영체제이다. 기존의 벨 연구소에서 개발한 운영체제 MULTICS는 많은 실험적 기능으로 인해 크고 복잡하였기에 이보다는 더 작고 실용적이면서도 일관성 있는 운영체제를 목적으로 만든 것이 UNICS이고, 이것이 UNIX의 시작이다. 현재는 이 커널을 활용하는 여러 운영체제가 개발되어 다양한 중·대형 컴퓨터의 운영체제로 사용되었으며 솔라리스와 FreeBSD 유닉스 운영체제로도 발전하였다.

④ 리눅스(Linux)

리눅스는 소스 코드가 공개된 운영체제 또는 리눅스 커널을 가리키는 말로, 핀란드의 대학생 리누스 토발스에 의해 1990년 초에 처음 개발되었다. 소스 코드가 공개되어 있는 대표적인 오픈 소스 운영체제로서 누구나 개발에 참여할 만큼 국제적 공동체를 이루었고 그 결과 현재는 컴퓨터는 물론, 스마트 기기, 개인용 장비에까지 광범위하고 이용되고 있다.

⑤ 맥 OS(MAC OS)

맥 OS는 애플(Apple)이 만든 유닉스 기반의 운영체제로서 매킨토시(Macintosh) 컴퓨터 전용 운영체제로 개발되었다. 맥 OS의 마우스와 터치패드를 사용하는 그래픽 사용자 인터페이스(GUI)는 단순하면서 사용자 친화적이었기에 대중화할 수 있었다. 예를 들어, 멀티 터치 기능은 마우스나 키보드 없이도 손으로 쓸어 화면을 넘길 수 있으며, 애플(Apple) 제품들은 서로 비슷한 기능을 사용함으로써 기존 사용자도 쉽게 다른 제품을 사용할 수 있다.

[Mac 운영체제 화면]

■ **모바일 운영체제**

① 안드로이드(Android)

안드로이드는 오픈 소스인 리눅스 커널을 기반으로, 구글에서 개발한 프로그래밍 언어인 자바(JAVA)를 사용하여 만든 모바일 운영체제이다. 2007년 11월, 구글은 이 운영체제를 휴대용 모바일 기기 장치 즉, 스마트폰 등을 위한 운용체제로써 오픈 플랫폼의 무료 공개를 발표하였다. 이후, 안드로이드 운영체제를 이용하는 스마트폰의 일반적인 명칭은 안드로이드폰이 되었다. 안드로이드는 호환성이 우수하여 컴퓨터에서 사용하는 파일 형식 대부분을 그대로

[안드로이드 로고]

사용할 수 있어 윈도우나 다른 운영체제를 사용하는 컴퓨터나 장치와의 연동이 자유롭다. 또한 안드로이드 마켓을 이용한다면 쉽고 편리하게 다양한 응용 소프트웨어를 내

려받아 사용할 수 있다. 오픈 플랫폼의 무료 공개 운영체제여서 라이선스 없이 사용 가
능하므로 많은 모바일 기기 제조업체들이 채용하여 사용하고 있다.

② iOS

iOS는 애플(Apple)이 생산하는 모바일 장치에 탑재된, 유닉스
기반의 모바일 전용 운영체제이다. iOS는 2007년 애플의 스마
트 모바일 기기인 아이폰에 탑재되어 발매되었을 때 처음 공개
되었고 다른 모바일 기기인 아이팟 터치(iPod touch), 아이패드
에도 내장되어 사용되었다. 안드로이드를 비롯한 많은 모바일
운영체제가 오픈 소스화 정책으로 다양성과 공개성을 추구하는
반면, iOS는 소스를 공개하고 있지 않다. 하지만 기기와 소프트

[iOS 로고]

웨어 관련 정책이 오로지 애플에 의해서만 관리되므로 기기 간 호환과 최적화 면에서
뛰어난 성능을 보인다. 뛰어난 외관 및 UI 디자인, 빠르고 부드럽게 반응하는 멀티 터
치 기능으로 사용자의 충성도가 높으며 뛰어난 최적화와 기기 성능 및 다양한 응용 소
프트웨어를 내려 받을 수 있는 애플의 앱 스토어(App Store) 기능 등으로 인기를 얻고
있다.

③ 윈도 모바일(Windows Mobile)

윈도 모바일은 마이크로소프트사의 윈도우CE를 기반으로 개발된 소형 컴퓨터나 PDA
와 같은 모바일 기기를 위한 전용 운영체제이다. 윈도우 운영체제 환경에 터치식 사용
자 인터페이스를 추가하여 개발되었으므로 윈도우를 사용하던 컴퓨터 사용자들은 사
용상의 편리성과 친근감을 갖는다.

④ 바다(bada)

바다는 삼성전자가 스마트폰 탑재를 목적으로 개발하여 2009년 공식 발표한 모바일 운
영체제이다. 소비자와 개발자들의 요구를 최대한 반영하여 다양한 스마트폰 기능을 탑
재하며 발전하였으나 현재는 타이젠 OS로 흡수 합병되었다.

⑤ 심비안(Symbian)

심비안은 마이크로소프트사의 독점을 방지하고, 오픈 소스 모바일 운영 체제를 만들기
위해 삼성전자, 노키아, 소니 등이 공동 개발한 운영체제이다. 주로 노키아의 스마트폰에
탑재되었으며 실시간 처리가 가능한 멀티태스킹 기능을 지원하고, 휴대전화 사용에 익숙
한 사용자도 쉽게 스마트폰의 다양한 기능을 즐길 수 있는 인터페이스를 지원하였다.

2.2 언어 번역 프로그램

컴퓨터는 2진수의 기계어만을 인식하므로 사용자가 직접 컴퓨터에게 다양한 기능을 위한 복잡한 명령을 내리는 것은 거의 불가능하다. 그래서 사람이 작성한 프로그램 또는 명령들을 컴퓨터가 직접 이해할 수 있는 기계어로 바꾸어 주는 번역이 필요하다. 이러한 역할을 하는 프로그램을 언어 번역 프로그램이라고 한다.

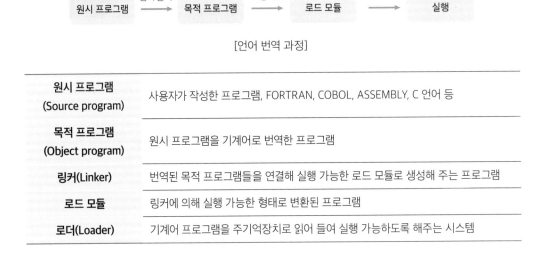

[언어 번역 과정]

원시 프로그램 (Source program)	사용자가 작성한 프로그램, FORTRAN, COBOL, ASSEMBLY, C 언어 등
목적 프로그램 (Object program)	원시 프로그램을 기계어로 번역한 프로그램
링커(Linker)	번역된 목적 프로그램들을 연결해 실행 가능한 로드 모듈로 생성해 주는 프로그램
로드 모듈	링커에 의해 실행 가능한 형태로 변환된 프로그램
로더(Loader)	기계어 프로그램을 주기억장치로 읽어 들여 실행 가능하도록 해주는 시스템

2.3 유틸리티

유틸리티는 컴퓨터가 정상적으로 동작하도록 유지하거나 보다 효율적으로 사용하기 위해 사용하는 프로그램이다. 운영체제와는 별도의 프로그램으로 운영체제가 지원하지 않거나 자체 처리할 수 없는 기능을 지원한다. 예를 들어, 하드웨어에 생긴 문제를 해결하거나 데이터의 관리 및 주변 장치를 관리하는 등의 기능을 하는 프로그램을 말한다.

▌1 압축유틸리티

파일을 압축하여 저장함으로 디스크 공간을 줄여주는 유틸리티 프로그램이다. 이렇게 압축된 데이터를 데이터 통신으로 송수신한다면 전송 시간과 통신 데이터양을 절약할 수 있다. 또한 여러 개의 데이터 파일을 하나의 압축 파일로 관리할 수 있으므로 자료의 백업과 관리가 쉬운 장점도 있다. 대부분의 압축 프로그램은 자동 압축 풀림 기능으로 확장자가 *.exe인 실행파일 형태로의 압축파일 생성이 가능하다. 대표적인 프로그램으로는

WinZip, WinRAR, 알집(Alzip) 등이 있다.

2 백신 프로그램

컴퓨터 바이러스 프로그램을 찾아내고 바이러스로 인해 손상된 파일이 있다면 치료하여 복원하는 기능을 하는 유틸리티 프로그램으로 백신이라고도 한다. 특정 파일의 기록이나 변경을 감시, 또는 주기적 덧붙임 검사(CRC) 등을 통해 바이러스 및 정상적이지 않은 멜웨어와 같은 프로그램의 감염 여부를 검사한 후에 침범한 해당 프로그램을 제거한다. 대표적인 유틸리티로는 V3Lite 알약, Windows Defender, 네이버 백신 등이 있다.

3 응용 소프트웨어

응용 소프트웨어는 컴퓨터 운영체제 위에서 사용자가 컴퓨터를 이용하여 특정 작업을 수행할 수 있게 도와주는 프로그램이다. 넓은 의미에서는 운영체제에서 실행되는 소프트웨어를 가리키므로 종류가 매우 다양하고 많다. 그러므로 사용자는 업무에서 필요로 하는 기능에 따라 적합한 응용 소프트웨어를 선택하여 사용해야 한다. 사무용 소프트웨어, 멀티미디어용 소프트웨어, 통신용 소프트웨어 등이 일반적으로 많이 널리 사용되는 대표적인 응용 소프트웨어이다.

3.1 사무용 소프트웨어

일반 사업 업무 분야에서 주로 이용하기 때문에 사무용 소프트웨어라고 하며, 미국에서는 슈트(suit) 패키지라고도 한다. 현재 사회의 사업 분야가 다양하고, 또 특정 업무를 위한 전용 사무용 소프트웨어까지 포함하여 매우 많은 종류의 사무용 소프트웨어가 있지만, 대표적인 소프트웨어는 아래와 같다.

1 워드프로세서 프로그램

문서 작성을 위한 프로그램으로 문서의 작성을 기초로 편집, 인쇄 등의 기능을 쉽게 실행할 수 있는 프로그램이다. 대표적으로 한글과 컴퓨터의 훈글 시리즈와, 마이크로소프트의 워드(WORD) 등이 있다.

② 스프레드시트 프로그램

수치를 기초로 하는 문서의 입력과 작성 및 수치 처리를 쉽게 실행할 수 있도록 만든 프로그램이다. 많은 양의 수치 자료에 대하여 다양한 수식을 적용한 연산 계산은 물론, 각종 그래프 생성 및 기타 문서 작성을 위한 여러 가지 기능을 제공한다. 대표적으로는 마이크로소프트의 엑셀(EXCEL)이 있으며 한셀, 오픈 오피스 칼크 등이 있다.

③ 프레젠테이션 프로그램

회의, 상담 등의 발표나 정보 전달이 필요한 상황에서, 의견이나 정보를 효과적이며 효율적으로 전달하기 위한 문서 자료를 쉽게 작성할 수 있도록 돕는 프로그램이다. 도표와 도형의 작성, 애니메이션 효과 삽입 등의 해당 문서 작성을 위한 기능을 갖추고 있으며, 마이크로소프트의 파워포인트가 대표적이며 오픈 오피스, 임프레스 등이 있다.

④ 데이터베이스 프로그램

많은 양의 자료를 조직화, 구조화, 단계화하여 효율적으로 자료를 관리하기 위한 프로그램이다. 자료를 통합하고 검색하고 갱신할 수 있는 기능에 더하여 다른 응용 프로그램들도 자료를 공유하고 사용할 수 있도록 하는 기능도 제공한다. 마이크로소프트의 액세스 및 오라클, 오픈 오피스 베이스 등이 있다.

대표적인 OA 프로그램(워드, 엑셀, 액세스, 파워포인트)

3.2 멀티미디어용 소프트웨어

오디오, 이미지, 사진, 동영상, 애니메이션 등의 여러 형식의 정보와 자료를 편집하고 제작하기 위한 프로그램이다.

1 그래픽 프로그램

프로그램 내에서 가상의 종이와 붓, 페인트, 지우개 등과 같은 이미지 편집을 위한 툴을 사용하여 원하는 그림을 그리거나 사진과 같은 기존의 이미지를 편집하고 수정할 수 있는 기능을 가진 프로그램이다. 전문적 기능을 갖춘 어도비(Adobe)의 포토샵, 페인트샵 프로, 일러스트레이터 등과 기본적 기능을 가진 그림판이 이에 속한다.

2 사운드 프로그램

사운드의 녹음, 편집에 더하여 다양한 효과음을 삽입할 수 있는 등의 오디오와 관련 기능을 가진 프로그램이다. 녹음기, 골드 웨이브, 쿨 에디터 등이 포함된다.

3 동영상 프로그램

애니메이션, 비디오 영상과 같은 동영상의 제작과 편집 기능을 가진 프로그램으로 윈도 무비 메이커, 파이널 컷 프로, 프리미어 프로 등이 있다.

3.3 통신용 소프트웨어

컴퓨터 통신회선을 이용하여 데이터를 주고받을 수 있는 프로그램으로 이를 이용하여 인터넷과 인트라넷 등의 기타 통신을 이용할 수 있다.

1 웹 브라우저(Web Browser)

인터넷을 사용하기 위해 웹 서버와 통신하며 웹 서비스를 이용할 수 있도록 하는 프로그램이다. 인터넷 익스플로러, 크롬, 파이어폭스, 오페라 등의 브라우저가 주로 사용되고 있다.

[웹 브라우저 종류]

2 메신저(Messenger)

인터넷 같은 네트워크를 이용하여 컴퓨터 사용자 간에 즉각적인 텍스트 기반의 메시지를 주고받을 수 있는 기능을 가진 프로그램이다. 대중적으로 인기 있는 카카오톡과 더불어 네이트온, 라인, 스카이프 등이 있다.

4 저작권에 따른 소프트웨어의 구분

① 상용 소프트웨어

상업적 목적으로 만들어진, 정식으로 구매하여 사용하는 프로그램이다.

② 셰어웨어(Shareware)

특정 무료 사용 기간을 통해 프로그램을 체험한 후, 만족하면 정식으로 구매하여 사용할 수 있는 프로그램을 말한다.

③ 공개(Freeware) 소프트웨어

프로그램 제작자가 무료로 배포하여 자유롭게 사용할 수 있는 프로그램으로, 통신이나 인터넷을 통해 무료로 다운로드 가능하다.

④ 트라이얼 버전(Trial Version)

상용 소프트웨어의 체험판 프로그램으로 일반적으로 일정 기간, 프로그램의 제한된 기능을 사용해 볼 수 있도록 제공. 책이나 잡지의 부록이나 인터넷 검색을 통해 무료로 다운로드 가능하다.

⑤ 번들 프로그램(Bundle Program)

구매한 소프트웨어나 장비 외에 서비스로 제공되는 부가 프로그램이다.

⑥ 알파 테스트(Alpha Test)

새로운 프로그램을 개발했을 때, 다른 부서와 같은 주요 이해 관계자들에게 시험 제공하여 기능이나 품질과 관련해 사전 검사해 보는 것이다.

⑦ 베타 테스트(Beta Test)

알파의 뒤를 잇는 개발 단계로 공식적으로 발표하기 전, 보다 많은 관계자와 더불어 일부 사용자에게 미리 제공하여 많은 기능을 검사해 보는 것이다.

⑧ 벤치마크 테스트(Benchmark Test)

하드웨어 및 소프트웨어의 성능을 동일한 기준으로 검사하기 위해 실제와 똑같은 환경에서 다양한 지표와 기준으로 미리 성능을 검사해 보는 것이다.

⑨ 패치 프로그램(Patch Program)

프로그램의 사용에 불편이 있거나 버그와 오류가 있는 부분이 발견되었을 때, 해당 모듈을 수정하거나 기능의 향상을 위하여 프로그램의 일부를 수정 또는 변경해 주는 프로그램이다.

5　모바일 앱(App)

스마트폰이나 태블릿과 같은 모바일 기기에서 용도에 따라 실행하여 사용할 수 있는 응용 소프트웨어로서, 애플리케이션(Application) 또는 모바일 앱 혹은 앱이라고 줄여서 부른다. 모바일 앱은 운영체제에 따라 실행 가능한 형식이 다르므로 각각 운영 체계에 맞게 개발된 모바일 앱을 애플의 앱스토어나 구글의 플레이 스토어에서 검색, 다운로드하여 설치한다. 두 운영체제는 스토어뿐 아니라 개발 방식도 다르다. 안드로이드 앱은 주로 Java 언어를 사용하여 개발하며, iOS 앱은 Objective-C, 최근에는 Swift 언어로도 개발된다. 이러한 모바일 앱은 빠른 처리속도, 편리한 사용자 인터페이스, 효율적인 하드웨어 관리 등 모바일 기기의 특성에 적합하게 개발되었다. 일정관리, 온라인 뱅킹, 뉴스 서비스, 지도, 이메일, SNS 등을 위한 기능을 하는 모바일 앱이 널리 사용되고 있다.

모바일 애플리케이션의 다음과 같은 특징을 가지고 있어, 모바일 환경의 특성에 따라 차별화된 서비스가 가능하다.

특성	설명	모바일 애플리케이션
즉시 연결성	항상 상대방과 연결 가능	위치기반 서비스, 증강현실(AR) 앱
지역성	현재 위치를 항상 파악	모바일커뮤니케이션
전달성	다른 사용자와 실시간 데이터 송수신	클라우드 서비스
개인화	상황에 따라 개인별 콘텐츠가 제공	모바일 광고

5.1 위치기반서비스(LBS, Location Based Service)

휴대폰의 위치 정보를 이용하여 사용자의 변경되는 위치 정보를 파악하고, 파악된 위치의 주변 지리정보는 무선 인터넷을 이용하여 가져옴으로 현재 위치의 특정 정보를 제공하는 서비스를 가리킨다. 휴대폰의 위치 정보는 GPS(Global Positioning System) 칩이 기본으로 탑재되어 있어야 하며 휴대폰이 접속한 기지국 위치 정보로 얻을 수도 있다. 현재 위치한 곳을 휴대폰의 카메라에 비추었을 때 다양한 정보가 보이는 증강현실(Augmented Reality) 기술이 결합된다면 더욱 진화된 서비스를 선보일 수 있을 것이다. 현재는 단순 위치정보에 기반한 서비스로 내비게이션, 오락, 위치추적, 상거래 서비스에 주로 사용되고 있다.

(a) SK T맵 서비스   (b) 동네 인증을 통한 당근마켓 서비스

5.2 증강현실(Augmented Reality, AR) 애플리케이션

증강현실(AR)이란 눈으로 보는 현실의 배경에 추가적인 3차원의 가상정보나 이미지를 제공하는 서비스이다. 현실 세계에 실시간 부가정보를 보여주는 가상세계를 합성하여 하나의 영상으로 보여주므로 혼합현실(Mixed Reality, MR)이라고도 한다. 이를 이용하여 광고·홍보 분야에서는 제품에 가상의 이미지를 더하여 개성 있는 분위기를 연출하는 기법

이 널리 사용되고 있으며 스포츠 중계나 기상 정보 화면에서도 실제 화면과 다양한 정보가 결합하여 한 화면에서 볼 수 있는 등 다양한 분야에서 사용되고 있다.

[VR 앱-Walk The Plank VR, WITHIN]

스마트폰이 확산하고 증강현실을 좀 더 사실적으로 구현할 수 있도록 기기의 성능이 높아지면서 증강현실 앱도 많은 주목을 받고 있다. 모바일 기기에서 이 서비스를 사용하기 위해서는 카메라, 고해상도 디스플레이, 위치 인식 기능이 필요하다. 그리고 직접 몸에 착용할 수 있는 편리한 웨어러블 기기도 보급이 늘어남에 따라 증강현실 앱은 더욱 주목받게 될 것이다. 증강현실을 이용한 모바일 서비스의 예로는 구글 글라스, 증강현실 기반 게임, 스마트 자동차가 있다.

이와 유사한 기능으로 가상현실(Virtual Reality, VR)이 있다. 이것은 현실이 아닌 환경이나 물체를 그래픽을 이용하여 가상의 3D 공간이나, 현실과 흡사하게 조성된 가상의 물체를 보고 체험할 수 있는 인간과 컴퓨터 사이의 인터페이스 서비스이다. 대표적인 예로는 항공기 등의 가상 환경 조성을 통한 시뮬레이션 훈련, 및 컴퓨터 게임이 있다.

5.3 모바일 커뮤니케이션 서비스

SMS나 MMS는 이동 통신망을 이용하여 메시지 송수신이 가능한 반면, 모바일 커뮤니케이션 서비스는 모바일 인스턴트 메신저로서 무선 인터넷을 이용하여 실시간으로 상대방과 대화할 수 있는 서비스이다. '카카오톡'이 대표적인 서비스이며 모바일 소셜 네트워크 서비스(SNS)로는 페이스북(Facebook), 트위터(Twitter), 미투데이(me2day) 등이 있다.

| (a) 카카오톡 | (b) 모바일 페이스북 | (c) 트위터 |

5.4 모바일 클라우드 서비스

클라우드 컴퓨팅(Clouding Computing)은 내 컴퓨터 자산 즉, 소프트웨어, 메모리, 프로세서, 저장소 등을 사용하지 않고 원격으로 서비스 회사의 서버를 빌려서 사용하는 형태의 서비스로 사용량에 따라 무료 또는 일정 금액이 필요하다. 모바일 클라우드 서비스는 이러한 클라우딩 서비스를 모바일 기기에서 모바일 앱을 이용하여 즉시 사용하는 것을 말한다. 대표적으로 애플 모바일미(MobileMe), 아이클라우드(iCloud), 구글 드라이브(Google Drive), 클라우드 프린트(Cloud Print) 등이 있다.

| (a) 모바일미 서비스 | (b) 아이클라우드 서비스 | (c) 구글드라이브 서비스 |

5.5 모바일 광고 서비스

사용자 개인에 맞춘 타깃 광고 서비스로 특정인을 대상으로 하는 개인화뿐 아니라 해당 지역에 적합한 지역성도 반영할 수 있으며 즉시 연결성의 특성도 갖는다. 인터넷 사용 시, 검색 및 배너 광고가 주류를 이루고 있으며, 다른 모바일 앱의 광고에서도 사용되고 있다. 구글 'Admob'과 다음 'Ad@m' 등이 많이 사용되고 있다.

[모바일 광고의 종류]

1. 소프트웨어는 컴퓨터의 하드웨어적 자원을 활용하여 특정 목적을 달성하기 위한 프로그램과 함께 처리 절차에 관한 기술 및 각종 문서들을 포함하는 프로그램 체계 전체를 총칭한다. 소프트웨어는 시스템 소프트웨어와 응용 소프트웨어로 분류된다.

2. 시스템 소프트웨어는 컴퓨터와 사용자의 중간에서 시스템을 효율적으로 운영하며 편리하게 컴퓨터를 사용하고 응용 소프트웨어를 지원하기 위한 프로그램으로 운영체제, 언어 번역 프로그램, 유틸리티 프로그램 등이 있다.

3. 운영체제는 하드웨어와 사용자 또는 응용프로그램 사이에 위치하며 사용자가 쉽고 편리하게 컴퓨터 하드웨어 시스템을 이용할 수 있도록 운영하고 관리하는 역할을 한다. 이러한 운영체제 종류는 DOS, 윈도우, 유닉스, 리눅스, 맥 등이 있으며, 모바일 운영체제 종류는 대표적으로 안드로이드, iOS, 윈도 모바일 등이 있다.

4. 언어 번역 프로그램은 사람이 작성한 프로그램을 컴퓨터가 직접 이해할 수 있는 기계어로 바꾸어 주는 컴파일러와 기계어 프로그램들을 연결해 실행 가능한 모듈로 생성하는 링커, 연결된 모듈을 주기억장치로 읽어 들여 실행 가능한 시스템으로 바꿔주는 로더로 구성되어 있다.

5. 응용 소프트웨어는 소프트웨어가 가진 특정 기능을 활용하여 사용자의 용도에 맞는 작업을 수행할 수 있도록 도와주는 프로그램으로 워드프로세서, 스프레드시트, 프레젠테이션, 데이터베이스, 그래픽 소프트웨어, 통신용 소프트웨어 등이 있다.

6. 증강현실(AR)은 현실세계의 배경에 3차원의 가상정보나 이미지를 제공하는 서비스이고, 가상현실(VR)은 현실이 아닌 그래픽을 이용하여 가상의 3D 공간이나, 현실과 흡사하게 조성된 가상의 물체를 보고 체험할 수 있는 서비스이다.

7. 모바일 앱은 스마트폰이나 태블릿과 같은 모바일 기기에서 용도에 따라 실행하여 사용할 수 있는 응용 소프트웨어로서 애플리케이션(Application)을 줄인 말이다. 대표적인 예로는 위치기반 서비스, 증강현실 애플리케이션, 모바일 커뮤니케이션 서비스, 모바일 클라우드 서비스, 모바일 광고 서비스 등이 있다.

주제	컴퓨터 소프트웨어와 모바일 앱		일자	
이름		학과	학번	

1. 도표, 도형, 애니메이션 효과 등을 이용하여 발표 자료를 쉽게 작성하는 프로그램은?

　① 워드프로세스 프로그램　　　　　② 프레젠테이션 프로그램

　③ 데이터베이스 프로그램　　　　　④ 멀티미디어 프로그램

2. 프로그램의 오류가 있는 부분의 모듈을 수정하거나 기능의 향상을 위하여 프로그램의 일부를 변경해 주는 프로그램은 ?

　① 패치 프로그램　　　　　　　　② 벤치마킹 프로그램

　③ 베타 프로그램　　　　　　　　④ 쉐어웨어

3. 모바일 앱이 <u>아닌</u> 것은?

　① 위치기반서비스　　　　　　　　② 모바일메신저

　③ 안드로이드　　　　　　　　　　④ 모바일 클라우드 서비스

4. (　　　　)은(는) 눈으로 보는 현실 세계의 이미지나 배경에 추가적인 3차원의 가상정보나 이미지를 제공하는 기술이다.

5. 모바일 애플리케이션의 특징이 <u>아닌</u> 것은?

　① 즉시 연결성(Instant Connectivity)　　② 전달성(Communicability)

　③ 개인화(Personalization)　　　　　　④ 사회성(Sociality)

6. (　　　　)은(는) 원시 프로그램을 목적 프로그램으로 번역해주는 프로그램이다.

7. 다음 중 각 소프트웨어에 대한 설명으로 옳지 않은 것은?

   ① 공개 소프트웨어: 특정한 하드웨어나 소프트웨어를 구매하였을 때 무료로 주는 프로그램

   ② 셰어웨어: 정상적인 프로그램을 구매하도록 유도하기 위해 사용기간이나 기능 등을 제한하
   여 배포하는 프로그램

   ③ 패치 소프트웨어: 이미 제작하여 배포된 프로그램의 오류 수정이나 성능 향상을 위해 프로
   그램의 일부 파일을 변경해 주는 프로그램

   ④ 상용 소프트웨어 : 상업적 목적으로 만들어진, 정식으로 구매하여 사용하는 프로그램

8. (   )은(는) 컴퓨터 시스템을 운영하기 위한 소프트웨어로서 컴퓨터 하드웨어를 관리하
   는 역할뿐만 아니라, 소프트웨어를 실행하기 기본 동작을 운영하고 관리하는 역할을 한다.

9. (   )은(는) 내 컴퓨터 자산 즉, 소프트웨어, 메모리, 프로세서, 저장소 등을 사용하지 않
   고 원격으로 서비스 회사의 서버를 빌려서 사용하는 형태이며, 데이터 사용량에 따라 무료 또
   는 일정 금액이 필요 서비스이다.

10. 시스템 소프트웨어에 대해 설명하시오.

CHAPTER 3

정보의 표현과 구조화

CONTENTS

SECTION ···

정보의 표현과 관리

... 학습목표

1. 자료(Data)와 정보(Information)의 개념을 알고 차이점에 대해 이해할 수 있다.
2. 정보의 종류에 대해서 알 수 있다.
3. 컴퓨터에서의 자료 표현 방법에 대해 알 수 있다.

1   자료(Data)

정보사회에서는 정보를 빠르게 얻고 파악하여 활용할 때, 일의 능률도 높이고, 삶의 만족도를 높일 수 있다. 그런데 자료와 정보는 다르다. 자료가 단순한 관찰이나 측정을 통해 얻어지는 값을 말하며, 개별 데이터 자체로는 의미가 중요하지 않은 객관적인 사실을 말한다.

2   정보(Information)

정보는 영어로 Information이며 이는 동사 Inform의 명사형이다. Inform은 라틴어인 Informare에서 유래하였는데, 뜻은 '형태를 만들어 주는 것' 또는 '지식을 제공하는 것' 등으로 풀이된다. 정보란 데이터의 가공·처리와 데이터간 연관관계 속에서 의미가 도출된 것을 정보라고 한다. 즉, 자료는 유용한 가치를 지닌 형태로 고치거나 정리한 결과의 산물이다.

2.1 세 가지 관점에서의 정의

정보에 대한 정의는 학문 분야와 학자마다 견해가 다르기 때문에 어느 한 관점으로 정의하기 어렵다. 하지만 정보의 정의에 대한 각 정의상의 관점이나 견해의 공통성에 따라 크게 다음 세 가지 유형으로 정의할 수 있다.

1 전통적인 관점에서의 정의

전통적인 관점에서 본 정의는 보편적으로 사람들이 인식하고 있는 개념이다.

일본의 다다가즈오	정보는 행위에 우선하여 알아야 할 필요가 있는 모든 지식
미국의 정보 과학자 둘스 (Allen W. Dulles)	정보란 행동의 방침을 결정하는데 있어 미리 알아두여야 할 일체의 사항을 망라한 것
Oxford 사전	어떤 주제나 사실에 관하여 전달되는 지식
Webster 사전	다른 사람에 의하여 전달되거나 개인의 연구와 발명에 의하여 얻어지는 지식 또는 즉수한 사건이나 상태 등에 관한 지식

전통적인 관점에서는 "정보는 지식이다"라는 개념을 갖는다. 하지만, '지식'은 객관화된 인식의 결과인 반면 정보는 객관화되기 이전의 인식 상태로서 지식과는 구별된다. 예를 들면, "해는 동쪽에서 떠서 서쪽으로 진다"는 일반적으로 잘 알려진 지식을 생각해 보자. 이 지식을 아직 갖지 못한 어린이는 해가 뜨는 것을 보고, 해가 지는 것을 보고, 동서남북이 어느 방향을 가리키는 것인지를 알고 난 후에야 이 지식을 갖게 된다. 즉, 어린이가 해가 동쪽에서 서쪽으로 움직이는 것을 보았다는 것은 하나의 경험적 정보가 되겠지만, 이것이 누구에게나 보편적인 객관화가 되었을 때 비로소 지식이 된다.

다시 말해, 정보는 객관적 인식이 결여된 정보로 결코 지식이 될 수 없으며, 하나의 사실에 불과할 뿐이다. 따라서 정보를 구조화하여 유의미한 정보로 분류하고 개인적인 경험을 결합시켜 고유의 지식으로 내재화된 것이 객관적 인식의 과정을 거친다면 자기 자신의 지식으로 형성될 수 있다고 보고 있다. 그러므로 정보와 지식은 동일한 개념 보다는 정보는 지식을 형성하는 한 요소라 할 수 있다.

2 행동과학적인 측면에서의 정의

정보에 대한 행동과학적인 측면에서 관련 학자들의 몇 가지 정의를 살펴본다.

류-신페이	정보란 아는 것 또는 알리는 것을 목적으로 보내거나 받는 자극
세라 (Jesse Shera)	정보란 사실(face)이고, 정보는 우리의 오관인 감각기관을 통하여 우리가 수신하는 자극
요비쯔	의사결정에 가치있는 데이터를 정보라고 정의하고, 정보는 의사결정을 행하기 위하여 사용되어지는 것

위의 정의들은 인간을 중심으로 한 관점이지만 인간의 감각 작용까지도 정보의 작용으로 봄으로 동물이나 생물체에게도 같은 관점에서 정의를 적용할 수 있다. 다시 말해, 인간이나 동물은 생활과 환경의 변화 가운데 여러 가지 자극을 받고 그 자극을 기준으로 의사 결정하여 행동하게 되는데, 이때 이 모든 자극을 정보라고 보는 견해이다. 예를 들어, 기후나 계절이 변하며 온도가 변화하는 자극은 우리의 옷차림을 위한 정보가 되며, 대화나 언어전달에 의한 자극도 우리의 행동 변화의 정보가 된다는 견해다.

3 정보이론의 측면에서 정의

정보이론의 측면에서는 정보가 가지는 의미와 가치에 의미를 부여하지 않고, 오로지 정보의 흐름을 통계화하여 표현하는 수학적인 이론과 관련 깊다. 그리하여 정보이론에서는 정보에 대한 질적 의미부여 없이 수량적 인식 속에 통계적 관점의 해석을 하려 한다.

이와 관련하여 샤논(C. E. Shannon)은 정보를 "인간과 인간 사이에서 전달되는 일체의 기호 계열"로 정의하였다. 즉, 샤논은 의미 중시가 아닌 전달되는 신호 중심에서 정보를 해석하고자 한 것이다. 여기서 일체의 기호 계열이란 문자나 기호 등 모든 정보전달매체를 의미하기보다는, 주로 통신 분야에 사용하고 있는 기호(binary bit)를 의미하고 있다.

2.2 자료(Data)와 정보(Information)의 차이점

아래 사례를 통해 자료와 정보의 차이점에 대해 알아보자.

『휴대폰 신상품 기획서 작성』

휴대폰 회사 직원인 A는 중년층을 마케팅 대상으로 하는 신상품 기획서를 준비하고 있다. 그리고 A는 고객의 주소, 성별, 이름, 나이, 전화번호, 보유 휴대폰 기종, 휴대폰 활용 횟수 등 고객에 관한 자료를 갖고 있다.

A는 이 자료에서 중년층의 하루 평균 휴대폰 활용 횟수, 중년층의 보유 휴대폰 기종, 중년층의 성별에 따른 선호 디자인 등을 분석하였다.

분석 자료를 근거로 중년층을 마케팅 대상으로 하는 휴대폰의 디자인을 비롯하여 제품 목표가 등 신상품을 위한 기획서 작성을 완료하였다.

'휴대폰 신상품 기획서 작성' 사례에서 무엇이 자료이고 무엇이 자료에 근거한 정보였는지 정리하면 다음과 같다.

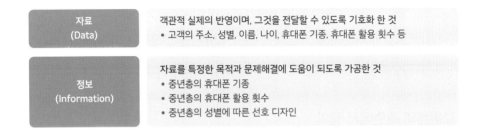

2.3 정보의 가치

우리가 필요로 하는 정보의 가치는 절대적인 기준이란 없으며 여러 가지 상황에 의해 달라질 수 있다. 다시 말해, 정보의 가치는 우리의 필요와 목적, 그것이 활용되는 시기와 장소에 등에 따라 다르게 평가될 수 있다.

예를 들어, 어떤 사람의 신체 정보는 의료기관이나 소속 단체와 같이 그 사람과 관련 있거나 그 사람이 필요로 하는 곳에는 아주 유용한 가치를 지니겠지만, 그 사람과 아무런 관련이 없는 사람이나 단체에게는 아무런 가치도 갖지 못할 것이다. 이렇듯, 정보의 가치는 적시성과 독립성, 비공개성 등에 따라 변화할 수 있다.

1 적시성과 독점성

적시성과 독점성은 정보의 핵심적인 특성이다. 만약, 정보가 우리가 필요로 하는 시간에 제공되지 못한다면 해당 정보는 의미를 잃고 정보로서의 가치도 없어지게 된다.

2 비공개성

중요한 내용과 높은 가치의 정보를 갖고 있다 하더라도 일단 공개가 되고 나면 일반적으로 그 정보의 가치는 급격하게 떨어진다. 따라서 대중에게 잘 알려진 공개된 정보는 경쟁성이 떨어지고 반공개 정보나 비공개 정보가 더 큰 가치를 가질 수 있다. 하지만 비공개 정보도 정보의 활용 관점에서는 경제성이 떨어질 수 있으므로, 정보는 공개 정보와 비공개 정보가 적절히 구성하여 경제성과 경쟁성을 함께 추구해야 한다.

3   정보의 종류

3.1 수치 정보와 문자 정보

1 수치 정보

수치 정보는 숫자로 이루어져 사칙연산을 비롯한 수치 계산이 가능한 정보이다. 제품의 가격, 수량, 인구, 년도, 점수, 환율 등의 정보들이 이에 해당한다.

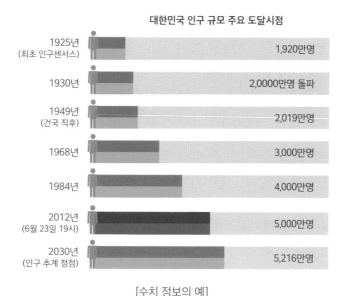

[수치 정보의 예]

2 문자 정보

문자 정보는 한글, 영문자, 한자, 숫자, 특수 기호 등과 같이 사람이 사용하는 언어를 표기하기 위한 시각적 기호체계 정보이다. 문자 정보는 언어로 기호 표현으로 그 의미를 정확하게 전달할 수 있어서 책이나 신문 등의 기록 형태로 오랫동안 사용되었다. 예를 들어, 김소월의 '진달래 꽃' 시는 한글을 사용하여 시를 표현하고 기록하여 남긴 문자 정보라고 할 수 있다.

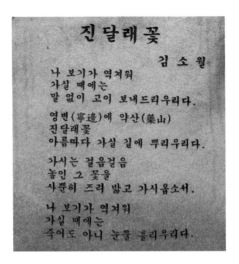

[문자 정보의 예]

3.2 멀티미디어 정보

1 그림 정보

그림 정보는 2차원의 평면에 선과 면과 색으로 표현하는 정보
이다. 각종 표지판이나, 약도와 같이 정보에 있어 함축적 의미
를 담아 표현할 수도 있으며 사진이나 그림 형태의 예술 작품
들과 같이 말과 글로 표현할 수 없거나 그보다 더 강렬한 감정
정보를 표현하기도 한다. 현재 시각적 정보의 상당수는 멀티미
디어 디자인 형태로서 가장 중심적인 위치를 차지하고 있다. 아
날로그 형태의 존재를 스캐너, 디지털카메라와 같은 디지털 입

[각종 표지판, 약도, 사진 등]

력장치에 의해 디지털화하여 생성된 그림을 이미지라고 하며, Illustrator나 그림판 같은 컴
퓨터 소프트웨어를 통하여 제작된 형태의 그림을 그래픽이라 한다.

픽셀(pixel)은 컴퓨터에서 화면을 구성하는 가장 기본이 되는 최소 단위로 화소라고도 한
다. 컴퓨터에서 사진과 그림은 픽셀이 모여서 그려진다. 그래서 컴퓨터에서 그림을 크게
확대해 보면 점 또는 사각형 모양의 픽셀을 볼 수 있다. 각 픽셀은 단일의 고유 색 정보를
담고 있으며 이러한 픽셀이 많은 이미지일수록 선명하고 깨끗한 이미지를 표현한다.

해상도는 이미지가 표현되는 섬세함 또는 정밀도의 정도를 나타내는 말로 선명도 또는 화
질(Resolution)이라고도 한다. 이에 대한 표현 단위로는 인치(inch) 당 픽셀이 얼마나 집적
되어 있는지를 표현하는 dpi(dot per inch)를 일반적으로 사용하고 있다. 즉, 해상도가 높

은 그림일수록 픽셀의 수는 더 많을 것이며 이로 인해 더 세밀하고 선명한 이미지가 된다. 그러나 해상도가 높다는 것은 픽셀 정보도 많다는 것이므로 파일의 용량은 커지고 저장 공간도 많이 차지하게 된다.

| 16DPI | 32DPI | 48DPI | 72DPI | 150DPI | 300DPI |

[해상도의 차이]

그리기 기능을 갖춘 응용소프트웨어로는 Adobe사의 Illustrator가 대표적이다. 초보자도 배우기 쉬워 널리 사용됨은 물론, 강력하고 다양한 그래픽 기능을 갖추어 그래픽 디자이너, 일러스트레이터와 같은 전문가들도 선호하는 소프트웨어다. 벡터 방식의 객체(object)를 생성하여 선과 면의 이미지를 표현하므로 정밀하고 깔끔한 이미지 제작과 고해상도 인쇄가 가능하다. 벡터방식은 이미지 크기를 변화시켜도 화질에 변화가 없는 게 큰 특징이다.

Vector　　　　　　Pixel

Corel사의 Corel Draw도 벡터 방식의 윈도우용 이미지 소프트웨어이다. Illustrator와 같이 표지 디자인, 브로셔 제작과 같은 출판산업 및 일러스트레이션, CI(Corporation Identification) 등에 사용한다.

칠하기 기능의 응용소프트웨어는 애플의 맥 OS 컴퓨터용 그래픽 프로그램인 Mac Paint, 비디오에서 캡처한 이미지를 기존 이미지와 합성 기능을 제공하는 그래픽 프로그램 Super Paint, 드로잉의 표현이나 채색의 표현이 수작업한 것처럼 표현 가능한 Painter, Corel Painter 등이 있는데 특히, Corel Painter는 목탄, 연필, 수채, 유채 물감 등과 같은 다양한 종류의 칠하기 기능을 제공하여 실세계의 회화 기법을 구현하였다.

그림 편집 기능의 응용소프트웨어로는 이미지 편집 도구의 표준이라고도 할 수 있는 Adobe Photoshop가 있다. 윈도우와 맥 OS에서 모두 사용 가능하며 이미지 편집에 필요한 기능을 갖추고 있고 강력하면서도 세밀한 설정도 가능한 다양한 필터 기능도 제공한다.

2 동영상 정보

동영상은 시간 흐름에 따라 움직이는 그림이다. 여러 장의 정지 영상을 빠른 속도로 넘기면 마치 물체가 움직이는 것처럼 보게 된다. 즉, 동영상은 각각의 정지 영상들의 연속적인 집합체이며 이때, 각각의 정지 연상을 프레임(frame)이라 한다. TV, 영화, 애니메이션과 같이 동영상 정보에 소리와 문자가 결합된 정보는 정보 전달 효과와 현실감이 매우 뛰어난 장점이 있다.

1초 당 보이는 프레임(frame) 수를 fps(frame per second)라고 하며, fps가 높을수록 더욱 부드럽고 자연스러운 동영상을 볼 수 있지만, 많은 저장 공간을 필요로 한다. 현실감 있고 자연스러운 느낌을 주는 동영상은 보통 1초에 15 프레임(15 fps) 이상을 가지며 TV는 30 fps, 영화는 24 fps, 애니메이션은 15 fps 수준의 프레임을 갖는다.

[동영상 정보가 담긴 영화 필름]

동영상 편집 소프트웨어는 Windows Movie Maker와 Adobe Premiere Pro가 일반적으로 사용된다. Windows Movie Maker는 윈도우 XP 버전부터 포함되었으며 전문 영상 편집 도구는 아니지만, 기존 이미지 파일과 오디오 파일을 이용하여 슬라이드 형태의 동영상을 만드는데 필요한 기본 편집 기능을 쉽고 편리하게 사용할 수 있는 장점이 있다. Adobe Premiere Pro는 컴퓨터용 영상 편집 소프트웨어 중 가장 많이 사용되는 소프트웨어 중 하나로써, 레이어 기능을 이용한 다양한 합성 기능과 비디오 클립을 연속적인 필름 형식으로 보여주는 기능, 화면과 오디오 전환 효과를 위한 다양한 필터들을 제공한다. 지원 가능한 동영상 파일 포맷은 AVI, MOV, MPEG, ASF, RA/RV 등이 있다.

3 소리 정보

소리 정보는 진동으로 생긴 음파가 공기를 매개로 하여 전파되어 우리의 귀를 통해 전달되는 정보들로서 음악이나 라디오, 강의, 대화 등이 이에 해당한다. 소리 정보는 시각 정보와 더불어 가장 오래된 정보 전달 수단으로 소리의 세기나 음의 높낮이 변화로 감정 정보까지 전달할 수 있다.

[소리 정보의 예]

정보를 전달할 때 소리 정보를 더하는 것은 큰 효과가 있다. 왜냐하면, 미디어의 상승효과로 여러 미디어를 혼합하여 같이 사용할수록 정보 전달 효과가 커지며 정보에 대한 동기나 흥미 유발이 증가하기 때문이다. 게다가 청각 정보는 사람이 가지고 있는 오감 중 시각과 더불어 가장 많이 사용되는 정보 근원으로서 정보의 전달 효과를 증가시키기 때문이다.

사운드 편집 기능을 갖춘 응용소프트웨어는 사운드의 캡처 및 편집, 가공, 트랙 편집 등을 할 수 있는 GoldWave와 Audition(Cool Edit Pro) 등이 있으며 사운드 재생용 응용소프트웨어는 MP3 파일을 재생할 수 있는 Winamp, Foobar, AIMP 등이 있다. 소리 정보 파일 포맷은 Wav, Flac, Au, MP3, ASF, WMA 등을 사용하고 있다.

4 애니메이션

애니메이션은 이미지나 그래픽을 빠르게 넘기거나 조작하여 살아있는 것처럼 움직이도록 보이게 만든 영상으로 이를 필름이나 컴퓨터 등의 영상 매체에 기록하여 만들어지는 기술이나 기법이다. 일반적으로 카메라로 촬영할 수 없거나 현실에 존재하지 않는 세계를 표현할 때, 애니메이션의 역동성을 활용하여 현상이나 변화를 강조하거나, 사물의 움직임에 대한 동작 원리를 설명할 때 효과적이다. 애니메이션은 만화 영화, 영화, 광고 등의 분야뿐만 아니라 다른 영상 속에 합성되어 사용되는 등 활용 분야가 매우 넓고 다양하다.

애니메이션 영상은 크게 시각적 요소와 청각적 요소로 구성되어 있다.

시각적 요소에는 시각 예술의 기본 조형 요소인 형태(form), 색채(color), 질감(texture)이 있다.

청각적 요소에는 동영상과 유사하게 대사(dialogue), 음악(music), 음향 효과(sound effect)가 있다.

애니메이션은 여러 장의 정지된 이미지를 빠르게 보여주어 잔상 효과를 일으켜 연속적인 동직을 민들어 내기 때문에 이 동작은 화면에 표시되는 그림의 수와 재생 속도에 따라 다르게 느껴진다. 즉, 이미지의 수가 적거나 재생 속도가 느리면 동작이 끊어져 보이지만, 그림의 수가 많거나 빠르면 영상은 부드럽게 느껴진다.

[애니메이션의 동작 원리]

3.3 아날로그(analog) 정보와 디지털(digital) 정보

형태에 따라 자료와 정보는 아날로그와 디지털로 구분할 수 있다. 아날로그는 우리의 일상생활에서 존재하는 연속되는 값의 형태이며, 디지털은 아날로그와 같이 연속적으로 변화하는 값을 끊거나 잘라내어 불연속적인 값으로 표현하는 것을 말한다. 아날로그와 디지털 방식의 시계를 하나의 예로 생각할 수 있다.

[아날로그 시계]

[디지털 시계]

아날로그 값은 연속적인 값이기 때문에 수치 간의 미세한 차이도 나타낼 수 있지만, 측정자에 따라 수치가 다르게 측정될 수 있으므로 정확성이 떨어질 수 있다. 반면, 디지털 값은 불연속적인 값이지만 명확한 수치 값으로 표현되므로 측정자와 상관없이 일정한 값을 얻을 수 있다.

또 다른 예로, 아날로그 형태의 소리 자료를 디지털 형태로 변환하기 위해서는 ADC(Analog Digital Converter) 장치를 통해 파형을 잘라 각 값을 디지털화하여 저장해야 하며, 반대로 아날로그로 변환하기 위해서는 DAC(Digital Analog Converter)를 통해 디지털 파형 값을 아날로그 파형으로 연결하여 변환하는 과정을 거친다.

[소리의 입출력 과정]

4   정보 생성을 위한 자료 처리 과정

정보사회에서 정보 생성을 위한 자료 처리 과정의 신속성, 정확성, 효율성 등은 매우 중요하다. 과거에는 처리할 자료의 양도 적고 과정이 단순하여 수작업으로 정보를 생성할 수 있었다. 그러나 현대 정보사회는 자료의 양도 많고 처리 과정도 복잡하여 신속하고 효율 높은 작업 처리를 위하여 컴퓨터를 이용한다.

예를 들어, 컴퓨터를 이용한 '일기예보를 하는 과정'을 살펴보자.

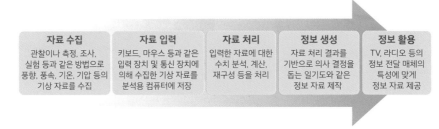

[일기예보 자료 처리 과정]

5   컴퓨터에서의 자료 표현

5.1 컴퓨터에서의 자료 입력

컴퓨터에 입력되는 모든 자료는 디지털 형태로서 1(on)과 0(off)으로 표현되는 2진수 형태이다. 컴퓨터에서 2진수를 사용하는 이유는 컴퓨터가 '전기가 흐름(on)', '전기가 흐르지 않음(off)'의 두 가지 전기 신호만을 인식하기 때문이며, 이러한 2진수 형식은 논리의 조합을 간단하게 하기 때문이다.

컴퓨터에서는 1 또는 0 가운데 한 가지 신호를 나타내는 2진수 한 자리를 비트(bit)라고 하며 1비트는 '동생이 있다'와 '동생이 없다'처럼 두 가지 정보만을 표현할 수 있다. 하지만, 2비트를 사용하면 다음과 같이 네 가지 정보를 표현할 수 있다.

전기의 흐름		이진수 표현	정보
off	off	00	여동생, 남동생 모두 없다.
off	on	01	여동생은 없고, 남동생은 있다.
on	off	10	여동생은 있고 남동생은 없다.
on	on	11	여동생, 남동생 모두 있다.

[2비트로 표현되는 상태의 예]

컴퓨터 시스템의 모든 정보는 2진수로 저장하지만 비트가 늘어난다면 표현 값의 범위가 늘어나 편리하게 16진수와 같은 출력된 값을 이용할 수 있으므로 많은 분석 프로그램은 16진수를 사용하여 정보를 표현한다.

만약, 더욱 많은 정보를 표현하고자 한다면 비트를 더 추가하면 된다. 8개의 비트를 연결한 것을 1바이트(byte)라고 하며, 이 1바이트로 영어 알파벳, 숫자 0~9, 기호 등에서 한 개의 문자를 출력할 수 있다.

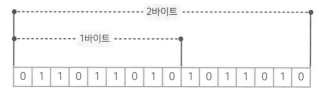

[비트와 바이트]

> 📁 **TIP   컴퓨터 자료의 단위**
>
> • 1비트(bit) : 자료 표현의 최소 단위, 1 또는 0으로 이루어진다.
> • 1바이트(byte) : 문자 표현의 최소 단위, 8비트이다.
> • 1KB (1,024byte) ⇨ 1MB (1,024KB) ⇨ 1GB (1,024MB) ⇨ 1TB (1,024GB) ⇨ 1PB (1,024TB)

표기	단위	계산	바이트 수
B	Byte	2^0	1
KB	Kilo Byte	2^{10}	1,024
MB	Mega Byte	2^{20}	1,048,576
GB	Giga Byte	2^{30}	1,073,741,824
TB	Tera Byte	2^{40}	1,099,511,627,776

[현실에서의 기억용량 단위]

영어 알파벳, 숫자 0~9, 기호를 표현하기 위해서 N비트의 조합에 일정한 문자를 할당하여 지정한 문자 코드를 사용한다. 국제 표준 문자코드로는 아스키코드(ASCII code), 엡시딕 코드(EBCDIC code), 유니코드(Unicode)가 있다.

아스키(ASCII, American Standard Code for information Interchange) 미국 표준협회에 서 국제 표준으로 정한 문자 코드 체계로 7비트를 사용하여 128개의 문자, 숫자, 특수문자 코드를 규정한다. 7비트이기는 하지만 실제로는 한 문자에 대해 8비트인 1바이트를 사용 한다. 왜냐하면 한 문자의 왼쪽 끝 시작은 오류 검사에 사용하는 패리티 비트이고 나머지 7비트에 코드 값을 저장하기 때문이다. 예를 들어, 대문자 B의 코드는 홀수 페리티 비트인 경우, 왼쪽 끝에 패리트 비트 1에 이어 아스키코드 1000010이 추가되어 11000010이 된다.

엡시딕(EBCDIC, Extended Binary Coded Decimal Interchange Code) 코드는 8비트를 사용하는 문자 코드 표준으로 IBM에서 제정하였다.

유니코드(Unicode)는 전 세계 모든 언어를 하나의 코드 체계 안으로 통합하기 위하여 만들 어진 코드로 많은 문자를 모두 표현하기 위해 2바이트인 16비트로 확장된 코드 체계이다.

한글 코드는 16비트로 구성된 조합형 코드와 완성형 코드 두 가지 종류를 사용한다. 조합 형 코드는 영문 구분을 위해 1비트 사용하고 초성(19자), 중성(21자), 종성(28자)에 각 5비 트를 할애하여 총 16비트로 조합하였다. 반면 완성형 코드는 2바이트를 사용하여 하나의 글자에 각 코드를 부여하는 방식을 사용한다.

[조합형 코드 구성]

5.2 컴퓨터를 이용한 자료 처리의 이점

컴퓨터를 이용한 자료 처리는 다음과 같은 이점을 갖는다.

신속성	저장과 처리 속도가 빠름
정확성	계산이 복잡하더라도 정확히 지시하면 정확한 정보를 얻을 수 있음
대용량성	많은 양의 자료도 효율적으로 저장하고 처리
자동성	컴퓨터 프로그램으로 모든 과정을 자동화
전달성	시간과 공간의 제약 없이 쉽게 전달
정보 통합	문자, 그림, 소리, 영상 등의 다양한 정보를 통합하여 처리

마무리하기

1. '자료'란 단순한 관찰이나 측정을 통해 얻어지는 값이며 개별 데이터 자체로는 의미가 중요하지 않은 객관적인 사실을 말한다. '정보'란 데이터의 가공·처리와 데이터간 관계 속에서 특정한 의미가 도출된 것으로, 유용한 가치를 지닌 형태로 정리한 결과의 산물이다.

2. 정보의 종류에는 수치정보와 문자정보, 소리, 그림, 동영상, 애니메이션 같은 멀티미어 정보가 있다.

3. 수치 정보는 숫자 정보로 정보의 양이나 크기를 표현하고, 문자 정보는 한글, 영문자, 숫자 등 인간이 사용하는 언어 기호로 표현한다.

4. 소리 정보는 음악이나 대화 등과 같이 들을 수 있는 형태이며, 그림 정보는 각종 표지판이나 사진 등과 같이 평면 위에 선과 색채로 표현하고, 동영상 정보는 문자와 소리뿐만 아니라 영상도 함께 포함하여 정보를 표현한다.

5. 애니메이션은 그래픽이나 캐릭터를 움직일 수 있게 하여 이를 필름이나 컴퓨터 등의 영상 매체에 기록하여 만들어지는 기법이다.

6. 자료와 정보는 형태에 따라 아날로그와 디지털로 구분할 수 있다. 아날로그는 우리의 일상생활에서 존재하는 연속되는 값의 형태이며, 디지털은 아날로그와 같이 연속적으로 변화하는 값을 끊거나 잘라내어 불연속적인 값으로 표현하는 것을 말한다.

7. 정보사회는 자료의 양도 많고 처리 과정도 복잡하여 신속하고 효율 높은 작업 처리를 위하여 컴퓨터를 이용한다. 정보 생성을 위한 자료 처리 과정은 자료수집, 자료입력, 자료처리, 정보생성, 정보활용 과정으로 이루어진다.

8. 컴퓨터에서의 모든 입력 자료는 1(on)과 0(off)으로 표현되는 2진수 형태이다. 영어 알파벳, 숫자 0~9, 기호를 표현하기 위해서 문자 코드를 사용하는데, 대표적으로 아스키코드(ASCII code), 엡시딕코드(EBCDIC code), 유니코드(Unicode)가 있다. 한글 코드는 16비트로 구성된 조합형 코드와 완성형 코드 두 가지를 사용한다.

주제	정보의 표현과 관리		일자	
이름		학과		학번	

1. 다음의 괄호 안에 알맞은 답은 무엇인가요?

> ( ) 란 데이터를 일정한 프로그램에 따라 컴퓨터가 처리 및 가공함으로써 '특정한 목적을 달성하는 데 필요하거나 특정한 의미를 가진 것'으로 다시 생산된 것을 뜻한다.

① 자료

② 정보

③ 구조

④ 지식

2. 1KB는 몇 byte 인가요?

① 8

② 100

③ 1000

④ 1024

3. 다음 중 문자코드가 <u>아닌</u> 것은?

① 아스키코드

② 엡시딕코드

③ 디지털코드

④ 유니코드

4. 다음 중 멀티미디어 정보가 <u>아닌</u> 것은?

① 아날로그정보

② 소리정보

③ 동영상정보

④ 애니메이션

5. 컴퓨터에서 화면을 구성하는 가장 기본이 되는 최소 단위로 화소라고도 하며, 컴퓨터에서 사진과 그림은 (   )이 모여서 그려진다.

6. 컴퓨터를 이용한 자료 처리의 장점이 <u>아닌</u> 것은?

① 신속성   ② 정확성

③ 수동성   ④ 대용량성

7. 다음 자료 단위를 크기가 작은 것부터 큰 순서대로 나열하시오.

> MB, TB, PB, KB, GB

8. 다음 멀티미디어 파일 형식 중에서 이미지 형식에 해당하지 않는 것은?

① BMP   ② GIF

③ TIFF   ④ WAV

9. 정보의 종류를 설명하시오.

10. 국제 표준인 문자코드 종류를 나열하시오.

2 SECTION · · ·

정보의 구조화

학습목표

1. 정보 구조화의 개념을 이해한다.
2. 정보 구조화의 방법을 알고, 정보의 구조를 쉽고 효율적으로 표현할 수 있다.
3. 정보 구조화 도구를 알 수 있다.
4. 구조화로 표현된 도표를 분석할 수 있다.

1 정보 구조화의 개념

정보의 구조화는 정보의 내용 요소들을 필요 목적에 적합한 형태로 정리해서 정보를 체계적이고 효율적으로 표현하기 위해 처리하는 과정이다. 적합한 구조화는 자원을 적게 사용하고 짧은 시간에 많은 작업을 수행할 수 있기 때문에, 컴퓨터에서 정보 처리를 효과적으로 하기 위해서는 정보 구조화가 필수적이다.

이것은, 글을 작성할 때 구조화된 형식으로 쓴다면 독자가 쉽게 내용을 이해할 수 있을 것과 같다. 아래의 예에서 구조화되지 않은 정보(A)와 구조화된 정보(B)를 비교해 보자.

정보 (A)	정보 (B)
대한민국은 일본을 2:0의 두 골 차로 월드컵 예선경기에서 승리하였습니다. 첫 골은 전반 40분 황선홍 선수의 헤딩으로 득점하였습니다. 두 번째 골은 후반 13분, 박지성 선수의 크로스를 받은 안정환 선수의 킥으로 득점하였습니다.	월드컵 예선경기 결과 대한민국 2 : 0 일본 (전 40, 황선홍) (후 13, 안정환)

이와 같이, 정보의 구조화는 정도에 따라 사람들의 이해도도 달라질 수 있다.

또 다른 예로, '사회와 보미는 남매'라는 정보는 '사회', '보미', '남매'라는 각각의 지식 요소들을 어떻게 구조화하느냐에 따라 다양한 구조화가 도출될 수 있다. 이때, '부모가 같은 남녀 자식'이라는 뜻의 '남매'라는 지식 요소를 중점으로 구조화한다면 그림의 (d)처럼 표현할 수 있다.

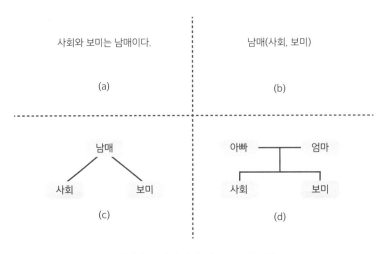

[사회와 보미의 관계 정보 구조화 예]

이처럼 구조화된 정보로 표현 시 우리는 정보를 기억하기 쉽고 편리하며 빠르게 정보를 전달할 수 있다. 정보의 구조는 정보 간 관계 모습을 위치나 선, 모양 등으로 구조적 의미를 갖도록 표현할 수 있다. 구조화가 잘된 정보는 잘 그려진 그래프나 표와 같아서 정보의 의미를 쉽게 파악할 수 있지만, 그렇지 못한 정보는 그 의미의 파악이 어렵거나 아예 의미 진달이 잘못될 수도 있으므로 주의가 필요하다.

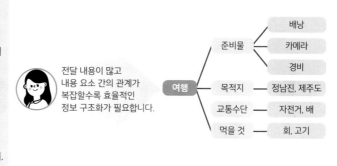

"졸업 기념으로 우리 학교 동아리에서 담당선생님과 동아리 친구들이 함께 제주도로 여행을 가기로 했어!"
"배낭을 메고 자전거를 타고 제주도로 가서 회를 먹고 오는 거야."
"제주도까지 비행기를 타고 가면 교통비가 많이 드니까 정남긴까지는 자전거를 타고, 배를 이용해 제주도로 들어가야지."
"우선 여행 경비를 마련할 때까지 용돈을 모으자!"
"참 제주도에서 흑돼지 구이도 먹고 와야지. 추억을 담을 카메라는 필수!"

전달 내용이 많고 내용 요소 간의 관계가 복잡할수록 효율적인 정보 구조화가 필요합니다.

[여행 계획'에 대한 구조화 비교 예]

정보의 구조는 또한 효율성을 높여주는 체계적인 정보 관리를 가능하게 한다. 정보 관리를 위한 구조로써 학번이라는 정보 요소가 존재하기에 학년, 반, 번호를 차례대로 나열한 형태의 구조화된 정보를 가질 있으며, 같은 이름의 학생이 여러 명이라도 구분할 수 있어 학생의 정보를 효율적으로 관리할 수 있다.

 TIP **효율적인 정보 구조화의 이점**

1. 정보 정리를 도와줌.

2. 내용 요소 간 관계성을 쉽게 이해할 수 있음.

3. 빠지거나 모순된 부분을 쉽게 발견할 수 있음.

4. 기억에 오래 남음.

5. 정보를 체계적으로 관리 할 수 있음.

6. 정보의 흐름이나 절차를 쉽게 파악할 수 있음.

7. 다른 비슷한 구조로 쉽게 변경할 수 있음.

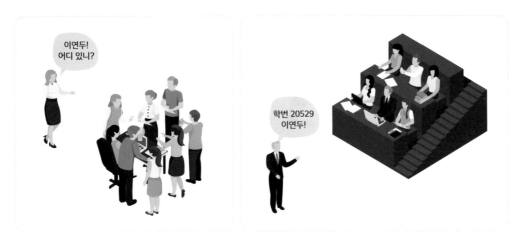

['학번'을 이용한 학생 정보 관리의 효율성]

2 정보 구조화의 과정

2.1 정보를 구조화하는 방법

같은 의미의 정보도 어떤 내용 요소를 중점으로 구조화하였는지, 내용 요소 간의 관계를 어떻게 정리 및 배열하는지에 따라 같은 다양한 모습으로 구조화할 수 있다. 정보를 구조화하기 위해서는 일반적으로 다음과 같은 과정이 필요하다.

2.2 정보 구조화 과정의 예

'일일 공부 계획'을 구조화하여 정보의 구조화 과정을 알아본다.

1. 정보 파악 : 오늘 공부해야 할 과목과 내용을 파악

2. 내용 요소 추출 : 하루 공부 계획에 관한 내용 요소들을 추출
   (영어, 9~11시, 문제집, 듣기 평가, 단어 외우기, 11~12시, 교과서, 3단원 단원 정리,
   수학, 14~15시, 문제집, 기출문제, 15~17시, 자습서, 3-1 단원 평가)

3. 내용 요소 분류 및 정리 : 추출한 내용 요소들을 유사 요소 간 분류 및 정리

[내용 요소 분류 및 정리의 예]

4. 다양한 형태의 구조화 : 분류 정리된 내용 요소들을 의미에 따라 다양한 형태로 구조화
   하여 표현

오늘은 영어와 수학을 공부할 계획이다.

오전에 영어를 집중적으로 공부하기위해, 9~11시까지는 문제집을 가지고 모의 듣기 평
가를 실시하고, 남은 시간에는 모르는 단어를 외우도록 한다.

11~12시까지는 영어 교과서 3단원 정리를 학습한다. 점심을 먹고 난 이후에는 수학공
부를 시작한다.

14~15시까지는 문제집의 기출문제를 풀고, 15~17시까지는 자습서의 단원평가를 푼다.

[문장으로 표현한 정보 구조화]

과목	시간	교재	내용
영어	9~11시	문제집	듣기 평가
			단어 외우기
	11~12시	교과서	3단원 정리
수학	14~15시	문제집	기울 문제
	15~17시	자습서	단원 평가

[표로 표현한 정보 구조화]

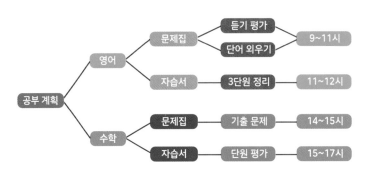

[분류 표로 표현한 정보 구조화]

정보의 구조화는 효율적이며 체계적 형태의 정보를 표현할 수 있다. 하지만, 같은 내용 요소로 만들어진 정보라고 하더라도 구조의 의미를 달리 해석하여 구조화한다면 전달하려고 하는 정보의 의미 자체가 달라질 수 있으므로 이를 주의하며 구조화하거나 정보의 구조를 변경해야 한다.

3 정보 구조화의 방법 및 선택

3.1 정보 구조화의 방법

문자, 소리, 그림, 동영상 능 수많은 형태의 여러 가지 정보를 효율적으로 처리하기 위한 정보들의 구조화는 선형, 계층형, 테이블형, 그래프형, 다이어그램 등 다양한 방법들이 있다. 이 중 정보의 구조를 가장 알아보기 쉽고 효율이 높은 구조화 방법을 선택할 수 있어야 한다.

1 선형 구조

선형 구조는 정보의 내용 요소를 차례대로 나열하여 정보의 의미를 구조화한 방법이다. 선형 구조의 예로는 음식 조리법, 건물의 층 정보, 이름과 전화번호가 적힌 연락망, 시간별 계획 등이 있다. 선형 구조는 정보를 일정한 순서에 따라 방향성 있게 구조화하였기에 정보의 검색과 정렬 기능을 쉽게 활용할 수 있으며 가장 쉽고 빠른 정보 표현이 장점인 반면, 내용 요소 간에 관계의 복잡성이 발생하면 체계적 정보 관리가 어려운 단점이 있다. 선형 구조화로 많이 활용되는 프로그램으로는 엑셀, 한셀 등이 있다.

[선형 구조 예]

2 계층형 구조

계층형 구조는 정보의 내용 요소를 수준별로 또는 계층적으로 분류하여 정보의 의미를 전달하는 구조이다. 이 구조는 다수의 데이터를 효율적으로 분류하고 처리할 수 있으며 조직의 계층 구조와 분류에 따르는 세부적인 구성 요소를 보여 주고 관리하는 데에도 편리하다.

[계층형 구조 예]

계층은 기능 단위를 나타내는 노드와 선으로 연결되는 트리 구조로 구성되는데, 여기서 선은 정보의 흐름 또는 관계를 나타낸다. 계층 구조화는 지역을 계층에 따라 배열한 구조, 운영 체제의 폴더 등 많이 활용되고 있다.

3 테이블(표)형 구조

테이블형 구조는 중요 내용 요소를 두 가지 기준에 따라 세로축과 가로축으로 분해하여 각 축에 맞는 정보를 배치하여 정보의 의미를 전달하는 구조이다. 테이블형 구조에는 시간계획표, 아파트 동호수 배치표, 가격 비교표 등이 있다. 테이블형 구조는 중복되는 내용 요소도 축을 따라 정리할 수 있어 정보의 표현이 효율적이다.

50분	75분	시간	월	활	수	목	금
1	1	09:00 ~ 09:30	A	I	A	I	E
1	1	09:30 ~ 10:00	A	I	A	I	E
2	1	10:00 ~ 10:30	A		E		E
2	2	10:30 ~ 11:00	A		E		E
3	2	11:00 ~ 11:30	B	J	B	J	F
3	2	11:30 ~ 12:00	B	J	B	J	F

[테이블형 구조 예 - 시간표]

4 그래프형 구조

그래프형 구조는 내용 요소 간의 상호관계를 선으로 연결하여 의미를 전달하는 구조로써 지하철 노선도나 지도를 들 수 있다. 이 구조에서 연결되는 선은 순서나 계층의 의미는 포함하지 않으며 방향과 거리 정보를 포함하는 내용 요소 간의 연관성만을 뜻한다.

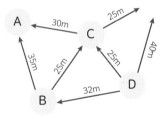

[그래프형 구조 예]

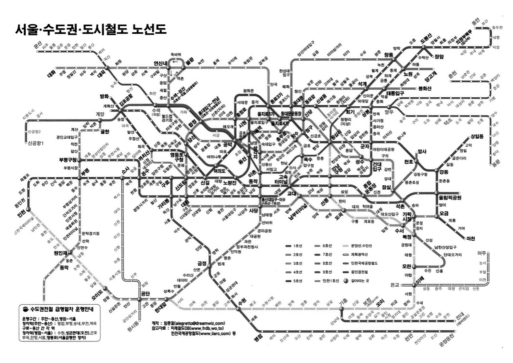

[그래프형 구조 예 - 서울/수도권 도시철도 노선도]

5 다이어그램

기호, 선, 점 등을 사용하여 각 자료 요소의 관계, 과정, 구조 등을 구조화하는 방법으로
엑셀과 액세스 프로그램에서 구현할 수 있다. 정보 요소의 특징이나 관계 및 구조화의 목
적에 따라 가장 효과적으로 표현할 수 있는 구조화 방법이 다르므로 세로 막대형, 가로
막대형, 선형 등과 같은 여러 가지의 다이어그램 중에서 적합한 방법으로 선택해야 한다.

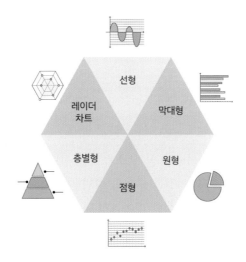

3.2 정보 구조화 방법의 선택

구조화 방법을 선택할 때에는 정보의 양과 처리하고자 하는 작업의 목적 등을 고려해야한다.

다음과 같은 이번 기말고사 성적 평균 점수 테이블을 살펴보자. 이 테이블에서 가장 성적이 높은 학생을 찾는다면 짧은 시간 안에 '임꺽정'을 찾을 수 있다. 그런데, 만약 모든 학교학생 1000명 중에서 가장 성적이 뛰어난 학생을 찾는다고 하면 이 테이블의 비교 시간보다도 시간이 오래 걸릴 것이며 많은 숫자를 비교하다가 오류가 생길 수도 있다.

이름	이길수	박나미	정보라	김건기	홍길동	임꺽정	이칠수	나미애	정아민	박다연
점수	1.5	1	2.6	6	4	5.2	1.7	2	3.3	5

그래서 이런 경우에는 테이블형 구조보다는 아래와 같이 계층형 구조를 이용하여 먼저, 각학과에서, 다음은 같은 학년에서, 마지막으로 전교생 중 최고 점수를 찾는다면 빠르고 정확하게 찾을 수 있다. 즉, 빠른 탐색이 필요하다면 선형이나 테이블형 구조보다는 계층형구조가 좀 더 적절하다고 할 수 있다.

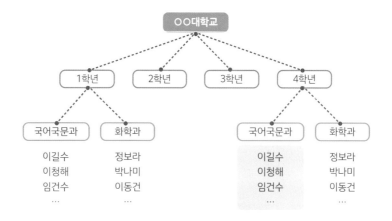

이렇듯, 정보를 구조화할 때 고려해야 할 요소들로는 정보의 특징, 정보 요소 간의 관계, 구조화의 목적 등을 살피어 가장 적절한 구조화 방법을 선택해야 한다. 예를 들어, 시간표의 경우 요일과 시간을 항목으로 구성한 테이블형 구조가 가장 일반적이며 이해하기 쉽지만, 지하철 노선도를 테이블형으로 구성하는 것은 매우 어려운 일이다.

▶ 문제 ?

다음의 정보 특징에 적합한 구조를 선택해 보자.

1. 호랑이는 사슴과 토끼를 잡아먹고, 사슴과 토끼는 풀을 먹는다. 매는 토끼와 개구리를 먹는다. 그리고 개구리는 메뚜기를 먹으며 메뚜기는 풀을 먹는 이러한 복잡한 먹이 사슬의 구조화 방법은?
2. 학과에서 체육 대회에 나가는 학생 수는 종목별로 농구 선수로 8명, 계주 선수로 6명, 두 종목 모두 나가는 학생이 2명일 때의 구조화 방법은?
3. 장래 희망인 교사, 축구 선수, 프로그래머, 개그맨, 경찰 중 가장 어울리는 직업을 찾기 위한 구조화 방법은?

정답 : 1. 계층형   2. 벤다이어그램   3. 그래프형

3.3 정보구조화시 사용 도구

1 연필과 종이

연필과 종이는 흔하고 기초적이지만 정보구조화를 공부하는 데 있어서 강력한 도구이다. 종이와 연필은 사용하기 쉽고, 빠르며, 휴대성이 좋고, 배터리 걱정 없는 매우 경제적인 도구이다.

2 무료 온라인 화이트보드

무료 온라인 화이트보드는 정보 요소들을 시각화할 수 있으며, 또 다른 사람을 초대하여 자료를 공유하며 같은 작업을 수행할 수 있고 또 피드백을 얻을 수 있는 등 강력한 정보구조화 기능을 제공한다.

3 Excel

마이크로소프트사에서 개발한 수치 계산과 문서 작성을 위한 응용 소프트웨어로서 많은 분야에서 널리 사용하는 스프레드시트(spread sheet) 프로그램이다. 스프레드시트는 수식 계산을 위한 행과 열로 구성된 표 형태의 시트에서 연산 및 표를 작성하고 그래프를 그리는 기능을 제공한다. 또한 매크로, 그래픽, 데이터베이스 기능과 차트 작성 등의 통합 문서작성에 필요한 기능도 제공한다.

기업의 세무계산, 보고서나 학교의 성적관리 및 가계부 등 광범위하게 사용되고 있으므로 정보 구조화와 관련하여서는 엑셀이 제공하는 기능으로 테이블형은 물론, 그래프형 등의 다양한 구조화를 구현할 수 있다.

4 PowerPoint

마이크로소프트사에서 개발한 프레젠테이션용 응용 소프트웨어이다. 프레젠테이션이란 소개 · 발표 · 표현 · 제출'을 뜻하는 용어로, 일반적으로 많은 사람에게 효과적으로 정보 전달을 하기 위한 활동을 의미한다.

파워포인트는 프레젠테이션용 문서 작성 기능, 팀 구성원끼리 작업 영역을 공유하고 공동으로 작업할 수 있는 기능, 정보전달이 보다 눈에 띄고 효과적이 될 수 있도록 하는 그래픽 · 애니메이션 · 멀티미디어 기능 등 다양한 기능을 제공한다. 파워포인트를 사용하여 대형 화면에 자료를 띄우고 프레젠테이션하는 방식으로 보고서나 세미나, 화상교육과 같이 교육과 사업 부분 등에서 널리 활용되고 있다. 그러므로 문서 작성 기능, 그래픽 기능 등을 사용한다면 다양한 정보 구조화 도구로서의 역할을 충분히 할 수 있다.

4   구조화로 표현된 도표 분석능력

도표 분석능력이란 구조화로 표현된 도표(그림, 표, 그래프 등)가 갖는 의미를 파악하고, 도표에서 표현된 정보를 해석할 수 있는 능력을 의미한다. 예를 들자면, 업무수행과정에서 도표로 주어진 자료를 해석하거나, 도표로 제시된 업무비용을 측정하거나, 그래프로 제시된 계절별 고객의 요구를 파악해야 하는 경우들에서 필요한 능력이라 할 수 있다.

4.1 도표 분석 및 작성의 필요성

도표란 내용을 시각적으로 표현하기 위해 의미를 담아 그려진 선, 그림, 원 등을 의미하며, 도표 작성의 목적에는 다음과 같은 3가지가 있다.

1 보고하고 설명하기 위해

단순한 텍스트 위주의 표현보다는 도표를 사용할 때 일반적으로 정보에 대해 상대방이 좀 더 쉽게 받아들이고 이해할 수 있다.

2 상황 분석을 위해

도표를 보다 적극적으로 활용하는 경우로서, 자료를 단순화하여 경향이나 분포 등을 보여 줌으로 현재 상황을 분석하는 데 도움을 준다.

3 관리 목적을 위해

진도관리 도표나 회수 상황 도표 등이 이에 해당한다. 관리 대상과 주변 상황을 도표를 통하여 직관적이고 단순하게 표현할 수 있으므로 관리 목적에 도움을 줄 수 있다.

TIP   **도표를 그릴 때, 주의 할 점**

1. 보기 쉽게 깨끗이 그린다.

2. 하나의 도표에 여러 가지 내용을 넣지 않는다.

3. 특별히 순서가 정해 있지 않은 것은 큰 것부터, 왼쪽에서 오른쪽으로, 또는 위에서 아래로 그린다.

4. 눈금을 잡기에 따라 크게 보이거나 작게 보이니 주의한다.

5. 밑에 있는 수치를 생략할 경우에는 잘못 이해하는 경우가 생기니 주의한다.

6. 컴퓨터에 의한 전산 그래프를 최대한 이용한다.

4.2 도표의 종류

도표의 종류는 크게 목적별, 용도별, 형상별로 구분할 수 있는데 목적, 용도, 형상을 조합하여 하나의 도표로 작성될 수도 있다. 도표가 여러 종류가 있는 만큼 도표는 사용하기 위한 목적에 따라 도표의 종류도 달리할 필요가 있다. 다음은 도표로 표현할 수 있는 비교유형 5가지를 제시한다.

표 3.1   비교유형 5가지

구성	점유율, 전체의 백분율, %가 있는 경우, -이상
항목	더 크다, 더 작다, 동등하다, -보다 많은, - 보다 적은
시간적 추이	변화, 상승, 감소, 변동, 정체, 변화
도수분포	빈도수, 분포x에서 y범위, 범위에 포함되는 항목 수
상관성	-에 관계가 있다/없다, -에 따라 변하지 않는다 -에 따라 증가/감소한다

다음은 다양한 도표의 종류를 목적별 · 용도별 · 형상별로 분류하여 제시한 것이다.

① 도표의 종류별 활용

① 막대 그래프

막대 그래프는 비교하고자 하는 수치 값을 막대 길이로 표시하고, 그 길이를 비교하여 관계를 표현하는 그래프이다. 방향에 따라 세로 막대 그래프와 가로 막대 그래프가 있다. 일반적으로 시간적 변화와 해당 정보를 표현하는데 적은 수의 데이터 표시점이 있을 때 사용한다.

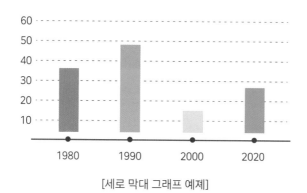

[세로 막대 그래프 예제]

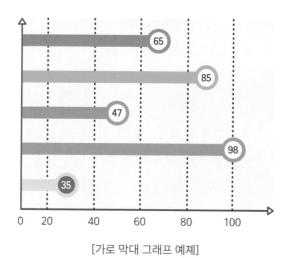

[가로 막대 그래프 예제]

② 선 그래프

주로 시간의 흐름에 따른 값의 변화를 선과 기울기로 표현하는 그래프이다. 일반적으로 선 그래프는 자료를 표현하는데 시간적 변화와 많은 데이터 표시점이 필요할 때 적합하다.

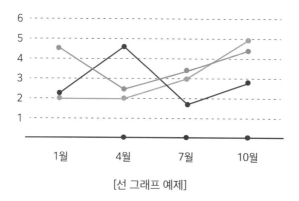

[선 그래프 예제]

③ 원형 그래프

원형 그래프는 일반적으로 정보 요소들의 구성비를 분할하여 나타내고자 할 때 사용한다. 제품별 매출액 구성비와 같은 예를 들 수 있다.

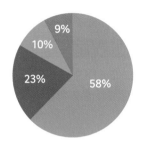

[원형 그래프 예제]

④ 점 그래프

점 그래프는 가로와 세로축에 2요소를 두고, 보고자 하는 것이 어떤 위치에 있는가를 비교 분석하거나 분포된 형태를 파악하기 위해 사용된다. 그래서 점 그래프는 지역분포를 비교하는 것을 비롯하여 기업, 상품 등의 평가나 위치, 성격을 표시하는데 활용할 수 있다.

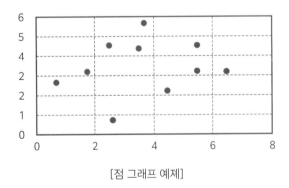

[점 그래프 예제]

⑤ 층별 그래프(누적 막대 그래프)

층별 그래프는 막대 그래프와 같은 막대에서 막대를 구성하는 누적된 데이터의 합의 변화도 볼 수 있는 그래프로 이러한 데이터 특징을 따라 누적 막대 그래프라고도 한다. 층별 그래프는 크게 두 가지 용도로 활용되는데 첫째, 막대로 합계 크기와 각 부분의 크기를 백분율로 나타내고, 다른 축으로는 시간적 변화를 보고자 할 때, 둘째, 막대로 합계 크기와 각 부분의 크기를 실수로 나타내고 다른 축에서는 시간적 변화를 보고자 할 때이다.

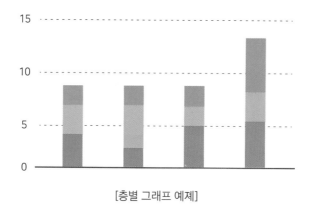

[층별 그래프 예제]

⑥ 레이더 차트(거미줄 그래프)

레이더 차트는 비교하는 정보 값을 원의 중심에서의 거리에 따라 직경 또는 반경으로
표기하는 방식이다. 레이더 차트는 하나의 대상에 대하여 그것을 구성하거나 특징짓는
다양한 요소를 비교할 때 또는 경과를 나타낼 때 사용하는 그래프이다.

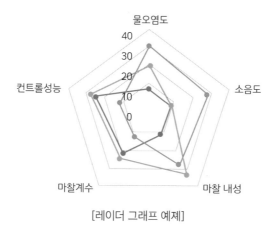

[레이더 그래프 예제]

도표는 이처럼 매우 다양한 종류가 있으므로 목적, 용도, 형태에 따라 활용할 수 있고 올바
른 적용은 정보 전달의 효율성을 극대화한다. 다음은 도표를 활용할 수 있는 여러 가지 상
황을 나열해놓은 것으로 활용하기에 가장 적합한 도표의 종류와 서로 연결시킬 수 있다.

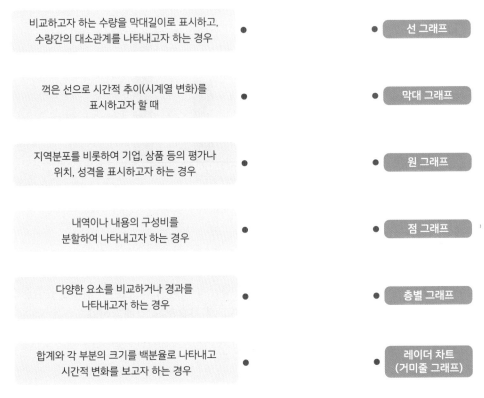

출처: ncs.go.kr, 수리능력 부문 이미지

[정답 및 해설]

선 그래프: 꺾은 선으로 시간적 추이(시계열 변화)를 표시하고자 할 때
막대 그래프: 비교하고자 하는 수량을 막대길이로 표시하고, 수량간의 대소관계를 나타내고자 하는 경우
원 그래프: 내역이나 내용의 구성비를 분할하여 나타내고자 하는 경우
점 그래프: 지역분포를 비롯하여 기업, 상품 등의 평가나 위치, 성격을 표시하고자 하는 경우
층별 그래프: 합계와 각 부분의 크기를 백분율로 나타내고 시간적 변화를 보고자 하는 경우
레이더 차트(거미줄 그래프): 다양한 요소를 비교하거나 경과를 나타내고자 하는 경우

2 도표 해석상의 유의사항

실제로 도표를 읽고 해석하는 일은 쉽지 않으며, 잘못 해석할 경우 본래 정보가 가졌던 의미와는 전혀 다른 결론을 도출하며 곤란을 겪을 수 있다. 그러므로 도표를 적합하고 올바르게 해석하기 위해서는 사전에 많은 연습이 필요하다. 도표 해석 시 다음의 유의사항을

참고할 수 있다.

① 요구되는 지식의 수준

일반적으로 도표의 해석에는 특별한 지식이 필요하지 않겠지만, 도표가 자신의 직무와 관련된 경우에는 관련 지식의 습득이 요구될 수 있다. 따라서 관련 분야에 종사하고 있다면 자신의 업무와 관련된 기본적인 지식을 일반 지식으로 즉, 상식화할 필요가 있다.

② 도표에 제시된 자료의 의미에 대한 정확한 숙지

주어진 도표를 해석하다가 무심코 본래의 의미보다 확대하여 해석할 수도 있다. 예컨대 단순 실업자 수가 많았다는 것이 반드시 높은 실업률을 의미하지 않는데 양자를 같은 것으로 잘못 판단할 수 있다.

③ 도표로부터 알 수 있는 것과 없는 것의 구별

주어진 도표로부터 충분한 근거로 이끌어낼 수 있는 의미와 이 도표로부터는 근거가 미약하거나 알 수 없는 의미를 구별해야 한다. 즉, 주어진 도표로부터 의미를 확대하여 해석하는 일을 주의해야 하며, 주어진 도표에서 보편타당하며 합리적인 근거를 제시할 수 있어야 한다.

④ 총량의 증가와 비율 증가의 구분

비율이 같다고 하더라도 전체 총량은 다를 수 있으며, 또 총량을 알 수 없는데 비율 차이를 근거로 각각의 양적 수치를 뽑아내는 데에도 함정이 있을 수 있으므로 세심한 검토가 필요하다.

마무리하기

1. 정보의 구조화는 전달하려고 하는 정보의 내용 요소들을 정리 및 재배열하여 체계적이고 통일된 조직으로 만드는 과정이다. 적합한 구조화는 자원을 적게 사용하고 짧은 시간에 많은 작업을 수행할 수 있기 때문에, 컴퓨터에서 정보 처리를 효과적으로 할 수 있다.

2. 정보의 구조화 방법에는 정보의 내용 요소를 차례대로 나열하는 선형 구조, 정보의 내용 요소를 수준별로 또는 계층적으로 분류하는 계층형 구조, 세로축과 가로축으로 분해하여 각 축에 맞는 정보를 배치하는 테이블(표)형 구조, 내용 요소 간의 관계를 선으로 연결하는 그래프형 구조, 기호, 선, 점 등을 사용하여 각 자료 요소의 관계, 과정, 구조 등을 구조화하는 다이어그램이 있다.

3. 정보구조화는 같은 의미의 정보도 어떤 내용 요소를 중점으로 구조화하였는지, 내용 요소 간의 관계를 어떻게 정리 및 배열하는지에 따라 같은 다양한 모습으로 구조화할 수 있다. 정보를 구조화하기 위해서는 정보파악, 내용 요소 추출, 내용 요소 분류 및 정리, 다양한 형태의 구조화의 과정이 필요하다.

4. 정보 구조화시 연필과 종이, 무료 온라인 화이트보드, 마이크로소프트사의 Excel이나 PowerPoint 도구를 활용하여 수치 계산과 표, 그래프, 그래픽을 나타내어 다양한 정보 구조화의 형태를 표현할 수 있다.

5. 구조화로 표현된 도표는 문제 해결의 과정에서 다양하게 활용되며, 활용되는 목적에 따라 도표의 종류를 달리해야 한다. 도표는 목적별, 용도별, 형상별로 다양하게 분류할 수 있으며, 대표적으로 선 그래프, 막대 그래프, 원 그래프, 점 그래프, 층별 그래프, 레이더 차트(거미줄 그래프) 등이 있다.

6. 효과적으로 도표를 분석하기 위해서는 ① 요구되는 지식의 수준을 넓히고, ② 도표에 제시된 자료의 의미를 정확히 숙지하며, ③ 도표로부터 알 수 있는 것과 없는 것을 구별하고, ④ 총량의 증가와 비율의 증가를 구분하며 정확히 이해해야 한다.

주제	정보의 구조화		일자	
이름		학과	학번	

1. **다음 중 효율적인 정보 구조화의 이점이 <u>아닌</u> 것은?**

   ① 정보 정리를 도와준다.

   ② 기억에 오래 남는다.

   ③ 정보의 흐름이나 절차를 쉽게 변경할 수 있다.

   ④ 모순된 내용이나 부분을 찾기 어렵다.

2. **다음은 어떤 그래프에 관한 설명인가?**

   > (　　　)은 비교하고자 하는 수량을 막대 길이로 표시하고, 그 길이를 비교하여 각 수량간의 대소 관계를 나타내는 것이다.

   ① 선 그래프 　　　　　　　　　② 막대 그래프

   ③ 거미줄 그래프 　　　　　　　④ 점 그래프

3. **다음 중 도표 작성시 유의 사항이 <u>아닌</u> 것은?**

   ① 요구되는 지식의 수준 　　　　② 도표에 제시된 자료의 의미를 정확히 숙지

   ③ 총량의 증가와 반비례 관계 입증　④ 도표로부터 알 수 있는 것과 없는 것의 구별

4. **다음 차트의 사용 예에 대한 설명이다. 잘못된 것은?**

   ① 선 그래프는 다양한 요소를 비교하거나 경과를 나타내고자 하는 경우 사용

   ② 막대 그래프는 비교하고자 하는 수량을 막대길이로 표시하고, 수량간의 대소관계를 나타내고자 하는 경우 사용

   ③ 원 그래프는 내역이나 내용의 구성비를 분할하여 나타내고자 하는 경우에 사용

   ④ 점 그래프는 지역분포를 비롯하여 기업, 상품 등의 평가나 위치, 성격을 표시하고자 하는 경우 사용

5. 다음은 다양한 도표의 종류를 분류하여 제시한 것이다. 이는 어떤 용도별로 분류한 것인가?

> 경과 그래프, 내역 그래프, 비교 그래프, 분포 그래프, 상관 그래프, 계산 그래프

① 목적   ② 용도

③ 형상   ④ 상관

6. 정보 구조화의 방법에 대한 설명이다. 어떤 구조화 방법인가?

> 중요 내용 요소를 두 가지 기준에 따라 세로축과 가로축으로 분해하여 각 축에 맞는 정보를 배치하여 정보의 의미를 전달하는 구조이며, 시간계획표, 아파트 동호수 배치표, 가격 비교표 등에 많이 사용된다.

① 선형 구조   ② 계층형 구조

③ 그래프형 구조   ④ 테이블(표)형 구조

7. 다음은 정보 구조화를 하기 위한 어떤 도구에 대한 설명인가?

> 마이크로소프트사에서 개발한 수치 계산과 문서 작성을 위한 응용 소프트웨어로서 많은 분야에서 널리 사용하는 스프레드시트(spread sheet) 프로그램이다. 정보 구조화와 관련하여서는 테이블형, 그래프형 등의 다양한 구조화를 구현할 수 있다.

① 파워포인트   ② 엑셀

③ 화이트보드   ④ 포토샵

8. 다음은 정보를 구조화하는 방법이다. 다음 빈 칸을 채우시오.

> (   ) → 내용 요소 추출 → 내용 요소 분류 및 정리 → 다양한 형태의 구조화

9. 정보의 구조화가 필요한 이유에 대해 설명하시오.

10. 일상생활에서 정보를 계층구조로 표현할 수 있는 주제를 선정하고, 계층형 구조료 표현해보시오.

CHAPTER 4

인터넷의 이해 및 웹

CONTENTS

인터넷 연결하기

학습목표

1. 인터넷 연결방법과 인터넷 접속에 필요한 네트워크 장비를 살펴본다.
2. 유선·무선 접속방법과 인터넷 주소 체계의 각 용어와 개념을 이해한다.
3. 인터넷을 활용한 다양한 서비스에 대해 살펴본다.

1   인터넷 연결방법

1.1 전화 접속 연결

처음 인터넷을 사용하기 시작했을 때는 주로 전화 접속 연결 방식을 사용하였다. 이는 전화망을 이용하여 접속하기 때문에 인터넷을 사용하면 유선 전화 요금과 동일한 분당 이용료가 발생하고, 인터넷 사용 중에는 동시에 전화 통화도 할 수 없었다. 또한, 모뎀을 이용한 전화 접속 연결 방식은 전송 속도가 고속 인터넷보다 현저히 느리고, 평균 전송 속도인 56KB보다 떨어지기도 하였다.

1바이트(Byte)	8비트(bit)
1킬로바이트(KiloByte)	1,000바이트
1메가바이트(MegaByte)	1,000킬로바이트
1기가바이트(GigaByte)	1,000메가바이트
1테라바이트(TeraByte)	1,000기가바이트
bps=bit for second	초당 전송 비트

[데이터 단위]

전송 속도란, 특정 시간당 전송 데이터양을 말하며 bit를 이용한 bps(bit per second)라는 단위를 사용한다.

 문제

56Kbps인 전화 접속 모뎀은 초당 몇 바이트(byte)를 전송하며 실제 전송 시간은 어떠한지 살펴보자.

해설 : 따라서, 56 kbsp는 56,000 bsp이고, 1초당 최고 56,000bit를 전송할 수 있다. 8bit는 1byte
　　　 이므로 56,000 bps 모뎀은 초당 7,000byte를 전송할 수 있다. 그러므로 56KB/s인 전화
　　　 접속 모뎀이 1MB 파일을 전송하기 위해서는 약 2분 30초가 필요하다.(1MB = 1,024KB =
　　　 1,048,576Byte, 그리고 1,048,576/7000 = 약 149.8초)

1.2 비대칭 디지털 가입자 회선(ADSL)

비대칭 디지털 가입자 회선(Asymmetric Digital Subscriber Line, ADSL)은 다른 표현으로 광대역 네트워크(Broadband)라 부르며, 빠른 속도의 인터넷을 지원한다. ADSL은 구리 전화선을 이용하지만, 전화 접속 모뎀과는 다른 별도의 주파수를 사용한다. 이 주파수는 대역폭이 큰 광대역 주파수를 이용하여 마치 넓은 도로에서 더 많은 자동차가 다닐 수 있는 것처럼 더 많은 데이터를 주고받으므로 고속의 인터넷 사용이 가능하다. 또한, 전화와는 다른 주파수를 사용함으로 전화와 인터넷 동시 사용도 가능하다.

일반적인 인터넷 사용자는 업로드보다 다운로드를 더 많이 사용한다. 이러한 인터넷 시용자의 사용 비율을 반영하여 ADSL의 주파수와 전송 용량은 다운로드 용량과 업로드 용량의 차이를 약 10:1의 비대칭적 구성을 갖도록 맞추었다.

 TIP

8 Mbsp인 ADSL 인터넷 연결로 초당 몇 바이트(Byte)를 전송할 수 있는지 전송 시간을 계산해보자. 8 Mbsp는 8,000,000 bsp이며, 8,000,000bit/s를 전송할 수 있다. 8bit=1byte이므로 8,000,000 bps 모뎀은 1,000,000byte/s를 전송할 수 있다. 그러므로 8MB인 ADSL은 1MB 파일을 전송하기 위해 약 1.05초가 필요하다. (1MB=1,048,586Byte, 그리고 1,048,586/1,000,000=약 1.05초)

1.3 광섬유 케이블

광섬유 케이블은 광랜이라고도 부르기도 하며 유리 또는 플라스틱 섬유로 만들어지는 광섬유를 이용한다. 광섬유를 타고 전달되는 빛을 이용한 데이터 통신은 10~40GB의 아주 빠른 광대역 네트워크를 제공하며, 각각의 섬유에서 서로 다른 빛의 파장을 이용할 수 있어 여러 주파수대를 가질 수 있다. 또한 약 1,000미터의 거리를 신호의 증폭 없이도 데이터 전송할 수 있기 때문에 먼 신호 전송거리를 가진다. 그러나, 광섬유 두 케이블을 연결하기 위해 열을 사용하는 방식은 많은 비용을 필요로 하며, 탈착식 연결이 가능한 광섬유 커넥터(Connector) 또한 장비가 비싼 단점이 있다.

[광섬유 케이블]

기가 인터넷(Giga Internet) 서비스는 데이터 전송 속도가 1 Gbps정도로, 2G 영화를 16초 만에 다운로드 가능하며 초고속 인터넷보다 10배 빠른 특징을 가지고 있다. 최근에는 5G 서비스가 상용화되며 초고화질 영상서비스, 가상현실(VR), 증강현실(AR) 서비스 등 대용량의 대역폭이 필요한 고품질의 서비스를 이용할 수 있다.

2   네트워크 관련 장비

2.1 네트워크 인터페이스 카드(NIC: Network InterfaceCard)

네트워크 인터페이스 카드는 네트워크에 연결하여 통신하기 위해 컴퓨터 내에 설치되는 확장카드로 '랜포트'라고도 불린다. 현재의 NIC는 다양한 형태가 있음에도 '카드'라는 이름이 사용된 이유는 과거 초기 컴퓨터의 각 장치는 카드와 같은 형태였기 때문이다. 그래서 어떤 부품이 고장 났거나 업그레이드가 필요할 경우 오래된 부품을 받침대에서 꺼내 새로 운 카드로 교환할 수 있었다. 유선 인터넷을 사용할 때는 랜포트에 이더넷 케이블을 연결 하여 사용한다.

이더넷 케이블은 '랜선' 또는 '랜케이블' 이라고도 부르며, 이 랜선은 한쪽은 공유기 랜포트 에, 다른 한쪽은 컴퓨터의 랜포트에 연결하여 사용한다.

[네트워크 인터페이스 카드와 이더넷 케이블]

2.2 허브(Hub)

허브는 네트워크에 여러 대의 컴퓨터를 연결하기 위한 구성 장치로 각 회선을 통합적으로 관리할 수 있다. 이 중 더미 허브는 네트워크를 연결하는 장치로, LAN이 보유한 대역폭을 연결된 기기 수만큼 나누어 제공하기 때문에 노드가 증가될수록 네트워크의 속도가 저하 되는 단점이 있다. 스위칭 허브는 더미 허브보다는 한 단계 발전한 지능형 장비로 연결된 데이터의 유무 및 흐름을 제어하여 각 연결된 기기가 허브의 최대 대역폭을 사용할 수 있 어 더미 허브보다 안정적이고 속도가 빠르다.

[네트워크 구성 장비 허브]

2.3 리피터(Repeater)

디지털 신호는 전송 거리가 멀어질수록 감쇠가 발생하는데, 리피터는 이러한 감쇠를 줄이 고 장거리 전송을 하도록 수신한 신호를 재생시키거나 출력 전압을 높여 전송하는 장치이 다. 예를 들어, 두 대의 컴퓨터를 10m 케이블로 연결하였는데 신호가 약하다면 5m 길이의

케이블과 5m 길이의 리피터로 연결하여 신호의 증폭기 역할을 하게 한다. 그러나 단순히 신호 전체를 증폭한다면 변질된 신호도 증폭시켜 변형될 가능성이 있으므로, 다른 잡신호에 대한 필터 기능도 갖추고 있다. 이러한 리피터는 네트워크를 위한 장비뿐 아니라 다른 디지털 신호 입출력을 위한 장치에도 사용되어 USB, DVI(모니터 사용 단자), PS/2(키보드 사용 단자) 등 다양한 포트와 통신용 장비에 사용된다.

[리피터 샘플]

2.4 브리지(Bridge)

브리지는 같은 프로토콜을 사용하는 두 근거리통신망(LAN)을 연결하는 네트워크 장치이다. 패킷의 목적지 주소를 읽어 데이터를 LAN의 외부나 내부로 보낼 수 있으며, 리피터와 같이 신호를 증폭시킨다. 하지만, 리피터는 모든 신호를 한꺼번에 보내서 통신량을 증가시키지만 브리지는 통신량을 조정할 수 있어 트래픽 감소 기능도 가능하다. 하지만 지금은 라우터가 그 기능을 대신하고 있다.

2.5 라우터(Router)

여러 개의 네트워크를 사용할 경우 각각의 네트워크는 통신 방법이나 신호가 다를 수 있는데 이것을 연결하고 정리하여 길을 안내하는 장치이다. 라우터(router)의 명사형 route가 '길'을 의미하듯, 연결뿐 아니라 적절하고 효율적인 길을 알려주는 역할도 한다. 즉, 여러 개의 네트워크 사이에서 적절한 통신이 이루어지도록 하는 장치이다. 그러므로 라우터를 활용한다면 통신 종류나 방법에 구애되지 않고 네트워크망을 구성하여 다른 기기와 편리하게 접속할 수 있고, 네트워크의 성능 향상을 기대할 수 있다. 예를 들어, 집에서 케이블 TV 서비스 신청 시 설치되는 공유기, 다른 나라 여행 시 인터넷 접속을 위한 휴대용 와이파이 등이 라우터 역할을 한다.

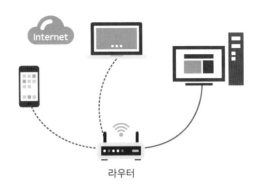

라우터

2.6 게이트웨이(Gateway)

게이트웨이란 단어는 '출입구'를 의미하듯, IT 분야에서는 통신 네트워크의 입구 역할을 하
는 '문'을 의미한다. 컴퓨터 네트워크에서 다른 네트워크로 이동하기 위해 반드시 거쳐야
하는 거점으로, 우리가 사용하는 인터넷 유무선 공유기는 게이트웨이 역할을 하는 장비이
다. 게이트웨이의 구성은 프로토콜을 이용하여 다른 네트워크와 접속할 수 있는 하드웨어
와 소프트웨어, 다른 시스템에 접속할 수 있는 장비로 이루어져 있다. 게이트웨이의 구성 요
소에는 네트워크 내에서 통신을 제어하는 컴퓨터와 프록시 서버(Proxy Server)나 파이어월
(Firewall) 서버로 동작 가능한 인터넷 서비스 제공자(ISP)의 컴퓨터 게이트웨이 노드가 있다.

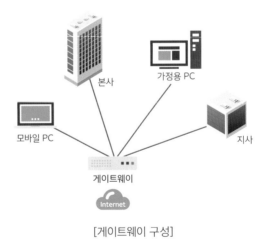

[게이트웨이 구성]

게이트웨이는 데이터를 보낼 곳을 결정하는 라우터 역할도 하지만 하나 이상의 프로토콜
을 사용하여 통신하는 면에서 라우터와는 구별된다. 또한 게이트웨이를 통해 데이터를 송
수신하도록 실제적인 통로를 제공하는 면에서는 스위치의 역할도 한다.

2.7 네트워크 스위치

네트워크 스위치(network switch)는 네트워크 단위들을 연결하는 통신 장비로서 스위치나 스위칭 허브(switching hub), 포트 스위칭 허브(port switching hub)라고도 부른다. 스위치의 기능은 허브와 유사하지만, 필요한 컴퓨터에만 데이터를 전송하므로 훨씬 향상된 네트워크 속도를 제공하며 데이터 병목 현상도 거의 발생하지 않는다. 또한 대부분 스위치는 전이중 통신방식(full duplex)을 지원하여 속도 감소 없는 송신과 수신을 동시에 할 수 있다.

3 인터넷 접속방법과 인터넷 주소 체계

인터넷은 일상생활에서 자주 접하고, 필수적이 요소로 자리 잡아 가고 있다. 이러한 인터넷 접속방법과 인터넷을 접속원리를 살펴본다.

3.1 네트워크

네트워크망은 규모와 거리에 따라 LAN, MAN, WAN 등으로 구분할 수 있다. 근거리 네트워크(Local Area Network, LAN)는 가정, 학교, 사무실 건물 등과 같은 작은 범위의 통신망를 말한다. 예를 들어 하나의 LAN에 속한 여러 컴퓨터는 서로 접속할 수도 있고, 공용으로 사용하는 하나의 프린터에 접속하여 사용할 수 있다. 인트라넷은 학교나 기업에서 주로 보안상 이유로 인터넷에 연결되어 있지 않은 LAN을 가리킨다.

도시권 네트워크(Metropolitan Area Network, MAN)는 LAN보다 크며 WAN보다 작은 중간 정보 범위의 통신망으로 대학교나 도시 규모의 네트워크를 말한다. 광역 네트워크(Wide Area Network, WAN)는 넓은 지리적 공간의 기기를 위하여 구성된 네트워크로서, 여러 개의 LAN을 라우터를 이용하여 연결한다. 이와 같이 네트워크를 여러 가지로 나누는 이유는 트랙픽을 최소화하기 위해서이다. 트래픽은 데이터 전송량이며, 트래픽이 많다는 것은 사이트에 많은 사람들이 접속했다는 것을 의미한다.

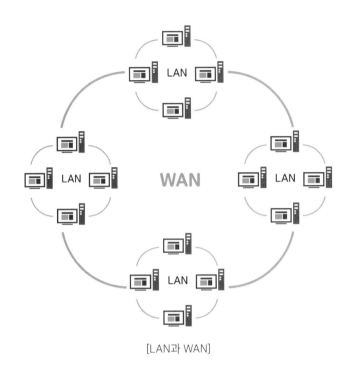

[LAN과 WAN]

3.2 유선 이더넷

근거리 네트워크(LAN)는 전송이 빠른 이더넷 케이블로 서로 연결되어 이더넷이라는 프로토콜(통신 규약)을 통해 데이터를 송수신한다. 이러한 이더넷 연결은 어느 컴퓨터가 독점적으로 접근할 수 없으며 상호 간 공유된다.

이더넷 네트워크를 사용하는 컴퓨터는 다음과 같은 과정을 거쳐 통신한다. 네트워크를 사용하려는 컴퓨터는 먼저 현재 네트워크 위에 흐르고 있는 데이터가 있는지를 감지한다. 만약 현재 다른 데이터가 전송 중이면 사용할 수 있을 때까지 기다리고 아니면 전송을 시작한다. 여러 군데에서 동시에 전송을 시작해 충돌이 발생하면 최소 패킷 시간 동안 전송을 계속해, 다른 컴퓨터가 충돌을 탐지할 수 있도록 한다. 그 뒤, 임의 시간 동안 기다린 뒤에 다시 신호(반송파)를 감지하고, 네트워크 사용자가 없으면 전송을 다시 시작한다. 전송을 마치면, 상위 계층에 전송이 끝났음을 알리고 끝마친다. 여러 번 다시 시도했음에도 전송에 실패하면 이를 상위 계층에 알리고 끝마친다.

3.3 무선 이더넷

스마트폰이나 노트북과 같은 디지털 기기는 와이파이를 연결하여 LAN에 접속하며, 케이블이 필요없이 이더넷의 장점을 제공한다. 요즘 사물인터넷이 각광받으며 무선으로 사물과 사람이 인터넷으로 연결되는 초연결 사회가 구축되고 있다. 와이파이는 유선 이더넷 대비, 보안도 취약하고 전송 속도는 느리지만, 초당 최대 600MB의 접속 속도로 일반적인 상황에서는 부족함 없는 속도를 갖는다. 최근에는 5세대 와이파이, 기가 비트 와이파이 서비스가 상용화되며 보다 빠른 전송속도를 지원한다. 또, 유선 이더넷은 케이블 설치와 같은 구축 비용이 필요하지만, 무선은 해당 비용이 발생하지 않으며 스마트폰이나 태블릿, 노트북과 같은 모바일 기기에서 효율적이다. 하지만, 유선 케이블도 길어지면 신호가 약해지듯, 무선 라우터도 멀어질수록 신호가 약해져 속도가 느려지거나 심지어는 접속이 어려울 수 있다. 또한, 라우터를 사용하는 공간에 신호를 방해하는 벽이나 간섭물, 와이파이 안테나와 같은 주파수를 사용하는 장비 등이 있다면 영향을 받아 이때에도 신호가 약해져 속도가 느려지거나 접속이 어려울 수 있다.

와이파이 네트워크 유형은 다음과 같이 개인용도, 공공용도, 이동식으로 나뉜다.

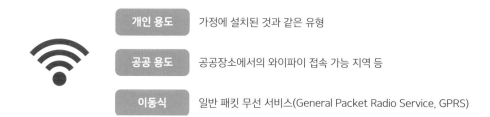

개인 용도	가정에 설치된 것과 같은 유형
공공 용도	공공장소에서의 와이파이 접속 가능 지역 등
이동식	일반 패킷 무선 서비스(General Packet Radio Service, GPRS)

디지털 기기로 와이파이 네트워크를 검색할 때, 각각의 와이파이를 구분하기 서비스 세트 식별자(Service Set Identifier, SSID)라고 하는 이름을 볼 수 있으며, 일반적으로는 접속하기 위한 암호가 필요하다. 그리고 하나의 SSID에 연결된 모든 기기는 같은 네트워크상에 있는 것이므로 기기 간 데이터를 송수신할 수 있다. 그런데 누군가 암호 없이 접근 가능한 무료 와이파이에서 접속자들의 파일에 허가 없이 접근을 시도하려는 위험성이 있을 수 있다. 따라서 외부의 승인받지 않은 접근으로부터 기기와 네트워크를 보호하기 위한 기능의 설정이 필요하다.

3.4 인터넷 서비스 공급자

인터넷 서비스 공급자(Internet Service Provider, ISP)는 LAN을 WAN의 일종인 인터넷에 접속할 수 있는 서비스를 제공한다. ISP는 여러곳이 있으며 비용과 속도가 다양한 여러 가지 서비스 제품들을 선보이고 있다. 우리나라의 대형 ISP들은 KT 올레, SK브로드밴드, LG u플러스 등이다. 그 외에도 사용자들은 온라인 서비스 사업자들을 통해 인터넷에 접속하는 경우도 많다. 그러므로 ISP를 선택할 때 다음 사항을 고려할 수 있다.

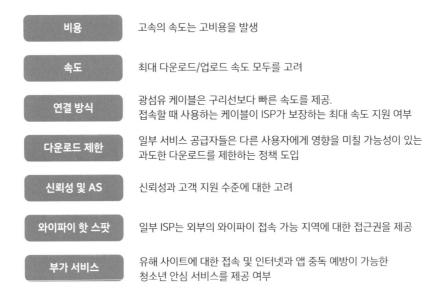

비용	고속의 속도는 고비용을 발생
속도	최대 다운로드/업로드 속도 모두를 고려
연결 방식	광섬유 케이블은 구리선보다 빠른 속도를 제공. 접속할 때 사용하는 케이블이 ISP가 보장하는 최대 속도 지원 여부
다운로드 제한	일부 서비스 공급자들은 다른 사용자에게 영향을 미칠 가능성이 있는 과도한 다운로드를 제한하는 정책 도입
신뢰성 및 AS	신뢰성과 고객 지원 수준에 대한 고려
와이파이 핫 스팟	일부 ISP는 외부의 와이파이 접속 가능 지역에 대한 접근권을 제공
부가 서비스	유해 사이트에 대한 접속 및 인터넷과 앱 중독 예방이 가능한 청소년 안심 서비스를 제공 여부

3.5 IP(Internet Protocol) 주소

IP 주소는 인터넷에 연결된 기기를 식별하는 고유 번호로 집마다 부여되는 집주소와 동일한 개념이다. 즉, 인터넷에 연결된 모든 기기는 고유한 IP 주소를 가진다. IPv4의 주소체계는 숫자와 점으로 구성되는 4마디(옥텟)로 표기되며, 각 마디(옥텟)의 숫자는 255를 넘을 수 없다. 이는 컴퓨터 내부적으로는 32비트인 주소를 네 부분으로 나누어 8비트 10진수 형식으로 표현하기 때문이다.

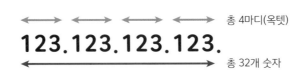

총 4마디(옥텟)

123.123.123.123.

총 32개 숫자

IP주소로는 0.0.0.0부터 255.255.255.255까지 사용할 수 있지만, 특수한 일부 조합은 사용할 수 없다. IPv4 주소는 약 43억 개로 접속할 수 있는 기기의 숫자가 제한되어 있어, 더 많은 기기가 인터넷에 접속할 수 있는 것을 고려하여 일정 기간 동안 대여방식으로 동적 IP주소를 할당한다. 다만, 서비스를 제공하는 서버는 IP주소가 바뀌지 않는 고정 IP 주소를 부여한다.

IPv6(internet protocol version 6)은 IPv4의 단점을 개선하기 위해 개발된 새로운 IP 주소체계이다. 차세대 인터넷 통신규약이라는 뜻에서 IPng(IP next generation)라고도 한다.

IPv4는 IP 주소체계인 약 43억 개의 주소가 이용 가능한 반면, IPv6은 43억의 4 제곱, 거의 무한대에 가까운 IP 주소 할당이 가능하다. 현재 사물인터넷 시대에 대응하기 위해 IPv6이 보급되어 사용되고 있다.

IP주소체계는 16비트씩 8부분, 총 128비트로 구성되어 있으며, 각 부분은 16진수로 표현하고 콜론(:)으로 구분한다. 주소의 각 부분이 0으로 연속된 경우 0을 생략하여 "::"표시할 수 있다.

IPv6
∞

0234:3431:DEBE:EACB:3444:3033:CBDC:4413

[무한대의 IP주소]

IPv6의 특징은 다음과 같다.

IP 주소 규모의 대폭적인 확장	128비트 체계를 채택하여 매초 10억대의 새로운 컴퓨터의 인터넷 연결이 가능한, 거의 무한의 용량이다.
실시간 멀티미디어 처리 기능	멀티미디어의 실시간 처리가 가능하도록 비디오 데이터의 전송과 처리가 가능한 광대역 폭을 지원한다.
IP 자체의 보안성 확대	보안 문제의 근본적 해결을 위해 프로토콜 내에 보안 기능을 갖춘 IPsec을 탑재하였다.

3.6 DNS(Domain Name System)

초창기에는 웹사이트에 접속하기 위해서 사용자가 직접 IP 주소를 입력하였으나, 인터넷 사이트가 늘어나면서 수많은 사이트의 IP 주소를 입력하는 것은 매우 비효율적이다. 이러한 불편함을 해소하고자 IP 주소와 도메인 네임을 연결해주는 DNS(Domain Name System) 시스템이 만들어졌다. DNS는 이름으로 전화번호를 찾는 전화번호부 또는 114와 같은 역할을 한다.

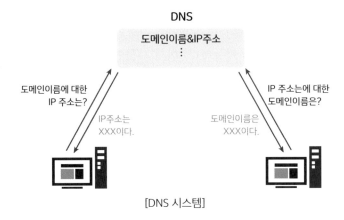

[DNS 시스템]

사람은 숫자보다 문자를 더 쉽게 기억하므로 125.209.222.142과 같이 숫자로만 보이는 IP 주소보다 www.naver.com 같은 문자 이름으로 된 도메인을 사용한다. 도메인은 이름 체

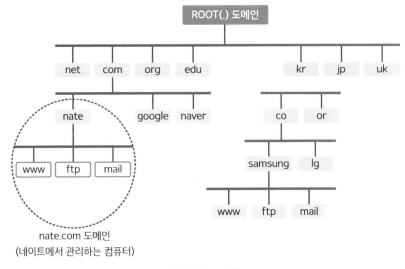

[DNS 이름 체계]

계에 따라 "."으로 구분하여 계층을 나눈다. 최상위 도메인은 .com, .net, .org와 같은 사이트의 사용 용도와 kr, jp 등과 같은 국가를 표시하기 위해 사용된다. 예를 들어, www.scourt.go.kr 주소를 살펴보면 kr은 대한민국을 의미하며, go는 정부기관을 의미하기 때문에 주소만 봐도 대한민국의 정부기관 홈페이지임을 알 수 있다.

도메인은 담당 업체나 기관에 등록하여 사용할 수 있다. 도메인 등록을 위한 대표적인 사이트로 후이즈 (http://whois.co.kr)가 있으며, 원하는 도메인 사용 여부를 확인할 수 있고 불가한 경우라면 기존 구매자와 도메인 사용 기간 등의 정보를 확인할 수 있다.

[후이즈 사이트에서 도메인 검색하는 방법]

네이버의 경우를 살펴보면 naver.com만 구매한 후, 여러 가지 서비스 제공을 위해 music.naver.com, blog.naver.com, cafe.naver.com 등과 같은 자식 도메인을 등록하여 통일성을 갖추면서도 중복되지 않은 이름을 만들어 사용하고 있다.

TIP

- 자신의 컴퓨터의 IP주소를 알아보고 싶다면 네이버 검색창에서 'IP주소'라고 검색하면 확인할 수 있다.

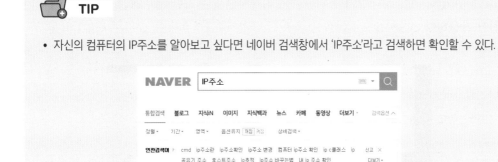

- 만약 www.smile.co.kr과 shop.smile.co.kr 두 개의 도메인을 사용하여 5년간 쇼핑몰을 운영하려 할 때, 1년 도메인 사용료가 만일 11,000원이라면 필요한 도메인 비용은 다음과 같다. smile.co.kr은 2차 도메인으로 구매하고 www, shop 호스트는 추가하여 사용할 수 있으므로, 11,000원 *5년=55,000원의 비용이 발생한다.

4 인터넷을 활용한 서비스

4.1 VoIP

VoIP(Voice over Internet Protocol)는 IP 주소를 사용하는 네트워크를 통해 음성을 디지
털화하여 전송하는 기술이다. 즉, 인터넷을 기반으로 하는 음성 통신을 의미하는 것으로
흔히 인터넷 전화라고 부르며, 'IP 텔레포니' 혹은 '인터넷 텔레포니'라고도 한다. 널리 사용
하는 070 전화가 대표적이다.

4.2 m-VoIP

스마트기기 발전을 따라 VoIP에서 진화한 기술로서, 무선 모바일 인터넷을 이용해 휴대폰
으로 인터넷 전화를 할 수 있는 기술이다. 스카이프(Skype), 카카오톡의 보이스톡 등이 대
표적이다. 무선 모바일 인터넷을 사용하므로 m-VoIP의 전송 속도는 VoIP보다 느리긴 하
지만, 이동 통신망 사용으로 통화 시 비용을 절감할 수 있는 장점과 스마트폰의 대중화 때
문에 m-VoIP 사용자는 빠르게 늘고 있다. 이를 사용하기 위해서는 메신저 또는 통화 관
련 애플리케이션을 설치하면 되므로 스마트기기 사용자는 거의 잠재적인 m-VoIP 사용자
라고 할 수 있다. 단, 상대방이 동일한 애플리케이션을 설치한 경우에만 자유롭게 데이터
통신이 가능하다.

[카카오톡 음성통화]

일부 스마트폰에서는 자체로 m-VoIP 기능을 지원하기도 한다. 애플 페이스타임이 대표적으로, 자체 기능이기 때문에 다른 기기에서의 사용은 불가하며, 통화 또한 애플 기기 간에만 사용할 수 있다.

[애플 페이스 타임]

4.3 VOD(video on demand)

SK브로드밴드의 B tv, KT의 olleh tv, LG의 U+ tv 등과 같이 시청자가 원하는 시간에 원하는 내용을 이용할 수 있는 양방향 서비스로 맞춤 영상정보 서비스, 주문형 비디오 조회 시스템이라고도 한다.

[VOD 서비스]

통신망을 통하여 영상정보를 받아 재생하는 것이므로 일반 비디오 기기와 같이 재생(play), 정지(stop), 멈춤(pause), 빨리 감기(fast forward), 빨리 되감기(fast rewind) 및 임의의 위치에서의 재생 등이 가능하다.

VOD 시스템을 갖추려면 영상의 방대한 데이터베이스와 광대역, 고속의 전송망이 필요하다. 비디오 서버는 데이터베이스 관리시스템을 사용하여 영상이나 음성을 저장할 수 있는 대용량의 데이터베이스가 효율적으로 관리되며 실시간 검색도 가능하다. 기존 TV와 VCR을 대체하는 것 외에도 앞으로 원격진료, 원격교육, 홈뱅킹, 홈쇼핑 등이 결합하여 다양한 서비스 제공에 활용될 것으로 기대된다.

마무리하기

1. 인터넷을 사용하기 위해 초창기에는 전화접속연결방법을 사용하였으며, 이는 속도가 느리고 전화와 인터넷을 동시에 사용할 수 없었다. 이러한 점을 개선한 초고속인터넷인 비대칭 디지털 가입자 회선 (ADSL) 서비스가 나오며 인터넷 속도가 빨라졌으며, 그후로 광섬유 케이블 망이 설치되며 100Mbps 의 속도를 낼 수 있는 광랜으로 발전하였다.

2. 유무선 인터넷 통신은 다양한 장비를 통해 이루어진다. 여러 대의 컴퓨터를 연결하기 위한 허브, 네트 워크 사이에서 길을 안내하는 라우터, 다른 네트워크로 이동하기 위한 출입구 역할을 하는 게이트웨이, 네트워크 스위치 등이 있다.

3. 네트워크망은 규모와 거리에 따라 LAN, MAN, WAN 등으로 구분할 수 있다. LAN은가정, 학교, 사무실 건물 등과 같은 작은 범위의 근거리 통신망를 말하며, MAN은 LAN보다 크며 WAN보다 작은 중간 정 보 범위의 통신망으로 대학교나 도시 규모의 네트워크를 말한다. WAN은 넓은 지리적 공간의 기기를 위하여 구성된 광역 네트워크를 말한다.

4. IP 주소는 인터넷에 연결된 기기를 식별하는 고유 번호로 집마다 부여되는 집주소와 동일한 개념이며, DNS는 사람이 이해하고 기억하기 쉽도록 문자 형태로 표현한 인터넷 도메인 주소이며, 도메인을 IP주 소로 변경 및 연결해주는 시스템이다.

5. 인터넷을 활용한 서비스에는 IP주소를 이용한 음성을 디지털화하여 전송하는 기술VoIP(Voice over Internet Protocol)가 있고, m-VoIP은 무선 모바일 인터넷을 이용해 휴대폰으로 인터넷 전화를 할 수 있는 기술이다. VOD(Video on demand) 서비는 시청자가 원하는 시간에 원하는 내용을 이용할 수 있는 양방향 서비스로 맞춤 영상정보 서비스, 주문형 비디오 조회 시스템이라고도 한다.

주제	인터넷 연결하기		일자	
이름		학과	학번	

1. 인터넷을 연결하기 위해 장비 중 단순히 다른 네트워크를 연결해줄 뿐만 아니라 적절하고, 효율적인 길을 알려주는 역할까지 하는 장비는 무엇인가?

① 허브   ② 게이트웨이

③ 리피터   ④ 라우터

2. 다음 중 인터넷에서 사용하는 IPv6 주소체계에 대한 설명으로 옳지 않은 것은?

① 16비트씩 8부분으로 총 128비트로 구성 된다.

② 각 부분은 16진수로 표현하고, 세미콜론(;)으로 구분 한다.

③ 주소의 각 부분이 0으로 연속된 경우 0을 생략하여 "::"표시할 수 있다.

④ IPv4의 주소 부족 문제를 해결해 줄 수 있다.

3. 시청자가 아무 때나 원하는 프로그램을 선택해서 볼 수 있는 시스템을 무엇이라고 하는가?

① VOD   ② VoIP

③ DNS   ④ IP

4. 여러분의 집에서 컴퓨터가 인터넷 접속 시 단말기별 인식 번호로 사용되고 있는 것은 무엇인가?

① IP   ② VOD

③ VOIP   ④ DNS

5. 네트워크망은 규모와 거리에 따라 분류하였다. 다음은 어떤 네트워크망에 대한 설명인가? 근거리 통신망보다 크며 광역통신망보다 작은 중간 정도 범위의 네트워크망으로, 대학교나 한 도시 규모의 네트워크로 사용된다.

① WAN　　　　　　　　　② MAN

③ LAN　　　　　　　　　④ KAN

6. ISP를 선택할 때 고려사항이 <u>아닌</u> 것은?

① 비용　　　　　　　　　② 속도

③ 연결방식　　　　　　　④ 업로드 제한

7. IPv4의 주소체계는 IP가 부족하므로 보완된 차세대 IP구조인 IPv6가 사용되고 있다. 이 차세대 IP구조는 몇 비트로 구성되어 있나요?

① 128비트　　　　　　　② 256비트

③ 32비트　　　　　　　　④ 64비트

8. (　　　)은(는) 건물에서 발생한 화재가 더 이상 번지는 것을 막는 것으로, 인터넷에서는 정보 보안을 위해 불법으로 접근하는 것을 차단하는 시스템을 말한다.

9. (　　　)은(는) 네트워크에서 도메인이나 호스트 이름을 숫자로 된 IP 주소로 해석해주는 TCP/ IP 네트워크 서비스이다.

10. VoIP와 m-VoIP에 대해 비교 설명하시오.

2 SECTION · · ·

웹 작동 방법

1. 인터넷과 웹 환경의 발전에 대해 이해한다.
2. 웹에서 사용되는 용어를 설명할 수 있다.
3. 구글 검색을 활용하여 자료 검색의 정확성을 높일 수 있다.
4. HTML을 이용하여 간단한 웹 페이지 만들 수 있다.

1   웹이란?

1.1 인터넷

인터넷은 여러 통신망을 하나로 연결한다는 의미인 International Network의 합성어로써 이를 줄여서 인터넷(Internet)으로 명명하였다. 인터넷은 미국 국방성에서 군사적인 목적으로 구축한 '알파넷(ARPANET)'으로부터 시작되었다. 알파넷을 중심으로 대학, 연구소, 정부기관, 기업 등 주요 기관들이 서로 연결되어 네트워크 기술이 공공기관을 중심으로 확대되었으나, 민간인들에게는 이용 방법이 제한적이었다.

1989년, CERN(유럽입자물리연구소)의 연구원인 영국의 팀 버너스 리(Tim Berners-Lee)는 문자 및 그림, 음성 등의 다양한 형식의 데이터가 조합된 방대한 데이터베이스에서, 이를 시각적으로 표현하고 문서적으로 구성할 수 있는 표준 문서 형식을 규정하였다. 또 문서 속 자료에 대해서는 또 다른 문서로 연결될 수 있도록 정보 검색 시스템도 제안하였다. 이것은 '월드 와이드 웹(WWW, World Wide Web)'이며, 세계적인 정보 공유 공간에서 필요로 하는 자료를 표준 문서 형식으로 볼 수 있도록 구성해 주는 하이퍼텍스트(Hypertext, 서로 연결되는 문서) 방식의 인터넷 표준문서인 'HTML(HyperText Markup Language)'의 개념으로 발전하게 되었다. 그래픽 환경이 개선되고 월드와이드웹이 등장하면서 네트워크 기술에 진일보한 기술이 부가되었다. 또한, 기존의 교육이나 공공목적으로 주요 사용되던 네트워크 기술에 민간기업의 참여로 상업적 목적의 온라인 서비스가 추가 되고 이용자층 또한 사회 여러 계층으로 확산되면서 인터넷은 콘텐츠 면에서나 이용자 면 에서 모두 양적, 질적 팽창을 가져오게 되었다.

[팀 버너스리]

이런 일련의 과정에서 1991년 8월 6일, WWW 첫 서비스를 시작하였고 세계 최초의 홈페 이지도 공개되었다. 이때부터 웹 브라우저를 사용하여 인터넷 웹 서핑을 하고 인터넷에서 각종 자료를 검색하는 일이 시작되었다.

[인터넷 상의 주요 IP주소를 연결해 구현한 인터넷 지도]

1.2 서버와 클라이언트

서버(Server)는 컴퓨터 네트워크에서 다른 컴퓨터에 서비스를 제공하기 위한 컴퓨터를 가리키며, 반대로 서버에 요구하는 측의 컴퓨터를 클라이언트(Client)라고 한다. 서버에는 문서, 이미지, 음성 등의 다양한 디지털 데이터가 저장되고 보관되어 있으며, 클라이언트는 이 서버에 접속하여 보관된 자료를 찾고 검색할 수 있다. 즉, 서버를 도서관에 비유한다면, 도서관에 방문하여 사람들이 책을 보거나 빌리는 행위는 클라이언트에 해당된다. 서버에는 웹 페이지(Web page)와 같은 데이터가 저장되어 있으며 서버에 접속하는 사람들은 웹 브라우저를 사용하여 해당 자료를 볼 수 있다. 같은 지역의 도서관들은 서로 협력하여 자료를 공유하여 만약 필요한 서적이 없다면 그 지역의 다른 도서관으로 해당 자료를 요청할 수 있듯이, 서버와 클라이언트는 컴퓨터 네트워크를 형성하여 서로 소통하며 서비스를 제공하고 데이터를 공유한다. 이러한 대표적인 서비스로 클라우드 서비스가 있다. 클라우드(cloud)는 데이터를 중앙 컴퓨터 서버에 저장하고, 클라이언트는 인터넷에 접속하기만 하면 언제 어디서든 데이터를 이용할 수 있다.

[클라우드 서비스의 서버와 클라이언트]

1.3 웹(Web)

월드 와이드 웹(www)은 인터넷에 연결된 컴퓨터를 이용하여 사용자가 보고 들을 수 있는 웹 페이지가 거미줄처럼 엮인 공간이다. 웹에는 하이퍼링크 시스템에 의해 서로 연결되어 있어 페이지에서 페이지로, 사이트에서 사이트로 쉽게 이동하며 정보를 검색하고 볼 수 있다. 이렇게 검색된 정보는 다시 재생산되어 전 세계의 인터넷 사용자들과 공유할 수 있다.

웹 정보검색 시스템은 하이퍼텍스트 형식으로 표현된 인터넷상의 다양한 정보를 효과적으로 검색하는 서비스를 제공하는 시스템이다. 일반문서는 사용자의 사고의 흐름과는 무관하게 계속 일정한 정보를 순차적으로 얻을 수 있지만, 하이퍼텍스트는 사용자가 연상하는 순서에 따라 원하는 정보를 얻을 수 있는 시스템이다. 웹 브라우저를 통해 웹 페이지 등의 정보를 볼 수 있게 하는데, 각 페이지에 있는 하이퍼링크를 따라 다른 문서로 이동할 수 있다는 것이다. 이렇게 하이퍼링크를 따라 이동하는 행위를 흔히 웹 서핑 또는 웹 브라우징이라 하며, 관련된 내용의 웹 페이지들의 집합을 웹 사이트라 한다.

최근에는 참여, 공유, 개방을 특징으로 인터넷 사용자들의 공유된 정보사회와 연결성이 중시된 웹 2.0 시대를 넘어 웹 3.0의 시대로 넘어가고 있다. 웹 3.0 은 개인화 및 지능화한 데이터, 필요한 정보와 지식만을 뽑아 보여주는 맞춤형 웹 서비스가 되는 시대이다. 이 시대에는 사람을 대신하여 정보를 모으고 필요한 정보만을 추출하여 적합한 의미를 담은 새로운 정보를 만들어내는 인공지능 웹이 중요한 역할을 할 것이다.

현재 제공되는 서비스 중 하나로, 기차표를 예매하고 여러분이 예매시간보다 일찍 역에 도착하면 열차시간을 변경할 것인지 물어보는 타임세이빙서비스를 제공하고 있다. 이처럼 웹 3.0은 개인에 맞는 정보를 알아서 찾아주는 인공지능형 웹을 말한다.

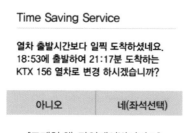

[코레일 앱-타임세이빙서비스]

또한, 현재는 우리가 여행을 계획할 때 여행지에 대한 정보, 호텔 가격, 예약 서비스 등을 들어가서 정보를 모아서 판단하고 결정하였다면, 웹 3.0에서는 휴가 일정과 여행 목적 등을 입력하면 컴퓨터가 알아서 정보를 다 찾아보고 조건에 맞는 최적의 일정과 자료를 제공할 수 있을 것이다.

1.4 HTML

웹 페이지는 HTML(Hyper Text Markup Language) 언어를 이용하여 텍스트를 어떻게 구성할 것인지, 이미지를 어떻게 배치할 것인지, 또 하이퍼링크를 어떻게 만들 것인지 등을 구상하여 작성된다. HTML 언어는 웹 브라우저에서 어떻게 정보를 체계화하고 정리하여 표시해야 하는지 알려 주는 명령어들로 구성되어 있고, 웹 브라우저는 이를 해석하여 보여

주게 된다.

하이퍼텍스트는 하이퍼링크(Hyperlink)를 이용하여 다른 웹 페이지를, 혹은 같은 웹 페이지 사이를 연결한다. 즉, 링크를 통해 문서와 문서를 연결하는 것을 말한다. 도서관 사이를 자유롭게 이동하여 자료의 흐름에 따라 여러 가지 책을 살펴보듯이, 하이퍼텍스트는 하이퍼링크를 통해 서로 다른 웹 페이지와 웹 자원(텍스트, 이미지, 영상 등)들을 손쉽게 이동할 수 있게 돕는다. 아래 그림과 같이 포털사이트에 접속하면 모든 메뉴와 정보들은 하이퍼링크로 연결되어 있어 여러분들이 원하는 정보를 클릭하면 현재 페이지의 다른 부분으로 가거나 다른 페이지로 이동할 수 있다.

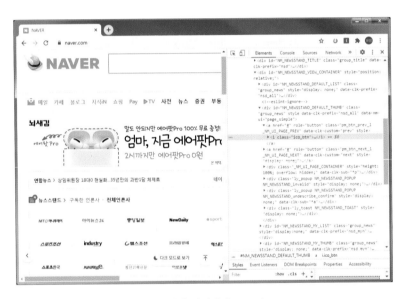

[네이버 홈페이지의 HTML]

HTML은 웹 표준의 방향이 변경되며 꾸준히 업데이트 되어 왔다. 최근 HTML5는 웹 표준 기관인 월드와이드웹 컨소시엄(W3C)와 WHATWG가 함께 표준 작업을 진행하고 만든 차세대 웹 언어 규격이다. HTML5는 그림, 동영상, 음악 등을 실행하는 기능까지 포함시켜 국내 전자상거래에서 많이 쓰이는 액티브X, 동영상이나 음악재생에 필요한 어도비 플래시와 같은 플러그인 기반의 각종 프로그램을 별도로 설치할 필요가 없어진다.

1.5 URL

우리가 원하는 정보를 인터넷에서 찾기 위해서는 그 정보가 어디에 위치해 있는지를 아는 것이 중요합니다. 이때 정보가 들어있는 웹페이지의 위치를 나타내는 주소가 있습니다. 이것이 바로 URL이다. URL(Uniform Resource Locator) 웹 주소를 뜻하는 기술적인 명칭으로, 네트워크 상에서 찾고 있는 디지털 자원과 정보가 어디 있는지 알려준다.

인터넷 웹사이트 주소에서 'https://'라는 것을 볼 수 있다. 여기서 's'는 '안전하다(Secure)'의 약자로서 해당 웹 사이트의 자료는 암호화하여 전송하며 비공개를 유지하고 있다는 뜻으로, 인터넷 뱅킹 등을 위해 보안을 강화하고, 바이러스 침투에 대비하기 위해 추가되었다.

일반적으로 웹 브라우저의 상단에 있는 주소창에 URL을 입력하기 때문에 URL과 인터넷 주소를 같은 것으로 인식할 수 있다. URL은 컴퓨터 네트워크 정보 자원을 이용하는 모든 형태에 적용 가능하여 인터넷 도메인 이름이나 IP 주소는 물론, 이메일, 파일 다운로드 등에도 사용된다.

URL은 기본적으로 '통신 규칙://인터넷 호스트 주소/경로 이름'으로 이루어진다.

$$\underline{\text{http}}://\underline{\text{www.naver.com}}/\underline{\text{music/index/html}}$$

| 통신규칙 | 인터넷 호스트 주소 | 경로이름 |

1 통신 규칙

통신 규칙은 컴퓨터끼리 또는 컴퓨터와 단말기 사이 등에서 정보교환이 필요한 경우, 이를 원활하게 하기 위하여 여러 가지 규칙과 방법에 대한 약속인 통신의 규약을 의미하며 이를 프로토콜(protocol)이라 한다.

URL의 좌측 맨 앞부분은 통신규칙으로 시작하는데, 네트워크상의 서로 다른 컴퓨터가 데이터 송수신을 위한 프로토콜을 선언하기 위한 것이다. 위 예에서 'http'는 인터넷 서핑에서 볼 수 있는 일반적인 형태로 웹 서버와 사용자의 인터넷 브라우저 사이에 문서를 전송하기 위해 사용되는 통신 규약이다. HTTP(Hypertext Transfer Protocol)은 사진, 음악, 동영상 콘텐츠까지 간편하게 사용할 수 있다는 장점이 있지만, 많은 양의 파일을 일괄적으로 업로드하고 다운받기에는 속도가 느리고 파일 제어도 번거롭다. 이렇게 대량의 파일을 네트워크를 통해 주고 받을 때는 파일 전송 전용 서비스인 FTP(File Transfer Protocol)를 사용하는 것이 유리하다. 이외에도 메일을 전송하는 SMTP 등 다양한 프로토콜이 있다.

프로토콜 선언 후에는 콜론(:)과 슬래시 2개(//)를 덧붙인 후, 도메인 이름이나 IP 주소를 입력한다.

2 인터넷 호스트 주소

통신규칙을 작성 뒤에는 접속하고자 하는 네트워크 상의 컴퓨터 위치 즉, 도메인이나 IP 주소 등을 입력할 수 있다. 위 예에서 호스트 주소는 www.naver.com이고, 사용자가 원하는 네트워크 정보 자원이 네이버 서버에 있음을 알 수 있다.

3 경로이름

경로이름은 파일 디렉터리와 정보 자원 이름으로 구성된다. 호스트 주소 이름 뒤에 표시된 music/은 디렉터리(파일 경로, 폴더)를 뜻한다. 즉, 네이버 서버에 'music'라는 폴더의 위치를 표시한 것이다. 만약, 디렉터리 정보가 없다면 이때는 서버 관리자가 정한 기본 디렉터리 위치에 자료 정보가 위치함을 의미한다. 마지막 부분은 사용자가 원하는 정보 자원의 이름이 작성되어 있다. 예에서는 'index.html'라는 파일 이름이 표기되어 있는데, '.' 아래는 확장자(컴퓨터 파일명 뒤에 붙는 구분 기호)를 의미하기 때문에 위 예에서는 html웹 문서임을 알 수 있다. 사용자는 네이버 서버의 특정 디렉터리에 위치한 index.html라는 이름의 웹 문서를 보기 위해 URL을 입력한 것이다. 만약 정보 자원 이름 부분이 생략되어 있다면 default.html 등의 서버 관리자가 정한 기본 정보 자원 파일을 참조하고 있음을 알 수 있다.

1.6 웹 브라우저(Web Browser)

브라우저에서 browse는 '가게 안을 둘러보거나 책을 군데군데 펼쳐 읽는다'는 뜻을 갖는다. 여기에 웹(web)이라는 글자가 붙은 웹 브라우저는 웹 사이트, 웹 페이지를 둘러보거나 읽을 수 있게 해주는 프로그램임을 알 수 있다. 사용자는 웹 브라우저를 통해 인터넷에서 하는 검색, 저장, 전송 등의 활동을 한다. 웹 브라우저는 웹 서버에 저장된 하이퍼텍스트와 하이퍼미디어 정보를 사용자 기기에 텍스트 및 이미지로 화면에 출력하는 역할뿐만 아니라 멀티미디어 처리 기능도 포함한다. 또한, 다양한 부가 기능도 제공하는데 즐겨찾기, 저장 및 인쇄, 탭 보기, 소스보기, 보안관리 등이 가능하다.

과거의 웹 브라우저는 인터넷 익스플로러 하나면 충분했지만 인터넷 환경이 모바일 위주로 옮겨가고 크롬을 비롯한 다양한 웹 브라우저들이 성장하면서 사파리, 오페라, 파이어폭스 등이 시장에 출시되어 경쟁하고 있다.

인터넷 익스플로러는 보통은 윈도우에 포함되어 별도의 설치가 필요 없어 많은 사람들이 사용하고 있지만 속도가 느린 편이고 보안도 취약한 단점을 갖는다. 이러한 단점을 보완하여 마이크로 엣지(Microsoft Edge) 브라우저가 출시되었고, 익스플로러 대비 가볍고 빠른 성능을 보여주고 있다.

구글의 크롬 브라우저는 비교적 빠른 속도와 다양한 추가 기능 및 자동 업그레이드 기능 등의 장점을 갖고 있어 전 세계적으로 많은 사용자들이 사용하고 있다.

[대표적인 웹 브라우저]

2　구글 검색 방법

인터넷에서 필요한 자료를 검색할 때 사용하는 '구글로 검색하기'란 뜻의 '구글링(Googling)'이란 신조어가 있다. 구글 검색창에 원하는 키워드만 입력하면 못 찾는 자료가 없다고 해서 만들어진 이름이다. 이처럼 구글에서 검색 방법을 잘 활용한다면 검색자료의 정확도를 높일 수 있으며 시간 단축도 가능하다. 이를 위한 구글에서의 검색 방법 및 검색 조건을 살펴보도록 한다.

2.1 특정 종류의 파일만 검색하기

- 원하는 파일 형식, 또는 특정 확장자를 가진 파일만 지정하여 검색할 수 있다.
- **조건 형식** : 검색어 + 'filetype:확장자'

아래 예시문대로 검색한다면 공모전과 관련된 pdf 파일만 검색된다.

2.2 반드시 포함될 단어/문장을 지정하여 검색하기

- 해당 단어나 문장이 반드시 포함된 사이트나 자료만 검색하여 검색의 정확도를 높일 수 있다.
- **조건 형식** : "검색어" 로 작성.

아래 예시문대로 검색하면 "목원대학교 축제"가 반드시 포함된 내용만 검색한다.

"목원대학교 축제"

2.3 계산 기호 사용하기(+,-,*)

- 간단히 구글에서 계산한다.
- **조건 형식** : 숫자와 사칙연산 기호를 사용한다.

아래 예시처럼 35*4*7 입력하고 엔터를 치면 계산결과가 나온다.

35*4*7

2.4 생각나지 않는 단어 검색하기

- 온전한 검색 단어가 기억나지 않고 일부만 기억나는 경우, 해당 부분을 자동으로 인식하여 빈자리를 채워서 검색한다.
- **조건 형식** : 검색어 중간에 '*' 표시를 사용한다.

아래 예시문대로 검색하면 자동 인식한 결과에 따라 "아인슈타인 상대성 이론"에 대한 검색 결과를 볼 수 있다.

아이슈타인 *이론

2.5 사이트 주소 검색어

- 특정 사이트에서의 검색 결과를 필요로 할 때 사용한다.
- **조건 형식** : 'site:사이트' + 검색어

아래 예시문대로 검색하면 목원대학교 홈페이지에서 "교양"이라는 단어가 포함된 문서만 검색한 검색 결과를 볼 수 있다.

site:mokwon.ac.kr 교양

구글의 숨겨진 재미있는 기능 몇 가지 소개하면 다음과 같다.

- 구글 검색창에 'do a barrel roll'라고 검색하면 구글 화면이 빙글빙글 회전한다.

그 외의 여러 가지 재미있는 기능도 찾아볼 수 있으며, 이외에도 자료 검색시 다양한 방법의 검색 조합이 가능하다.

3 웹 페이지 만들기

웹 페이지에는 브라우저가 페이지를 창에 표시하는 방법을 정의하는 HTML 태그(Tag)가 있다. 태그는 기본적으로 여는 태그와 닫는 태그로 구성되며, 닫는 태그 없이 단독으로 이용하는 태그도 있다. 태그에 주는 다양한 옵션은 모두 여는 태그에 지정하며, 닫는 태그는 태그 효과가 적용되는 범위의 끝을 나타낸다.

태그를 이용하면 문서에 이미지 삽입, 글자의 글꼴이나 크기 지정, 다른 웹 페이지 링크 등을 작성할 수 있다. HTML 태그는 태그가 끝날 때 '/'를 붙이는 명령 구조를 갖는다. 문서의 확장자는 .html이나 .htm를 사용하며 대소문자는 구분하지 않는다.

3.1 HTML문서의 기본구조

`<HTML>`
  `<HEAD>`
    `<TITLE>` 웹 문서의 제목 `</TITLE>`
  `</HEAD>`
  `<BODY>`
    본문 내용
  `</BODY>`
`</HTML>`
	HTML 문서의 시작
	HTML 문서의 헤더 시작
	HTML 문서의 제목 작성
	HTML 문서의 헤더 끝
	HTML 문서의 본문 시작
	HTML 문서의 본문 내용 작성
	HTML 문서의 본문 끝
	HTML 문서의 끝

■ **<HTML></HTML>**

작성된 문서가 HTML로 작성되었음을 선언한다.

■ **<HEAD></HEAD>**

문서의 관련된 저자, 키워드, 언어, 문서 제목 등의 문서 관련 정보를 기술한다. 단, 문서의 제목을 작성하는 부분에는 〈TITLE〉...〈/TITLE〉 태그와 함께 사용한다.

■ **<BODY></BODY>**

화면에 출력하여 보이는 모든 내용을 작성한다.

실습 1   **간단한 웹 페이지 만들기**

HTML의 태그를 이용하여 간단한 기본 웹 페이지를 작성해 보도록 한다.

■ 입력하기

메모장 프로그램을 실행한 후, 다음과 같이 입력한다. 맨 윗줄의 <!DOCTYPE html>는 Html5를 준수하는 문서임을 명시하는 것이다. <P> 태그는 문단을 나누는 태그이다.

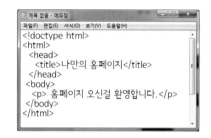

■ 저장하기

메모장에서 상단 메뉴의 [파일] → [다른 이름으로 저장]을 선택한다. 파일 형식은 모든 파일로 변경한 후 원하는 위치에서 파일 이름은 main.html로 저장한다.

■ 저장된 결과 확인하기

저장된 main.html이 잘 작성되었는지 확인해 보기 위해서는 저장된 위치에 가서 main.html을 더블클릭한다. 웹 브라우저가 실행되며 아래와 같은 화면 결과를 확인할 수 있다. 웹 브라우저의 타이틀에는 "나만의 홈페이지"와 본문 내용에는 "홈페이지 오신걸 환영합니다"라는 문구가 나오면 올바르게 작성이 된 것이며, 오류가 나는 경우에는 태그에 오타가 있는지 확인해보도록 한다.

3.2 헤더 태그

헤더 태그는 1~6까지의 글자 크기를 지정하기 위한 것으로, 1이 가장 큰 크기이다.

<Hn>	
기능	제목 글자의 크기를 지정한다. n : 1~6까지 사용할 수 있고, 1이 가장 큰 크기다.
사용 예	<h1>안녕하세요</h1> <h2>안녕하세요</h2>

3.3 이미지 태그와 속성

〈IMG〉 태그를 이용하여 웹 페이지에 그림을 삽입한다. 〈IMG〉 태그의 다양한 속성을 사용하여 그림의 크기나 삽입 위치를 조정한다.

<IMG>	
기능	그림(Image)을 삽입한다.
속성	SRC : 그림의 경로(URL)와 파일 이름 WIDTH : 그림의 가로 크기 값을 픽셀 값(px)이나 비율 값(%)으로 설정 HEIGHT: 그림의 세로 크기 값을 픽셀 값(px)이나 비율 값(%)으로 설정
사용 예	<IMG SRC="이미지경로" WIDTH="가로이미지크기" HEIGHT="세로이미지크기">

3.4 하이퍼링크 설정하기

다른 웹 페이지로 연결하는 하이퍼링크는 〈A〉 태그를 이용한다. 완전히 다른 사이트 또는 동일 사이트 내의 다른 웹 페이지로 이동이 가능하다.

<A>···</A>	
기능	다른 문서나 같은 문서 내의 특정 부분으로 연결해주는 역할을 한다.
속성	HREF : 연결할 문서의 URL
사용 예	<A HREF="http://www.mokwon.ac.kr" >목원대학교</A>

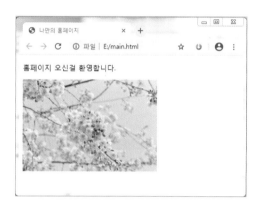

📥 실습 2   웹 페이지에 이미지 삽입하기

이미지 태그를 이용하여 기본 웹 페이지를 꾸며보도록 한다. 삽입하고자 하는 이미지를 준비한다. 예를 들어, C드라이브에 flower.jpg로 저장되어 있는 아래의 이미지를 홈페이지에 삽입하고자 한다.

■ **파일 열기**

메모장에서 [파일] → [열기]를 선택, 파일 형식은 모든 파일(*.*)로 변경 후, [실습1]에서 만들었던 main.html 파일을 불러온다.

■ **이미지 삽입하기**

웹 페이지에 이미지를 삽입하기 위해서는 <img>태그를 사용한다.

```
main2.html - 메모장
파일(F)  편집(E)  서식(O)  보기(V)  도움말(H)
<!doctype html>
<html>
  <head>
    <title>나만의 홈페이지</title>
  </head>
  <body>
    <p> 홈페이지 오신걸 환영합니다.</p>
    <img src="C:\flower.jpg" width=300 height=200>
  </body>
</html>
```

<img>태그의 src 속성에는 화면에 표기할 이미지의 경로를 기입한다. 이 때, 이미지가 있는 위치와 파일명, 확장자를 오타 없이 정확히 입력하도록 한다. width는 화면에 보여줄 이미지의 너비이고, height는 화면에 보여줄 이미지의 높이를 나타낸다. 이미지 크기의 단위는 픽셀(Pixel)이다.

■ 글자 크기 변경과 하이퍼링크 연결하기

"홈페이지 오신 걸 환영합니다"라는 글자 크기를 변경하고, 목원대학교 사이버 캠퍼스 홈페이지(http://cyber.mokwon.ac.kr)를 연결하고자 한다. 글자크기를 변경하는 <h>태그와 하이퍼링크를 연결하는 <a>태그를 사용한다. <a>태그의 href속성에는 이동하고자 하는 웹 사이트 주소를 기입한다.

■ 저장하기

메모장 상단 메뉴에서 [파일] → [저장]을 클릭하고 파일명을 확인 후 저장한다. 저장 후, main.html을 더블 클릭하면 아래와 같이 글자 크기가 커지고 학교홈페이지 주소에 하이퍼링크가 연결된 것을 확인할 수 있다.

마무리하기

1. 인터넷은 미국 국방성의 군사정보의 공유를 목적으로 시작되었으나, 팀 버너스리는 인터넷 사용을 위한 월드 와이드 웹(WWW, World Wide Web) 서비스를 제안하였고, 웹의 표준화를 위한 HTML을 만들어 인터넷 표준 문서를 제공화고, HTTP 통신규칙과 웹 주소인 URL을 최초로 만들었다.

2. 웹 브라우저는 웹 서버에 저장된 하이퍼텍스트와 하이퍼미디어 정보를 사용자 기기에 텍스트 및 이미지로 화면에 출력하는 역할뿐만 아니라 멀티미디어 처리 기능도 포함한다. 웹 브라우저 종류로는 인터넷 익스플로우, 마이크로 엣지, 사파리, 오페라, 크롬, 파이어 폭스 등이 있다.

3. 서버(Server)는 컴퓨터 네트워크에서 다른 컴퓨터에 서비스를 제공하기 위한 컴퓨터를 가리키며, 반대로 서버에 요구하는 측의 컴퓨터를 클라이언트(Client)라고 한다.

4. URL(Uniform Resource Locator) 웹 주소를 뜻하는 기술적인 명칭으로, 네트워크 상에서 찾고 있는 디지털 자원과 정보가 어디 있는지 알려준다. URL은 기본적으로 '통신 규칙://인터넷 호스트 주소/경로 이름'으로 이루어진다.

http://www.naver.com/music/index/html

통신규칙   인터넷 호스트 주소   경로이름

5. 구글에서의 검색은 단순 키워드 검색뿐만 아니라 다양한 검색식을 이용하면 좀 더 정확한 데이터 검색이 가능하다. 예를 들면, 특정 종류의 파일만 검색하기, 원하는 기간의 자료만 검색하기, 반드시 포함될 단어나 문장을 지정하여 검색하기, 계산 기호 사용하기, 생각나지 않는 단어 검색하기 등이 있다.

6. HTML 언어는 웹 브라우저에서 어떻게 정보를 체계화하고 정리하여 표시해야 하는지 알려 주는 명령어들로 구성되어 있고, 웹 브라우저는 이를 해석하여 보여주게 된다. <img>태그는 문서에 이미지 삽입, <h>태그는 글자의 크기 지정, <a>태그는 다른 웹 페이지 링크를 연결할 수 있다.

주제	웹 작동 방법		일자	
이름		학과	학번	

1. 인터넷 사용을 위한 웹 방식의 서비스를 처음으로 제안하고 웹의 확산과 표준화를 위해 노력
   한 사람은?

   ① 스티브잡스   ② 팀 버너스 리

   ③ 빌게이츠   ④ 마크 저커버그

2. 2. 웹 3.0의 기능이 <u>아닌</u> 것은?

   ① 개인화   ② 지능화

   ③ 공유   ④ 상황인식

3. 다음 중 웹 브라우저 종류가 <u>아닌</u> 것은?

   ① 오페라   ② 사파이어

   ③ 인터넷 익스플로러   ④ 파이어폭스

4. URL은 웹 주소를 뜻하는 명칭으로 URL의 형식에 포함되지 않는 것은?

   ① 통신규칙   ② 인터넷 호스트 주소

   ③ 경로 이름   ④ 웹브라우저

5. 웹 서버에 저장된 웹 페이지는 하이퍼텍스트 마크업 언어(HTML)라는 특정한 형식의 언어로
   구성된다. HTML 문서의 기본 구조에 속하지 않는 것은?

   ① 〈HEAD〉〈/HEAD〉   ② 〈BODY〉〈/BODY〉

   ③ 〈TAIL〉〈/TAIL〉   ④ 〈TITLE〉〈/TITLE〉

6. 서버에 대한 설명으로 옳지 않은 것은?

① 컴퓨터 네트워크에서 다른 컴퓨터에 서비스를 제공하기 위한 컴퓨터이다.

② 문서, 이미지, 음성 등의 다양한 디지털 데이터가 저장되고 보관되어 있다.

③ 정보를 요청하는 컴퓨터이다.

④ 클라우드(cloud)는 데이터를 중앙 컴퓨터 서버에 저장한다.

7. 다른 웹 페이지로 연결하는 하이퍼링크는 (   ) 태그를 이용하여 완전히 다른 사이트 또는 동일 사이트 내의 다른 웹 페이지로 이동이 가능하다.

8. (   )은(는) 그림, 동영상, 음악 등을 실행하는 기능을 포함시켜 액티브X, 동영상이나 음악 재생에 필요한 어도비 플래시와 같은 플러그인 기반의 각종 프로그램을 별도로 설치할 필요가 없어진다.

9. 구글에서 고흐에 관련된 파워포인트 파일만 검색하기 위한 키워드를 적으시오.

10. 구글을 이용하여 통계청(kostat.go.kr) 사이트내의 "인구동향"에 관한 자료를 조사하기 위한 키워드를 적으시오.

PART 2

스마트한 생활의 세계로

CONTENTS

CHAPTER 5

소셜미디어와 문화콘텐츠

CONTENTS

소셜미디어의 이해와 활용

학습목표

1. 소셜미디어의 등장 배경을 이해할 수 있다.
2. 소셜미디어의 개념과 특성을 이해하고 설명할 수 있다.
3. 소셜미디어의 유형을 분류하고, 그 특성을 구분할 수 있다.
4. 소셜미디어의 활용분야인 소셜커머스와 소셜마케팅을 이해할 수 있다.

1   소셜미디어의 등장 배경

1.1 정보통신과 멀티미디어 기술의 발전

인터넷과 같은 첨단 정보통신의 발전과 디지털카메라 및 MP3와 같은 멀티미디어 기술의
발전은 오디오와 비디오가 융합된 사이버상의 커뮤니케이션이라는 사회, 문화 분야에서의
새로운 패러다임을 가져왔다. 그 결과 사용자들은 콘텐츠를 소비하면서도 동시에 생산하
는 프로슈머로서의 활동을 가속화하였으며 이것은 전 세계적인 소셜미디어 붐을 가져왔다.

1.2 개인화와 네트워크화

사회 문화의 분화와 재통합의 과정에서 커뮤니티 문화도 진화한다. 최근에는 개인화라는
사회 문화가 퍼스널 미디어와 결합하였고 사회 문화의 재통합은 네트워크화하여 소셜 네
트워킹의 형태로 진화한 것이다. 즉 개인화와 네트워크화라는 사회 문화적 특징이 퍼스널
과 소셜의 융합을 가져온 것이다.

1.3 웹 기반기술

현재 웹 2.0의 매쉬업, REST, FOX, XML 등의 웹 기반기술은 클라우드 서비스 및 자유로운 콘텐츠 변형을 가능하게 하였다. 또 상호작용 웹 애플리케이션 구성 스타일인 AJAX도 새롭게 각광받고 있다. 이러한 웹 기반기술의 발달은 다양한 네트워킹 기능을 확대시키며 소셜 네트워킹의 대중화를 이끌고 있다.

1.4 친화 욕구와 자기표현 욕구 증대

인터넷 매체의 발달로 누구나 손쉽게 커뮤니케이션할 수 있게 되었고 멀티미디어의 양방향성 소통이 증가하며 참여문화에 대한 사회적 합의 체계가 개선되었다. 이러한 트렌드의 변화는 자연스레 사람들의 친화 욕구와 자기표현 욕구 증가로 이어지고 있다.

2   소셜미디어의 개념

소셜미디어란 용어는 뉴미디어 회사인 가이드와이어 그룹(Guidewire Group)의 창업자 크리스 쉬플리(Chris Shipley)가 2004년 IT 관련 회사의 담당자들을 대상으로 한 'The BlogOn 콘퍼런스'에서 소셜미디어의 활용과 특성에 대한 화두를 제시하면서 처음 이 용어를 사용하였다고 알려져 있다. 2006년에는 미국의 홍보회사인 시프트 커뮤니케이션스의 토드 데프런(Todd Defren)이 언론 홍보를 위한 소셜미디어 템플릿을 개발하면서 소셜미디어가 언론에 소개되었고 홍보와 마케팅 측면에서의 논의가 활발히 진행되었다.

소셜미디어란 웹을 기반으로 한 대화형 미디어를 사용해 온라인상에 모인 사람들이 특정한 주제의 다양한 가치들을 공유하기 위해 사용하는 온라인 툴과 플랫폼을 가리킨다. 여기서 공유를 위한 다양한 가치에는 커뮤니티 활동, 사람들의 의견, 생각, 경험, 관점 등이 있을 것이다. 또 다른 기술적 관점에서의 소셜미디어는 높은 접근성과 온라인의 확장성을 활용해 사회적 상호작용을 하도록 만들어진 미디어라 할 것이며, 콘텐츠 중심의 관점에서는 개방된 저작도구로 사회적 커뮤니케이션을 유발하는 강한 속성의 미디어라 할 수 있다. 가장 대표적인 소셜미디어로는 블로그, 소셜 네트워크, 메시지 보드, 팟캐스트, 위키스, 비디오 블로그 등이 있으며 최근의 유튜브도 이에 포함된다. 이처럼 소셜미디어는 텍스트, 이미지, 오디오, 비디오 등의 다양한 형태를 보인다.

[소셜미디어의 기술적정의와 콘테츠 중심적 정의]

3   소셜미디어의 특징

웹 2.0시대에 가장 부합되는 미디어의 형태인 소셜미디어와 기존의 미디어가 가지는 가장 큰 차이점은 개인이 만든 미디어가 인용되고 네트워크 속에서 계속 정보가 추가되면서 여러사람들이 같이 만들어 간다는 점이다. 즉, 다수의 의견, 경험, 관점 등의 집단지능으로부터 정제되어 송출되는 매체이며, 그 자체가 일종의 유기체처럼 성장하고 있다. 이와 같이 웹 2.0 시대의 커뮤니케이션에 핵심 도구로 부각되고 있는 소셜미디어는 사용자들의 참여(Participation)에 기반하며 콘텐츠 접근과 사용에 장벽이 없는 공개(Openness), 양방향적 대화(Conversation), 공통된 관심사에 대해 이야기하는 커뮤니티(Community), 그리고 링크를 통해 번성하는 연결(Connectedness) 등의 특성을 가지고 있다.

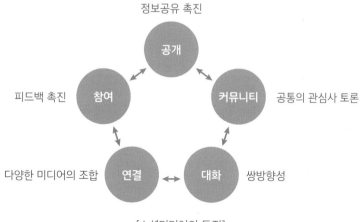

[소셜미디어의 특징]

3.1 참여(Participation)

웹 2.0이 참여와 공유로 대변되듯이 소셜미디어 역시 참여의 특성은 매우 중요하다. 소셜미디어는 관심이 있는 모든 사람들의 기여와 피드백을 촉진하며 기존의 정보 생산자인 미디어와 소비자인 대중 사용자의 경계를 불명확하게 만든다. 참여는 소셜미디어를 유기적으로 진화시키는 원동력이며, 그 정보의 가치는 얼마나 많은 참여를 이끌어 낼 것인가에 따라 달라질 수 있다.

3.2 공개(Openess)

소셜미디어는 인터넷을 매개체로 하는 만큼 대부분의 경우에 피드백과 참여가 공개되어 있으며 피드백, 코멘트, 투표, 정보 공유를 통해 콘텐츠 접근과 사용이 손쉽게 이루어진다. 이러한 공개의 특성은 빠른 통신기술과 모바일 기기의 보급을 통해 시공간의 벽을 허물어 소셜미디어를 전파속도가 가장 빠른 미디어로 자리잡게 하였다.

3.3 대화(Conversation)

전통적인 미디어에서는 정보가 일방적으로 대중에게 전달되며 대중은 정보를 수용할 뿐이었다. 따라서 정보의 형태나 주제역시 주로 미디어에 의해 정해졌다. 그러나 소셜미디어는 쌍방향성을 지니고 있기 때문에 이용자와의 상호작용을 통해 정보가 생성되어 이용자들의 요구에 부합되는 형태로 제공될 수 있다.

3.4 커뮤니티(Community)

소셜미디어는 각종 소셜 네트워크 서비스들을 통해 빠르게 커뮤니티를 구성하도록 도와주고, 커뮤니티 내에서 공통의 관심사에 대해 이야기하게 한다. 이러한 커뮤니티는 특정 주제에 대해 집단지성의 힘을 발휘하기도 하고, 그 자체로 여론 형성의 영향력을 발휘하기도 한다.

3.5 연결(Connectedness)

대부분의 소셜미디어는 다양한 미디어의 조합이나 링크를 통해 서로 다른 시공간의 사용자 및 정보와 연결이 가능하고 이러한 연결의 확장을 통해 번성한다. 단순한 웹 페이지의 연결이 아닌 이용자들의 참여를 통해 구축된 콘텐츠를 기반으로 이용자들이 상호 연결되어 있는 것이다. 이러한 연결을 기반으로 정보가 공유되고 교환되는 형태를 따르며 소셜미디어 자체가 확장해 나아가는 것이다.

4 소셜미디어의 유형별 분류

4.1 블로그(Blogs)

블로그는 웹(web)과 로그(log)의 합성어로 웹상에 다양한 주제의 글, 예를 들어 개인의 생각과 경험, 주장, 전문지식 등을 일기(로그)처럼 작성하여 다른 사람들이 방문하여 보고 읽고 댓글도 적을 수 있게 해 놓은 글모음을 가리킨다. 일반적으로 최근의 글부터 볼 수 있거나 디렉터리를 구성하여 특정 주제별로 글을 모아서 볼 수도 있다. 여러 사람이 같이 공유하여 작성하기보다는 한 사람 혹은 몇몇 소수의 사람이 작성하는 글의 형태로서 개인 출판·개인방송·커뮤니티의 일종의 1인 미디어이다. 블로그 종류로는 개인 블로그, 정치 블로그, 기업 블로그, 유사 미디어 블로그, 주요 미디어 블로그 등이 있다.

1997년 10월 23일 미국 프로그래머 존 바거에 의해 처음 등장했으며, 1999년 설립된 블로거닷컴(Blogger.com)이 대표적이다. 블로그가 세계적으로 확산되는데 이바지한 이 사이트는 2002년 구글에 인수되어 큰 이슈가 되었다.

블로그의 장점은 누구나 간편하고 편리하고 쉽게 웹에 글을 올릴 수 있다는 것이다. RSS 기능을 사용한다면, 특정 블로그의 글을 실시간으로 컴퓨터나 스마트 기기로 전달받을 수 있다.

웹(Web) + 로그(log)

개인의 생각, 경험, 견해, 주장, 전문지식 등을 웹에 기록

다른 사람들도 보고 읽고 댓글을 달수 있게끔 열어 놓은 글 모음

[블로그의 특징]

4.2 소셜 네트워크(Social Networks)

사회학적 관점에서 소셜 네트워크는 개인, 집단, 사회의 관계를 네트워크로 인식할 수 있다. 개인 또는 집단은 개별적인 주체로서 네트워크의 하나의 노드(node)이며, 타이(tie)는 각 노드들 간의 관계를 의미하는데, 소셜 네트워크는 노드들 간의 상호의존적인 관계(tie)로 조직되는 사회적 관계 구조를 뜻한다는 것이다. 이를 확장한 사회 연결망 분석은 수많은 노드들과 그 노드들 사이의 무수히 다양한 관계들을 계산론적으로 접근하는 복잡한 분야이다. 이밖에 현재 인문, 경제, 공학, 웹 사이언스 등 다양한 분야에서 소셜네트워크에 대한 많은 연구가 진행되고 있다.

대표적인 소셜 네트워크 서비스로는 인스타그램, 페이스북, 카카오스토리, 페이스북 등이다. 이러한 서비스를 이용하여 대부분 자신만의 온라인 콘텐츠를 만들고 친구들과의 연결을 통해 콘텐츠나 커뮤니케이션을 공유한다.

[소셜 네트워크의 예]

1 인스타그램(Instagram)

2010년 출시한 인스타그램은 '인스턴트 카메라(Instant camera)'와 '텔레그램'(Telegram)의 합성어로 '세상의 모든 순간을 포착하고 공유한다.'라는 슬로건으로 시작한 3세대 소셜 네트워크(SNS)이다. 주로 사진과 동영상을 공유하는 서비스를 제공하는데, 2018년 6월 기준 사용자는 10억 명을 넘었고 브랜드 계정에 대한 참여는 페이스북 보다 10배, 트위터 보다 84배 높은 것으로 나타났다. 이러한 폭발적인 이용자 실적으로 페이스북이 2012년 10억달러에 인수한 인스타그램의 기업가치가 1,000억 달러(약 111조)를 넘어설 것으로 블룸버그 인텔리전스가 추산했다.

- **1세대 SNS**: 오프라인 관계를 온라인으로 옮겨 놓은 싸이월드, 블로그와 같은 SNS
- **2세대 SNS**: 불특정 다수로 관계를 확산하는 트위터, 페이스북과 같은 SNS
- **3세대 SNS**: 시각물 중심의 이용자 맞춤형 서비스로 인스타그램, 핀터레스트와 같은 SNS

2 페이스북(Facebook)

페이스북은 자신이 소속된 기관의 인맥, 친구 등을 중심으로 계속해서 지인을 만들어 가는 인적 네트워크 중심의 웹 기반 SNS이다. 2004년 2월, 당시 하버드대 재학생이었던 마크 주커버그가 하버드대 학생을 대상으로 하여 개발하였으며 스탠퍼드대, 콜럼비아대, 예일대 학생들의 요청으로 같은 해 4월부터는 타 대학생들도 가입하였으며, 점차 확산되어 현재는 전 세계 누구나 가입하여 이용할 수 있는 SNS가 되었다.

특히 페이스북의 버추얼 기프트(virtual gifts)는 컴퓨터 온라인상에서만 주고받을 수 있는 아이콘 상품의 일종인데, 아이템 대부분을 1달러라는 경쟁력 있는 가격에 판매하고 한정 판매 방식으로 소비자들의 많은 관심을 끌어냈다.

3 카카오스토리(KakaoStory)

카카오스토리(KakaoStory)는 카카오가 2012년 3월부터 시작한 사진 공유 기반 SNS이다. 카카오톡의 등록된 친구들을 그대로 가져오는 네트워크가 가능하고 사용자들은 여러 가지 글이나 사진 등을 올려 공유한다.

4 트위터(Twitter)

트위터에서 트윗(tweet)이 '작은 새가 지저귀는 소리를 나타냄'을 뜻하듯이 트위터는 재잘거리듯이 하고 싶은 말을 그때그때 짧게 올릴 수 있는 '마이크로 블로그' 또는 '미니 블로그'와 같은 공간으로, 한 번에 쓸 수 있는 글자 수도 최대 140자로 제한되어 있다. 2006년 미국의 잭 도시(Jack Dorsey)·에번 윌리엄스(Evan Williams)·비즈 스톤(Biz Stone) 등이 공동으로 개발하여 샌프란시스코의 벤처기업 오비어스(Obvious Corp.)가 처음 개설하였고 2007년 분리되어 트위터 자체 회사에서 서비스하고 있다.

트위터는 블로그와 같은 인터페이스에, 상대방이 허락 없이도 관심 있는 상대방을 팔로워로 일방적으로 등록할 수 있는 '팔로우(follow)'라는 독특한 네트워크 기능, 메신저의 신속성을 갖춘 소셜 네트워크 서비스(SNS)로 평가받고 있다. 특히 신속성과 관련하여서는 실시간의 빠른 소통을 특징으로 하며 심지어는 속보가 뛰어난 CNN 뉴스 채널을 앞지를 정도의 신속한 정보 유통망으로 주목받고 있다. 또 웹에 직접 접속하지 않고도 휴대전화의 문자메시지(SMS)나 다양한 방법을 통하여 글을 올리거나 받아볼 수 있으며, 댓글을 달거나 특정 글을 다른 사용자들에게 퍼트릴 수도 있다. 이러한 트위터의 특성을 잘 활용한 결과, 미국의 버락 오바마 대통령은 선거에 트위터를 이용하여 일부 홍보 효과를 보았으며 기업들도 홍보 또는 판촉 등의 분야에서 활용하고 있다. 홈페이지 주소는 'http://twitter.com'이며, 사용자의 트위터 주소는 '@아이디'로 표기된다.

4.3 콘텐츠 커뮤니티(Contents Communities)

특정한 종류의 콘텐츠를 만들고 공유하는 커뮤니티로 대표적으로 Flickr(사진), Del.icio.us(북마킹), YouTube(비디오) 등이 있다.

1 플리커(Flickr)

플리커는 캐나다 루디코프(Ludicorp)사에서 개발한 온라인 사진 공유 서비스로 2004년 2월 서비스를 시작하였고 하루 평균 150만 장 정도가 업데이트되고 있다고 한다. 기본적으로는 사진 공유의 기능을 갖지만 개인적인 사진 관리를 위해서도 많이 사용하며, 다른 사용자와 소통할 수 있는 커뮤니티도 제공한다.

플리커의 가장 큰 장점은 안정된 사진 저장소 역할을 한다는 것이다. 스토리지 서버는 백업 서버까지 갖추고 있어 여러 가지 이유로 혹시 메인 서버가 손상되더라도 2~3시간 만에 정상복구가 가능하다. 또한 태그를 이용한 자료의 조직화도 커다란 장점으로 키워드가 되는 태그(Tag)를 통해 사진을 분류하거나 쉽게 원하는 사진을 검색할 수 있다. 그리고 전 세계의 플리커 사용자들이 올리는 다양한 사진들은 사진을 매개로 전 세계 사람들과의 소통이라는 실마리를 제공한다.

[플리커 로고와 플리커 사이트]

2 유튜브(Youtube)

유튜브는 세계 최대의 무료 동영상 공유 사이트이다. 2005년 2월 채드 헐리(Chad Meredith Hurley), 스티브 첸(Steve Shih Chen), 자웨드 카림(Jawed Karim)에 의해 창립되어 2006년에는 타임지에 의해 최고 발명품으로 선정되었다. 현재는 구글에 인수되어 더욱 강력한 비디오 공유 사이트로 자리매김하였으며 2008년 1월부터는 한국어 서비스도 시작하였다.

유튜브는 단순히 비디오를 공유하는 장소가 아닌, 사용자들이 자발적으로 제작한 동영상으로 누구나 자신의 재능이나 창의성을 보여줄 수 있는 기회의 장소이며, 자신의 경험이나 생각을 담아내 공유하는 커뮤니티의 교류 장소이며, 콘텐츠들은 전 세계의 사용자들에 의해 조회되고 평가할 수 있는 공개의 장소이다.

[유튜브 로고와 유튜브 사이트]

4.4 위키스(Wikis)

위키란 위키위키(WikiWiki)의 줄임 말로 불특정 다수의 여러 명이 협업하여 공동으로 문서를 작성할 수 있는 마크업 언어(Markup Language)의 한 종류이다. 1995년 미국의 컴퓨터 프로그래머인 워드 커닝엄(Ward Cunningham)이 최초의 위키 소프트웨어 위키위키 웹을 개발하였다. 위키는 '빠른'을 뜻하는 하와이어 'ki'에서 왔지만 스스로 정보를 추가해 나간다는 의미에서 'What I Know Is'의 약어로 해석하기도 한다. 대표적으로 위키피디아(Wikipedia)와 같이 공동의 콘텐츠 즉, 함께 써내려 간 하이퍼텍스트 글을 가리키는데 개인 위키의 경우 개인 문서 저장소로도 사용한다.

위키피디아는 무료 온라인 백과사전으로 2001년 1월, 지미 웨일스(Jimmy Wales)에 개발
되었으며, 비영리 단체인 위키미디어(Wikimedia) 재단에서 운영하고 있다. 기존 백과사전
과 달리 GNU 자유 문서 사용허가서(GNU Free Documentation License)에 따라 배타적
인 저작권을 가지고 있지 않아 사용에 제약을 받지 않는다는 특징을 갖는다. 즉 누구나 불
특정 다수로서 자료 작성에 참여할 수 있는 개방성을 가지며 사용자 간의 창조와 협동 그
리고 공유의 촉진을 목표로 협업이 이루어지는 대표적인 집단 지성의 사례로 평가받고 있
다. 하지만 악의적인 편집이나 부정확하거나 비전문적인 내용을 유발할 수 있다는 지적에
따라 백과사전의 지위에 논란이 있기도 하다. 현재는 전 세계 200여 개의 언어로 만들어져
가고 있으며 한국은 2002년 10월에 위키백과로 시작하였다.

[지미웨일스와 위키피디아 사이트]

4.5 팟캐스트(Podcasts)

저널리스트인 벤 하머스리(Ben Hammersley)가 고안한 방송(Broadcast)과 아이팟(iPod)
의 합성어로, 웹을 통하여 사용자들이 새로운 오디오 파일(일반적으로 MP3)을 구독함으로
인터넷 라디오 방송을 하거나 듣는 것을 의미한다. 즉, 단체나 개인과 같은 콘텐츠 공급자
가 뉴스, 스포츠 중계, 음악, 토크쇼, 토론회 등과 같은 맞춤형 개인 미디어를 주로 오디오
파일 형태로 제작하여 웹사이트에 포스팅하는 것이다.

팟캐스트는 풀(Pull) 방식의 미디어로 원할 때 스스로 다운로드하는 스트리밍 대신 다운로
드 방식도 이용 가능하고 다운로드 한 콘텐츠는 휴대성을 갖추어 시간과 공간의 제약이
없이 언제 어디서나 디지털 콘텐츠를 구독할 수 있다. 또한, 특수 방송장비 없이 저비용으

로 콘텐츠 제작이 가능하여 누구나 방송 프로그램을 제작, 배포할 수 있다.

팟캐스트 활용분야는 다음과 같다.

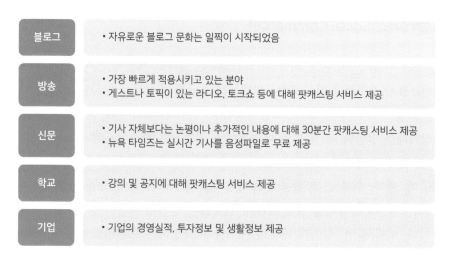

블로그	• 자유로운 블로그 문화는 일찍이 시작되었음
방송	• 가장 빠르게 적용시키고 있는 분야 • 게스트나 토픽이 있는 라디오, 토크쇼 등에 대해 팟캐스팅 서비스 제공
신문	• 기사 자체보다는 논평이나 추가적인 내용에 대해 30분간 팟캐스팅 서비스 제공 • 뉴욕 타임즈는 실시간 기사를 음성파일로 무료 제공
학교	• 강의 및 공지에 대해 팟캐스팅 서비스 제공
기업	• 기업의 경영실적, 투자정보 및 생활정보 제공

[팟캐스트 활용분야]

[소셜미디어가 제공하는 도구의 유형과 사례들]

출처: FredCavazza.net

5   소셜미디어의 활용

5.1 소셜커머스(Social Commerce)

소셜커머스는 새롭게 등장한 인터넷 비즈니스의 한 형태로 기존의 전자상거래가 B2B(기업과 기업간), B2C(기업과 소비자 간)의 형태로서 공급자 중심으로 만들어진 것이라면, 소셜커머스는 소셜미디어들인 블로그, 소셜네트워킹 서비스, UCC 등과 결합한 새로운 개념의 인터넷 상거래를 말한다. 소셜 웹이 대중화하며 일반적인 전자상거래(e-commerce)는 소셜커머스의 형태로 빠르게 변모하고 있다. 즉, 전자상거래 사이트 안에서 이루어지는 소비자들의 구매, 평가, 리뷰 등의 활동이 소비자의 소셜 네트워크에 자동 반영되어 친구에게 추천하거나, 자신의 사용기를 알림으로써, 친구들과 상거래 내용이 공유되는 것이 대표적인 기능이다. 예를 들면, 상거래 내용의 게시물을 작성하면 트위터로 연결되어 내용이 전달되는 기능을 적용한 사이트, 실시간으로 인기 거래물을 추천하거나, 쿠폰을 배포하여 저렴하게 이용할 수 있는 기회를 제공하기도 한다. 국내의 대표적인 소셜커머스로는 위메이크 프라이스(위메프), 쿠팡, 티켓몬스터(티몬) 등이 있다.

[국내 소셜커머스의 업체의 로고]

5.2 소셜미디어 마케팅

1971년 필립 코틀러와 제럴드 잘츠만에 의해 주창된 마케팅 기법으로, 기업과 고객이 양방향으로 소통하며 마케팅하는 것이 특징이다. 또한, 일반적인 마케팅이 상업적 성과에 초점을 맞추는 반면, 소셜미디어 마케팅은 자동차 기업의 광고에서 안전벨트의 착용을 요청하는 것 등과 같이 공공의 선의 향상에 초점을 맞춘다.

소셜미디어 마케팅은 다음의 장점이 있다.

- **상호 소통 가능** : 쌍방향 커뮤니케이션으로 일방적인 메시지 전달을 위해 사용되던 미디어 경비를 줄일 수 있으며 고객 참여, 공유, 대화를 이끌어 낼 수 있다.

- **바이럴 효과의 극대화** : 고객들의 소셜미디어 네트워크로 사용기와 같은 경험을 유통시 킴으로 바이럴 효과 즉, 입소문 효과를 얻을 수 있다.

- **실시간성** : 실시간으로 빠르게 효과와 반응을 분석할 수 있어 시기적절한 능동적인 마 케팅 활동을 할 수 있다.

- **브랜드 친숙화** : 신뢰성과 진실성 및 친숙함을 기반으로 관계 지향적 마케팅 활동을 한 다면, 고객들의 브랜드에 대한 긍정적 반응과 브랜드 충성도를 높일 수 있다.

소셜미디어 마케팅의 구체적 사례로 던킨 도너츠(Dunkin' Donuts)의 #WTFast가 있다. 던 킨 도너츠는 새 모바일 주문 서비스를 홍보하기 위해 세계에서 가장 빨리 낙하 비행할 수 있는 여성 윙수잇(Wingsuit) 베이스 점퍼를 고용하고 그녀가 2,400m 높이의 산 절벽에서 뛰어내려 비행하는 도중 하늘에 매달린 던킨 도너츠 커피잔을 잡는 내용으로 TV 광고를 제작하였다. 그리고 TV 광고와 함께 소셜미디어(해시태그 #WTF) 홍보를 병행하여 페이스 북이나 던킨 도너츠 웹사이트에서 360도 비디오를 시청할 수 있도록 했는데, 이 비디오는 소비자들이 TV 광고에 더 큰 관심을 갖도록 만들었다. 그 결과 한 제품 홍보 책임자는 "새 로운 콘텐츠 형식으로 청중의 더 큰 관심을 이끌어 낸 아주 좋은 사례 중 하나"라고 평가 하였으며 던킨 도너츠의 해당 영상은 페이스북에서만 700만 뷰 이상을 기록하였다.

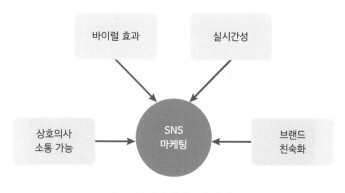

[소셜미디어 마케팅의 장점]

1 SNS 마케팅

기업의 상업성 마케팅 및 단체나 기관의 홍보에 SNS를 활용하는 마케팅으로 예를 들어 한 국 민속촌과 대검찰청의 트위터가 있다. 재미있는 점은 두 트위터 간에 있었던 트윗인데, 2012년 7월 한국 민속촌의 수청을 들라는 트위터에 대검찰청 트위터는 법적인 근거를 들 며 수청 들라는 멘션을 보내지 말라고 답한다. 이 글은 많은 리트윗을 발생시키며 화제가 되었고 두 캐릭터는 연인으로 자리 잡아 더욱 인기를 끌었다. 이렇듯 한국 민속촌의 독특한 사극 말투, 대검찰청의 재미있게 전달하는 뉴스들, 그리고 일련의 트윗들은 단체나 기관의 이미지 개선에 도움이 되었다.

[대검찰청과 한국민속촌의 트위터 계정]

2 바이럴 마케팅

바이럴 마케팅은 인터넷 사용자 스스로 어떤 기업이나 기업의 제품을 홍보를 위한 목적으로 널리 퍼뜨리는 마케팅 기법으로 정보전달을 빠르게 확산시킬 수 있다는 점에서 마케팅적인 장점을 갖는다. 입소문 마케팅과 유사하지만 마케팅 주체가 입소문 마케팅은 정보 제공자인 반면 바이럴 마케팅은 정보 수용자라는 점이 다르다.

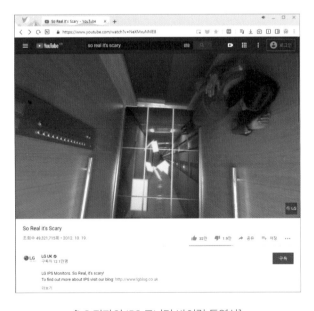

[LG 전자의 IPS 모니터 바이럴 동영상]

https://youtu.be/NeXMxuNNIE8

바이럴 마케팅은 바이럴 콘텐츠 즉 개인이나 기업에서 제작한 재미있는 내용의 이미지나 동영상을 블로그, 게시판, 유튜브와 같은 공유 사이트에 올려 유통시킴으로 이루어진다. 이때, 홍보하고자 하는 제품이나 내용은 전면에 내세우기보다는 재미있는 내용의 콘텐츠에 살짝 끼워 넣음으로써 증가된 홍보의 효과를 거둘 수 있다.

예를 들어 LG전자의 경우 IPS 모니터의 넓은 시야각을 홍보하기 위해 엘리베이터 바닥에 모니터를 설치하고 바닥이 추락하는 바이럴 광고 영상을 제작하였다. 그 결과 트위터에서 수많은 리트윗이 일어났으며 해당 영상은 유튜브에서 일주일 만에 1천만 조회 수를 달성하고 각국 TV에 방영되는 등 확실한 마케팅 효과를 거두었다.

5.3 소셜 게임

소셜게임은 이용자(player)가 SNS 환경에서 플레이하는 온라인 게임을 의미하며 소셜 네트워크 게임(SNG)이라고도 한다. 일반적인 온라인 게임들이 다수의 사용자가 실시간으로 동시에 플레이하는 동기식이었다면 소셜게임은 각 플레이어가 각자 원하는 시간에 접속하여 자기 상황에 맞게 게임을 하는 비동기식(asynchronous gameplay) 방식을 따른다. 이러한 소셜게임은 소셜미디어나 SNS에게 가입자 간의 상호작용을 촉진시키는 제3의 매개체 역할을 하며 인간관계를 쌓는 데 매우 효과적이다. 또 소셜게임은 플레이어들이 함께 주어진 목적을 달성하거나 탐구하는 과정을 중요시하며, 소셜게임에서 사용하는 가상화폐(virtual currency)는 실세계의 화폐로 구매 가능한 특징이 있다.

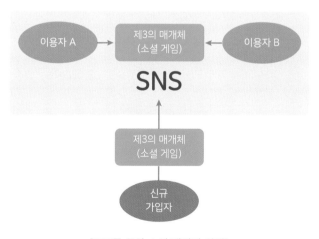

[SNS를 통한 소셜 게임의 이해]

1. 소셜미디어는 정보통신과 멀티미디어 기술이 발전하면서 개인화와 네트워크워크화가 가속화되고 웹 기반기술의 발전, 친화 욕구와 자기표현 욕구의 증대로 등장하게 되었다.

2. 소셜미디어란 웹을 기반으로 한 대화형 미디어를 사용해 온라인상에 모인 사람들이 특정한 주제의 다양한 가치들을 공유하기 위해 사용하는 온라인 툴과 플랫폼을 가리킨다.

3. 소셜미디어는 참여, 공개, 대화, 커뮤니티, 연결의 특징이 있으며, 대표적으로 유튜브, 페이스북, 트위터 등이 있다.

4. 소셜미디어는 유형별로 크게 블로그, 소셜 네트워크, 콘텐츠 커뮤니티, 위키스, 팟캐스트로 분류할 수 있다.

5. 소셜커머스와 소셜 미디어 마케팅, 바이럴 마케팅, 소셜게임 등의 다양한 분야에서 소셜미디어가 활용되고 있다.

6. 소셜커머스는 새롭게 등장한 인터넷 비즈니스의 한 형태로 기존의 전자상거래가 B2B(기업과 기업간), B2C(기업과 소비자 간)의 형태로서 공급자 중심으로 만들어진 것이라면, 소셜 커머스는 소셜미디어들인 블로그, 소셜네트워킹 서비스, UCC 등과 결합한 새로운 개념의 인터넷 상거래를 말한다.

7. 바이럴 마케팅이란 네티즌 스스로 어떤 기업이나 기업의 제품을 홍보하는 마케팅 기법을 말한다.

주제	소셜미디어의 이해와 활용		일자	
이름		학과	학번	

1. 소셜미디어의 등장 배경이 <u>아닌</u> 것은?

　① 첨단 정보통신과 멀티미디어 기술의 발전 및 융합의 결과

　② 사회의 분화와 재통합에 따른 커뮤니티 문화의 진화

　③ 웹 기반기술의 발달로 다양한 정보 공유와 네트워킹 기능의 확대

　④ 사람들의 개인화 욕구의 증가

2. '지저귀다'라는 뜻으로, 재잘거리 듯이 하고 싶은 말을 그때그때 짧게 올릴 수 있는 소셜 네트워크 서비는 무엇인가?

　① 카카오서비스　　　　　　　　② 블로그

　③ 트위터　　　　　　　　　　　④ 인스타그램

3. 트위터 용어에 대한 설명으로 옳지 않은 것은?

　① 팔로우: 상대방을 뒤따르는 행위

　② 팔로워: 상대방을 뒤따르는 사람

　③ 댓글: 상대방과 둘만의 비밀 메시지

　④ 리트윗: 상대방의 글을 다른 팔로워와 공유하는 방식

4. 소셜미디어의 특징이 <u>아닌</u> 것은?

　① 참여　　　　　　　　　　　　② 공개

　③ 연결　　　　　　　　　　　　④ 공유

5. 소셜 네트워크 서비스(SNS:Social Network Service)가 부각되고 있는 이유로 틀린 것은?

① 모빌리티 기반으로 편리성이 향상되었다.

② 소셜 허브화로 정보의 신뢰도가 높아졌다.

③ 미디어적인 기능 및 빠른 정보전달이 가능하다.

④ 소셜 커머스로 진화하며 새로운 수익모델이 창출되었다.

6. 아래의 지문은 무엇을 설명하고 있는가?

> 자신만의 온라인 사이트를 구축하여 콘텐츠를 만들고 친구들과의 연결을 통해 콘텐츠나 커뮤니케
> 이션을 공유하는 형태이다.

① 소셜게임   ② 소셜네트워크

③ 팟캐스트   ④ 소셜커머스

7. 네티즌 스스로 어떤 기업이나 기업의 제품을 홍보하는 마케팅 기법을 무엇이라 하는가?

① 바이럴 마케팅   ② 인터넷 마케팅

③ SNS 마케팅   ④ 소셜미디어 마케팅

8. 소셜 미디어의 특징 중 (   )는 소셜미디어를 유기적으로 진화시키는 원동력이며, 정보의 생산자인 미디어와 소비자인 대중(mass) 사용자의 경계를 불명확하게 만든다.

9. 소셜미디어들인 블로그, 소셜네트워크, UCC 등과 결합하 새로운 개념의 인터넷 상거래를 무엇이라고 하는가?

10. 서로 다른 웹사이트의 콘텐츠를 조합해서 새로운 부가가치의 콘텐츠와 서비스를 창출하는 서비스를 무엇이라고 하는가?

2 SECTION · · ·

문화콘텐츠 기획 및 제작

학습목표

1. 콘텐츠의 개념을 이해할 수 있다.
2. 콘텐츠에서 스토리텔링의 중요성과 구성요소를 설명 할 수 있다.
3. 콘텐츠 제작 과정과 종류에 대해 설명 할 수 있다.
4. 문화콘텐츠와 문화기술(CT)에 대해서 설명 할 수 있다.

1   콘텐츠의 개념

일반적으로 서적이나 논문 등에서 내용의 순서 또는 목차를 가리키는 말로써 콘텐츠를 사용한다. 이처럼 콘텐츠(contents)란 '내용이나 내용물'을 뜻하는 콘텐트(content)의 복수형으로 사용되고 있다. 하지만 현시대에서 콘텐츠라 함은 다양한 형태로 이루어진 디지털화된 정보를 통칭한다. 한국 문화정책개발원에 따르면 콘텐츠란 "문자, 소리, 화상, 영상 등 다양한 형태로 이루어진 정보의 내용물을 뜻하는 것"으로 정의한다.

그래서 넓은 의미의 콘텐츠는 "부호, 문자, 음성, 음향 및 영상 등의 자료 또는 정보", "인간의 사고와 감정을 표현한 내용물로써 문자, 소리, 화상 등의 형태로 표현한 것"을 의미

한국문화정책개발원
• 문자, 소리, 화상, 영상 등 다양한 형태로 이루어진 정보의 내용물을 뜻하는 것

넓은 의미의 콘텐츠	좁은 의미의 콘텐츠
• 부호, 문자, 음성, 음향 및 영상 등의 자료 또는 정보 • 인간의 사고와 감정을 표현한 내용물로서 문자, 소리, 화상 등의 형태로 표현한 것	• IT라는 정보기술을 이용하여 소비자에게 생산, 전달, 유통되는 상품

[콘텐츠의 개념]

하며, 좁은 의미에서의 콘텐츠는 "IT라는 정보기술을 이용하여 소비자에게 생산, 전달, 유통되는 상품"을 뜻한다.

콘텐츠는 여러 종류의 미디어에 하나의 공통된 내용을 담을 수 있기 때문에 콘텐츠의 형식과 형태는 무궁무진하게 변화할 수 있다. 즉, 하나의 씨앗이 여러 개의 열매를 맺을 수 있는 것처럼 콘텐츠라는 씨앗, 다시 말해 하나의 소스는 다양한 채널, 또는 다양한 상품화를 가능하게 하는 One Source Multi Use로서 커다란 수익창출을 가져다줄 수 있다.

현시대의 콘텐츠 제작 시스템에 많은 변화를 가져다준 것은 디지털 기술이라 할 수 있다. 이러한 디지털 기술을 다양하게 도입한 결과 게임, 광고물, 영화(애니메이션 포함), 교육용 코스웨어에서 여러 매체들이 혼합된 형태의 멀티미디어 콘텐츠(multimedia content)가 제작되었다. 즉, 멀티미디어 콘텐츠는 여러 매체들의 혼합 정보를 디지털화하여 정보기기로 생산, 유통, 소비로 이어지는 형태의 정보 콘텐츠를 말한다.

기존의 콘텐츠에 비교할 때, 디지털 콘텐츠의 특징은 다음과 같다.

- 단일 미디어에 의한 저작물 형태의 정보 구성이 아닌, 다양한 미디어들을 활용하고 통합하여 멀티 정보 콘텐츠를 구성한다.
- 사용자와 저작물 간의 상호작용성이 있다.
- 컴퓨터를 기반으로 한 디지털화한 데이터 형태이다.
- PC, VOD, 인터넷 등 다양한 미디어로 배포되므로 시·공간적 제약이 감소한다.
- 미디어 간 경계가 낮으므로 미디어에 독립적인 콘텐츠로 서비스할 수 있다. 예를 들어, 한국 드라마를 다운로드하거나 VOD 서비스를 이용한다면 장소 시간에 관계없이 한국 드라마를 TV가 아닌 다른 모바일 환경에서 시청할 수 있다.
- 미디어 간의 낮은 경계로 인해 미디어 융합적인 콘텐츠가 제작 가능하다.
- 하나의 콘텐츠로 다양한 미디어에 서비스 즉, OSMU(One Source Multi Use)라고 할 수 있다. 하나의 소설이 영화로, 영화 상영 후에는 VOD로, 또 영화 속 등장인물을 캐릭터 상품으로 판매함으로 소설로 시작하여 다양한 파생상품을 만들어 수익을 증가시킬 수 있다.

기존 콘텐츠	멀티미디어 콘텐츠
책, 신문 등의 전통적인 미디어로 제공되는 콘텐츠	총체적인 매체를 활용하여 재상산되는 내용물 전체
아날로그/단방향으로 제공	디지털/쌍방향으로 제공
콘텐츠의 생산자와 사용자가 명확히 구분	콘텐츠 사용자가 동시에 콘텐츠 제공자가 됨
시공간의 제약을 받음	시공간의 제약이 비교적 없음
콘텐츠 수정 비용이 큼	콘텐츠 수정이 쉽고 그 비용이 저렴함
순차적인 방법에 의해 정보 제공	정보 습득 과정이 비순차적

[기존 콘텐츠와 멀티미디어 콘텐츠의 비교]

2 스토리텔링의 개념과 구성요소

인간은 본능적으로 자신의 감정을 타인에게 표현하고 싶은 욕구가 있기 때문에 스토리는 어린아이에서부터 어른에 이르기까지 모든 인간의 생활에 너무나 중요한 요소이다. 또 스토리는 한 사회의 문화를 탄생시키고 흐름을 만들며 스토리를 만드는 상상력은 또 다른 문화를 이끌어가는 원동력이 될 수도 있다.

2.1 스토리텔링의 개념

'스토리(story)와 텔링(telling)'의 합성어로 문자 그대로는 "이야기를 들려주는 것" 혹은 "구전(口傳)"을 의미한다. 즉, 알리고자 하는 바를 재미있고, 생생한 이야기로 설득력 있게 전달하는 것을 의미한다고 할 수 있다.

[스토리텔링의 개념]

다른 스토리텔링 정의로는 인물과 사건, 배경이 잘 결합해 만들어진 이야기를 화자와 청자가 공유하며, 서로 주고받는 과정에서 자신의 상상력과 감정을 첨가하여 자신의 언어로 생동감 있게 표현하는 것이라고도 할 수 있다.

최근의 스토리텔링은 현대 조직 사회에서 효과적인 커뮤니케이션 방법으로 교육, 비즈니스, 대인관계 등 여러 분야에서 활용되고 있다. 이때의 이야기는 대상에 대한 특정 목표를 이루는데 효과를 갖도록 특정 부류를 대상으로 하며 듣는 이의 흥미를 자극하는 새로운 내용이어야 할 것이다.

2.2 스토리텔링의 구성요소

좋은 스토리텔링을 만드는 구성요소 6가지는 다음과 같다.

1 명확한 메시지(Message)

스토리텔링은 참여하는 사람들에 대한 특정한 경험 또는 설득 등의 목적성을 가진 전략적 커뮤니케이션으로서 메시지(Message)를 가져야 한다.

이러한 메시지는 콘텐츠의 차별성을 바탕으로 어떤 이야기를 전달해 주고자 하는지가 명확히 설정되어야 한다. 전략적 커뮤니케이션의 성공 여부는 이러한 메시지가 얼마나 어떻게 명확하게 설정되어 있는가에 달려 있다고 할 수 있다.

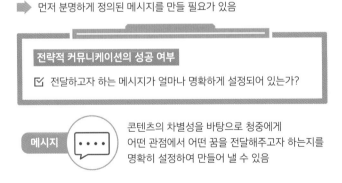

[명확한 메시지에 대한 이해]

2 갈등(Conflict)

주인공이 끊임없이 무언가를 쟁취하기 위해 맞서 싸우고 도전하는 과정에서 이야기는 역동성을 가질 수 있으며 이것이 바로 갈등이다. 드라마나 영화에서도 악역이 있으므로 주인공이 더욱 두드러져 보이듯 스토리텔링에서도 갈등이 크고 분명할수록 더욱 흥미를 유발한다. 갈등이 없는 조화롭기만 한 이야기는 생명력을 잃을 수 있다. 그리고 갈등을 극복해 나가는 과정에서 전달하고자 하는 메시지를 분명하고 자연스럽게 표현할 수 있다.

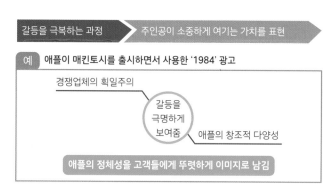

[갈등에 대한 이해]

3 등장인물(Character)

이야기에는 이러한 갈등을 이끌어 나가는 등장인물(Character)들이 존재한다. 특히 등장인물 중 주인공은 분명한 개인적 능력과 성격적 특성으로 특정한 가치를 대변하며 또 자신의 개성과 가치를 은유적으로 드러내므로 이야기 속에서 매우 중요한 역할을 한다.

여기서 주의할 점은 주인공의 모습이 완벽하거나 결점이 없는 존재여서는 안된다는 것이다. 주인공은 보편적이면서도 남과 다른 개성과 독특함이라는 매력을 갖추어야 하며, 특정한 목표를 향해 끊임없이 갈등을 극복해 나가는 굳건한 자기희생을 갖추어야 한다. 이렇게 어떤 새로운 가치를 향한 갈등의 극복을 향한 투쟁의 모습 또한 스토리텔링 속의 주인공이 반드시 갖추어야 할 자질이라고 할 수 있다.

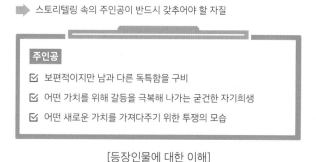

[등장인물에 대한 이해]

4 플롯(Plot)

플롯은 작품에서의 '사건의 틀'로, 사건이 짜여져서 결말에 이르기까지의 전 과정을 일컫는다. 스토리는 이야기 줄거리 자체로서 사건의 전개만을 의미하지만, 플롯은 사건이 전개되거나 반전되는 양상을 의미한다. 따라서 단순한 줄거리는 아니며 오히려 인과관계의 완결이라고 볼 수 있다. 일반적으로 스토리는 도입부를 거쳐 주인공의 환경의 변화로 인한 갈등의 발생, 갈등의 고조, 주인공의 선택, 치열한 갈등의 단계를 거쳐 마지막으로 갈등의 해소라는 흐름을 보인다. 다소 식상할 수 있지만 이와 같은 전개를 바탕으로 사람들은 보다 극적 경험을 하게 된다. 또는 널리 알려진 소설, 동화, 영화, 만화 등을 패러디하여 스토리의 흐름을 전개하는 방법도 있다. 이 경우 사람들은 이미 기본적인 스토리 구조를 알고 있으므로 보다 쉽고 재미나게 새로운 스토리를 경험할 수 있다.

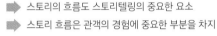

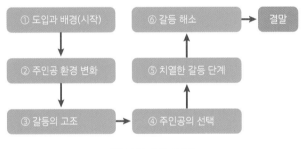

[플롯에 대한 이해]

5 감각적 경험(Experience)

사람들을 스토리 속으로 좀 더 끌어들이기 위해 여러 가지 감각적 실마리들을 제공하며 분위기를 조성해 나갈 수 있다. 특히 시각, 청각, 후각, 미각, 촉각 등의 감각은 우리가 세상을 경험하는 방법이기 때문에 이러한 오감을 통해 스토리를 경험하게 된다면 무의식 중에 스토리 속으로 보다 깊게 빠져들 수 있다.

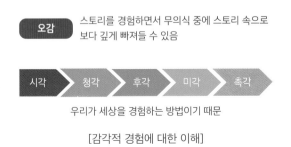

[감각적 경험에 대한 이해]

6 스토리의 진실성(Trust)

마지막으로 스토리에는 진실성이 있어야 한다. 꾸며내고 왜곡하거나 과장된 스토리들이 흔해지면서 대중은 이에 질려 있을 뿐만 아니라, 쉽게 스토리 속의 거짓말들을 파악할 수 있다. 또 청중들은 스토리에 감정적으로 몰입한 상태이므로 만약 진실이 결여된 스토리임이 드러나면 일종의 배신감 때문에 아예 스토리를 전달하지 않은 것보다 못한 결과를 가져올 수 있다. 그러므로 스토리텔링은 당장의 이익이나 사람들의 관심을 이끌기 위한 스토리가 아니라, 진실성을 갖추어 감동과 공감을 불러일으켜 스토리의 진정한 가치를 대중이 인식할 수 있도록 이끌어 주어야 한다.

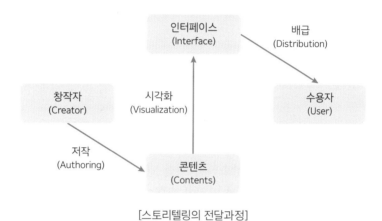

[스토리텔링의 전달과정]

3   콘텐츠 기획 및 제작

3.1 콘텐츠 기획

콘텐츠를 처음 제작하기 위한 계획에서 소비까지 이르는 일련의 과정에서 콘텐츠 제작 의도와 목표에 도달하기 위한 다양한 계획과 구상과 제안 등의 모든 결정 과정을 기획이라할 수 있다. 이러한 기획이 효과적이 되기 위해서는 6W3H 원칙이 필요하다.

[6W3H 원칙]

3.2 멀티미디어 콘텐츠 제작과정 단계

1 정의와 준비

준비 단계로서 사용자의 범위와 수준, 상호작용의 정도, 사용자 실행 환경, 개발 예산 등을 파악하고 이를 근거로 콘텐츠 개발의 목적을 설정한다.

2 요구사항 분석

사용자의 요구(needs)나 가치를 형상화하기 위한 단계로, 고객의 요구를 분석하고 이를 반영하여 실제 저작물에 포함되어야 할 가치가 무엇인가를 브레인스토밍을 거쳐 결정하여 문서의 형태로 정리한다. 그리고 실제로 콘텐츠에 필요한 정보와 가치를 지닐 수 있도록 결정된 필요사항들을 나열하여 상호 유기적인 연관관계를 도표 형태로 작성하며 계획하고 조직하는 단계이다.

3 스토리보드 작성

스토리보드(storyboard)는 콘텐츠 제작 시 전체적인 스토리를 그림으로 나타내는 것으로 각각의 요소들의 역할과 내용의 파악, 화면 구성, 화면 연결과 같이 콘텐츠의 전체적인 윤곽을 그리거나 제작의 지표로 삼을 수 있다.

4 미디어 데이터 제작

실제 데이터 제작 단계로서 적절한 이미지 데이터의 색상과 크기, 이미지의 형식, 애니메이션 및 동영상의 초당 프레임 수, 텍스트의 내용, 필요한 오디오 소스, 스토리보드에 따른 해당 데이터들의 화면 내 배치 등에 대하여 설계하고 실행한다.

5 프로토타입 제작

본격적인 제작에 착수하기 전 사용자의 니즈를 만족하며 제작 기획 방향에 적합하게 제작
되었는지 확인하는 데 목적이 있다. 만일 프로토타입(prototype)이 고객을 충분히 만족시
키지 못한다면 사용자의 의견을 청취(feedback)하여 이를 반영, 수정해야 한다.

6 테스트

개발자가 예측하지 못한 오류가 있을 수 있으므로 모든 테스트는 기본적으로 사용자 환경
에서 실시하되 다양한 방향에서 테스트한다.

7 저작

프로그램을 사용하여 전체적인 내용을 마무리하고 완성도를 높이는 단계로 멀티미디어 데
이터를 편집하고 통합하기 위한 소프트웨어 및 하드웨어가 필요하다.

8 배포 및 관리

모든 제작이 완료된 후 저작물의 배포단계에 들어가게 되는데 어떠한 형태로 배포할것인
지에 대해서는 기획단계에서 이미 결정되어 있어야 하며 배포매체는 DVD, 모바일, 웹등
다양한 방식이 있다. 그리고 추후 재사용 가능한 데이터들을 오디오 및 그래픽 데이터 및
기타 기준에 따라 분류하여 보관한다. 그리고 프로젝트의 모든 과정을 문서화하여 언제든
참조할 수 있도록 관리한다.

[멀티미디어 콘텐츠 제작과정]

4   콘텐츠 종류

4.1 문화콘텐츠와 문화기술

1 문화콘텐츠

경제가 성장함에 따라 사람들의 생활에서 여가는 계속 늘어나는 추세이며 그에 따라 다양한 문화콘텐츠에 대한 수요도 증가하고 있다. 특히 디지털 융합에 따른 다양한 문화콘텐츠의 수요 확대는 문화콘텐츠 산업의 발전으로 이어지고 있다. 그렇다면 문화콘텐츠란 무엇인지 살펴보도록 하자.

한국콘텐츠진흥원에서는 문화콘텐츠를 "문화, 예술, 학술적 내용의 창작 또는 제작물뿐만 아니라, 창작물을 이용하여 재생산된 모든 가공물 그리고 창작물의 수집, 가공을 통해서 상품화된 결과물들을 모두 포함하는 포괄적 개념"으로 정의한다. 간단히, 문화콘텐츠란 특정 문화를 발전시켜 문화적 요소가 체화된 콘텐츠를 상업화한 것을 가리킨다. 이러한 문화콘텐츠는 지역 축제나 주제공원(테마파크) 등을 조성하는 데에도 적용되어 해당 문화를 반영할 수 있다.

문화콘텐츠 산업의 특징은 성공한 하나의 콘텐츠를 다양하게 재창조하여 다른 가치를 지닌 상품화된 결과물을 만들 수 있다는 것이다. 예를 들어 하나의 상품을 소설로 출판하거나 게임이나 영화로 제작하거나 캐릭터를 상품화하여 다양한 가치를 갖도록 재생산할 수 있다. 그리고 개발된 문화콘텐츠는 각종 대중 매체를 통해 외국에 수출되어 우리나라를 알리는 역할을 할 뿐만 아니라 외국인 관광객도 유치해 국가의 부를 창출할 수 있다.

상기에서 살펴본 문화콘텐츠의 정의를 통해 다음의 문화콘텐츠의 특성을 파악할 수 있다.

첫째, 문화도 경제적 가치를 가지는 하나의 상품으로 볼 수 있다.

둘째, 문화콘텐츠가 경제적 가치를 갖기 위해서는 매체가 필요하며 이러한 매체에는 축제, 이벤트 등의 오프라인 매체와 인터넷을 통한 온라인 매체가 있다.

셋째, 문화의 상품화는 문화가 창작–개발–제작–유통이라는 문화산업의 '가치사슬 구조' 단계를 거침으로 이루어진다.

최근에는 전통문화를 활용하여 현대에 맞게 발전시켜 상품으로 만드는 전통문화콘텐츠 산업이 발전하고 있다. "난타"가 대표적인 예라고 할 수 있으며 그 밖의 전통문화콘텐츠 상품을 살펴보면 다음과 같다.

[난타 공연모습]
출처 : 난타 공식사이트 https://www.nanta.co.kr:452/

① 의식주 관련 전통문화 콘텐츠

[의식주 관련 전통문화 콘텐츠]

[건물의 내부와 외부를 한옥과 같이 만든 건축]
출처 : 청주 예술의 전당 전경

② 게임 관련 전통문화 콘텐츠

[윷놀이 모바일 게임]
출처 : 다같이 윷놀이 모바일 게임

③ 지역 축제 관련 전통문화 콘텐츠

앞서 전통문화콘텐츠 관련 상품을 살펴본 바와 같이 문화콘텐츠들은 강력한 상호작용성과 융합성을 가지고 있다. 그래서 기술의 발전에 따라 기존의 콘텐츠에 새로운 콘텐츠가 결합하는 누가적(累加的) 특징을 볼 수 있다. 그 결과 영화, 게  임, 애니메이션 등은 시나리오, 음악, CG 등이 결합된 종합형 콘텐츠로 발전하였고, 교육 분야 콘텐츠들은 효율적인 교육과 학습을 위해 다양한 장르를 포괄하는 통합성을 보이고 있다. 그리고 아이폰과 스마트폰 등의 첨단 모바일 기기들도 기술이 발전함에 따라 다양한 기능들을 결합하여 게임, e-book, 모바일뱅킹, MP3, 카메라 등이 지원되고 있다.

2 문화기술(CT)

문화콘텐츠 제작에 적용된 모든 기술을 문화기술(Culture Technology, CT)이라고 한다. 좁은 의미로는 문화산업을 발전시키는데 필요한 직접적인 기술을 말하며, 넓은 의미로는 이공학적인 기술뿐만 아니라 인문사회학, 디자인, 예술 분야의 지식과 노하우를 포함한 복합적인 기술을 모두 포함한다. 즉, 문화기술을 활용하여 문화콘텐츠를 기획하고 창작할 수 있으며, 더불어 콘텐츠 상품의 개발, 제작 그리고 유통, 마케팅 등 각각의 단계에서 부가가치를 더해주는 역할도 한다.

① 콘텐츠와 빅데이터(Big Data)의 만남

빅데이터란 데이터의 양, 생성 주기, 형식 등에서 과거 데이터에 비해 규모가 크고, 형태가 다양하여 기존 데이터베이스 관리 도구의 능력을 넘어서서 기존 방법으로는 수집, 저장, 검색, 분석이 어려운 방대한 크기의 데이터를 가리킨다.

* 과거 데이터에 비해 규모가 크고 형태가 다양함
* 기존의 방법으로는 수집, 저장, 검색, 분석이 어려운 방대한 크기의 데이터

[빅데이터의 특징]

문화콘텐츠에 빅데이터를 결합한 예로는 미국 드라마의 제작과정을 들 수 있다. 넷플릭스는 '하우스 오브 카드' 제작 과정에 전문적인 데이터 마이닝 과정을 결합하여 흥행에 성공하기 위한 드라마의 요건을 사전 분석하였다. 분석 결과를 토대로 데이빗 핀처(David Fincher)를 감독으로 참여시키고 케빈 스페이시(Kevin Spacey)등의 배우들을 섭외한 결과 큰 성공을 거둘 수 있었다.

② 문화콘텐츠 분야에서의 3D 프린팅 활용

3D 프린팅 기술은 영화 부문과 결합하여 영화 캐릭터 디자인 및 맞춤형 소품제작에 활용되고 있다. 향후 3D 프린터가 대형화된다면 무대세트 전체까지도 프린팅 하여 영화 제작에 활용할 수 있을 것이다. 영화 이외에도 애니메이션 캐릭터 제작, 보드게임, 전략게임 등의 다양한 부문과 분야에도 3D 프린팅을 활용한 제작이 진행되고 있다.

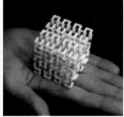

(왼쪽부터 순서대로) 3D 프린팅을 이용한 스톱모션 애니메이션 'ParaNorman' 제작.
개인이 직접 3D 프린팅 한 피아노 악기, 개인이 직접 3D 프린팅한 보드게임, '아이언맨2'에 적용된 분장 소품

[문화콘텐츠 장르별 3D 프린팅 기술 활용방안]
출처 : 한국콘텐츠진흥원

③ 증강현실의 문화콘텐츠 활용

'포켓몬 Go'라는 게임은 일본의 유명한 캐릭터인 '포켓몬'에 증강현실을 결합한 게임 방식을 채택한 결과 엄청난 성공을 거두었다. 여기서 증강현실은 현실의 정보에 가상의 정보를 합성해 사물이나 이미지의 정보를 결합한 것을 가리킨다.

[포켓몬고]

가상현실은 게임 속 세계나 가상의 공간과 같이 실재하는 공간이나 이미지를 CG로 만들어 재현하거나 또는 실재하지 않는 공간이나 이미지를 컴퓨터 그래픽을 통해 만든 것이다. 반면 증강현실은 현실의 정보를 기반으로 가상의 정보를 합성하여 사물이나 이미지의 정보를 확장하여 보여주는 것을 의미한다.

증강현실(AR)	가상현실(VR)
• 현실의 정보에 가상의 정보를 합성해 사물이나 이미지의 정보를 '증강' 시켜주는 것을 의미	• 실재하는 공간이나 이미지를 CG로 만들어 재현 • 또는 실재하지 않는 공간이나 이미지를 컴퓨터 그래픽을 통해 가상으로 구현 • 주로 게임 속 세계나 가상공간을 구현

[증강현실과 가상현실의 비교]

④ 홀로그램의 문화콘텐츠 활용

홀로그램은 그리스어로 완전하다는 뜻의 '홀로(holo)와 그림을 의미하는 그램(gram)의 합성어로, 레이저 광선을 사용하여 2차원 평면에 3차원의 입체를 묘사하거나 그리는 기술을 가리킨다. 홀로그램은 교육, 광고, 의료, 영상회의, 기계, 건축 등 이미지 영상이 이용되는 거의 모든 분야에 적용될 수 있다.

아날로그 홀로그램　　　　　유사 홀로그램　　　　　디지털 홀로그램

[다양한 분야에 사용되는 홀로그램 산업]

4.2 만화 콘텐츠

만화 콘텐츠는 일반적인 문화콘텐츠의 특성과 유사하지만, 만화 콘텐츠만이 지닌 독특한 특성이 있다.

첫째, 일반 그래픽 예술과 유사하게 시각적 인지를 필요로 하면서도 상황의 흐름 속에서 시간의 흐름을 반영하는 유동적 이미지도 갖는 예술적 가치를 보인다.

둘째, 만화 콘텐츠는 만화에 스토리와 메시지를 담아냄으로 사회적 · 문화적 가치를 지닌다.

셋째, 만화 형식의 공익 포스터와 캠페인성 화보와 같이 효율적으로 사용할 때 교육적 가치를 지닌다.

넷째, 만화는 원작 시나리오를 시작으로 애니메이션, 완구, 캐릭터 라이선스 등 다양한 분야에 저작권을 판매함으로 산업적 가치를 지닌다.

4.3 모바일 콘텐츠

모바일 콘텐츠는 디지털 콘텐츠의 범주에 속하지만, 무선 인터넷이라는 기능을 사용함으로 별도의 특성을 갖는다.

첫째, 무선 단말기가 가진 가장 큰 장점대로 모바일 콘텐츠는 응용서버나 다른 이용자와 실시간으로 데이터를 주고받을 수 있는 상호작용성을 지원한다.

둘째, 무선 단말기를 가진 이용자는 언제 어디서나 통신할 수 있으므로 모바일 콘텐츠 역시 이용자가 필요할 때면 어느 때나 즉시 연결할 수 있다.

셋째, 무선 단말기는 휴대성과 이동성이 매우 뛰어나다.

넷째, 과거의 미디어가 대중을 상대로 하는 콘텐츠였다면, 무선 단말기 이용자는 원하는 시간에 즉시 다른 개인 이용자와 콘텐츠를 주고받을 수 있다.

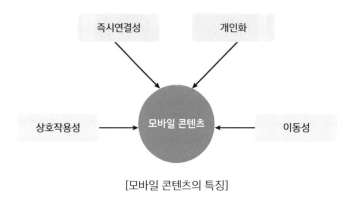

[모바일 콘텐츠의 특징]

과거의 모바일 콘텐츠 분야는 벨소리 다운로드와 통화 연결 음 위주였다면 현재는 MP3 음악과 모바일 게임, 모바일 웹툰, 모바일 드라마/영화, e-Book, 모바일 광고, 아프리카 TV 등 오락 위주의 문화 콘텐츠 등으로 확대 발전하고 있다.

4.4 방송 콘텐츠

OECD의 콘텐츠 정의에 따르면 방송 콘텐츠란 공적 커뮤니케이션을 전제로 생산되거나 소비되는 매스미디어 콘텐츠의 일부로서 "방송 미디어와 결합한 콘텐츠" 혹은 "방송을 위해 만들어진 모든 콘텐츠" 등으로 정의할 수 있다. 방송 콘텐츠의 특징으로는 첫째, 공공 재적 속성을 가지고 있다는 점이다. 따라서 비경합성, 비배제성 규모의 경제를 극대화할 수 있다. 둘째, 수요의 불확실성과 반복적 경험재이기 때문에 고위험성과 고수익이라는 특

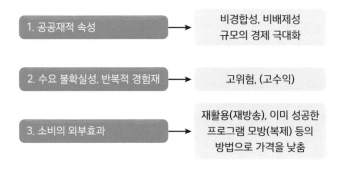

[방송 콘텐츠의 특징]

징을 가지고 있다. 마지막으로 소비의 외부효과이다. 재방송이나 이미 성공한 프로그램 모방 등의 방법으로 가격을 낮출 수 있다.

4.5 게임 콘텐츠

컴퓨터 프로그램을 이용하여 움직이는 영상이나 지정된 텍스트로 양방향 커뮤니케이션을 통해 미리 정해진 스토리의 게임을 사용자가 해결해 나가며, 그에 따른 오락적 감흥을 느끼게 하는 대중문화 상품을 의미한다.

게임 콘텐츠는 언제나 실시간으로 상호작용하는 가운데 정해진 스토리가 진행되며, 이를 위해 높은 집중과 몰입이 필요하고 가상의 체험도 일부 느낄 수 있다. 또한, 스토리를 진행하는 가운데 상호작용과 체험의 결과 일부 변형성을 가지는데, 이로 인해 사용자는 새로운 체험을 경험할 수 있다.

[배틀그라운드]
출처 : http://playbattlegrounds.com 배틀그라운드

1. 콘텐츠란 넓은 의미로는 "인간의 사고와 감정을 표현한 내용물로써 문자, 소리, 화상 등의 형태로 표현한 것"을 의미하며, 좁은 의미에서는 "IT라는 정보기술을 이용하여 소비자에게 생산, 전달, 유통되는 상품"을 뜻한다.

2. 스토리텔링의 구성요소에는 명확한 메시지, 갈등, 등장인물, 플롯, 감각적 경험, 스토리의 진실성 등이 있다.

3. 멀티미디어 콘텐츠는 정의와 준비 → 요구사항분석 → 스토리보드 → 미디어 데이터 제작 → 프로토타입 → 테스트 → 저작 → 데이터 관리 단계를 거쳐서 제작된다.

4. 문화 콘텐츠 산업은 성공한 하나의 콘텐츠를 다양하게 재창조하여 다른 가치를 지닌 상품화된 결과물을 만들 수 있다는 것이 특징이다.

5. 문화기술이란 문화(culuture)와 기술(technology)이 만나 새롭게 형성된 기술 분야로서 문화기술을 활용하여 문화콘텐츠를 기획하고 창작할 수 있으며, 더불어 콘텐츠 상품의 개발, 제작 그리고 유통, 마케팅 등 각각의 단계에서 부가가치를 더해주는 역할도 한다

6. 콘텐츠 종류에는 문화 콘텐츠, 만화 콘텐츠, 모바일 콘텐츠, 방송 콘텐츠, 게임 콘텐츠 등이 있다.

주제	문화콘텐츠 기획 및 제작		일자	
이름		학과		학번	

1. 멀티미디어 콘텐츠에 대한 설명이 <u>아닌</u> 것은?

   ① 디지털/쌍방향으로 제공

   ② 콘텐츠의 생산자와 사용자가 명확히 구분

   ③ 콘텐츠 수정이 쉽고 그 비용이 저렴함

   ④ 정보의 습득과정이 비순차적임

2. 현실이나 상상 속에서 제안되거나 계획된 일련의 사건들에 대한 개략적인 줄거리를 일컫는 말로, 스토리 보드를 작성하는데 토대가 되는 것은?

   ① 시나리오   ② 플로우차트

   ③ 가상현실   ④ 디지털 스토리텔링

3. 스토리텔링의 구성요소가 <u>아닌</u> 것은?

   ① 명확한 메시지   ② 갈등

   ③ 플롯   ④ 등장배경

4. 문화기술을 통해 기획과 창작에 활용되고, 콘텐츠 상품의 개발, 제작 그리고 유통, 마케팅 등 각각의 가치사슬에 개입하여 부가가치를 더해주는 역할을 하는 콘텐츠는 무엇인가?

   ① 정보콘텐츠   ② 게임콘텐츠

   ③ 문화콘텐츠   ④ 만화콘텐츠

5. 대표적인 아이디어 발상기법의 하나로 5~7명의 집단이 최적이며, 일정한 규칙을 지켜가며 전원이 자유롭게 의견을 내는 기법은?

   ① 자유연상법   ② 유비법

   ③ 브레인스토밍   ④ 전문가시스템

6. 모바일 콘텐츠는 디지털 콘텐츠의 범주에 속하면서 무선인터넷이 가지는 특성으로 차이점이

　있다. 모바일 콘텐츠의 핵심요소가 <u>아닌</u> 것은?

　① 지역성　　　　　　　　　　　② 즉시연결성

　③ 대중화　　　　　　　　　　　④ 상호작용성

7. 멀티미디어 콘텐츠 제작과정 단계를 나타낸 것이다. 빈 칸에 알맞은 말을 쓰시오.

> 정의와 준비 → (　　　　　　　) → 스토리보드 → 미디어 데이터 제작 → (　　　　　) → 테스트
> → 저작 → 데이터 관리

CHAPTER 6

생활속의 알고리즘과
문제해결

CONTENTS

생활속의 알고리즘

 학습목표

1. 알고리즘의 정의와 특성에 대해 이해할 수 있다.
2. 알고리즘을 자연어, 순서도, 의사코드로 표현할 수 있다.
3. 알고리즘 설계 시 3가지 제어문 순차, 선택, 반복 구조를 이해할 수 있다.

1 　알고리즘이란 무엇인가?

알고리즘이란 수학이나 컴퓨터, 여러 분야에서 어떤 문제의 논리적 해결을 위해 필요한 일련의 절차나 방법을 기술한 것이다. 알고리즘은 프로그램의 작성 전 단계를 말하여, 프로그램은 컴퓨터가 특정 작업을 수행할 수 있게 C++, Java, Python 등과 같은 프로그래밍언어로 작성된 명령어의 집합을 말한다. 알고리즘과 프로그램 특성은 다음과 같다.

알고리즘	프로그램
입력이 필요하다.	입력이 필요하지 않을 수 있다.
결과가 도출되어야 한다.	결과가 도출되지 않을 수도 있다.
각 단계(방법)는 명백하고 모호하지 않다.	각 단계(방법)는 명백하고 모호하지 않다.
일련의 순서를 따라 실행하며, 실행이 종료되어야 한다.	일련의 순서를 따라 실행하지만, 운영체제 같은 프로그램과 같이 실행이 꼭 종료되어야 하는 것은 아니다.
모든 절차는 오류가 없어야 한다.	모든 절차가 오류가 없다면 만족하지만, 오류가 발생할 수 있다.

알고리즘은 컴퓨터를 사용하여 프로그램으로 해결하는 것도 포함하지만, 넓게는 사람이 문제를 해결하는 것, 수학적인 것, 비수학적인 것을 모두 포함한다. 이처럼 알고리즘은 모든 문제들에 대한 해결 과정을 논리적 절차로 표현할 수 있다.

건물을 짓기 전에 설계도를 그리는 것처럼 문제를 해결하기 위한 방법과 절차를 표현하는 것을 알고리즘 설계라고 한다. 알고리즘 설계는 구체적이고 명확해야 한다. 정확하게 무엇을, 어떻게, 어떠한 순서로 처리해야 하는지 구체적으로 알려 주어야만 제대로 명령을 수행할 수 있다.

예를 들어, 누군가 "밥 다했니?"라고 묻는다면, 쌀을 씻고, 물을 넣고, 익히고, 뜸을 들이는 과정들을 다 잘했는지까지 의미할 수 있지만, 컴퓨터는 이러한 내용까지 이해할 수는 없다.

그러므로 프로그램에는 알고리즘이 필요하다. 알고리즘을 어떻게 설계하고 구성하는가에 따라 같은 문제라도 처리하는 시간이 길어지거나 또는 오류가 발생할 수 있으므로 알고리즘은 최대한 효율적이고, 명확하게 만드는 것이 중요하다.

다음과 같은 상황을 가정하고, 실제 알고리즘을 설계해 가는 과정을 살펴보자. A는 동생과 함께 건널목을 건너려 한다. 그런데 신호등이 빨간불인데도 동생은 길을 건너려 한다. 이때, A가 동생에게 건널목을 건너는 방법을 가르쳐 주려고 한다.

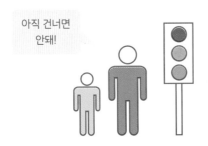

이에 대한 다음의 과정을 검토해 보자.

① 건널목 앞에 선다.

② 신호등을 확인한다.

③ 빨간불이면 기다린다.

④ 녹색불일 때 안전하게 건너간다.

하지만, ④에서의 '안전하게'란 뜻에 대한 명확하고 더 구체적인 내용을 위해 다음과 같이 보충해 볼 수 있다.

④ 녹색불일 때 안전하게 건널 수 있는 상황인지 확인한다.

   (4-1) 안전하게 건널 수 있다면 다음과 같이 안전하게 건넌다.

      (4-1-1) 자동차가 올 수 있으니 좌우를 살핀다.

      (4-1-2) 건널목의 오른쪽 방향으로 건너간다.

      (4-1-3) 스마트폰을 이용함으로 주의를 흩트리거나 한눈을 팔지 않고 건넌다.

   (4-2) 안전하게 건널 수 없다면 다음 녹색불이 될 때까지 기다린다.

완벽해 보일 수 있지만, 신호등이 꺼져있거나 고장 난 상황은 고려되지 못하였다. 이와 같이 스스로 생각할 수 없는 컴퓨터가 프로그램만으로 동작하는 경우에는 알고리즘의 설계에서부터 예외 상황을 고려함으로 오류를 막을 수 있다.

2 알고리즘 작성 조건과 표현방법

2.1 알고리즘 작성 조건

오류가 없이 올바르게 동작하는 프로그램을 제작하기 위한 알고리즘을 만들기 위해서는 '입력', '출력', '명확성', '수행 가능성', '유한성'의 5가지 조건을 만족해야 한다.

'라면 끓이기' 과정을 통해 알고리즘과 조건을 비교해 보면 다음과 같다.

■ 입력(input)

   라면을 끓이기 위해서는 물, 면, 수프와 같은 투입되는 재료가 필요하다. 이와 같이 알고리즘은 외부에서 자료를 입력받을 수 있어야 한다.

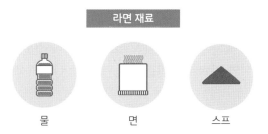

[알고리즘의 입력(input) : 라면 끓이기 알고리즘에 필요한 자료를 준비해야 한다]

- **출력(output)**

  라면을 끓이면 음식으로서 '라면'이라는 결과물이 나온다. 알고리즘을 통해 문제를 처리하면 종료 시 하나 이상의 결과, 즉 출력물이 나와야 한다.

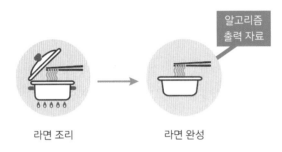

라면 조리   라면 완성

[알고리즘의 출력: '라면 끓이기' 알고리즘 수행 시 나오는 '라면']

- **명확성**

  라면 봉지에는 라면을 끓이기 위해서 물의 양, 불의 세기, 수프의 양이 명확하게 설명되어 있다. 이처럼 알고리즘의 각 단계는 무엇을 하기 위한 것인지 명확하게 표현되어야 한다.

[알고리즘의 명확성]

- **수행 가능성**

  '라면 끓이기' 설명과 과정대로 수행할 때 맛있는 '라면'이 나온다면 이것은 수행 가능한 설명서이다. 만일 설명대로 따라 했는데도 맛이 없는 라면이 완성된다며 수행 가능한 알고리즘이 아니다. 이와 같이 알고리즘의 각 명령어는 수행(실행)할 수 있도록 논리적이어야 한다.

맛있는 라면

[알고리즘의 수행 가능성 : '라면 끓이기' 알고리즘 수행 시 '라면'이 나올 수 있다]

- **유한성**

라면을 4분만 끓이고 나서 '라면'이 완성되듯, 알고리즘도 명령대로 각 단계를 거쳐 반드시 종료되는 유한한 것이어야 한다.

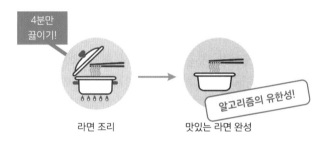

라면 조리   맛있는 라면 완성

[알고리즘의 유한성 : 명령대로 수행하면 '라면'이 나온다]

2.2 알고리즘의 표현 방법

알고리즘을 구체적으로 표현하기 위한 방법으로는 자연어, 의사코드, 순서도가 있다.

자연어(natural language)는 일반적으로 사용하는 말과 글로 표현하는 방식이다. 사람의 언어와 같이 표현함으로써 쉽게 이해할 수 있다는 장점이 있지만, 같은 문제에 대해 사람마다 다르게 표현할 수 있고 받아들이는 사람마다 다르게 해석될 수 있어 의미가 모호해질 수 있고, 구체적인 표현을 위해 내용이 길어지는 단점이 있다.

1단계   신호등이 있는 횡단보도 앞에 선다.
2단계   신호등의 신호가 초록 신호이면, 4단계로 가고, 아니면 3단계로 간다.
3단계   기다린 후 1단계로 간다
4단계   횡단보도를 건넌다.

[자연어로 표현한 신호등이 설치된 횡단보도 건너가기 프로그램]

의사 코드(pseudo code)는 자연어보다는 체계적이지만 프로그래밍 언어보다는 덜 엄격한 방법으로 프로그래밍 언어로 변환하기 쉽게 구조화시켜 알고리즘을 표현한다.

```
신호들이 있는 횡단보도 앞에 선다
WHILE(신호등의 신호가 초록 신호가 아니면)
{
기다리기
}
횡단보도 건너기
```

[의사코드로 표현한 신호등이 설치된 횡단보도 건너가기 프로그램]

순서도(flowchart)는 기호와 도형을 이용하여 일의 흐름을 표현하는 방법으로, 일의 순서를 흐름선으로 연결하며 각 도형에 정해진 의미에 따라 처리된다.

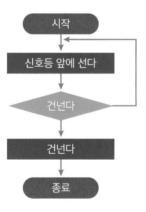

[순서도로 표현한 신호등이 설치된 횡단보도 건너가기 프로그램]

타원은 시작과 끝을 의미하고 직사각형은 일을 순서대로 진행함을 뜻한다. 마름모 모양은 조건 기호로서 조건에 관한 결과에 따라 다른 흐름으로 진행할 수 있다.

의미	기호	예
시작과 끝 순서도의 시작과 끝을 표시할 때 사용한다.	단말기	
준비 변수나 조건의 선언 및 데이터 초기값을 설정할 때 사용한다.	준비	
데이터 입출력 자료의 일반적인 입력 및 출력에 사용한다.	입출력	
데이터 처리 입력받은 자료를 처리하거나 여러 가지 연산을 처리할 때 사용한다.	처리	
문제의 조건 조건에 따라 처리할 때 사용하는 기호로, 조건이 참일 경우에는 "예", 조건이 거짓일 경우에는 "아니요"로 표시한다.	판단	
출력 처리 결과를 서류나 파일로 출력할 때 사용한다.	출력	
실행순서 실행 순서로, 기호를 연결할 때 사용한다.	흐름선	

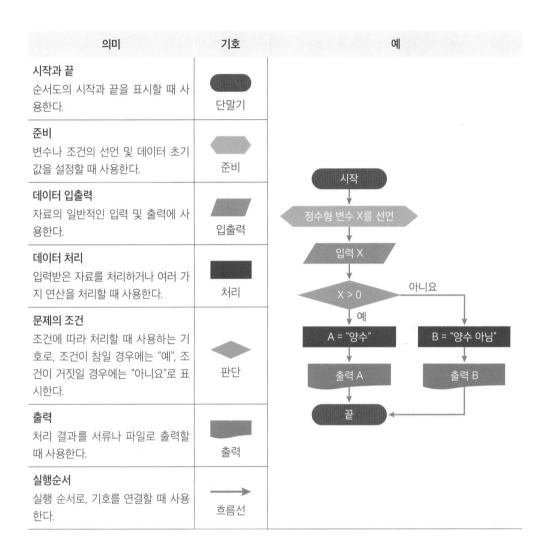

위에서 배운 알고리즘 3가지 방법을 이용하여 로봇청소기의 이동방법을 표현해본다.

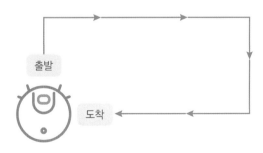

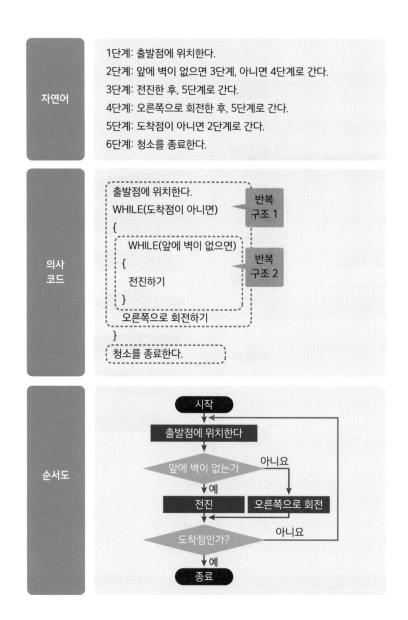

3 알고리즘 설계

알고리즘 설계 과정은 순차, 선택, 반복의 3가지 제어구조를 통해 프로그램의 흐름을 제어한다. 순차구조는 아래에서 위로 순서대로 일을 수행하고, 선택구조는 조건에 따라 실행의 흐름을 조절한다. 반복구조는 특정횟수나 조건을 만족할 때까지 반복한다.

아래는 순차, 선택, 반복을 이용하여 식빵을 굽는 방법을 순서도로 표현하였다.

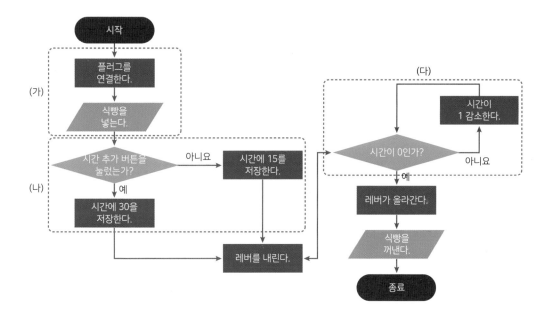

- (가)는 흐름에 따른 순차 구조로 진행되고 있다.
- (나)는 선택 구조로서 조건에 따라 비교 판단하여 진행된다.
- (다)는 조건을 만족할 때까지 반복하는 반복 구조이다.

3.1 순차 구조

순차 구조는 시작부터 종료까지 순서대로 위에서 아래로 단계적으로 처리하는 방식의 가장 간단하게 표현할 수 있는 구조이다. 순차 구조는 명령어들이 위에서 아래의 나열된 순서대로 명령을 수행한다. 예를 들어, 명령어 S1, S2, S3가 순차 구조를 갖는다면 그림과 같은 순서도로 표현할 수 있다.

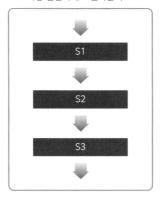

명령어 S1, S2, S3가 만약 단순한 실행 명령이라면, 이에 해당하는 순서도 기호인 직사각형을 사용하며 그 직사각형 안에 실행 내용을 기입한다. 각각의 직사각형들 사이에 처리 순서를 나타내는 흐름을 화살표로 표시한다.

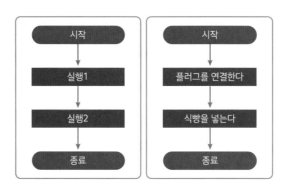

[순차구조의 예 : 토스트기에 식빵 넣기]

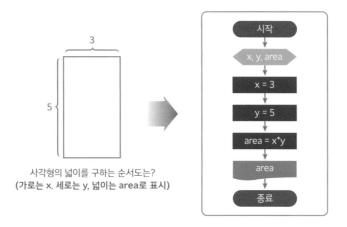

[순차구조의 예 : 사각형 넓이 구하기]

3.2 선택 구조

우리는 일상생활에서 순서대로만 일을 진행하지 않고, 조건에 따라 실행을 하거나 실행을 하지 않는 경우가 발생한다. 이와 같이 주어진 조건에 따라 내용이 다른 동작을 실행하거나 순서가 달라지는 구조가 선택구조이다. 예를 들어, 날씨에 따른 대처 방안을 위한 알고리즘에서 첫 번째 조건을 "비 예보가 있었는가?"로 설정하였다. 이 조건에 대한 결과는 두가지 결과값이 존재할 것이다. 만약 '예' 일 경우에는 '우산 챙기기' 순서로 진행될 것이고 '아니오' 일 경우에는 '그냥 학교에 가기'를 실행할 것이다.

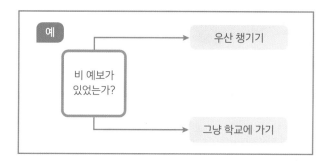

선택 구조는 조건의 결과에 따라 [조건이 참인 경우], [조건이 거짓인 경우]로 나뉜다. 그리고 결과가 참인지, 거짓인지에 따라 각각에 해당하는 명령을 수행하게 되는 구조이다.

조건이 참이면 실행 1을, 거짓이면 실행 2를 처리하는 구조

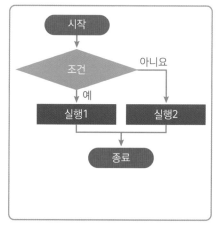

[기본구조2]

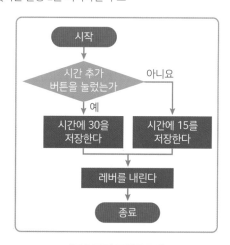

[토스트기 조건구조2]

또 다른 예로, 컴퓨터에서 30분 동안 마우스와 키보드 입력이 없으면 컴퓨터가 자동 종료
되는 알고리즘을 설계하고자 한다. 이러한 경우, '30분 동안 아무런 움직임이 없었는가?'
를 [조건]으로 세우고 [조건이 참일 경우 컴퓨터를 종료함], [조건이 거짓일 경우 컴퓨터를
종료하지 않음]과 같은 형태로 선택 구조를 그릴 수 있다.

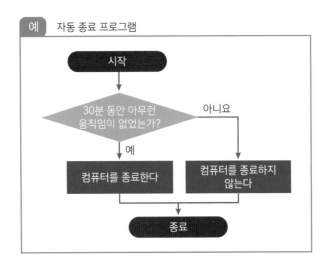

하지만 일반적인 프로그램이나 소프트웨어들은 단순히 선택 구조 자체로만으로 구성되지
는 않고 반복 구조, 순차 구조와 같은 다른 기본 구조들과 함께 사용한다.

3.3 반복 구조

반복 구조는 주어지 조건에 대하여 지정된 횟수만큼 특정 명령을 반복하거나 또는 조건을
만족할 때까지 특정 명령을 반복하여 처리하는 구조로, 컴퓨터 프로그래밍에서 자주 사용
되는 용어로 프로그램을 만들다 보면 같은 동작을 반복해야하는 경우가 있다.

무한 루프(infinite loop)	영원히 반복함
카운터 루프(counter loop)	일정 시간이나 횟수를 반복하고 멈춤
와일 루프(while loop)	어떤 조건이 충족되면 멈춤

노를 저어 전진하는 배를 프로그램 제작한다고 가정해 보자. 한 번의 노를 젓는 명령으로는 배가 계속 전진할 수 없으며 반복해서 노를 젓는 명령이 주어져야 한다. 즉, 노를 젓는 명령에 반복 구조를 활용하여 열 번이고, 스무 번이고 반복되는 조건을 함께 넣어주어야 배는 전진할 수 있다.

이와 유사하게 줄넘기를 명령어를 작성할 때에도 반복 구조를 사용한다면 10번만 실행할 수도 있고 지칠 때까지 반복하기 등의 계속해서 반복하는 줄넘기를 실행할 수 있다. 이처럼 반복해서 실행이 필요할 경우 같은 명령어를 매번 쓰는 대신에 '반복 구조' 알고리즘을 활용하면 보다 편리하게 프로그램을 구성할 수 있다.

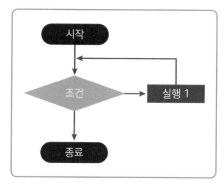

[기본구조]

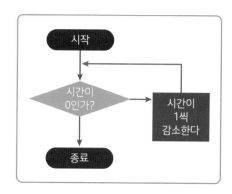

[토스트기 반복구조]

마무리하기

1. 알고리즘이란 수학이나 컴퓨터, 기타 분야에서 어떤 문제의 논리적 해결을 위해 필요한 일련의 절차나 방법을 기술한 것으로 '입력', '출력', '명확성', '수행 가능성', '유한성'의 5가지 조건을 만족해야 한다.

2. 알고리즘을 표현하기 위한 방법으로는 자연어, 의사코드, 순서도가 있다. 자연어(Natural language)는 일반적으로 사용하는 말과 글로 표현하는 방식이고, 의사 코드(Pseudo code)는 자연어보다는 체계적이지만 프로그래밍 언어보다는 덜 엄격한 방법으로 프로그래밍 언어로 변환하기 쉽게 구조화시켜 알고리즘을 표현한다. 순서도(Flowchart)는 기호와 도형을 이용하여 일의 흐름을 표현하는 방법으로, 일의 순서를 흐름선으로 연결하며 각 도형에 정해진 의미에 따라 처리된다.

3. 알고리즘 설계 과정은 순차, 선택, 반복의 3가지 제어구조를 통해 프로그램의 흐름을 제어한다. 순차구조는 아래에서 위로 순서대로 일을 수행하고, 선택구조는 조건에 따라 실행의 흐름을 조절한다. 반복구조는 특정횟수나 조건을 만족할 때까지 반복한다.

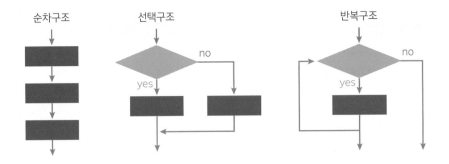

4. 잘못된 알고리즘 설계는 불필요한 과정을 늘리고, 문제를 이해하기 어렵거나 문제 해결의 오류를 가져올 수 있으므로 주의하여 작성한다.

주제	생활속의 알고리즘		일자	
이름		학과	학번	

1. 알고리즘이 되기 위한 필요한 조건이 <u>아닌</u> 것은?

   ① 입력   ② 출력

   ③ 명확성   ④ 수행가능성

   ⑤ 무한성

2. 알고리즘을 표현하기 위한 방법 3가지가 <u>아닌</u> 것은?

   ① 자연어   ② 프로그램

   ③ 순서도   ④ 의사코드

3. 알고리즘 설계 구조는 3가지가 <u>아닌</u> 것은?

   ① 순차 구조   ② 선택 구조

   ③ 반복 구조   ④ 무한루프

4. 다음 괄호안의 빈칸의 용어를 채우시오.

> 반복 구조는 계속해서 반복하는 (   ),   일정 시간까지 또는 일정 횟수를 반복하고 멈추는
> (   ),   특정 조건이 만족되면 멈추는 (   )로 나눌 수 있다.

5. 프로그램의 특성으로 올바르지 않은 것은?

   ① 입력이 필요하다.

   ② 각 단계(방법)는 명백하고 모호하지 않다.

   ③ 일련의 순서를 따라 실행하지만, 운영체제 같은 프로그램과 같이 실행이 꼭 종료되어야 하
      는 것은 아니다.

   ④ 모든 절차가 오류가 없다면 만족하지만, 오류가 발생할 수 있다.

※ 아래 그림의 순서도를 보고 순차, 선택, 반복을 이용하여 식빵을 굽는 방법을 표현한 것이다. 순서도의
(가), (나), (다) 중에서 하나를 선택하세요.

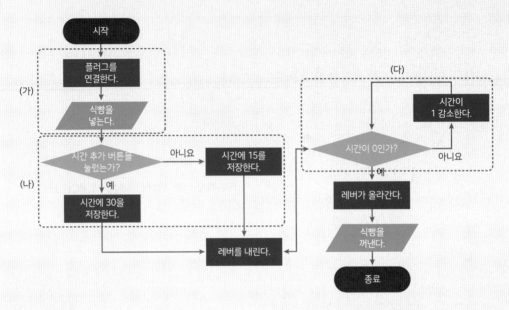

6. (순차) 일이 순서대로 진행되는 부분은 어디인가요?

7. (선택) 작업이 조건에 따라 비교 판단하여 선택해야하는 부분은 어디인가요?

8. (반복) 작업이 조건을 만족 할 때까지 반복하는 부분은 어디인가요?

9. 이를 닦는 알고리즘을 자연어로 표현해보시오.

10. 9번 문제(이를 닦는 알고리즘)를 순서도로 표현해보시오.

2 SECTION · · ·

컴퓨터 과학자처럼 생각하기

··· 학습목표

1. 컴퓨터 과학자의 정의 및 대표적 컴퓨터 과학자에 대해 설명할 수 있다.
2. 문제를 이해하고, 문제를 그림, 표, 그래프 등으로 구조화할 수 있다.
3. 복잡한 문제를 작은 문제로 나누어 보고, 나눈 문제들을 해결할 수 있다.
4. 복잡한 문제에 대한 알고리즘을 설계할 수 있다.

1   컴퓨터 과학자란?

1.1 컴퓨터 과학자의 정의

컴퓨터 과학자는 일반적으로 소프트웨어 측면의 컴퓨터 시스템을 다루며 컴퓨터 과학의 지식을 습득하는 과학자이다. 컴퓨터 과학자들의 연구와 학습의 기본 목적은 특정 분야인 알고리즘과 자료 구조 개발 및 설계, 소프트웨어 공학, 정보 이론, 데이터베이스 이론, 계산 복잡도 이론, 인간−컴퓨터 상호작용, 수치 해석, 프로그래밍 언어 이론, 컴퓨터 그래픽스, 컴퓨터 비전을 바탕으로 한 컴퓨팅의 이론적 연구이다.

알고리즘	데이터베이스 이론	수치 해석
자료 구조 개발 및 설계	컴퓨터 비전	프로그래밍 언어 이론
소프트웨어 공학	계산 복잡도 이론	컴퓨터 그래픽스
정보 이론	인간-컴퓨터 상호작용	

 **기본 목적**   특정 연구분야 바탕으로 **컴퓨팅의 이론적 연구**

[컴퓨터 과학자의 연구분야]

1.2 대표적 컴퓨터 과학자 : 앨런 매티슨 튜링

앨런 매티슨 튜링(Alan Mathison Turing, 1912년~1954년)은 영국의 수학자, 암호학자, 논리학자이며 컴퓨터 과학의 선구적 인물로, 컴퓨터 공학 및 인공지능의 이론적 토대를 마련하여 "컴퓨터 과학의 아버지"라고 불린다. 앨런 튜링은 계산기가 어디까지 논리적으로 작동할 수 있는가에 대하여 처음으로 지적인 실험을 시도한 학자로 유명하다.

[대표적인 컴퓨터 과학자: 앨런 튜링]

1945년에는 초보적 형태의 컴퓨터인 튜링 머신을 고안하였는데, 이를 사용하여 복잡한 계산과 논리 문제를 처리할 수 있었다. 논문 「계산 가능한 수와 결정 문제의 응용에 관하여」로 학계의 인정을 받았고, 에니그마(Enigma)문제를 해결할 전문가로 블레츨리 파크에 들어갔다. 수십년이 지난 뒤, 블레츨리 파크의 이야기가 세상에 알려지면서 엘렌 튜링은 에니그마 암호를 해독한 공로로 오늘날 모르는 사람이 없을 정도로 지속될 명성을 얻었다. 그러나 1952년 초 동성애 혐의로 체포돼 화학적 거세를 받는 육체적, 정신적 부작용으로 1954년에 자살하였다. 사후 59년 뒤, 법무부 장관의 건의와 수만 명의 청원이 받아들여져 2013년 12월 24일에 엘리자베스 2세 여왕은 여왕 특별 사면령으로 튜링의 죄를 사면하였고 이어서 무죄 판결을 받고 복권되었다.

1.3 주요 연구내용

1 튜링 기계

튜링 기계는 알고리즘을 설명하기 위해 도입한 가상의 기계이다. 튜링 기계는 칸으로 나뉘진 테이프에 한정된 기호를 읽고 수정하는 구조로 이루어져 있으며, 칸에 기록된 기호에

따라 지정된 절차를 수행한다. 이는 현재의 컴퓨터와 이론적인 기초를 생각한 것으로 평가
되고 있다.

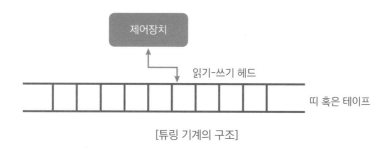

[튜링 기계의 구조]

튜링 기계의 수행하는 절차는 현재 기계가 위치하는 칸의 기호를 수정한 후, 띠의 위치를
이동하고 튜링 머신의 상태를 변경한다.

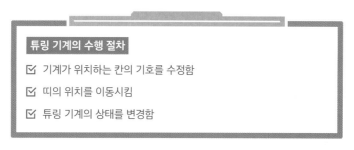

튜링 기계의 수행 절차
- ☑ 기계가 위치하는 칸의 기호를 수정함
- ☑ 띠의 위치를 이동시킴
- ☑ 튜링 기계의 상태를 변경함

[튜링의 알고리즘을 설명하기 위해 도입한 가상의 기계]

2 에니그마 해독

에니그마는 암호 작성과 해독을 돕는 기계로, 1918년 아르투스 슈르비우스에 의해 처음
고안되어 제2차 세계 대전 동안 독일군이 군사 관련 정보를 암호화하는 데 사용되었다.

작동 원리는 열쇠(key)값이 있을 때 그 열쇠값에 따라 암호화할 문장의 하나의 글자가 여
러 개의 문자로 바뀌는 다중치환암호방식이다. 에니그마는 회전판을 사용하는 기계적인
다중치환암호를 구현하고 스크램블러를 추가하여 보안성을 강화하였다.

그러나 튜링은 에니그마가 암호화와 복호화 둘 다 할 수 있다는 것에서 암호문의 스크램
블러에 의한 효과를 없앴고, 자주 쓰이는 평문의 목록인 크립을 이용해서 경우의 수를 줄
임으로 이론적으로 에니그마를 해독할 수 있었다.

1.4 후세에 끼친 영향

튜링 기계는 오늘날 컴퓨터에서 그대로 구현되었다. 테이프는 메모리로, 테이프에 읽고 쓰는 장치는 메모리와 입출력 장치로 발전했으며 작동 기호를 읽는 기계는 컴퓨터의 중앙처리장치(CPU)로 발전하였다. 또한 튜링 기계의 한 종류인 범용 튜링 기계는 프로그램을 내장해서 작동하는 현대 컴퓨터의 모델이 되었다.

계산기 학회(ACM)에서는 튜링의 공로를 기리기 위해 1966년부터 매년 컴퓨터 과학에 중요한 업적을 남긴 사람에게 수여하는 튜링상을 제정하였으며, 현재는 컴퓨터 과학 분야의 노벨상이라 불린다.

애플 컴퓨터의 로고인 "한 입 베어 먹은 사과"는 튜링이 베어 문 사과 모양에서 만들어졌다는 속설이 있지만, 그를 염두에 두고 만들었는지는 확실하지 않다. 현재 애플 로고의 디자이너는 물론 애플사에서도 관계없다 밝히고 있고 스티브 잡스도 그의 자서전을 통해 뉴턴의 사과를 모델로 하였다고 전해지고 있다.

➡ 튜링의 일화와 함께 연상되는 **애플사의 로고**

튜링을 염두에 두고 제작했는지는 불확실함

로고의 모델을 뉴턴의 사과라고 주장함

애플사 로고
-한 입 베어 물은 사과

그럼에도 불구하고 여전히 애플 로고와 애런 튜닝이 종종 연관됨

2 문제 및 문제해결 개념

우리는 일상생활 속에서 시험이나 숙제 문제뿐만 아니라, 여행 시 어떤 교통수단으로 이동할 것인지, 집에서 직장까지 가장 빠르게 가는 길은 무엇인지, 어떤 학과를 선택해야 하는지와 같은 다양한 문제들이 있다. 이처럼 생활 속에서 부딪히는 쉽게 해결할 수 없는 일이나 대상을 문제라 하며, 이러한 문제들을 해결하기 위한 방법이나 행동을 문제 해결이라고

한다. 문제는 어떻게 해결 되느냐에 따라 문제를 해결하는 속도나 정확성에서 차이가 발생할 수 있다.

문제 해결을 위한 방법은 사람이 직접 해결하는 경우와 컴퓨터를 이용하는 방법이 있다. 예를 들어, 종이지도만 가지고 박물관을 찾아가려 한다면 교통편, 승하차 위치, 이동 시간, 필요 교통비 등을 예측하기 어렵기 때문에 최적의 문제 해결인지 확신하기 어렵다.

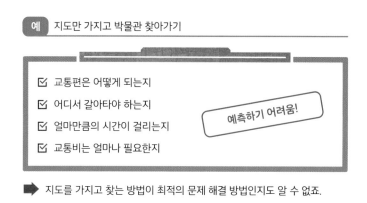

[문제 해결방법]

하지만, 인터넷의 지도 서비스나 스마트폰 지도 검색 앱을 이용한다면 사람이 직접 해결하는 방법보다 좀 더 쉽고 빠르게 다양한 방법으로 길을 찾을 수 있다. 예를 들어 서울역에서 인천국제공항으로 가는 경우 버스를 타고 가는 것이 비용이 효율적인지, 자동차를 가져가는 것이 시간이 절약할 수 있는지 등을 고려할 수 있게 되며, 이는 자신에게 가장 적합한 방법을 선택할 수 있다.

그러나 종교나 친구를 선택하는 문제는 컴퓨터를 이용해서는 답을 찾을 수 없는 것처럼, 주어진 문제에 따라 어떠한 방법을 사용하는 것이 더 효과적인지 결정하는 것이 중요하다.

다음 예제로 컴퓨터의 전원 스위치를 눌렀으나 컴퓨터가 켜지지 않는 문제 상황이 발생했다고 가정한다. 여러분은 이를 해결하기 위한 절차와 방법을 생각해 보도록 한다.

➡ 컴퓨터 전원이 들어오지 않는 문제를 해결하는 과정은?

- 정전인지 확인한다.
- 컴퓨터의 전원 코드가 바르게 꽂혀 있는지 확인한다.
- 그래도 전원이 안 들어온다면 컴퓨터 자체 문제일 가능성이 높으므로 A/S센터에 수리를 요청한다.

이처럼, 문제를 해결 과정은 문제에 대한 이해, 문제 분석, 다양한 해결방법 설계, 해결방법 실행의 단계를 거친다.

➡ 어떤 문제를 해결하기 위해서는?

문제 이해	문제 분석	다양한 해결 방법 설계	해결 방법 실행

[문제해결과정]

컴퓨터에서도 문제를 해결하는 방법은 이와 비슷한 절차를 거친다. 먼저 문제를 이해하고 문제 해결에 도움이 되는 관련 정보들을 수집한 후, 직관적인 판단이나 데이터를 살펴보며 데이터를 분석한다. 분석 결과를 바탕으로 문제를 작고 다루기 쉬운 여러 부분들로 나누고, 문제의 핵심이 되는 개념을 추출하여 다양한 문제 해결방법을 찾아 가장 효율적인 방법으로 알고리즘을 설계한다. 그리고 설계한 절차를 따라 프로그래밍하여 실행하고, 실행 결과에 대한 오류가 있는지 점검한다.

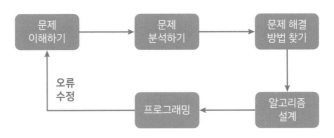

[실생활의 문제 해결방법]

이와 같이 컴퓨터가 문제를 해결하는 방식처럼 복잡한 문제를 단순화하고 이를 논리적, 효율적으로 해결하는 능력을 컴퓨팅 사고력이라 말한다. 2006년 지넷 윙(Jeannette M.Wing) 박사는 컴퓨터적으로 사고하는 기술이 컴퓨터 과학자에만 국한되지 않고, 누구나 배워서 활용할 수 있는 보편적인 사고이자 기술이라고 하였다. 즉, 빠르게 변하고 복잡해지는 미래 사회에서 모든 사람에게 필요한 읽기, 쓰기, 셈하기와 같이 기본적으로 갖춰야 하는 역량이며, 미래는 컴퓨팅적 사고의 시대가 될 것이라고 하였다.

컴퓨팅 사고의 핵심적인 내용으로는 데이터의 수집과 분석, 데이터 표현, 분해, 패턴인식, 추상화, 알고리즘 등의 과정을 인간의 사고에 적용시켜 다양한 분야에서 논리적이고 효율적으로 문제를 해결해내는 방법이다. 컴퓨팅 사고력을 키우면 창의력, 문제 해결력, 사고력 등도 함께 키울 수 있기 때문에 일상생활의 여러 문제를 효율적으로 해결할 수 있게 된다.

3   생활 속 문제 해결

3.1 사례 1 : 아이에게 양치질 가르치기

1 문제 이해하기

우리는 새로운 일에 대한 문제가 발생하면 기존의 일들과 경험을 토대로 해결방법을 생각해보게 된다. 예를 들어, 아이에게 양치질을 가르쳐야 하는 상황이라고 하면 아이의 충치를 방지하고 잇몸 문제를 방지하기 위해 양치하는 과정을 가르쳐야만 한다. 제시된 문제 상황을 이해하기 위해서는 양치질이 필요성을 알아보고, 양치하는 행동 과정이 어떻게 이루어지는지 세부적으로 나누고, 각 행동과정에서 어떠한 행위가 필요한지 파악해야 한다.

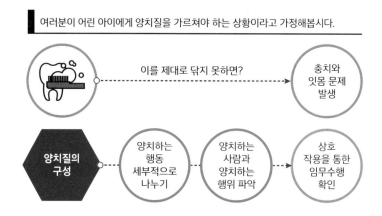

2 문제 분석하기

양치질은 어떤 과정으로 이루어지며 어떤 단계를 거치는지 분석하기 위해 분해 기법을 사용할 수 있다. 분해는 주어진 복잡한 문제를 보다 쉽게 다룰 수 있도록 여러 개의 작은 문제로 잘게 나누는 것을 의미한다. 이와 같이 문제를 분해하면 조금 더 문제를 간결하고 단순화하여 더 쉽게 이해할 수 있다.

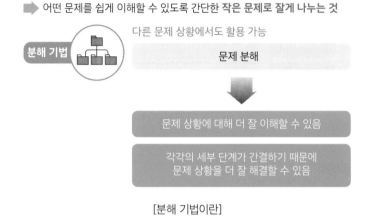

[분해 기법이란]

양치질 문제를 분해 기법을 사용하면, 아래 그림과 같이 큰 문제를 작은 문제로 단순화하여 세부 상황을 더 이해할 수 있다.

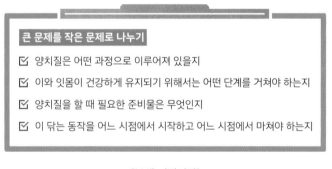

[분해 기법이란]

3 문제 해결방법 찾기

어떤 문제를 해결하기 위해서는, 주어진 문제를 해결할 수 있는 가장 효율적인 방법을 찾는 것이 중요하다. 양치질을 아이에게 가르치기 위해서 3·3·3 법을 따른다면 하루 세 번 식사 후 3분 이내에, 최소 3분 이상 이를 닦아야 한다. 또는 섭취한 음식의 종류에 따라 양치질의 방법도 달라질 수 있다. 보통은 음식을 먹은 후 3분 이내에 양치질을 하지만, 탄산음료를 마신 후에는 30분~1시간 정도 후에 양치질을 하도록 한다.

➡️ 어떤 음식을 섭취했는가에 따라 제약 사항이 다를 수 있음

| 보통 음식 | 먹은 후 3분 이내에 양치질 |
| 탄산음료 | 바로 양치질을 하지말고 30~1시간 정도 후 양치질 |

[양치질 시 제약 사항]

4 알고리즘 설계하기

이제는 문제 해결을 위한 일련의 단계를 순서대로 정리하는 알고리즘 작성 과정 단계로 넘어간다. 양치질 가르치기를 위한 알고리즘 작성을 위해 아래 그림과 같이 스토리보드를 작성해 볼 수 있다.

양치질하는 법 스토리보드

❶ 칫솔을 찾는다.
❷ 치약을 묻힌다.
❸ 칫솔을 치아와 잇몸이 만나는 곳에 위치시킨다.
❹ 2~3개 정도의 치아를 중심으로 칫솔을 전후방향으로 짧고 부드럽게 움직이면서 닦는다.
❺ 10초정도 반복하고 치아의 반대면 쪽으로 이동한 후 닦는다.
❻ 혀 위와 구강점막 부위를 닦는다.
❼ 최소 3분 이상 동안에 ④, ⑤, ⑥을 반복한다.
❽ 입안을 헹군다.
❾ 칫솔을 치운다.

[알고리즘 작성]

3.2 사례 2 : 가로등 알고리즘

다음 이미지의 대화를 통해 먼저 문제를 이해하고, 분석해 보도록 하자.

1 문제 이해하기

그림 속 엄마와 딸은 사람이 없는 상황에서 가로등이 켜지는 전기 낭비의 문제 상황을 발견하였다. 실제 일상생활 속에서도 집에 전등을 켜고 종일 나와 있다거나 문을 열어 놓은 채로 에어컨을 켜 놓는 상황들이 에너지 낭비 상황들이다. 전기가 낭비되는 상황의 문제를 개선하기 위해 외출 시, 집의 불을 끈다거나 에어컨을 작동할 때는 문을 닫고, 적정 온도로 설정하는 것과 같이 개인의 노력으로 전기를 절약하는 방법이 있다. 또는 동작 감지 시스템을 이용하여 사람이 지나갈 때면 자동으로 켜지고 꺼지는 절전형 가로등 설계하는 방법도 있다.

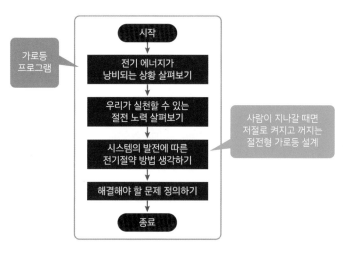

[전기가 낭비되는 문제 개선 방법]

2 문제 분석하기

전기를 절약할 수 있는 스마트한 개선 방법으로 와이파이와 스마트폰 앱을 이용하여 원격으로 조명을 제어 할 수 있는 스마트 스위치를 생각할 수 있다. 이러한 것을 사물 인터넷이라 한다.

차량 및 사람의 이동이 없을 시의 지하주차장은 조도를 낮춰 에너지를 절감하고, 차량이 지하주차장에 진입하면 동작감지센서로 움직임을 감지하여 조도를 높여준다.

이와 동일하게 가로등 문제에서도 일정한 거리의 사람 움직임을 감지하는 센서를 결합한다면 사람의 움직임에 따라 조명이 켜지거나 꺼질 수 있는 절전형 가로등 시스템이 구축될

[문제 분석하기 흐름도]

수 있으므로 전력 소비량을 줄일 수 있다. 또는 소비전력이 낮은 LED 전구를 설치하는 방법도 전력 소비량을 줄일 수 있는 한 가지 방법이다.

3 문제 해결방법 찾기

① 문제를 작은 문제로 나누기

절전형 가로등 시스템 문제를 해결하기 위해 문제를 작게 나누어 풀어본다면 '사물이 지나가는 것을 판단하기'와 '판단에 따라 불 켜기 또는 불 *끄기*'의 2개의 문제로 나누어 볼 수 있다.

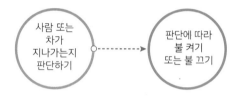

② 문제 해결방법 찾기

먼저, 사람 또는 차가 지나가는지 판단하기 위해 가로등을 기준으로 일정 거리에 대해 정의하고, 일정한 거리 안에 사물이 들어왔는지를 판단한다. 판단 조건 따라, 일정 거리안에 들어오면 불을 켜고, 벗어나면 불을 끈다. 그리고 프로그램 상에서 가로등의 불이 켜지고 꺼지는 것을 확인하기 위한 불이 켜진 모양 또는 꺼진 모양의 전구 이미지를 준비한다.

[문제 해결방법 찾기 흐름도]

4 알고리즘 설계하기

절전형 가로등 프로그램은 사물의 움직임에 따라 가로등까지의 거리값은 변화하고 이에 대한 '사물 판단하기'가 완료된다면 조건 판단 결과에 따라 [불 켜기] 또는 [불 *끄기*] 신호를 보낸다. 이 신호를 받은 가로등은 신호의 종류에 따라 전구의 모양 이미지를 해당 신호의 이미지로 변경한다.

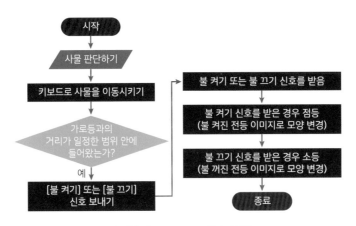

[절전형 가로등 프로그램의 흐름]

3.3 사례 3 : 강의실 청소 검사하기

다음은 강의실 청소 검사하기 사례를 통해 문제 해결 절차에 대해 고민해 보도록 한다.

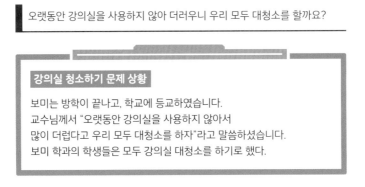

1 문제 이해하기

문제는 학급 강의실뿐 아니라, 컴퓨터실과 도서실, 테니스장까지 청소하는 문제로 확장되고, 교수님은 매일 청소 구역을 검사해야 한다. 이때, 교수님이 가장 빠른 시간안에 청소를 검사하는 방법을 찾고자 한다.

▶ 교수님이 매일 청소구역의 청소검사를 한다면?
　어떤 경로가 빠른 시간안에 청소검사 방법은?

단, 청소 검사는 다음의 조건을 만족해야 한다.

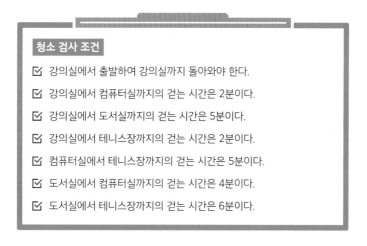

청소 검사 조건
- ☑ 강의실에서 출발하여 강의실까지 돌아와야 한다.
- ☑ 강의실에서 컴퓨터실까지의 걷는 시간은 2분이다.
- ☑ 강의실에서 도서실까지의 걷는 시간은 5분이다.
- ☑ 강의실에서 테니스장까지의 걷는 시간은 2분이다.
- ☑ 컴퓨터실에서 테니스장까지의 걷는 시간은 5분이다.
- ☑ 도서실에서 컴퓨터실까지의 걷는 시간은 4분이다.
- ☑ 도서실에서 테니스장까지의 걷는 시간은 6분이다.

해당 조건들을 쉽게 파악하기 위해 교수님이 검사할 청소 구역과 청소 검사 조건에서 제시한 이동 시간을 그림에 표시할 수 있다.

② 문제 분석하기

문제 분석 단계는 문제 해결에 필요한 문제의 핵심이 무엇인지를 정확하게 분석한 후 해결방법을 찾는 일이다. 문제를 해결하기 위해서 먼저 데이터를 수집하고, 관련된 데이터를 글, 표, 그림, 그래프 등으로 형태로 표현하면 한눈에 요약해 볼 수 있다.

문제의 성격과 문제를 해결하는 방식에 따라 글, 표, 그림, 그래프와 같은 표현 방법 중 가장 이해하기 쉬운 방법으로 판단되는 것을 선택한다.

보미네 학급 청소 구역 검사 경로 문제를 쉽게 이해하기 위해 문제를 작은 요소들로 쪼개 본다. 요소 간의 관계를 파악할 수 있도록 그림이나 도표로 나타내고, 표를 이용하여 이동 구간별 이동 시간을 정리한다면 주제에 맞는 적합한 알고리즘 설계를 할 수 있다.

① 글로 써 보기

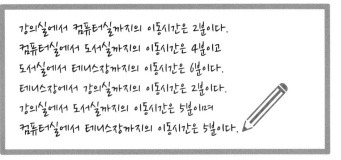

강의실에서 컴퓨터실까지의 이동시간은 2분이다.
컴퓨터실에서 도서실까지의 이동시간은 4분이고
도서실에서 테니스장까지의 이동시간은 6분이다.
테니스장에서 강의실까지의 이동시간은 2분이다.
강의실에서 도서실까지의 이동시간은 5분이며
컴퓨터실에서 테니스장까지의 이동시간은 5분이다.

② 표로 만들어 보기

이동 구간	이동 시간
강의실 - 컴퓨터실	2분
컴퓨터실 - 도서실	4분
도서실 - 테니스장	6분
테니스장 - 강의실	2분
강의실 - 도서실	5분
컴퓨터실 - 테니스장	5분

③ 그림으로 만들어 보기

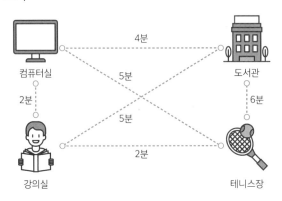

④ 그래프로 만들어 보기

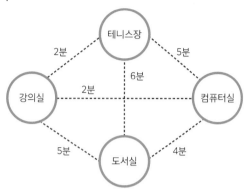

이와 같이 구조화는 문제를 구성하는 각 요소들 쉽게 분류하고 조직화하여, 각 요소들이 어떻게 연결되어 있는지 명확하게 의미 있는 형태로 보여준다. 강의실 대청소 문제에 구조화를 진행한다면 다음의 장점을 갖는다.

- 이동 구간별로 이동 시간을 정리하여 구조화함으로 청소 구역 간 이동 시간을 비교하기 쉽다.
- 작은 단위로 쪼개진 문제에서 개인별 임무를 추출할 수 있고, 청소의 우선순위도 정할 수 있다.
- 작은 단위의 청소가 모두 이루어지면 대청소가 이루어진 것으로 학급의 구성원들이 청소해야 할 부분을 놓치거나 중복이 발생하지 않도록 해준다.
- 구조화되어 있어 각자 맡은 임무가 전체 대청소 중 어느 부분에 해당하는지도 알 수 있게 되어 문제가 이해하기 쉬워지고 명확해진다.

3 문제 해결방법 찾기

문제 해결방법 설계 단계에서는 분석한 정보로 바탕으로 가장 효율적으로 실행 가능한 문제 해결방법을 선택한다. 대표적인 문제 해결방법으로 다음과 같다.

첫째, 원하는 결과가 나올 때까지 다양한 방법을 시도하는 방법이다. 문제를 해결하기 위해 원하는 결과가 나올 때까지 시도하는 단순한 방법으로, 여행용 가방의 자물쇠 번호 세 자리를 찾기 위해 열릴 때까지 번호 세 자리를 하나씩 돌려가며 찾는 경우의 예를 들 수 있다.

둘째, 복잡한 문제에 대하여 작은 문제로 쪼개어 각각의 문제를 해결하는 방법이다. 복잡한 문제를 한 번에 해결하지 않고, 먼저 여러 개의 작은 부분으로 나누어 문제를 해결하여 전체 문제를 해결하는 방법으로, 학생 번호 순서대로 정렬되지 않은 시험지를 10번대 단위로 나누어 정리 후, 다시 작은 번호에서 큰 번호의 순으로 정렬하는 예를 들 수 있다.

셋째, 거꾸로 문제를 해결하는 방법이다. 문제 해결방법을 탐색하다가 오답을 만나면 이전 분기점으로 되돌아가서 다시 문제를 해결하는 방식으로 미로 찾기 문제를 예로 들 수 있다.

위와 같은 여러 문제 해결방법 중 시간을 최소화하고 가장 효율 적인 방법을 선택한다. 최선의 문제 해결책은 한 가지만 있는 것이 아니며, 상황에 따라 달라질 수 있으므로 유연한 자세와 합리적인 태도로 최종적으로 실행할 수 있는 해결방법을 선택한다.

① 문제를 작은 문제로 나누어 풀기

복잡한 문제의 핵심 요소를 추출하는 추상화 과정을 거쳐 큰 문제를 작은 문제로 분해하고 나누어진 작은 문제들을 해결하는 방법이다. 이렇게 함으로 강의실 청소 검사하기 문제도 간결하고 이해하기 쉽게 만들 수 있어 해결책을 찾는 데 중요한 방법이라 할 수 있다.

나누어진 작은 문제들을 모두 해결하면 원래 큰 문제를 해결하는 것

문제를 간결하고 이해하기 쉽게 만드는 작업으로 복잡한 문제를 이해하고 해결 방법을 찾는데 중요한 방법

그럼 또 다른 다양한 방법을 사용하여 문제 해결방법을 찾아보도록 한다.

첫 번째로, 청소 구역을 확인한 후 강의실과 컴퓨터실, 도서실, 테니스장이 있다.

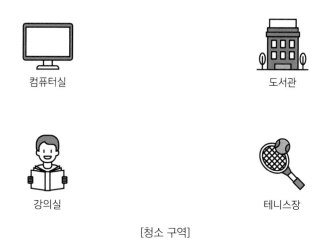

[청소 구역]

두 번째로, 각 구역을 이동거리 시간을 확인한다. 그림으로 나타내면 아래와 같다.

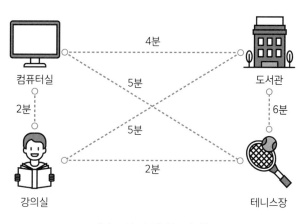

[각 구역 간 걸리는 시간]

세 번째로, 경로를 찾아본다. 강의실에서 출발하여 모든 장소의 청소 상태를 검사하고, 다시 강의실로 돌아오는 모든 경우의 수를 작성한다면 아래 그림과 같이 여섯 가지의 경우를 그려 볼 수 있다.

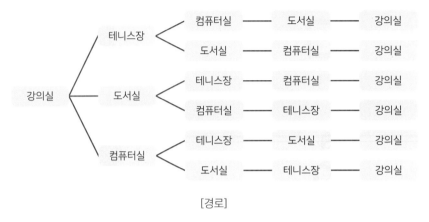

[경로]

여섯 가지 경로에 시간을 표시하면, 강의실 청소 검사하기에서 최단 경로는 두 가지가 있음을 알 수 있다.

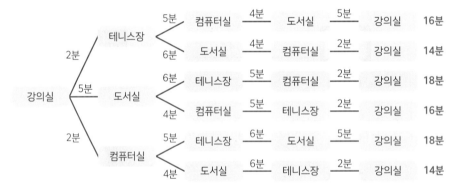

최단 경로와 시간을 그림에 선을 그려 표시하면, 내용요소간의 관계를 쉽게 이해할 수 있고 이동시간의 흐름을 쉽게 파악할 수 있다.

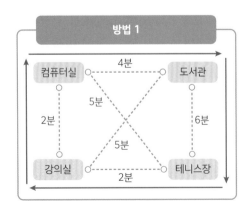

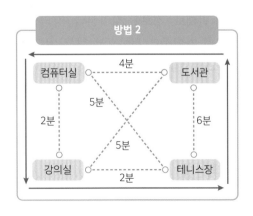

② 문제 해결방법 찾기

강의실에서 출발하여 모든 청소 장소를 돌아본 후, 강의실까지 돌아와야 하는 여섯 가지 경로 중 최단 경로는 두 가지가 있다. 아래 표와 같이 첫 번째 방법은 [강의실 → 컴퓨터실 → 도서실 → 테니스장 → 강의실]의 경로가 있으며, 두 번째 방법은 [강의실 → 테니스장 → 도서실 → 컴퓨터실 → 강의실]의 경로가 있다. 두 방법 모두 이동 시간이 14분이 소요되며, 여러 경로 중 가장 시간이 적게 소요되는 방법이다.

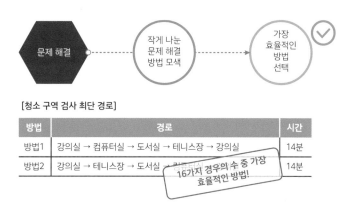

[청소 구역 검사 최단 경로]

방법	경로	시간
방법1	강의실 → 컴퓨터실 → 도서실 → 테니스장 → 강의실	14분
방법2	강의실 → 테니스장 → 도서실 → 컴퓨터실 → 강의실	14분

16가지 경우의 수 중 가장 효율적인 방법!

4 알고리즘 설계하기

문제 해결방법을 찾은 후에는 논리적이면서도 알기 쉽게 문제 해결 절차나 방법을 글이나 순서도 등으로 구체적으로 작성한다. 설계한 알고리즘은 작성한 본인뿐만 아니라 다른 사람이 이해할 수 있도록 명확하게 작성되어야 한다.

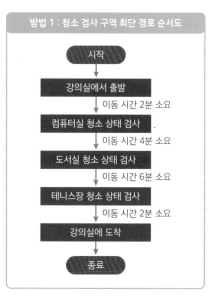

마무리하기

1. 컴퓨터 과학자는 일반적으로 소프트웨어 측면의 컴퓨터 시스템을 다루며 컴퓨터 과학의 지식을 습득하는 과학자이다. 한편, 컴퓨터 공학자는 주로 하드웨어 측면에 초점을 두고 연구하는 학자들이다.

2. 앨런 매티슨 튜링(Alan Mathison Turing, 1912년~1954년)은 영국의 수학자, 암호학자, 논리학자이며 컴퓨터 과학의 선구적 인물로, 초보적 형태의 컴퓨터인 튜링 머신을 고안하였는데, 이를 사용하여 복잡한 계산과 논리 문제를 처리할 수 있었으며 이는 컴퓨터 공학 및 인공지능의 이론적 토대를 마련하였다.

3. 컴퓨팅 사고력이란, 컴퓨터가 문제를 해결하는 방식처럼 복잡한 문제를 단순화하고 이를 논리적, 효율적으로 해결하는 능력을 말한다. 컴퓨팅 사고의 핵심적인 내용으로는 자료 수집과 분석, 자료표현, 분해, 패턴인식, 추상화, 알고리즘 등의 과정을 인간의 사고에 적용시켜 다양한 분야에서 논리적이고 효율적으로 문제를 해결해내는 방법이다.

4. 문제 분석 단계는 문제 해결에 필요한 문제의 핵심이 무엇인지를 정확하게 분석한 후 해결방법을 찾는 일이다. 문제를 분석하기 위해 수집된 데이터를 그래프나 표, 그림 등으로 구조화하면 각 요소들이 어떻게 연결되어 전체를 이루는지를 명확하면서도 효율적이고 의미 있는 형태로 볼 수 있다.

5. 문제를 이해하고 해결하는 방법 중 추상화와 분해는 중요한 기법이다. 추상화는 복잡한 문제의 필요한 부분만 추출하여 문제를 단순화 시키고, 분해는 작은 문제로 나누어 분석하는 방법이다.

6. 알고리즘 설계는 문제 해결 과정에서 규칙성을 찾아 논리적인 순서로 설명하거나 표현하는 문제 해결 절차나 방법을 가리키는 것으로 순서도 등을 이용하여 알기 쉽게 표현한다.

7. 문제를 해결 과정은 먼저 문제를 이해하고 문제를 분석한 후, 다양한 해결방법 찾아 알고리즘을 설계한다.

주제	컴퓨터 과학자처럼 생각하기		일자	
이름		학과	학번	

1. 컴퓨터 과학의 지식을 습득하는 직업으로 일반적으로 소프트웨어 측면의 컴퓨터 시스템을 다루며, 하드웨어 측면에서는 겹치는 분야가 있기는 하지만 컴퓨터 공학자가 주로 다루는 직업은?

2. 컴퓨터 과학자의 연구 분야가 <u>아닌</u> 것은?

① 알고리즘과 자료 구조 개발 및 설계   ② 데이터베이스 이론

③ 프로그래밍 언어 이론   ④ 컴퓨터 판매

3. 일반적인 문제 해결의 과정단계로 올바른 것은?

① 문제의 이해 및 분석 → 프로그래밍 → 문제해결방법 찾기 → 알고리즘 설계하기 → 오류확인 및 수정

② 문제의 이해 및 분석 → 문제해결방법 찾기 → 알고리즘 설계하기 → 프로그래밍 →오류확인 및 수정

③ 문제의 이해 및 분석 → 오류확인 및 수정 → 문제해결방법 찾기 → 알고리즘 설계하기 → 프로그래밍

④ 문제의 이해 및 분석 → 알고리즘 설계하기 → 프로그래밍 → 문제해결방법 찾기 → 오류확인 및 수정

4. 문제를 이해하고 분석한 결과를 표현하는 방법이 <u>아닌</u> 것은?

① 표   ② 그림

③ 글   ④ 프로그램

⑤ 그래프

5. 다음 괄호의 들어갈 공통의 단어를 채우시오.

> (   )은(는) 주어진 복잡한 문제를 보다 쉽게 다룰 수 있도록 여러 개의 작은 문제로 잘게 나누는 것을 의미한다. 이와 같이 문제를 (   )하면 조금 더 문제를 간결하고 단순화하여 더 쉽게 이해할 수 있다.

6. (   )은(는) 열쇠값에 따라 암호화할 문장의 하나의 문자가 여러 개의 문자로 바뀌는 암호방식이다.

7. (   )은(는) 컴퓨터가 문제를 해결하는 방식처럼 복잡한 문제를 단순화하고 이를 논리적, 효율적으로 해결하는 능력을 말한다. 컴퓨터적으로 사고하는 기술이 모든 사람에게 필요한 읽기, 쓰기, 셈하기와 같이 기본적인 갖추어야 할 필수 능력으로 보고 있다.

8. 다음은 어떤 학자에 대한 설명인가요?

> 영국의 수학자, 암호학자이며 컴퓨터 과학의 선구적 인물로, 컴퓨터 공학 및 인공지능의 이론적 토대를 마련하여 "컴퓨터 과학의 아버지"라고 불린다. 그가 고안한 튜링 기계는 현대 컴퓨터의 이론적인 모델을 최초로 생각한 것으로 평가되고 있다.

① 표   ② 폰 노이만
③ 스티븐잡스   ④ 앨런 매티슨 튜링

9. 10명의 학생이 학교 신문을 만들고 있다. 매주 금요일에 기사를 쓰거나 수정하는 작업을 한다. 아래의 표는 언제 어느 학생이 컴퓨터를 꼭 사용해야 하는지를 색으로 나타내고 있다. 컴퓨터는 모두 같으며 한 명이 한 시간 동안 한 대의 컴퓨터만 사용할 수 있다. 계획에 따라서 작업하기 위해서 필요한 컴퓨터의 수는 최소 몇 대인가?

	시간						
학생	8:00	9:00	10:00	11:00	12:00	13:00	14:00
1		■					
2			■	■	■	■	
3	■	■					
4					■	■	■
5		■					
6				■	■		
7			■	■	■	■	
8		■					
9	■	■					
10						■	■

① 4   ② 5

③ 6   ④ 10

10. 여러분들이 집에서 학교로 오는 여러 방법을 생각해보고, 가장 효율적인 동선을 찾기 위해 그림이나 표, 그래프 등으로 표현해보세요.

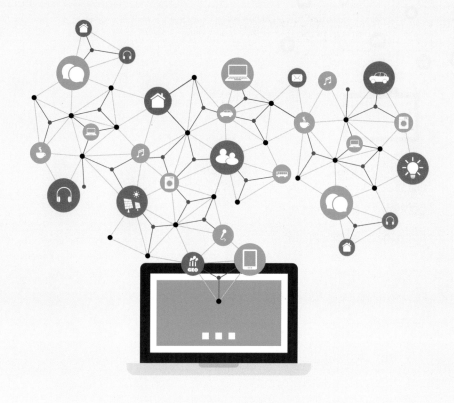

CHAPTER 7

개인정보보호와
정보보안

CONTENTS

개인정보보호의 이해

학습목표

1. 개인정보의 정의와 종류에 대해 설명 할 수 있다.
2. 개인정보 침해의 정의와 유형에 대해 설명할 수 있다.
3. 개인정보 침해 사례를 설명할 수 있다.
4. 개인정보 침해의 대응방안을 설명할 수 있다.

1 개인정보의 정의

개인정보에 대한 〈정보통신망 이용촉진 및 정보보호 등에 관한 법률 제2조(정의) 6 〉의 정의는 "살아있는 개인에 관한 정보로서 성명·주민등록번호 등에 의하여 특정한 개인을 알아볼 수 있는 부호·문자·음성·음향 및 영상 등의 정보(해당 정보만으로는 특정 개인을 알아볼 수 없어도 다른 정보와 쉽게 결합하여 알아볼 수 있는 경우에는 그 정보를 포함한다)"라고 한다. 그리고 〈공공기관의 개인정보에 관한 법률 제2조(정의) 2〉에서도 이와 거의 유사한 표현으로 "살아있는 개인에 관한 정보로서 당해 정보에 포함되어 있는 성명·주민등록번호 및 화상 등의 사항에 의하여 당해 개인을 식별할 수 있는 정보 (당해 정보만으로는 특정 개인을 식별할 수 없더라도 다른 정보와 용이하게 결합하여 식별할 수 있는 것을 포함한다)"라고 정의하고 있다. 또 다른 세계 각국의 개인정보에 관한 법률상의 정의에서도 공통적으로 "개인에 관한 정보"(Personal Data)를 언급하고 있음을 볼 수 있다.

최근 개인정보 범위는 점점 넓어지고 확대화하는 경향이 있다. 기술 및 지식정보사회의 발달로 전자우편주소, 신용카드 비밀번호, RFID에 노출되는 상품정보, 인터넷 쇼핑몰에서의 상품 구매정보, 로그파일, 쿠키(cookies) 정보, GPS 위치정보, DNA 정보 등 개인정보의 범위에 포함시킬지 논란이 되는 정보가 나타난 것이다. 그리고 정보 프라이버시 관점에서 이들 정보가 특정 개인을 식별할 수 있게 하고 개인에게 영향을 줄 수 있다면 개인정보의 범위에 포함되어야 한다고 보는 것이다.

개인정보는 생성에서 폐기까지 일정한 과정을 거치는데, 이러한 과정을 생명주기(Life-cycle)라고 한다. 개인정보 생명주기의 각 단계별 침해유형을 살펴보면 다음과 같다.

수집	저장 및 관리	이용 및 제공	파기
• 동의없는 개인정보 수집 및 수집시 고지사항 불이행 • 법정대리인의 동의 없는 아동 개인정보 수집 • 서비스 제공과 관련 없는 과도한 개인정보의 수집 • 해킹 등 불법수단에 의한 개인정보의 수집 • 불법 수집된 개인정보의 구매	• 조직 내부 취급자에 의한 개인정보의 유출, 훼손, 변경 등 • 외부인의 불법적 접근에 의한 개인정보 유출 및 훼손, 변경 • 사업자의 주의 부족으로 인한 개인정보의 유출 • 정보주체의 열람·정정 요구에 대한 불응 또는 미조치	• 당초 수집 시에 고지한 이용목적을 넘어선 개인정보의 이용 • 동의 없는 개인정보의 무단 제공 및 공유	• 수집 및 목적 달성 후 개인정보의 미파기 • 개인정보 삭제 요구의 불응

[개인정보 생명주기의 단계별 침해유형]

2 개인정보의 유형과 종류

개인정보는 이름, 주민 등록 번호, 주소 등과 같은 신원 정보에서부터 신체적, 정신적, 사회적 정보 등 매우 다양하다. 점차 정보사회로 발전하며 개인 위치 정보 등과 같이 이전 사회에서는 인정되지 않았거나 존재하지 않던 정보가 새로이 개인정보로 받아들여지는 등 개인정보의 범위는 점차 확대되어 가고 있다.

우리가 흔히 개인정보로 인식할 수 있는 다양한 정보의 유형과 종류는 다음과 같다.

표 7.1 다양한 개인정보의 종류

정보유형	예시
일반 정보	이름, 주민등록번호, 운전면허번호, 주소, 전화번호, 생년월일, 출생지, 본적지, 성별, 국적
가족 정보	가족 구성원들의 이름, 출생지, 생년월일, 주민등록번호, 직업, 전화번호
교육 및 훈련 정보	학교 출석사항, 최종학력, 학교성적, 기술 자격증 및 전문 면허증, 이수한 훈련 프로그램, 동아리활동, 상벌사항
병역 정보	군번 및 계급, 제대유형, 주특기, 근무부대
부동산 정보	소유주택, 토지, 자동차, 기타소유차량, 상점 및 건물 등

정보유형	예시
소득 정보	현재 봉급액, 봉급경력, 보너스 및 수수료, 기타소득의 원천, 이자소득, 사업소득
기타 수익 정보	보험(건강, 생명 등) 가입현황, 회사의 판공비, 투자 프로그램, 퇴직 프로그램, 휴가, 병가
신용 정보	대부잔액 및 지불상황, 저당, 신용카드, 지불연기 및 미납의 수임금압류 통보에 대한 기록
고용 정보	현재의 고용주, 회사주소, 상급자의 이름, 직무수행평가기록, 훈련기록, 출석기록, 상벌기록, 성격 테스트결과, 직무태도
법적 정보	전과기록, 자동차교통위반기록, 파산 및 담보기록, 구속기록, 이혼기록, 납세기록
의료 정보	가족병력기록, 과거의 의료기록, 정신질환기록, 신체장애, 혈액형, IQ, 약물테스트 등 각종 신체테스트 정보
조직 정보	노조가입, 종교단체가입, 정당가입, 클럽회원
통신정보	전자우편(e-mail), 전화통화내용, 로그파일, 쿠키(cookies)
위치정보	GPS나 휴대폰에 의한 개인의 위치정보
신체정보	지문, 홍채, DNA, 신장, 가슴둘레 등
습관 및 취미 정보	흡연, 음주량, 선호하는 스포츠 및 오락, 여가활동, 도박성향

등급별 개인정보 유형은 다음과 같다.

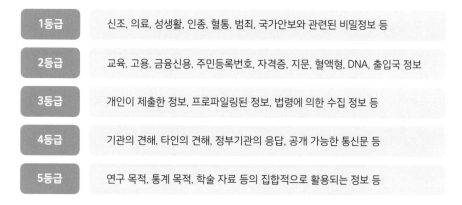

1등급	신조, 의료, 성생활, 인종, 혈통, 범죄, 국가안보와 관련된 비밀정보 등
2등급	교육, 고용, 금융신용, 주민등록번호, 자격증, 지문, 혈액형, DNA, 출입국 정보
3등급	개인이 제출한 정보, 프로파일링된 정보, 법령에 의한 수집 정보 등
4등급	기관의 견해, 타인의 견해, 정부기관의 응답, 공개 가능한 통신문 등
5등급	연구 목적, 통계 목적, 학술 자료 등의 집합적으로 활용되는 정보 등

[개인정보의 유형]

개인정보 침해란 이용자의 동의 없이 개인정보를 수집하여 이용하거나 제3자에게 제공하는 행위를 가리킨다. 그리고 관리자의 부주의나 해킹 또는 내부자의 고의로 인해 개인정보가 유출되는 것도 포함한다. 이러한 유출은 단순 실수로 발생할 수도 있지만, 오늘날 대부분의 유출은 주로 외부에서 고의적 의도로 발생하는 경우가 많으며 이로 인한 결과는 개인의 사생활 침해로 그치지 않고 개인의 명의를 도용하는 일, 피싱 등 경제적인 범죄로 이어지는 경우가 많아 큰 우려로 이어지고 있다.

더욱이 오늘날은 교육, 오락, 쇼핑, 금융 업무 등 일상생활 중 많은 일이 온라인을 통해 이루어지고 있으므로 온라인에서의 이름, 주민 등록 번호, 주소 및 전화번호 등과 같은 개인정보의 유출 가능성은 증가하고 있으며, 실제 개인정보 침해사례는 빈번하게 발생하고 있다.

4.1 타인에 의해 개인정보가 도용되는 사례

[사례 1] 누군가가 본인의 주민등록번호를 이용하여 회원가입을 한 경우

> 홍길동 씨는 포털사이트를 운영하는 A社에 회원으로 가입하기 위해 온라인으로 가입신청서를 작성하고 있었다. 그런데 주민등록번호를 입력하자 "이미 등록된 주민등록번호입니다"라는 메시지가 나타나는 것이었다. 홍길동 씨는 이전에 이 사이트에 가입한 사실이 없었다. 누군가가 홍길동 씨의 주민등록번호를 이용하여 회원가입을 한 모양이다.

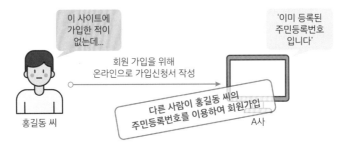

[타인의 주민등록번호를 이용하여 회원가입을 한 사례]

보통 이런 문제는 다음의 세 가지 이유로 발생한다.

- 누군가가 홍길동 씨의 주민등록번호와 이름 등의 신상정보를 도용하여 가입한 경우
- 주민등록번호 생성 프로그램을 이용하여 만든 번호가 홍길동 씨의 것과 일치한 경우
- 홍길동 씨가 이미 가입한 다른 사이트에서 A社와 개인정보를 공유하여 자동으로 회원 가입시킨 경우

세 경우 모두 위험하겠지만 이름과 주민등록번호를 입력하면 아이디와 비밀번호를 알려주는 웹사이트가 있고 또 언제든 다른 사람이 인터넷 상에서 자신이 마치 홍길동 씨인 것처럼 활동할 수 있으므로 첫 번째 경우가 더 그 위험성이 더 크다 할 수 있다. 한편, 만일 A社가 운영하는 포털사이트가 인터넷 실명제 서비스(정통부 산하 협회나 신용정보회사와 연계해서 주민등록번호와 이름이 일치할 때만 가입을 허락하는 서비스)를 실행하고 있다면 첫 번째 경우의 사유로 주민등록번호가 도용되었을 가능성이 높다.

어떤 경우에 해당하건 우선 행동해야 할 것은 해당 사이트의 운영자나 개인정보관리책임자에게 연락하여 홍길동 씨의 주민등록번호 등록 경유를 확인하는 것이다. 만약 제3의 사이트와 정보를 공유하여 자동 회원가입을 시킨 세 번째 경우라면 동의 절차를 문의하여 실제 홍길동 씨의 동의가 있었는지 확인해야 한다. 만약 적법한 동의 없이 가입이 이루어졌다면 명백한 개인정보 침해로서 정보보호법에 근거하여 처벌할 수 있다.

해당 사이트의 등록 경유 확인 결과 첫 번째와 두 번째의 경우로 확인된다면 A社의 개인정보관리책임자에게 개인정보가 도용당했음을 증명하고 개인정보의 정정 혹은 삭제를 요청한다. 만일 A社의 개인정보관리책임자가 이런 홍길동 씨의 요구를 거부하거나 처리를 지연한다면 정보보호법 제 30조(이용자의 권리), 제 32조(손해배상)를 근거로 개인정보침해신고센터에 신고하여 과태료를 물게 할 수 있으며, 손해가 발생했을 때는 손해배상을 청구할 수 있다.

만일 홍길동 씨의 개인정보를 도용한 사람이 특정되지 않는다면 검찰청 컴퓨터 수사부나 경찰청 사이버테러대응센터에 신고한다.

[사례 2] 누군가가 명의를 도용하여 유료서비스를 개설, 부당요금이 청구된 경우

> 홍길동 씨는 어느 날 통장을 확인해보니 모 통신서비스회사로부터 20,000원이 자동 이체된 사실을 발견했다. 그런데 홍길동 씨는 그 통신서비스를 개설한 적이 없으며, 당연히 서비스를 이용한 적도 없었다. 누군가가 홍길동 씨의 신용정보가 포함된 개인정보를 도용하여 유료통신서비스를 이용한 것이다.

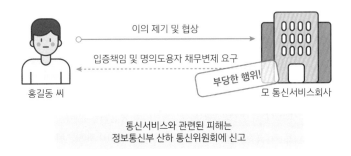

[유료서비스를 개설하여 부당요금이 청구된 사례]

사례처럼 타인이 자신의 명의를 도용하여 유료 통신서비스에 가입하고 이로 인해 피해가 발생했다면 해당 통신서비스 제공회사는 그 가입을 취소하고 관련된 요금 및 신용상의 피해가 없도록 조치해야 한다. 통신서비스 제공회사에 명의도용에 따른 가입 이의를 제기하는 과정에서 사업자가 명의 도용자에게 입증책임이나 책임 변제를 요구한다면 이는 부당한 행위이다. 그리고 이와 같은 통신서비스와 관련된 피해는 정보통신부 산하 통신위원회에 신고할 수 있다. 한편, 인터넷 콘텐츠 유료 서비스와 관련하여 도용이 있었고 이로 인한 피해가 발생했다면 검찰청 컴퓨터수사부나 경찰청 사이버테러대응센터에 신고하여 구제받을 수 있다.

[사례 3] 타인이 본인의 아이디와 비밀번호를 쓰고 있는 경우

> 홍길동 씨는 어느 날 학교 커뮤니티 사이트 게시판에 자신의 아이디로 음란물이 올라와 있는 것을 보았다. 이 때문에 학교 선생님에게 불려가 야단을 맞고 처벌을 받는 등 여러 가지 피해를 입었다. 그러나 홍길동 씨는 결코 그런 게시물을 올리지 않았다. 나중에 알고 보니 친구 중 한 명이 자신의 아이디와 비밀번호를 알아내서 그 아이디로 음란물을 올렸던 것이다.

상기 사례와 같은 경우에 우선 취해야 할 행동은 해당 사이트에 접속하여 즉각 비밀번호를 변경하거나 아니면 아예 기존 아이디를 삭제해 버리고 새로운 아이디로 재가입하는 것이다. 그리고 자신의 아이디를 사용한 사람이 특정된다면 해당 게시판에 아이디 도용 여부와 함께 관련 내용의 해명, 그리고 가능하다면 잘못한 사람의 사과문도 함께 게시하는 것이 바람직하다. 그리고 특별한 사정으로 아이디를 빌려 사용한다 하더라고 아이디 주인에게 동의를 얻지 않은 방식의 임의 사용은 정보보호법 제49조(비밀 등의 보호)에 대한 위반 사항으로 법적인 처벌을 받을 수 있음을 주지한다. 만일 아이디를 도용한 사람이 특정되지 않는다면 검찰청 컴퓨터수사부나 경찰청 사이버테러대응센터에 신고하셔서 그 사람을 추적해야 할 것이다.

아이디와 비밀번호는 사이버 공간에서 본인임을 증명해주는 신분증과 같아서 철저히 관리하고 보호해야 한다. 그러므로 비밀번호 노출되지 않도록 항상 주의하고, 다른 개인정보와 유사한 패턴의 비밀번호는 삼가며 주기적으로 변경해 주어야 한다. 마지막으로 PC방과 같은 공공장소에서 인터넷을 사용하였다면 반드시 로그아웃 후에 브라우저를 닫고 나온다.

[사례 4] 아이디와 비밀번호가 유출되어 요금이 과다하게 청구된 경우

> 유료 콘텐츠 사이트를 운영하는 B社에 가입한 홍길동 씨는 지난 5월 요금고지서를 받아보고 깜짝 놀랐다. 평소에 비해 몇 배의 이용요금이 청구된 것이다. 사용 내역을 살펴보니 전혀 사용한 적이 없는 성인 콘텐츠에 대한 요금이 청구된 것이었다. 누군가가 자신의 아이디와 비밀번호를 이용하여 성인콘텐츠를 이용한 것이다.

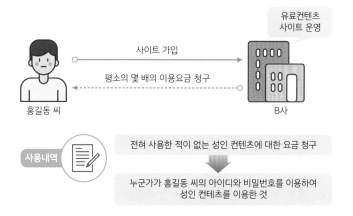

[아이디, 비밀번호 유출로 요금이 과다하게 청구된 사례]

사례의 경우에는 일단 B社의 사이트 운영자나 개인정보관리책임자에게 연락하여 해당 아이디로의 콘텐츠 이용 여부를 재확인한다. 만일 타인의 아이디로 이용한 금액이 B社의 실수로 부과된 경우라면 바로 오류를 시정하면 되지만 해당 아이디의 이용이 재확인된다면 해당 아이디와 비밀번호의 유출 혹은 해킹을 당한 경우일 것이다. 그렇다면 즉각 비밀번호를 바꾸거나, 아이디를 해지하고 새로운 아이디를 개설한다.

아이디와 비밀번호 유출로 인한 피해의 보상 책임은 아이디를 도용한 사람에게 있다. 따라서 아이디와 비밀번호를 도용한 사람이 특정되지 않는다면 검찰청 컴퓨터수사부나 경찰청 사이버테러대응센터에 신고할 수 있다.

4.2 공공기관의 개인정보 침해 신고 및 상담사례

[사례 1] 개인정보 취급자에 의한 개인정보 침해

> A씨는 B기관의 직원 C씨와 음주 교통사고 분쟁이 있는 상태에서, C씨가 작성한 합의서를 확인 결과 A씨가 제공하지도 않은 개인정보(주민등록번호 등)가 기재되어 있을 뿐 아니라, 다른 가족들에 대한 정보도 있어 개인정보 침해 신고를 하였다.

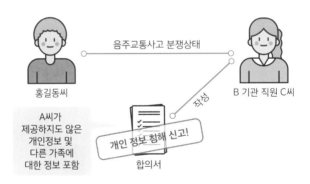

[개인정보 취급자에 의한 개인정보 침해 사례]

[사례 2] 기술적·관리적 보호조치 미흡으로 인한 개인정보 침해

> A씨는 B대학교에 취업을 위해 이력서를 제출한 적이 있는데 일부 검색 사이트에서 자신이 제출한 이력서가 검색되는 등 개인정보가 노출되었다는 것을 알게 되어 개인정보 침해신고를 하였다.

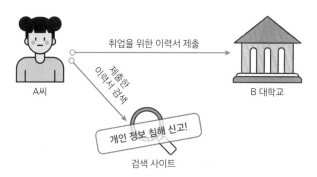

[기술적·관리적 보호조치 미흡으로 인한 개인정보 침해 사례]

[사례 3] 개인정보의 보유 목적 외 이용·제공

A씨는 기초생활보장 수급자인 형과 동일세대의 세대주로서, B자치 신문사로부터 무료신문을 배송받았는데, 사실 확인 결과, C시청에서 저소득층 무료 구독료 지원사업에 협조하는 차원에서 B자치 신문사에 기초생활보장 수급대상자의 세대주명과 주소 정보를 제공한 것으로 확인되었다.

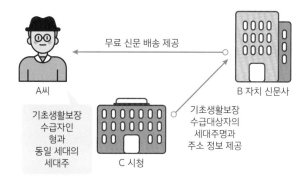

[개인정보의 보유 목적 외 이용·제공한 사례]

[사례 4] 개인정보를 법적 근거 없이 제 3자에게 제공

A씨는 수차례에 걸쳐 B구청에 불법주차 단속을 요청하는 민원을 제기하였고, 이에 불만을 가진 자로부터 전화를 받았는데, 사실 확인 결과, B구청 담당자 C씨가 D동 통장의 요청에 따라 민원의 원만한 해결을 위해 A씨의 성명과 연락처를 제공한 것으로 확인되었다.

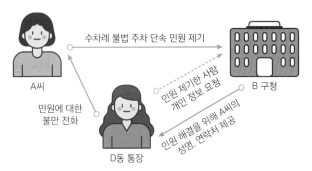

[개인정보를 법적 근거 없이 제3자에게 제공한 사례]

4.3 일상생활에서의 개인정보 침해 신고 및 상담사례

[사례 1] 정당한 이유 없이 수집 목적 달성 후 미파기

해외여행을 계획하던 박 모 씨는 마음에 드는 일본 여행 상품이 있어 전화로 상담하며 가격, 기간, 숙소 등에 대해 문의하였고 가입 신청을 하지는 않았다. 그런데 그 이후 여행사에서 계속 전화와 문자가 온다.

최초의 전화 상담으로 처음의 개인정보 수집·이용 목적은 달성되었으므로 상담 종료 후에는 비구매자의 개인정보를 지체 없이 파기해야 한다. 단, 고객의 개인정보를 이용해 지속적인 고객관리 및 마케팅 활동을 하기 위해서는 최초 개인정보 수집 시에 개인정보 수집·이용 목적 및 보유·이용 기간 등에 대해 명확히 알리고 동의를 받아야 한다.

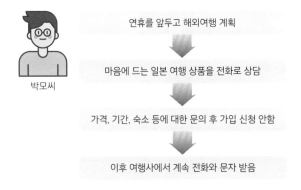

[정당한 이유 없이 수집 목적 달성 후 미파기한 사례]

[사례 2] 타인의 사생활을 침해하거나 이를 악용해 타인의 명예를 훼손 또는 협박한 경우

> 게임을 좋아하는 이 모 씨는 게임도 할 뿐 아니라 게임상에서 채팅도 즐겨한다. 그런데 어느 날 게임을 즐기며 채팅을 하다가 사소한 이유로 김 모 씨와 언쟁을 하게 되었고 이후 김 모 씨는 게임 단체 대화창에 이 모 씨의 이름, 연락처, 주소, 게임 아이디, 비밀번호를 공개하고 악의적인 글을 여기저기 올리고 있다는 것을 알게 됐다.
>
> 사례와 같이 인터넷상 게시글로 인해 사생활 침해 또는 명예 훼손 등 권리 침해 사안이 발생한 경우 방송통신심의위원회의 권익보호국(http://remedy.kocsc.or.kr), 국번 없이 1377)를 통해 삭제 또는 제재 등의 도움을 받을 수 있다.

[방송통신심의위원해 권리침해 신고]

[사례 3] 선택적 정보 수집에 대해서는 별도 동의 필요

> 백 모 씨는 공무원 시험 학원을 방문하여 강의 등록을 위해 수강생의 이름, 성별, 생년월일, 휴대전화 번호 등과 더불어 출신지역, 출신학교 정보 제출도 요구받았다. 이에 백 모 씨는 의아해하며 학원 수강을 위해 출신 지역과 출신 학교까지 적으라고 하는 것은 과도한 수집이 아닌가 생각했다.

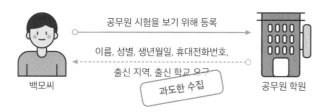

[과도한 정보 수집의 사례]

개인정보 처리자는 그 목적에 필요한 최소한의 개인정보를 수집해야 하고 선택적 정보 수집 거부에 따른 피해를 주어서는 안 된다. 그리고 학원의 경우에는 '학원의 설립·운영 및 과외교습에 관한 법률 시행규칙' 제16조에 따라 수강생 대장을 기록·유지해하는데 이 수강생 대장에는 등록번호, 성명, 생년월일, 주소, 전화번호, 입원 년월일, 퇴원 년월일 등을 기재하도록 하고 있으므로 학원 강의를 위한 최소한의 개인정보는 성명, 생년월일, 주소, 전화번호 등이라고 할 수 있다.

[사례 4] 단체의 설립 목적을 벗어난 개인정보의 이용·제공

> 정년퇴직 후 취미로 등산을 다니는 최 모 씨는 산악회로의 가입 권유를 받아 ○○산악회에 가입하였다. 그런데 어느 날 ○○산악회에서 회원 비상연락망을 만들어 많은 회원에게 배포했다. 최 모 씨는 같은 산악회 회원이라고 할지라도 자신이 잘 알지도 못하는 회원 모두가 자신의 개인정보를 알고 있다는 것이 불편했다.

정보주체는 개인정보에 대한 자기 결정권이 있으므로 사례의 경우에는 ○○산악회에 개인정보 처리 정지를 요청할 수 있다. 한편, 개인정보보호법은 업무 목적으로 개인정보를 처리하는 자를 법 적용 대상자로 보고 있는 반면 사례의 경우 ○○산악회는 단순 친목 단체로서 업무를 목적으로 개인정보를 수집했다고 보기 어려워 법의 일부 적용이 배제될 수 있다. 하지만 친목 단체의 설립 목적을 벗어난 개인정보의 이용·제공에 대해서는 개인정보보호법이 여전히 적용되므로 개인정보 처리자인 산악회 운영진에게 개인정보 처리의 정지를 요구할 수 있다.

[단체의 설립 목적을 벗어난 개인정보의 이용·제공 사례]

4.4 실제 보도된 사건 사례

[사례 1: 해킹] 옥션 개인정보 유출 사건

중국 해커의 공격으로 옥션 전체 회원 1,863만여 명의 개인정보가 유출된 사건이다. 해당 공격은 공격 받은 사이트 간 요청 위조(CSRF)로 알려져 있는데 해커가 옥션의 관리자들에게 공격 코드가 포함된 전자 우편을 대량으로 송신하여 관리자가 전자 우편을 읽는 순간 거기에 포함된 코드를 실행하게 되는 방식이다. 그 결과 해커는 관리자의 인증 정보를 얻어 이를 이용하여 옥션 가입자 정보를 빼내었으며, 이후 유출된 개인정보를 인질로 옥션 측에 금전을 요구하였다.

[사례 2: 해킹] 네이트 개인정보 유출 사건

해킹으로 인해 네이트의 데이터베이스에 저장된 가입자 3,500만 명의 아이디, 비밀번호, 이름, 주민등록번호, 연락처 등의 개인정보가 유출된 사건이다. 공격 IP 주소로 보아 중국발 해킹으로 추정되며, 돈을 노린 해커가 운영사 내부 개발자의 컴퓨터를 해킹해 벌어진 사고로 파악하고 있다. 그런데 운영사 측에서는 사고 발생 이틀 후에야 해킹 사실을 파악하였고, 이어 피해 보상을 요구하는 집단 소송으로까지 확대되었다.

[사례 3: 해킹] 트위터 계정 개인정보유출 사례

트위터 사용자 약 3,000만 명의 이메일 주소, 계정 이름, 계정 암호 등의 정보가 유출된 대형 유출 사고이다. 개인정보 유출 사례를 조사하는 검색엔진 '리크트소스'에 따르면, 유출된 것으로 드러난 정보는 이메일 주소, 계정 이름, 계정 암호, 일부 다른 이메일 주소이며, 이 개인정보들은 '다크 웹'이라는 인터넷 암시장에서 거래되고 있다고 한다. 그리고 트위터 서비스 자체가 해킹당해 유출된 것이 아니라 회원 개인의 단말기가 악성 코드에 감염돼 흘러나온 것으로 보인다고 설명한다.

5   개인정보 침해의 대응방안

5.1 개인정보 오남용 피해예방 10계명

1. 회원가입을 하거나 개인정보를 제공할 때에는 개인정보처리방침 및 약관을 꼼꼼히 살핍니다.
2. 회원가입 시 비밀번호를 타인이 유추하기 어렵도록 영문/숫자 등을 조합하여 8자리 이상으로 설정합니다.
3. 자신이 가입한 사이트에 타인이 자신인 것처럼 로그인하기 어렵도록 비밀번호를 주기적으로 변경합니다.
4. 가급적 안전성이 높은 주민번호 대체수단(아이핀:I-PIN)으로 회원가입을 하고, 꼭 필요하지 않은 개인정보는 입력하지 않습니다.
5. 타인이 자신의 명의로 신규 회원가입 시 즉각 차단하고, 이를 통지받을 수 있도록 명의도용 확인서비스를 이용합니다.

    - 명의도용 확인 서비스 사이트
      사이렌24 http://www.siren24.com
      마이크레딧 http://www.mycredit.co.kr
      크레딧뱅크 http://www.creditbank.co.kr

6. 자신의 아이디와 비밀번호, 주민번호 등 개인정보가 공개되지 않도록 주의하여 관리하며 친구나 다른 사람에게 알려주지 않습니다.
7. 인터넷에 올리는 데이터에 개인정보가 포함되지 않도록 하며, P2P로 제공하는 자신의 공유폴더에 개인정보 파일이 저장되지 않도록 합니다.
8. 금융거래 시 신용카드 번호와 같은 금융 정보 등을 저장할 경우 암호화 하여 저장하고, 되도록 PC방 등 개방 환경을 이용하지 않습니다.
9. 회원가입을 하거나 개인정보를 제공할 때에는 개인정보처리방침 및 약관을 꼼꼼히 살핍니다.
10. 개인정보가 유출된 경우 해당 사이트 관리자에게 삭제를 요청하고, 처리되지 않는 경우 즉시 개인정보 침해신고를 합니다.. KISA 개인정보침해신고센터 (국번없이 118, https://privacy.kisa.or.kr)

[한국인터넷 진흥원 개인정보 오남용 피해예방 10계명]

개인정보는 생활에 편리함을 주고 우리사회의 경쟁력을 높이는데 기여하고 있지만 만일 누군가에 의해 악의적으로 오용될 경우 개인의 안전과 재산에 중대한 손실을 초래할 수 있다. 그러므로 개인정보를 보호하는 것은 현재와 같은 정보화사회에서 아무리 강조해도 지나치지 않을 것이다. 개인정보민원실, 개인정보분쟁조정위원회를 소개하며 개인정보 유출통지 절차, 유출신고 안내 및 기업·공공기관 자문과 정책을 홍보하는 서비스를 제공하는 개인정보침해신고센터(https://privacy.kisa.or.kr)에서는 다음과 같이 우리들이 일상생활에서 개인정보보호를 위해 실천해야 할 개인정보보호 오남용 피해예방 10계명을 만들어 전파하고 있다.

5.2 OECD의 개인정보보호 원칙

국제기구인 경제협력개발기구(OECD)에서도 개인 데이터의 국제 유통과 프라이버시 보호와 관련하여 다음의 가이드라인을 제시하고 있다.

(*OECD란 경제개발협력기구로서, 회원국의 경제성장과 금융안정 촉진, 세계경제발전에 기여하고, 개도국의 건전한 경제성장에 기여하기 위해 설립된 국제기구로서, 우리나라는 1996년 29번째 회원국으로 가입하였다.)

표 7.2 OECD 개인정보보안 8원칙

8 원칙	주요내용
수집제한의 원칙	개인정보는 적법하고 공정한 방법으로 수집 정보주체에게 알리거나 동의를 구해야 함 민감한 개인정보의 수집 제한
정보정확성의 원칙	개인정보는 사용목적에 부합 이용목적상 필요한 범위내에서 개인정보의 정확성, 완전성, 최신성을 확보해야 함
목적명사의 원칙	개인정보 수집시 목적을 명확히 제시 정보 이용시 목적과 부합해야 하며, 이용목적이 변경될 경우 다시 명시해야함
이용제한의 원칙	정보주체의 동의가 있거나, 법률 규정에 의하지 않고는 이용목적외 이용 및 공개 금지
안전성확보의 원칙	개인정보의 침해, 누설, 도용 등을 방지하기 위한 물리적/조직적 기술적 안전조치 확보
공개의 원칙	개인정보 처리 및 보호를 위한 정책 공개 개인정보관리자의 신원 및 연락처, 개인정보의 존재사실, 이용목적 등에 대한 접근 용이
개인참여의 원칙	정보주체의 개인정보 열람/정정/삭제 청구권 보장
책임의 원칙	개인정보관리자에게 원칙 준수 의무 및 책임 부과

마무리하기

1. 개인정보는 살아 있는 개인에 관한 정보로서 이름, 주민 등록 번호, 주소, 전화번호, 나이 등과 같이 개인을 식별할 수 있는 단일의 또는 복합적인 정보를 가리킨다.

2. 개인정보의 종류에는 신원 정보, 신체적 정보, 정신적 정보, 사회적 정보 등 매우 다양하며, 새로운 정보의 형태도 발생하며 개인정보의 범위가 확장되고 있다. 따라서 개인정보의 수집, 유출, 오용, 남용으로부터 사생활 등을 보호하는 것은 매우 중요하다.

3. 개인정보 통합관리는 개인정보 생명주기(수집, 저장 및 관리, 이용 및 제공, 파기) 및 처리단계에 따라 개인정보를 통합적으로 관리하는 기술이다.

4. 개인정보 침해란 이용자의 동의 없이 개인정보를 수집하여 이용하거나 제3자에게 제공하는 행위를 가리킨다.

5. 개인정보 침해의 피해를 줄이기 위해서 한국인터넷진흥원의 <개인정보 오남용 피해예방 10계명>과 <OECD 개인정보보호원칙>을 잘 따르도록 한다.

주제	개인정보보호의 이해		일자	
이름		학과	학번	

1. 다음 중 개인정보의 유형이 <u>아닌</u> 것은?

    ① 신원 정보   ② 물리적 정보

    ③ 신체적 정보   ④ 경제적 정보

2. 개인정보를 보호하는 방법으로 가장 적합하지 않은 것은?

    ① 설문지 등에 자신의 자세한 개인정보를 기재하지 않는다.

    ② 전자메일은 안전하므로 어떤 개인정보를 기술하더라도 무방하다.

    ③ 자기 정보를 일부 유출하게 되는 쿠키 이용을 정지하게 한다.

    ④ 잘 알려지지 않은 사이트에 회원을 가입할 경우 신중히 고려한다.

3. 오프라인상에서 본인 확인을 할 때 주민등록번호 대신에 사용할 수 있는 대체 수단은 무엇인가?

    ① 아이핀   ② 마이핀

    ③ 공인인증   ④ 유심

4. ( )안에 들어갈 단어를 고르세요.

> 개인정보는 생성에서 폐기까지 일정한 과정을 거치는데, 이러한 과정을 개인정보 ( )라고 하며,
> 수집 → 저장 및 관리 → 이용 및 제공 → 파기의 과정을 거친다.

    ① 생명주기   ② 생성주기

    ③ 정보주기   ④ 폐기주기

5. 개인정보를 수집하는 과정에서 침해가 발생할 수 있다. 다음 중에 수집단계의 침해 사례로 보기 힘든 것은?

    ① 경품 당첨을 가장하여 주민등록번호를 입력하도록 한 뒤 경품 제공은 실시하지 않았다.

② 웹사이트에서 인물정보 서비스를 통하여 개인정보를 수집하여 데이터베이스화한 후 이를 매매하였다.

③ 인터넷 서비스 회원 가입시 직업, 종교, 군복무 경력 등의 보조 정보를 제공하여야 회원가입이 이루어지도록 하였다.

④ 이동통신사가 고객의 정보를 활용하여 고객이 요청하지도 않은 유료 부가 서비스를 일방적으로 가입시켰다.

6. 웹사이트 회원 탈퇴 후에도 지속적으로 광고성 전자우편이 전송된다면 개인정보 침해 유형 중 무엇에 해당되는가?

　① 수집　　　　　　　　　　　　　② 파기

　③ 이용 및 제공　　　　　　　　　　④ 저장 및 관리

7. 개인정보를 침해당했을 때에 할 수 있는 사후 대응 방안으로 누구든지 (①　　　　　　)에 신고할 수 있으며, (②　　　　　　)에서 분쟁 조정하는 역할을 한다.

8. 웹서버가 사용자에 관하여 하드디스크에 저장하는 텍스트 파일로 사용자의 인터넷 검색 내용, 구매 정보등을 기록하여 사생활 침해 · 개인정보 유출 문제를 발생시킬 수도 있는 것은 무엇인가?

9. OECD 개인정보보안 8원칙을 서술하시오.

2 SECTION · · ·

정보보안의 이해

학습목표

1. 정보보안의 개념을 알고 정보보안의 필요성을 설명 할 수 있다.
2. 정보보안의 위협 유형에 대해 설명 할 수 있다.
3. 정보보안의 목표를 위한 필요 요소를 설명 할 수 있다.
4. 정보보호 기술의 종류와 방법에 대해 설명할 수 있다.

1 정보보안의 개념과 필요성

현재 우리는 은행을 직접 방문하지 않아도 앉은자리에서 컴퓨터나 스마트폰을 이용하여 송금할 수 있고, 주민 센터를 찾아가지 않아도 공인 인증서를 사용하여 민원에 필요한 각종 서류를 그 자리에서 뽑아 볼 수 있다. 또한 필요로 하는 물건은 언제 어디서든 온라인 쇼핑몰에서 다양한 상품 이미지를 직접 보고 편리하게 구매할 수 있으며 빠른 배송 서비스도 받을 수 있다.

이렇게 인터넷이 우리 실생활 한가운데로 들어오며 생활의 많은 부분이 편리해졌지만, 인터넷을 이용함으로 개인정보뿐만 아니라 공공 기관에서 사용하는 정보들도 부적절한 방법으로 무분별하게 사용될 가능성이 커지고 있다. 인터넷 뱅킹, 민원서류 발급, 온라인 쇼핑 등에서 사용하는 정보는 우리의 자산을 관리하고, 우리를 식별하게 하고, 우리의 생활과 관련 있는 매우 중요한 정보들이므로 안전하게 보호하고 관리되어야 한다. 이렇게 중요한 정보에 대한 관리와 안전강화를 위한 정보보안활동이 필요하다.

정보보안은 컴퓨터 또는 네트워크 환경에서 하드웨어, 소프트웨어, 데이터 등의 자원을 임의로 변경하거나 훔치는 행위로부터 보호하는 모든 활동을 가리키는 것으로 특히 인터넷과 네트워크를 이용하는 가상공간에서의 모든 정보를 안전하게 지키고 보호하는 활동과 관련되기 때문에 정보사회에서는 그 중요성이 매우 크다 할 수 있다.

[정보보안의 필요성]

2 정보보안의 위협

불법적인 접근이나 공격은 개인, 기업, 기관 등에 심대한 지장과 악영향을 주고, 국가 사회의 안위에도 치명적인 불안 요인이 되고 있다. 일반적으로 이러한 정보보안 위협은 다음의 4가지 형태로 분류할 수 있다.

2.1 위조

허위 정보를 정상적인 정보로 인식하게 한다. 정보의 신뢰성에 커다란 타격을 줄 수 있으며 정보의 혼선과 혼란, 그리고 이로 인해 업무에 막대한 지장을 주게 된다.

2.2 변조

정보의 일부 또는 전부를 허위 정보로 바꾸는 것이다. 정보가 이미 정상적이지 못하므로 정상적인 정보의 사용과 처리는 불가능하며 이로 인한 부작용이 발생한다.

2.3 유출

정보에 대한 권리나 허가가 없는 사용자가 정보에 접근할 수 있거나 그러한 사용자에게 공개되는 것이다. 개인정보 또는 기밀정보가 유출되어 부적절하게 사용된다면 제2의 피해가 나타나는 심각한 상황을 맞이할 수 있다.

2.4 훼손

정보, 소프트웨어, 통신 등을 일부 또는 전부를 변경 또는 파괴하여 정상적인 정보활동을 방해하거나 불법적으로 활용하는 것이다. 정보의 훼손뿐만 아니라 컴퓨터 운영체제를 훼손하여 시스템을 장악, 불법적 목적으로 이용하기도 한다.

구분	개요
위조	허위자료를 내부의 정상적인 정보자료처럼 만듦
변조	정보의 내용의 일부 또는 전부를 다른 내용으로 바꿈
유출	정보자료를 허가되지 않은 사용자가 내용을 확인할 수 있거나 정보내용을 복제 또는 외부로 내보내어 악용할 수 있게 함
훼손	내부의 정보자료, 특정 소프트웨어 또는 컴퓨터 운영체제의 일부 또는 전부를 변경하거나 파괴하여 보안에 위협을 주는 작동을 하게 하거나 정상적인 작동을 못하게 함

[정보보안의 위협형태]

3 정보보안의 목표

정보에 대한 외부의 부적절한 위협은 정보의 접근에서부터 정보의 수정, 노출, 훼손, 심지어는 아예 파괴하기까지 그 범위와 종류는 날로 넓어지고 다양해지고 있다. 이러한 상황에서 정보보안의 목표 즉, 안전하고 신뢰할 수 있도록 정보를 사용하기 위해서는 정보의 기밀성, 무결성, 가용성의 정보보안이 이루어져야 한다.

[정보를 안전하게 사용하려면?]

기밀성 ▸ 무결성 ▸ 가용성

정보 보안이 이루어져야 함

[정보보안의 목표]

3.1 기밀성(Confidentiality)

허가된 사용자만 정보에 접근 가능한 기밀성을 갖출 때 정보가 함부로 타인에게 노출되는 것을 방지할 수 있다. 예를 들어 온라인 쇼핑몰에서 구매수단으로 신용카드가 사용될 때 결제를 위한 카드번호 또는 비밀번호 등의 정보가 중간의 다른 곳에서 확인할 수 없도록 유출을 방지하는 것이다.

만약 결제를 위한 중요 정보가 유출된다면 그 정보를 이용하여 자신도 모르는 사이에 카드 결제가 이루어지며 제 2의 피해가 발생할 수 있다. 그래서 웹 사이트에 보내는 정보는 허가된 사용자 이외에는 볼 수 없도록 기밀성을 갖추어야 한다. 혹시 정보가 유출되더라도 정보에 대한 암호화 기술을 적용하여 해당 정보를 풀어 볼 수 없도록 기밀을 유지해야 한다. 이러한 기밀성의 위협 요소로는 도청이 있다.

[기밀성의 개념]

3.2 무결성(Integrity)

전달 과정에서 정보가 변경하거나 변형이 발생할 경우 이를 검출하는 기능이다. 예를 들어 온라인 쇼핑몰에서 주문한 물품은 '볼펜'이었는데 '연필'로 바뀐다거나 5개를 주문했는데 10개로 바뀌어 전송되거나 또는 같은 정보를 중복으로 보내어 추가 주문한 것처럼 하는 등 정보의 변경이 발생할 수 있는데, 이런 정보의 변경을 검출하는 것이다.

즉, 수신자가 정보를 확인할 때 정보가 중간에 변형이나 수정이 없었음을 확인하여 정보의 정확성이나 안전성을 보장하려는 것이다. 이러한 무결성의 위협 요소로는 트로이목마, 바이러스, 해커 등이 있다.

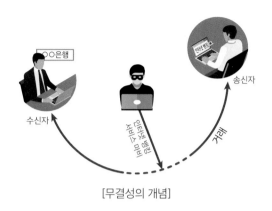

[무결성의 개념]

3.3 가용성(Availability)

접근 가능한 권한을 가진 사용자들의 정보 접근을 보장하는 것이다. 예를 들어, 온라인 쇼핑몰이 해커의 공격으로 인하여 수많은 가짜 주문을 처리하느라 실제 고객들이 접속하지 못할 수도 있고, 또는 실제 고객이지만 가짜 고객으로 분류되어 접속 권한을 박탈당할 수 있다. 이러한 상황에 대비하고 접근 가능한 정당한 권한이 주어진 고객들의 처리를 보장하기 위한 것이다.

즉, 사용자가 정당한 권한을 근거로 정보를 요구했을 때 정보 접근의 방해나 지연, 부당한 거부 없이 정보를 적절하게 이용할 수 있도록 하기 위한 것이며 이와 같은 요구 조건을 만족하기 위해서는 정보의 백업과 보안 기능의 유지가 필요하다.

위협 요소로는 최근 빈번하게 발생하고 있는, 다른 사용자들이 정상적인 서비스를 받지 못하게 만드는 DoS공격이 있다. 이것은 서비스 거부 공격의 일종으로 사이트 네트워크 자원에 아주 짧은 시간 안에 많은 서비스 정보 요청을 보냄으로 서버 등의 네트워크 자원이 다운되도록 만든다.

4 정보보호 기술

침입자나 해커로부터 정보를 안전하게 보호하고 정보 소유자나 소비자의 권리를 보호할 수 있는 기술을 정보보호 기술이라고 한다. 이러한 정보보호를 위한 구체적인 기술 종류로는 방화벽, 인증, 아이핀, 전자 서명, 디지털 워터마크, 암호기술 등이 있다.

4.1 방화벽

방화벽은 원래 건물에 화재가 발생했을 때 복도나 계단을 통해서 불이 번지는 것을 막기 위해 만든 차단벽을 가리킨다. 이러한 '차단'의 의미를 네트워크에 적용하여 외부의 바이러스와 같이 위험하고 불법적인 침입은 차단하고 외부의 접근 시도를 허용과 거부로 제어함으로써 네트워크를 보호하는 기능을 하는 시스템이 방화벽이다.

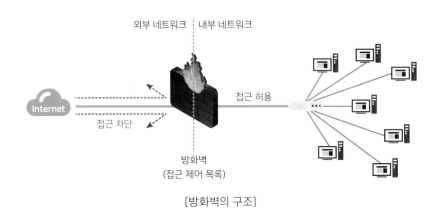

외부 네트워크   내부 네트워크

접근 허용

Internet

접근 차단

방화벽
(접근 제어 목록)

[방화벽의 구조]

4.2 인증

여러 사람이 공유하는 컴퓨터 시스템이나 서버에 접근하고자 할 때, 사용자나 프로그램의 신분을 확인하여 허가된 사용자만 시스템에 접속할 수 있도록 하는 기능이다. 사이트에 아이디와 비밀번호로 로그인하여 서비스를 이용하는 것이 대표적인 인증이다. 특히, 금융 기관과 공공 기관과 같이 중요한 정보가 유통되는 사이트에서는 보안 강화를 위해 인증을 위해 공인 인증서를 요구하고 있으며, 허가받지 않은 객체가 시스템의 정보를 변경하거나 삭제하지 못하도록 감시하는 기능도 갖추고 있다.

1 아이핀

일반 웹사이트에서 가입할 때 본인 확인 절차에서 주민등록번호를 요구하는 경우가 많은데, 이렇게 주민등록번호를 제공하다 보면 개인정보가 유출될 가능성이 커질 위험이 있다.

아이핀은 이러한 주민등록번호를 대신하여 별도의 아이디와 비밀번호로 본인 인증을 하는 일종의 가상 주민등록번호이다. 주민등록번호와 다른 점은, 아이핀은 언제든 폐기 또는 재발급이 가능하고, 언제든 아이핀의 도용 여부를 확인할 수 있도록 이용자의 이메일로 인증 내용을 알려 준다는 것으로 이로인해 유출 및 명의도용의 위험을 크게 줄일 수 있다.

[나이스 아이핀 홈페이지]

http://www.niceipin.co.kr

2 전자서명

현재의 도장이나 사인을 전자정보의 형태로 만든 것으로 가상의 사이버 공간에서 거래 사실을 증명하거나 신원확인이 필요할 때 사용하며 일상생활에서의 인감이나 주민등록증과 같은 역할도 한다. 문서의 위조와 변조, 거래 사실의 확인 등을 위해 이의 한 종류인 공인인증서를 활용한다.

[교육부 전자서명인증센터]

http://www.epki.go.kr

4.3 디지털 워터마크

문자, 그림, 동영상 등의 디지털 정보에 대하여 저작권 보호를 목적으로 자료 안에 소유자의 저작권 정보를 삽입하는 것을 가리킨다. 디지털 워터마크 안에는 원본 출처를 의미하는 이미지나 문자를 삽입함으로 원본의 출처를 확인할 수 있으며 그 외 정보 추적, 불법 복제 및 배포를 추적하기 위해 사용할 수 있다. 대표적으로, 주민센터나 학교에서 증명서를 발급받았을 때, 인터넷상에서 보고서를 구매한 경우, 증명서나 보고서 안쪽에 삽입된 워터마크를 확인할 수 있다.

(▼인터넷 출력 증명서 원본)　　　　(▼증명서 원본을 복사했을 경우)

[디지털워터마크 문서 복사 전/후]

출처 : 대학 증명발급 공인 통합센터
(http://certpia.com/service/service_prem03.asp)

4.4 암호기술

원래의 메시지를 암호화하여 변환함으로 허가받지 않은 사용자가 내용을 볼 수 없게 만드는 기술을 가리킨다. 이를 위해 송신자가 정보를 보낼 때는 암호화하여 전송하고, 정보 수신자는 암호화된 내용을 원래의 내용으로 복호화하여 처음의 정보 내용을 읽을 수 있다. 암호화 방식으로는 단방향 암호화 방식과 자료를 암호화해서 동일한 키를 주고받는 비밀키 암호화 방식과 암호화의 공개키와 복호화의 비공개 키를 사용하는 공개키 암호화 방식 등이 있다.

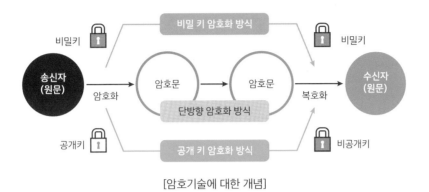

[암호기술에 대한 개념]

스마트폰 보안

5.1 스마트폰 보안 위협

요즈음어디에서든 책이나 신문보다는 스마트폰에 열중해 있는 사람들의 모습을 쉽게 볼 수 있다. 스마트폰은 이제 단순히 정보 검색을 위한 도구를 벗어나 소셜 미디어를 통해 새로운 인간관계를 형성하게 하는 등 정보사회에 커다란 변화를 가져오는 도구가 되었으며, 그만큼 우리 생활에서는 필수적인 도구가 되고 있다. 그러나 스마트폰이 대중화되고 우리 삶에 깊숙이 들어오게 된 만큼 악성코드 감염, 개인정보 유출 등과 같은 스마트폰과 관련한 문제점도 증가하고 있다.

스마트폰이 개인과 기업에서 필수적인 도구로서 활용도가 높아지면서 스마트폰에 대한 보안 또한 중요한 이슈로서 많은 주목을 받고 있다. 스마트폰은 하루 종일 인터넷과 연결할 수 있고 어디든 가지고 다닐 수 있는 휴대성을 갖춘 특성으로 항상 보안 위협에 노출되어 있다. 그러므로 스마트폰이 대중화된 지금은 물론 앞으로도 스마트폰의 보안 위협을 이용한 악성코드들의 제작 및 유포가 증가할 전망이다.

스마트폰 보안의 위협 요소 유형으로는 크게 모바일 단말 자체에 대한 위협(디바이스), 무선 네트워크, 모바일 운영체제(플랫폼), 애플리케이션 등의 영역으로 나누어 볼 수 있다.

표 7.3   스마트폰의 영역별 위협 요소

영역	위협요소
디바이스	이동 저장매체 감염
	분실 및 도난
	데이터 노출
네트워크	데이터 스니핑 및 변조
	WIFI 해킹
	DDoS 공격
	음성 도감청
	비인가 AP
	모바일 VoIP 취약점 적용 및 스니핑
플랫폼	스마트폰과 PC 연결을 통한 악성코드 전파 및 접근
	외장 메모리를 이용한 악성코드 전파
	루팅·탈옥
	OS 보안 취약점
애플리케이션	악의적 개발자에 의한 악성 프로그램 유포
	보안 메커니즘을 우회한 악성 프로그램 등록
	GPS를 통한 위치 정보 노출
	이메일을 통한 악성코드 첨부 및 스팸 메일 발송
	웹사이트를 통한 피싱 악성코드 다운로드
애플리케이션	개인정보 유출
	장치이용 제한
	부정과금 유발
	IoT 연결 기기에 대한 컨트롤 장악
	공개된 Exploit 공격
	애플리케이션 취약점을 이용한 악용
	애플리케이션 설치 동의 우회

스마트폰은 스마트 기기이며 다양한 기능이 추가된 만큼 기존 PC에서 가지고 있던 동일 위협을 가짐은 물론 모바일 기기로서 신규 서비스도 증가하면서 새로운 위협도 증가하고 있다. 스마트폰은 4G · 5G 이동통신망뿐만 아니라 무선랜(Wi-Fi) 및 블루투스 기능이 기본적으로 탑재되어 다양한 무선 통신을 이용할 수 있는데 특히 무선데이터 요금을 절약하기 위해 주변의 이용 가능한 무선 AP를 검색하여 이용하는 사례가 늘고 있다. 만약 해커가 악성코드를 심어놓은 무선 AP와 접속하여 연결하게 된다면 자칫 이러한 접속만으로도 악성코드에 감염될 수 있다. 이렇게 스마트폰의 무선 통신 환경은 기존 PC 환경 대비 악성코드 유입이나 해킹 공격 등이 좀 더 수월하고 다양화될 수 있는 환경이라 할 수 있으므로 주의해야 한다.

스마트폰이 일반 휴대폰과 다른 가장 큰 특징 두 가지는 무선인터넷 및 외부 인터페이스를 개방하여 제공하는 개방성을 갖추고 있다는 것과 애플리케이션 개발 시 시스템 자원의 사용을 위한 API를 제공하고 있다는 것이다. 스마트폰의 다양한 외부 인터페이스는 사용자가 손쉽게 네트워크 서비스를 이용하여 통신할 수 있는 환경을 제공하고, 내부 API 인터페이스 제공은 개발자가 편리하게 스마트폰이 가진 자산을 활용하고 새로운 기능을 개발할 수 있는 환경을 제공한다. 하지만 다양한 외부 인터페이스는 악성코드 또한 전염 가능한 통로로서 여러 곳으로 다각화되며 악성코드가 쉽게 퍼지는 길을 열어준 결과를 가져왔으며, 내부 인터페이스는 악의적인 개발자가 모바일 애플리케이션에 악성코드를 쉽게 은닉하여 제작할 수 있는 토대가 되었다.

구글 안드로이드 마켓과 같은 개방형 스마트폰 애플리케이션 마켓을 이용한다면 누구든지 콘텐츠나 애플리케이션의 제작과 유통, 사용이 가능하여 악성코드가 삽입된 애플리케이션 유통 위협이 존재한다. 또 스마트폰에는 개인 연락처, 메시지는 물론 위치정보, 이메일, 전자결재 등 개인정보뿐만이 아니라 업무와 관련한 중요 정보도 저장되어 있는데, 스마트폰은 모바일 기기이므로 휴대 편의성으로 인해 분실 또는 도난당할 위험성도 높아 분실하였을 경우 2차 피해도 발생할 위험이 매우 크다.

스마트폰의 이동성, 개방성, 다양성을 충분히 활용함으로 모바일 오피스(Mobile office, 이동 사무실)라는 새로운 형태의 업무 서비스로 외부에서 사내 업무를 처리할 수 있다. 이러한 새로운 업무 환경 가운데 기업은 비용 절감, 효율성 증대 등 다양한 측면에서 긍정적인 효과를 가져올 수 있었다. 하지만, 스마트폰의 보안 위협은 늘 상존하는 위협과 같이 언제든 개인정보 및 기업 기밀정보 유출 등 여러 형태의 보안 사고가 발생할 수 있으며, 이로 인한 피해는 더욱 커질 것으로 예상됨을 유의해야 한다.

표 7.4   모바일 오피스 보안 위협의 유형

위협	내용
개인정보 침해	위치정보 탈취를 통한 개인정보 침해
	카메라, 마이크 등 단말기의 하드웨어 자원을 이용한 개인정보 침해
도청	네트워크로 정송되는 데이터 패킷 도청
	mVoIP 사용시 음성 및 영상 통화 도청
피싱 및 파밍	악의적인 사이트를 이용한 사용자 정보 입력 유도
	문자 메시지, 이메일 등을 이용하여 악성 애플리케이션 설치 유도
서비스 거부 (DoS·DDos)	지속적인 통화연결 및 데이터 전송요청 등을 통한 배터리 소진 등 단말기 서비스 거부 공격
	좀비 PC, 좀비 모바일 단말기 등을 이용한 내부 서버 대상의 서비스 거부 공격
권한탈취	단말기-내부시스템 간 중간자(Man-the-Middle) 공격을 통한 사용자 권한 획득
	SQL 인젝션 공격을 통한 인증 우회
	단말기 루팅, 탈옥을 통해 관리자 권한 탈취
	버퍼 오버플로우 공격을 통한 관리자 권한 탈취
	단말기와 내부 시스템간에 맺어진 세션 탈취
악성코드·해킹	악의적인 스크립트 실행으로 공격자가 악성코드를 삽입한 웹사이트 접속
	불필요한 서비스(포트) 사용 취약점
	모바일 애플리케이션 소스코드 분석(리버스 엔지니어링)을 통한 취약점 분석
	단말기에서 제공하는 테더링 기능을 사용하여 서버 보안 정책 우회 및 공격 경로로 활용
	단말기 USB 이동저장매체를 사용하여 악성코드 전파

위협	내용
정보유출	내부자에 의한 기업 내부 정보자산 유출
	단말기 분실, 도난, 양도, 공공장소 사용에 따른 내부정보 유출
	단말기 녹음, 녹화, 화면캡처, 메모 기능을 통해 생성-저장된 정보 유출
	비인가 AP를 통한 정보 유출
	키로거 감염에 의한 사용자 입력정보 탈취
	블루투스 및 WIFI Direct 취약점을 이용한 정보유출
	비인가 애플리케이션 설치에 따른 정보 유출
	비인가자의 정보 획득 및 업무처리 기능 접근

5.2 대응 방안

이러한 스마트폰의 보안 위협을 감소시키기 위해서는 다차원적인 접근으로 대책을 세울 필요가 있다. 스마트폰을 활용한 모바일 오피스는 업무 효율성을 높이고 비용 절감의 효과를 가질 수는 있지만 언제 어디서나 사내 정보에 접근할 수 있고 여러 가지 보안 위협에 노출될 수 있으므로 서비스 환경에 맞는 적절하고 합리적인 보안대책을 수립하는 것이 필수적이다. 이에 참고할 수 있는 국정원 및 금융감독원은 모바일 보안 대책을 위한 가이드라인을 아래 표와 같이 제시한다.

표 7.5 모바일 보안 정책

모바일 보안 정책	내용
국가·공공기관 업무용 스마트폰 보안규격	등록된 단말기만 업무시스템 접속 허용
	업무자료 유출방지를 위해 무선랜, 테더링, 화면캡처 방지 금지
	운영체제 무결성(루팅·탈옥)을 주기적으로 점검 및 조치
	무결성 체크를 통하여 무결성이 훼손된 기기는 접근 불가
	스마트폰 관리시스템(MDM) 등을 사용, 화면캡처방지, 분실·도난 시 저장자료, 소프트웨어 원격 삭제 보안대책 마련
	업무 서비스 이용시 WIFI 기능은 차단하고 3G·4G·5G만 사용

모바일 보안 정책	내용
금융권 스마트워크 정보보호 가이드라인 (금융감독원 IT 감독국 2011.6)	업무 App 업데이트 미수행 시 접속 제한 및 중요 시점별 무결성 점검 수행
	비정상적인 접속 시 강제 세션 종료
	루팅·탈옥 단말기에서의 접속 차단
	공개된 앱스토어를 통해 배포 금지
	비밀번호 문자 조합 및 주기적인 변경 수행
	스마트워크 용도로 미등록 단말기 접속 차단
	업무용 App 사용 시 스크린캡처 기능 차단
	모든 송수신 데이터의 암호화

기업들은 자사의 모바일 오피스 도입 유형에 따라 알맞은 보안정책을 수립하고 주기적으로 이를 점검하고 보완해야 한다. 그림은 기업 보안 정책과 업무 환경에 따라 알맞은 대응 방안을 수립하는데 참고할 수 있는 영역별 보안 위협에 적용 가능한 보안 적용 솔루션이다.

지금까지 스마트폰이 대중화되고 확산함에 따라 증가하는 보안 위협 요소는 무엇인지 살펴보고 또한 모바일 오피스의 보안정책을 살펴보며 개인정보는 물론 기업의 중요 정보가 유출되거나 그로 인한 피해가 발생하지 않도록 하는 방안을 알아보았다.

[영역별 보안 적용 솔루션]

안전한 스마트폰 사용환경을 보장하고 발생 가능한 보안 위협에 선제적 방어 체계를 구축하기 위해서는 스마트폰 내부 보안 기술과 원격 보안 관리 정책 및 기술뿐 아니라 기기들의 애플리케이션에 대한 검증 기술, 이용자 보안 의식 제고, 정부의 보안정책, 관계기관들의 보안 기술개발 노력이 종합적으로 이루어질 때, 더욱 더 안전한 스마트폰 사용 환경이 구성될 것이다.

다음의 스마트폰을 안전하게 사용하기 위해 지켜야 할 사용자 안전수칙을 유념하여 안전하고 편리하게 스마트폰을 사용하여야할 것이다.

■ 스마트폰 사용자 10대 안전수칙

1. 의심스러운 애플리케이션은 설치하지 않는다.

   스마트폰 이용자는 애플리케이션 마켓을 통해 다양한 애플리케이션 사용이 가능하다. 이러한 애플리케이션에 악성코드가 심어져 유포될 가능성이 있으므로 의심스러운 애플리케이션은 다운로드 하지 않고 설치하지 않는다.

2. 신뢰할 수 없는 사이트는 방문하지 않는다.

   의심스럽거나 알려지지 않은 사이트에 접속할 경우 정상 프로그램으로 가장한 악성 프로그램이 사용자 몰래 단말기에 설치될 수 있으므로 신뢰할 수 없는 사이트는 가능한 접속하지 않는다.

3. 발신인이 불명확하거나 의심스러운 메시지 및 메일은 열람하지 않거나 삭제한다.

   첨부파일 기능을 제공하는 멀티미디어 메시지(MMS)와 이메일에는 스마트폰 악성코드를 심어 배포할 수 있고, 흔히 게임이나 공짜 경품 지급, 유명인의 사생활 이야기 등 흥미로운 내용으로 사용자를 현혹하여 악성코드를 유포한다. 따라서 자신의 발신인이 불명확하거나 의심스러운 메시지 및 메일은 열람하지 않고 수신됐다면 즉시 삭제한다.

4. 비밀번호 설정 기능을 이용하고 정기적으로 비밀번호를 변경한다.

   스마트폰은 분실 혹은 도난당했을 시 개인정보가 유출되는 것을 방지하기 위해 단말기 비밀번호를 설정하되, '1111', '1234' 등과 같이 유추하기 쉬운 비밀번호는 지양하며 정기적으로 비밀번호는 변경해주어야 한다. 혹시 제품 출시 시 기본으로 제공되는 '0000' 등의 비밀번호가 아직 설정되어 있다면 반드시 변경하여 사용한다.

5. 블루투스 기능 등 무선 인터페이스는 사용할 때만 활성화한다.

   블루투스(Bluetooth) 기능 등 무선 인터페이스는 사용 시에만 켜놓는다. 스마트폰 악성 코드의 상당수는 블루투스 기능을 통해 유포된 것으로 조사되고 있으므로 블루투스나 무선랜을 사용하지 않을 시에는 해당 기능을 비활성화 상태로 설정한다.

6. 이상 증상이 지속될 경우 악성코드 감염 여부를 확인한다.

   애플리케이션 실행 혹은 스마트폰 사용 중 스마트폰 오작동, 바탕화면 변조, 저장 개인정보 삭제 등 이상 증상이 발생하면 반드시 스마트폰 설명서에 따라 조치한다. 그런데도 이상 증상이 지속할 경우 스마트폰 악성코드에 의한 감염일 가능성이 있으므로 백신 프로그램을 통해 진단하고 치료해야 한다. 만약 악성코드 감염이 확인된다면 KISA 등에 신고하여 확산을 방지한다.

7. 다운로드 파일은 바이러스 유무 검사 후 사용한다.

내려받은 파일은 사용 전 바이러스 유무를 검사한다. 스마트폰용 악성코드는 특정 애플리케이션이나 파일에 숨겨져 유포될 수 있다. 내려 받은 파일을 열거나 실행하기 전에는 가급적 스마트폰용 백신 프로그램으로 바이러스 유무를 검사한 후 사용하는 것이 좋다.

8. PC에서도 백신 프로그램을 설치하고 정기적으로 바이러스 검사를 실행한다.

PC에서도 백신 프로그램 설치 및 정기 검사는 필요하다. 동기화 프로그램을 통해 스마트폰과 PC 간 데이터 백업 및 복사 등의 작업이 수행되는데 이 과정에서 PC에 숨어있는 악성코드가 스마트폰으로 또는 반대의 경우로 옮겨질 수 있기 때문이다.

9. 스마트폰 플랫폼의 구조를 임의로 변경하지 않는다.

애플의 탈옥(Jailbreak) 등과 같은 스마트폰 플랫폼의 구조를 임의로 변경하는 작업을 실행하지 않는다. 이러한 변경은, 기본적인 보안 기능에 영향을 미쳐 문제가 발생할 수 있으므로 스스로 스마트폰 플랫폼의 구조를 변경하지 않도록 주의한다.

10. 운영체제 및 백신 프로그램을 항상 최신 버전으로 업데이트한다.

해커들은 스마트폰 플랫폼의 보안 취약점을 이용하며 다양한 공격 기법을 사용하고 있다. 따라서 이용자 자신이 사용하는 운영체제 및 백신 프로그램을 항상 최신 버전으로 업데이트함으로 취약점을 보완하고 공격을 방어할 수 있다.

마무리하기

1. 정보보안이란 정보를 수집하여 가공하고 저장한 후 통신하는 과정에서 발생하는 정보의 불법 훼손 및 변조, 유출 등을 방지하기 위한 관리적, 기술적 방법을 가리킨다.

2. 인터넷으로 우리생활의 많은 부분이 편리해졌지만 개인정보뿐만 아니라 공공기관에서 사용하는 정보 가 부적절한 방법으로 무분별하게 사용될 가능성이 커졌다. 그러므로 중요한 정보에 대한 관리와 안전 강화를 위한 정보보안활동이 필요하다.

3. 정보보안을 위협하는 요소에는 위조, 변조, 유출, 훼손이 있다.

4. 정보를 안전하게 사용하기 위한 정보보안의 목표는 기밀성, 무결성, 가용성이다.

5. 방화벽이란 외부의 바이러스와 같이 위험하고 불법적인 침입은 차단하고 외부의 접근 시도를 허용과 거부로 제어함으로써 네트워크를 보호하는 기능을 하는 시스템을 말한다.

6. 정보보호 기술은 침입자로부터 정보를 안전하게 보호하고 정보 소유자의 권리를 보호할 수 있는 기술 로서 여기에는 방화벽, 인증, 아이핀, 전자 서명, 디지털 워터마크, 암호기술 등이 있다.

7. 스마트폰이 대중화되고 자주사용하게 된 만큼 악성코드감염, 개인정보유출 등과 같은 문제점도 증가 하고 있다. 그러므로 스마트폰도 개인용컴퓨터 처럼 보안에 주의해야 한다.

풀어보기

주제	정보보안의 이해		일자	
이름		학과	학번	

1. 정보보안의 목표와 거리가 먼 것은?

   ① 기밀성 유지   ② 무결성 보장

   ③ 가용성 증대   ④ 정보의 공유 보장

2. 정보보안 위협의 유형이 <u>아닌</u> 것은?

   ① 위조   ② 변조

   ③ 방어   ④ 훼손

3. 정보를 수집 가공 저장 한 후 송수신하는 과정에서 발생하는 정보의 불법 훼손 및 변조, 유출을 방지하기 위한 방법을 정보보안이라 한다. 정보보안을 위해 필요한 요소가 <u>아닌</u> 것은?

   ① 기밀성   ② 무결성

   ③ 최소성   ④ 가용성

4. 정보보호 기술의 하나로 외부의 불법적인 침입을 막고 정상적인 접근만을 허용해 내부의 정보를 보호하는 시스템을 무엇이라 하는가?

   ① 방화벽   ② 아이핀

   ③ 인증   ④ 암호기술

5. 모바일 디바이스 해킹의 사전 예방법으로 적절하지 않은 것은?

   ① 항상 스마트폰의 비밀번호를 설정해 놓는다.

   ② 블루투스 같은 무선 네트워크는 사용할 때만 켜 놓는다.

   ③ 중요한 정보는 스마트폰에 저장하지 않는다.

   ④ 문자 메시지나 SNS로 수신된 의심스러운 URL은 클릭하여 확인한 후 신고한다.

6. 스마트폰 보안의 위협 형태가 <u>아닌</u> 것은?

   ① 개인정보침해   ② 악성코드 · 해킹

   ③ 피싱 및 파밍   ④ 서비스인증

7. 정보보안에서 (　　　)은(는) 허가되지 않은 사용자 또는 객체가 해당 정보의 내용을 알수 없도록 하여 비밀을 보장하는 것이다.

8. 아이핀에 대해 설명하시오.

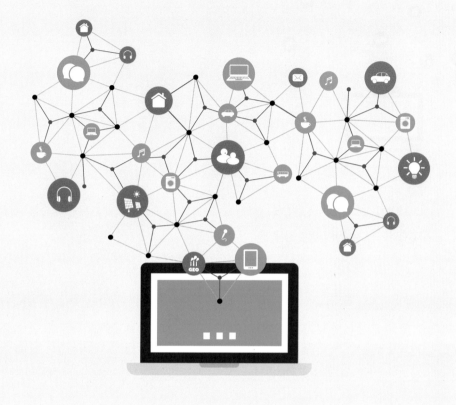

CHAPTER 8

사이버 공격과 윤리

CONTENTS

1 SECTION · · ·

사이버 공격과 예방

1. 사이버 공격의 일종인 해킹에 대해 설명하고 대응방안을 실천할 수 있다.
2. 사이버 공격의 일종인 악성코드에 대해 설명하고 대응방안을 실천할 수 있다.

1   해킹

1.1 해킹에 대한 이해

해킹이란 타인의 컴퓨터 시스템에 무단으로 침입, 불법적으로 정보에 접근하여 복제, 유출, 변조 등의 불법 행위를 자행하는 것을 의미한다. 해킹 자체는 불법적 성격이 강한 행위임에도 불구하고, 해킹 또는 해커는 일반적으로 가치 중립적 용어로 사용하고 있다. 그래서 합법적이며 윤리적인 해커나 보안 연구자는 화이트 해커(white hacker), 불법적이며 비윤리적인 해커는 블랙 해커(black hacker) 또는 크래커(cracker)로, 중간적 성격을 띠거나 구분이 불분명한 해커는 그레이 해커(gray hacker)로 구분하여 지칭한다.

[해킹에 대한 이해]

1.2 해킹의 종류

1 서비스 거부 공격(Denial-of-Service: DoS), 분산 서비스 거부 공격(Distributed DoS: DDoS)

이 공격은 정보 시스템을 마치 쉬지 않고 강한 펀치를 날리듯 수백, 수천의 네트워크 공격을 일시에 실행하여 해당 시스템을 처리 불능의 다운(down) 상태로 만들어 놓는다. 일단 시스템이 마비되었으므로 다른 사용자도 시스템을 이용하지 못하고 정상적인 업무처리가 이루어지지 못하게 되며 피해가 발생하게 된다. 이러한 공격적 해킹을 서비스 거부 공격이라고 한다.

해커는 사이트를 공격할 수 있는 악성코드가 포함된 바이러스 프로그램을 만들어 유포하여 바이러스에 감염된 좀비(Zombie) PC를 확보한다. 수십 대부터 수천 대에 이르기까지 공격하기에 충분한 좀비 PC가 확보되었다고 생각되면 해커는 특정 사이트를 공격하도록 명령을 내리고, 이에 좀비 PC는 일시에 해당 사이트를 공격하여 처리 불능의 다운(down) 상태로 만들어 버린다.

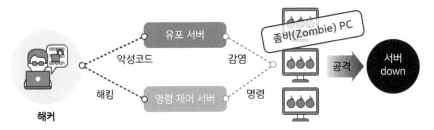

[DDoS: 분산서비스거부공격의 동작]

2 백도어(Backdoor)

네트워크를 이용하여 원격으로 상대 컴퓨터에 접속하고자 할 때, 정상적인 절차를 거치지 않고 비인가 된 접근을 하여 인증을 무사통과하고 시스템에 진입할 수 있도록 만들어 둔 뒷문 또는 비밀 통로 프로그램으로 트랩 도어(trap door)라고도 한다. 백도어 프로그램에는 아주 다양한 종류가 있으며 단일 프로그램으로는 1998년에 개발된 백오리피스(Back Orifice)가 대표적인 예이다.

3 스푸핑(Spoofing)

스푸핑(Spoof)이란 '속이다, 사기 치다'는 뜻으로 해커가 인터넷 프로토콜인 TCP/IP의 구조적 결함을 이용하여 자신의 신분을 위장한 후에 일반 사용자들의 방문을 유도하여 사용자의 시스템 권한을 취득한 뒤 시스템에 침투하는 해킹 수법이다.

4 스니핑(Sniffing)

스니핑(sniffing)은 전문가들이 사용하는 고도의 해킹 수법으로서, 전화의 도청 원리와 같이 특수 소프트웨어를 이용해 상대방의 ID, 비밀번호, 메일 등을 취득하는 수법을 말한다.

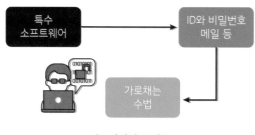

[스니핑의 동작]

5 제로 데이(Zero-Day) 공격

제로 데이는 정보 시스템의 취약점이 공표 또는 발견된 날을 의미하는 것으로 제로 데이 공격은 취약점을 해결할 시간을 주지 않고 바로 공격하는 해킹 수법을 가리킨다. 취약점에 대한 대책이 아직 마련되지 못하였기 때문에 컴퓨터는 아무런 방비 없이 노출될 수밖에 없고 해킹 공격을 막을 방법도 없다.

6 APT(Advanced Persistent Threat, 지능형 타깃 지속 공격)

최근 크게 이슈가 되고 있는 새로운 수법의 해킹 방식으로 취약한 시스템을 악성코드로 감염시켜 내부로 침투하는 사회 공학적 방법을 사용한다. 목적이 달성될 때까지 지속적으로 공격하고 내부 임직원을 도용하여 정상적인 방법으로 시스템에 접근한 후에는 보호되지 않는 시스템상의 데이터를 수집하거나 시스템을 방해하고 데이터의 전송과 운영을 방해하여 피해를 발생시킨다. 공격 방법이 정교하고 신속하여 탐지나 차단이 어렵고 주로 핵티비즘(hacktivism)과 같이 목적과 동기를 가진 해커 집단이 사전에 치밀한 준비하에 장기간에 걸쳐 이루어진다.

[APT공격프로세스]

7 피싱(Phishing)

피싱(Phishing)은 개인정보(private data)와 낚시(fishing)의 합성어로, 은행 또는 전자상거래 업체 사이트와 유사하게 보이는 위장 홈페이지를 만든 후 이에 접속한 인터넷 이용자들이 계좌번호, 주민등록번호 등의 개인정보를 입력하도록 유도하고, 이를 이용해 금융사기를 일으키는 신종 사기 수법이다.

피싱을 예방하기 위해서는 이메일이나 문자 메시지의 내용과 관련하여 은행, 카드사 등에 직접 전화를 걸어 확인하고 혹시 이메일에 링크된 주소가 있다면 바로 클릭하지 말고 해당 은행, 카드사 등의 홈페이지 주소를 직접 입력하여 접속한다. 출처가 의심스러운 사이트에서의 경품 당첨 안내도 직접 전화를 걸어 사실여부를 확인하고, 사실인 경우라도 가능한 중요한 개인정보는 제공하지 않는다. 피싱이 의심되는 메일을 받았을 경우 해당 은행, 카드사, 쇼핑몰 및 은행, 신용카드, 현금카드 등의 내역이 정확한지 정기적으로 확인한다.

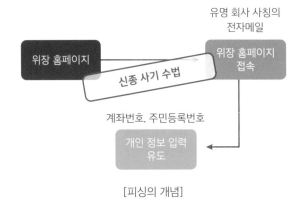

[피싱의 개념]

8 스미싱(Smishing)

스미싱(Smishing)은 SMS(문자메시지)와 피싱(Phishing)의 합성어로 신뢰할 수 있는 사람 또는 기업이 보낸 것처럼 위장하여 개인 비밀정보를 빼내거나 휴대전화 소액 결제를 유도하는 방법이다. 링크된 인터넷 주소를 클릭하도록 유혹하는 내용의 문자 메시지가 대부분으로 해당 링크를 클릭하면 악성코드가 설치되고, 피해자 모르게 소액결제가 되거나 스마트폰에 저장된 주소록, 사진, 공인인증서와 같은 중요 개인정보 등이 빠져나갈 수 있다.

스미싱을 예방하기 위해서는 출처가 확인되지 않은 문자 메시지의 인터넷 주소를 클릭하지 않고 스마트폰에 미확인 앱이 설치되지 않도록 보안설정을 강화해야 한다.

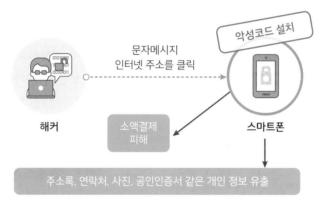

[스미싱의 개념]

9 파밍(Pharming)

파밍(Pharming)은 이용자 PC를 악성코드에 감염시켜 사용자가 금융회사 등의 정상 홈페이지 주소로 직접 접속하려 해도 이용자 모르게 자동으로 가짜 사이트로 유도하여 개인 금융정보 등을 몰래 탈취해가는 수법이다.

파밍을 예방하기 위해서는 가능한 한 컴퓨터나 이메일에 공인인증서, 보안카드 사진, 비밀번호를 저장하지 않으며 일회용 비밀번호 생성기인 OTP(One Time Password)를 사용하고 접속한 사이트 주소의 정상 여부를 항상 확인하며, 보안카드 입력을 요구하더라도 번호 전부를 입력하는 일은 절대 하지 않는다.

파밍으로 피해가 발생 시에는 경찰서(신고전화 112)나 금융감독원(민원상담 1332)을 통해 지급정지 요청을 한 후, 파밍 피해 내용을 신고하여 '사건사고 사실확인원'을 발급받아 해당 은행에 제출하여 피해금에 대하여 환급 신청을 할 수 있다.

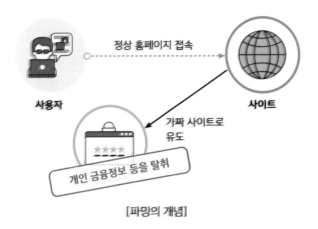

[파밍의 개념]

1.3 해킹 대응방안

해킹은 개인뿐만 아니라 국가 사회 전체에 심각한 피해를 주며 정보사회의 신뢰에 심한 손상을 줄 수 있으므로 정보기술의 주체가 되는 일반인, 정보보안 전문가, 해킹 대응 기관, 정부 등이 합심하여 관리적·기술적·제도적으로 해킹에 철저하게 대비하여야 한다.

1 정보보호 수칙

한국인터넷진흥원(http://www.kisa.or.kr) 등 일부 전문기관에서는 해킹과 바이러스 등 불법적인 공격으로부터 정보 시스템을 안전하게 보호하도록 정보보호 수칙을 제정하여, 이를 실천할 것을 권고하고 있다. 이와 같은 정보보호 수칙은 시스템을 안전하게 사용하기 위한 최소한의 노력으로 평소 아래의 정보보안 수칙을 준수한다면 해킹으로 인한 큰 사고를 예방할 수 있을 것이다.

- 운영체제(윈도우 등) 보안 패치 자동 업데이트 설정하기
- 바이러스 백신 및 스파이웨어 제거 프로그램 설치하고 최신 버전으로 업데이트 하기
- 운영체제 로그인 패스워드 설정하기
- 패스워드는 8자리 이상의 영문과 숫자로 만들고 주기적으로 변경하기
- 신뢰할 수 있는 웹사이트에서 제공하는 프로그램만 설치하기
- 인터넷에서 다운로드한 파일은 바이러스 검사하기
- 출처가 불분명한 메일은 바로 삭제하기
- 메신저 사용 중 수신된 파일은 바이러스 검사하기

- 인터넷상에서 개인 및 금융정보를 알려주지 않기
- 중요 문서 파일은 암호를 설정하고 백업 생활화하기
- 정기적으로 시스템 취약성 점검하기
- 정품 소프트웨어 사용하기

2 기술적 대응방안

■ 침입차단을 위한 방화벽(Firewall)

방화벽(Firewall)은 외부로부터의 허가받지 않은 불법적 침입을 차단하여 내부 정보 시스템을 안전하게 보호하는 기술로 외부로부터의 불법 해킹을 차단하기 위한 목적을 갖는다. 이를 위해 네트워크를 통한 정보 시스템의 접근 통제, 사용자 또는 메시지 인증, 통신 데이터에 대한 암호화, 통신 로그파일 생성, 감사 추적(audit) 등의 기능을 수행한다.

[방화벽의 개념]

■ 침입 탐지 시스템(Intrusion Detection System : IDS)

방화벽이 탐지할 수 없는 방법으로 방화벽을 넘어온 해커의 모든 종류의 불법적 접근을 탐지하며 이러한 외부 침입자뿐만 아니라 내부 사용자의 불법적인 사용, 남용, 오용 행위도 탐지하여 시스템을 보호하는 것에 목적이 있다. 침입 탐지 시스템(IDS: Intrusion Detection System)은 네트워크에서 백신과 유사한 역할을 하지만 주로 네트워크를 통한 공격을 탐지하여 방화벽이 차단하지 못한 내부의 해킹이나 악성코드의 활동을 탐지한다. 방화벽이 성문을 지키는 병사라면 침입 탐지 시스템은 성안의 순찰하는 병사에 비유할 수 있다.

[침입 탐지 시스템(Intrusion Detection System : IDS)의 개념]

■ 암호화(encryption)

정보를 중간에서 도청하거나 가로채도 암호화 전의 평문의 내용을 알 수 없게 하는 것으로 해킹 등으로 인해 정보가 불법 유출되어도 암호화된 암호문의 내용을 열 수 없어 정보를 보호할 수 있다. 암호화는 정보를 보호하기 위한 중요한 방법이므로 기밀에 속하는 중요한 정보는 암호화하여 저장해 두는 것이 안전하다.

2차 세계대전 당시 유명한 암호기 Enigma는 기계식의 장치 암호화 엔진을 사용하였지만, 요즘은 대부분 컴퓨터 프로그램으로 암호화하는데 평문이 암호화 엔진으로 들어가면, 암호화 엔진이 암호문을 만들어 내는 방식으로 진행된다. 암호화 종류는 단방향 암호화, 비밀키 암호화, 공개키 암호화가 있다.

① 단방향 암호화

인증의 방법으로 사용하는 비밀번호는 주로 단방향 암호화 방식을 사용한다. 예를 들어 비밀번호를 'password'라 한다면, 이를 단방향 암호화하여 'WaBauZ2.Hnt2'라 저장하며 이때 평문과 암호문 사이에는 어떠한 유사성도 없으며 역변환도 할 수 없다. 사용자가 입력한 비밀번호가 맞는지 확인하기 위해 입력한 비밀번호를 다시 암호화하여 저장된 비밀번호와 비교하여 인증한다.

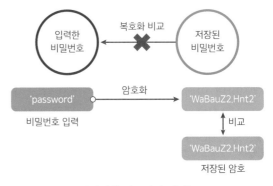

[단방향 암호화의 개념]

② 비밀키 암호화

비밀키 암호화는 평문에 암호화 키 값을 이진수 연산 처리하여 암호문을 생성하고 다시 비밀키를 역으로 대입해 역처리하여 암호문을 복호화한다. 물론 이와 같은 방식의 암호화는 송신자와 수신자 모두 동일한 암호화 키를 갖고 있을 때 가능하다. 즉, 다른 사람에게 암호화 메시지를 보내기 위해서는 수신자에게 메시지뿐 아니라 암호화 키도 전달해야 하는 모순이 발생한다.

[비밀키 암호화의 개념]

③ 공개키 암호화

공개키 암호화는 서로 다른 두 개의 키, 공개키로 암호화하고 개인키로 복호화한다.

공개키는 공개된 키로서 암호화에 사용하지만 개인키를 가진 사람만이 공개키를 통해 암호화된 메시지를 복호화할 수 있다. 비밀키 암호화 방식은 개인키 암호화 방식보다 매우 빠르므로, 실제 암호화 시스템은 비밀키 암호화 방식과 공개키 암호화 방식을 혼합하여 구축한다. 한편, 개인키와 공개키의 위치를 바꿔 실행하는 것이 '전자서명'이다.

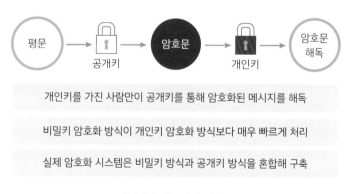

[공개키 암호화의 개념]

[전자서명 개념]

어떠한 암호화 방식으로 사용하는지는 처한 환경에 따라 달라지며 필요에 따라, 경제적 판단에 따라 여러 가지 방식과 형식 중 선택하여 암호화 공정을 설계하고 구축한다. 예를 들어, 공개키는 비밀키보다 상위 방식이라든지 비밀키가 우월한 방식이 되는 것이 아니라 필요에 따라 선택하는 것으로 서로 다른 방식일 뿐이며 다음과 같이 판단할 수 있다.

- 키 분배 및 관리 문제가 없고 빠른 실행 속도가 필요한 경우 비밀키 방식 선택
- 키 분배 및 관리 문제가 있고 송수신 부인방지 보장이 필요한 경우 공개키 방식 선택

이렇듯, 해당 환경에 따라 적절한 암호화 방식을 선택하여 암호화 시스템을 설계할 수 있다.

3 사회적 대응

해킹 피해는 개인은 물론 국가 사회적으로도 큰 영향을 미칠 수 있으므로 전문기관을 설립하여 예방하고 대처해야 하며 전문가의 전문기술 아래 신속하게 대응할 수 있는 체계를 갖추어야 한다. 국내에는 해킹 사고를 예방, 탐지, 신속 대응을 위해 아래와 같은 여러 기관이 활동하고 있다.

해킹 사고가 발생하면 사고와 관련된 내용을 가능한 한 그대로 보존하고 즉시 이들 기관에 통보하여 조치를 받는 것이 좋으며 한국인터넷진흥원 해킹 대응팀에 분석 및 기술지원을 의뢰하고자 한다면 118 번호를 통해 신고할 수도 있다.

- 한국인터넷진흥원(KISA) http://www.kisa.or.kr
- KISA 보호나라 https://www.boho.or.kr
- 경찰청 사이버 안전 지킴이 https://www.police.go.kr/www/security/cyber.jsp
- 국가정보원 국가사이버 안전센터:https://www.nis.go.kr:4016/AF/1_7.do

4 제도적 대응

해킹은 국가 사회 안전을 위협하는 테러 공격과 같으므로 정부는 해킹 사고와 관련된 법규를 제정하고 운영하며 제도적으로 적극적으로 대응하고 있다. 이와 관련한 주요 법규는 아래와 같다.

- 정보통신망 이용촉진 및 정보보호 등에 관한 법률
- 정보통신기반 보호법
- 전자서명법
- 국가정보화 기본법
- 전자정부법 · 개인정보보호법
- 정보통신망 이용촉진 및 정보보호 등에 관한 법률

2   악성코드

2.1 악성코드에 대한 이해

악성코드(Malicious code)는 컴퓨터에 악영향을 줄 수 있는 모든 소프트웨어를 총칭하며 멀웨어(malicious software, malware)라고도 한다. 정보통신망 이용촉진 및 정보보호 등에 관한 법률 제48조 제2항에서는 "정당한 사유 없이 정보통신 시스템, 데이터 또는 프로그램 등을 훼손, 멸실, 변경, 위조 또는 그 운용을 방해할 수 있는 프로그램"으로 정의하고 있다. 예전에는 이런 형태의 프로그램으로는 컴퓨터 바이러스만이 있었는데, 인터넷 정보기술과 컴퓨터 과학의 발달로 바이러스 못지않은 파괴력과 위험성을 가진 다양한 형태의 악성코드가 생겨났다.

2.2 악성코드의 종류

잘 알려진 악성코드에는 다음의 종류들이 있지만 최근의 악성코드들은 아주 복합적인 특성이 있어 이러한 분류가 모호해지고 있다.

1 컴퓨터 바이러스

사용자 몰래 컴퓨터 시스템에 침입해 실행 파일에 기생하거나 부트 섹터(boot sector)를 감염시켜 시스템의 일부가 되는 악성코드이다. 컴퓨터 바이러스에 감염된 파일을 다른 컴퓨터에서 사용하면 그 컴퓨터도 감염되며, 또 바이러스 스스로 복제할 수도 있는데 네트워크나 이동식 저장장치를 통해서도 복제할 수 있다. 일반적으로 컴퓨터 백신으로 치료할 수 있다.

2 웜(Worm)

웜(Worm)은 컴퓨터 내부의 숨은 벌레와 같다는 의미로 컴퓨터 시스템을 파괴하거나 작업을 지연하고 방해하는 악성 프로그램의 일종이다. 바이러스와는 달리 감염 대상을 갖고 있지 않은 독립적인 프로그램으로 다른 사람의 이메일에 자신을 첨부시켜 발송하는 자기 복제로 인하여 빠르게 자동으로 퍼지는 특징을 갖고 있다.

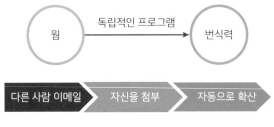

[웜의 개념과 감염경로]

3 트로이 목마(Trojan horse)

트로이 목마(Trojan horse)는 정상적인 프로그램으로 가장하여 숨어있다가 프로그램이 실행될 때 활성화되어 자료삭제, 정보탈취 등 의도하지 않은 기능을 수행하는 프로그램 또는 실행 가능한 코드를 말한다. 전자메일이나 소프트웨어에 숨어있다가 인터넷을 통해 특정 컴퓨터가 감염되면 해커가 감염된 컴퓨터의 정보를 탈취한다. 트로이목마는 목마속에서 나온 그리스 병사들이 트로이를 멸망시킨것에 비유하여 붙여진 이름으로 상대편이 눈치채지 못하게 몰래 숨어든다는 의미를 갖고 있다. 컴퓨터 바이러스와는 달리 복제능력이 없어 해당 파일을 삭제하면 치료가 가능하다.

4 스파이웨어(Spyware)

스파이웨어(Spyware)는 스파이(spy)와 소프트웨어(software)의 합성어로, 사용자 PC에 설치되어 스파이처럼 몰래 정보를 수집하는 악성코드이며 바이러스와 달리 스스로를 복제하는 기능은 없다. 일반적으로 팝업 광고를 반복해서 띄우거나 특정 홈페이지로 사용자를 유도하는 등 상업적인 용도로 사용되며 심한 경우, PC의 설정을 변경하거나 자신을 삭제하기 어렵게 만들어 불편을 일으킨다.

5 혹스(Hoax)

Hoax가 속이거나 골탕 먹이는 것을 뜻하듯이 메일이나 문자 메시지를 통해 잘못된 정보나 괴담, 유언비어들을 유포해 사용자를 속이는 바이러스의 일종이다.

6 하이재커(Hijacker)

마치 항공기를 납치(하이재킹)하듯이 특정 사이트로의 연결을 방해하고 이를 가로채어 특정 사이트로 연결하는 악성코드이다.

7 랜섬웨어(ransomware)

'몸값'(Ransom)과 '소프트웨어'(Software)의 합성어로 PC 또는 스마트폰에 몰래 숨어들어 파일을 암호화하여 열거나 볼 수 없게 한 다음, 이를 풀어주는 대가로 금전을 요구하는 악성 프로그램이다.

PC 또는   파일   금전 요구
스마트폰   암호화

[랜섬웨어 공격방법]

악성코드의 비약적인 발전으로 복합적 성격의 악성코드가 지속적으로 출현하며 이러한 분류는 사실상 의미가 없어졌다고 해도 과언이 아니다. 다음은 주요 악성코드를 요약, 정리하여 비교한 것이다.

표 8.1 주요 악성코드 특성 비교

	컴퓨터 바이러스 (virus)	웜 (worm)	트로이목마 (trojan horse)	스파이웨어 (spyware)
형태	실행파일 또는 부트섹터에 기생	독자적 형태	유용한 프로그램으로 위장	무료프로그램 위장
복제/전염 능력	있음	매우 강함	없음	없음

	컴퓨터 바이러스 (virus)	웜 (worm)	트로이목마 (trojan horse)	스파이웨어 (spyware)
전파경로	감염된 프로그램에 의해 전파	스스로 전파	사용자 다운로드	사용자 다운로드
주요증상	시스템 및 파일 손상	네트워크 성능 저하	성능저하, 좀비	광고, 성능저하
특징	정보 파괴/손실	강한 전염성	해킹에 활용	정보유출

2.3 악성코드 대응방안

악성코드의 공격으로부터 PC나 스마트폰을 안전하게 보호할 수 있는 최선의 방법은 미리 감염경로를 인지하고 이에 대한 예방법에 주의를 기울이는 것이며, 악성코드를 예방하고 퇴치할 수 있는 백신 프로그램을 정기적으로 사용하는 것이다. 악성코드의 피해를 보지 않기 위해서는 이렇게 우리 스스로가 예방하는 자세가 가장 중요하다 할 수 있다.

1 악성코드 예방법

악성코드 예방 수칙을 평소 정기적으로 생활화하여 예방 수칙을 실천하지 않는다면, 어느 순간에 악성코드에 감염되어 컴퓨터 사용도 어려워질 뿐만 아니라, 귀중한 정보와 자료를 잃게 되는 경제적, 심리적 피해도 피할 수 없음을 반드시 유의하여야 한다.

- 윈도우 보안 패치(patch)를 항상 최신 버전으로 유지
- 어도비 플래시 플레이어 패치를 최신 버전으로 업데이트
- 악성코드 백신 프로그램을 설치하고 최신 업데이트 버전 사용
- 각종 자료 다운로드 시 바이러스 검사
- 신뢰할 수 없는 P2P 사이트, 게임 사이트, 성인용 사이트의 접속 자제
- ID와 패스워드 관리 철저
- 발신인이 불명확하거나 의심스러운 메시지나 이메일은 열지 말고 삭제

2 악성코드 진단법

악성코드는 알아채지 못하게 은밀하게 감염되지만, 주의를 기울여 다음과 같은 악성코드

감염을 의심해 볼 수 있는 평소와 다른 증상 발생 여부를 잘 살핀다면 조기에 발견하여 피해를 방지할 수 있을 것이다.

- PC 속도가 느려지고 인터넷 속도도 느려짐
- 하드디스크에서 이상한 잡음 소리가 계속됨
- 설정된 웹브라우저의 시작 페이지가 변경
- 팝업 광고가 반복적으로 노출
- 시스템 오작동 발생
- 자신도 모르는 즐겨 찾기, 바탕화면 바로 가기, 아이콘 등의 임의 생성
- 알 수 없는 툴바가 자동 생성
- 사이트 접속이 되지 않고 다른 사이트로 이동
- 알 수 없는 이메일 전송

3 악성코드 제거 방법

PC가 악성코드에 감염된 것을 확인하였을 때는 다음과 같이 조치하여 악성코드를 제거한다. 일부 악성코드는 삭제가 어려운 예도 있어 개인이 백신으로 치료해도 삭제가 되지 않는다면 컴퓨터 전문가의 도움을 받는 것이 효과적이다.

표 8.2 악성코드 제거 방법

	단계	지침
1단계	안전 모드로 켜기	• 악성코드가 PC안의 정보들을 빼내 가는 것을 방지하기 위해 인터넷 연결을 끊고, 악성코드를 전부 제거할 때까지 인터넷을 사용하지 않는다. • 다음에 PC를 안전 모드로 부팅한다.
2단계	임시 파일 삭제	• 안전 모드로 부팅한 후에, PC 안에 저장된 임시 파일을 모두 삭제한다. • 임시 파일을 삭제하면 악성코드의 탐색속도가 빨라진다.
3단계	백신 프로그램 실행	• 백신 프로그램은 항상 최신 버전으로 업데이트 한다. • 정밀검사 모드는 시간이 오래 걸리므로 빠른 검사만으로도 대부분의 최신 위협을 제거할 수 있으므로 먼저 빠른 검사를 실행한다.

단계		지침
4단계	감염 파일 치료	• 감염된 파일을 조사하여 치료한다. • 치료 시에 감염 파일을 삭제하는 경우가 있으므로 시스템 파일 삭제에 유의하여야 하며, 치료후 실시간 검사형 백신으로 재검사한다.
5단계	추가 조치	• 악성코드 검사 시에 백신이 동작 중단되거나 치료 후에도 증상이 개선되지 않으면 심각한 악성코드에 감염되었을 수 있으므로 이때는 전문가에 의뢰하여 전문적인 조치를 받는 것이 좋다. • 때에 따라서는 중요 파일을 백업한 후에 운영체제를 재설치하는 것이 효과적일 수 있다.

4 스마트폰 안전 수칙

주로 사용되는 정보기기가 PC에서 스마트폰으로 세대교체됨에 따라 악성코드와 해킹도 주로 스마트폰을 표적으로 하고 있다. 스마트폰 악성코드가 날로 늘어나고 피해도 커지고 있으므로 다음의 안전수칙을 지켜야 할 것이다.

- 의심스러운 애플리케이션(앱)은 다운로드하지 않는다.
- 신뢰할 수 없는 사이트는 방문하지 않는다.
- 발신인이 불명확하거나 의심스러운 메시지 및 메일은 삭제한다.
- 비밀번호 설정 기능을 이용하고 정기적으로 비밀번호를 변경한다.
- 출처가 불분명하거나 보안설정 없는 무선 랜(Wi-Fi) 사용 시에는 주의하고, 블루투스 기능 등 무선 기능은 사용 시에만 활성화 한다.
- 스마트폰용 백신 프로그램을 설치하여 악성코드를 감시하고, 다운로드한 파일은 바이러스 유무를 검사한 후 사용한다.
- 스마트폰에서 이상한 증상이 감지되면 악성코드 감염 여부를 확인해본다.
- 스마트폰 플랫폼의 구조를 임의로 변경하지 않는다.
- 운영체제 및 백신 프로그램은 항상 최신 버전으로 업데이트한다.
- 스마트폰에는 금융정보를 저장하지 않는다.

마무리하기

1. 해킹(Hacking)이란 정보 시스템에 침입하여 그 속에 저장된 각종 귀중한 정보를 빼내거나 없애는 행위를 말한다.

2. 스푸핑(Spoofing)이란 해커가 인터넷 프로토콜인 TCP/IP의 구조적 결함을 이용하여 자신의 신분을 위장한 후에 일반 사용자들의 방문을 유도하여 사용자의 시스템 권한을 취득한 뒤 시스템에 침투하는 해킹 수법이다.

3. 스니핑(Sniffing)은 전문가들이 사용하는 고도의 해킹 수법으로서, 전화의 도청 원리와 같이 특수 소프트웨어를 이용해 상대방의 ID, 비밀번호, 메일 등을 취득하는 수법을 말한다.

4. 스미싱은 SMS(문자메시지)와 피싱(Phishing)의 합성어로 신뢰할 수 있는 사람 또는 기업이 보낸 것처럼 위장하여 개인 비밀정보를 빼내거나 휴대전화 소액 결제를 유도하는 방법이다.

5. 파밍(Pharming)은 이용자 PC를 악성코드에 감염시켜 사용자가 금융회사 등의 정상 홈페이지 주소로 직접 접속하려 해도 이용자 모르게 자동으로 가짜 사이트로 유도하여 개인 금융정보 등을 몰래 탈취해 가는 수법이다.

6. 악성코드는 일반적으로 제작자가 의도적으로 컴퓨터 사용자에게 직간접적으로 피해를 주고자 만든 악의적인 프로그램을 총칭하며 컴퓨터 바이러스, 트로이목마, 웜, 랜섬웨어 등이 있다.

7. 웜(Worm)이란 컴퓨터 바이러스와 비슷하지만 다른 프로그램에 기생하여 실행되는 것이 아니라 독자적으로 실행된다. 네트워크를 통해 스스로 감염되는 특징이 있다.

8. 트로이 목마(Trojan horse)는 정상적인 프로그램으로 가장하여 숨어있다가 프로그램이 실행될 때 활성화되어 자료삭제, 정보 탈취 등 의도하지 않은 기능을 수행한다. 컴퓨터 바이러스와 달리 다른 파일을 감염시키지 않으므로 파일만 삭제하면 치료할 수 있다.

9. 스마트폰이 나타나면서 일반 PC들의 악성코드만큼 모바일 악성코드도 증가하고 있다.

풀어보기

주제	사이버 공격과 예방		일자	
이름		학과	학번	

1. 다음 중 해커들의 해킹 행위의 목적으로 보기 힘든것은?

   ① 특정 시스템의 자료를 유출하여 획득한 정보를 통해서 이득을 얻을 목적

   ② 정치적 목적 성취를 위한 시위 수단 혹은 압박 수단

   ③ 개인정보 유출을 통한 협박 및 거래수단 확보

   ④ 정보보안 취약점 공개를 통한 IT 기술 발전을 위한 국제적 공조

2. 좀비 컴퓨터를 이용하여 공격 대상 컴퓨터나 네트워크에 과도한 데이터를 보내 시스템의 성능을 급격히 떨어트리는 해킹 기법은 무엇인가?

   ① 도스   ② 스푸핑

   ③ 스니핑   ④ 피싱

3. 자신의 신분을 위장하고 통신하는 방법으로 TCP/IP의 구조적 결함을 이용하여 자신의 신분을 위장하여 정보를 빼가는 해킹 기법은 무엇인가?

   ① 스니핑   ② 스푸핑

   ③ 백도어   ④ 제로데이

4. 다음에서 설명하고 있는 용어는 무엇인가?

   > PC를 악성코드에 감염시켜 사용자가 금융회사 등의 정상 홈페이지 주소로 직접 접속하려 해도 이용자 모르게 자동으로 가짜 사이트로 유도하여 개인 금융정보 등을 몰래 탈취해가는 수법이다.

   ① 파밍   ② 피싱

   ③ 스미싱   ④ 스파이웨어

5. 스마트폰 보안을 위한 수칙으로 틀린 것은 무엇인가?

   ① 문자 메시지에 있는 URL은 신중하게 클릭한다.

   ② 블루투스, 테더링 등을 통해 인터넷을 사용한다.

   ③ 아이디, 패스워드 등을 스마트폰에 저장하지 않는다.

   ④ 블랙마켓 등을 통해 받은 애플리케이션은 다운로드 및 설치를 자제한다.

6. 정보를 중간에서 도청하거나 가로채도 그 내용을 알 수 없도록 만드는 것을 암호화라고 한다.
   암호화의 방법이 <u>아닌</u> 것은?

   ① 단방향 암호화   ② 비밀키 암호화

   ③ 공개키 암호화   ④ 쌍방향 암호화

7. 문장의 빈 곳에 알맞은 용어는 무엇인가?

(   )은(는) 감염 대상을 가지고 있지만 (   )은(는) 감염 대상을 가지고 있지 않으 며, (   )은(는) 자체 번식 능력이 없으나 (   )은(는) 자체 번식 능력이 있다.

   ① 바이러스, 웜, 바이러스, 웜   ② 웜, 바이러스, 바이러스, 웜

   ③ 바이러스, 웜, 웜, 바이러스   ④ 웜, 바이러스, 웜, 바이러스

8. (   )은(는) 네트워크에서 주고 받는 데이터를 도청하여 사용자의 ID, 비밀번호, 전자메일
   내용 쿠키등을 가로채는 수법이다.

9. (   )은(는) 자기 복제 능력이 있지만, 정상적인 프로그램으로 가장하여 숨어 있다가 프
   로그램이 실행될 때 활성화되어 자료의 삭제, 정보의 탈취 등 의도하지 않는 기능을 수행하는
   프로그램 또는 실행 가능한 코드이다.

10. 비밀 키 암호화 방법에 대해 설명하시오.

2 SECTION ···

사이버 윤리와 중독

학습목표

1. 사이버 윤리의 필요성을 이해할 수 있다.
2. 사이버 윤리의 기능과 네가지 도덕원리를 설명할 수 있다.
3. 사이버 중독을 이해하고 사이버 중독의 특성을 설명할 수 있다.
4. 사이버 중독을 예방하기 위한 실천 방법을 제시할 수 있다.

1 사이버 윤리

1.1 사이버 윤리의 필요성

오늘날 우리 사회는 분명 인터넷 강국임에도 불구하고 사이버 공간에서 자신의 권리를 침해당해도 별다른 대응을 하지 않는다던가, 저작권에 대해 인식하고 있음에도 불법 다운로드를 하는 등 사이버 윤리 후진국으로서의 심각한 역기능에 시달리고 있다.

이러한 새로운 윤리 부족에 따른 인터넷 역기능을 예방하기 위해서는 무엇보다도 확고한 사이버 윤리의식을 갖추어야 한다. 그러나 정보기술 자체가 인간의 도덕성을 약화하고 있고, 사이비 공간에서는 탈억제 현상의 경향이 쉽게 일어날 수 있어 윤리 의식을 고양하는 일은 사실 쉽지 않다. 그러함에도 우리는 지식 정보화사회에서 바람직한 정보 생활을 영위하기 위해 새로운 윤리적 원리와 규범이 필요하다고 할 수 있다.

1.2 사이버 정보기술의 유혹

정보화사회에서는 탈억제 효과가 나타난다. 온라인상에서 익명성, 비대면성 등으로 인하여 스스로 억제하는 힘이 약해지고, 쉽게 공격적이 되거나 쉽게 분노를 표현한다. 리차드 루빈(Richard Rubin)은 다음과 같이 정보통신기술이 지닌 7가지 유혹이 정보화사회에서 도덕 기준을 훼손한다고 주장하였다.

- **속도성** : 정보의 수집과 유포의 전달 속도가 증가하여 비윤리적인 행위가 짧은 시간에 이루어질 수 있다.
- **프라이버시와 익명성** : 인터넷상에서는 사생활이 보호되고 본인을 노출하지 않아도 활동이 가능하다. 따라서 자신도 모르게 비윤리적인 행위를 하게되며, 아무도 모르게 어떤 일을 해냈다는 흥분감과 도덕적 무감각 상태를 초래한다.
- **매체의 본질과 가변성** : 디지털 정보라는 특성상 원래의 정보 내용을 훼손하지 않고 열람할 수 있음은 물론 다양한 형태로 무한히 복제(infinite cloning)될 수 있고 또 여러 가지 형태로 재생산할 수 있는 가변성도 갖는다.
- **심미성** : 자신의 기술이나 기능을 이용하여 다른 사람들이 설정한 보안 장치를 무력하게 만들고, 이를 자신이 큰일을 해냈다는 그릇된 성취감을 갖게 한다.
- **최소 투자에 의한 최대 효과성** : 작은 노력으로 불특정다수에게 접근하여 최대의 효과를 낼 수 있다는 특징 때문에 비도덕적 행동을 유발시키게 된다.
- **범위의 국제성** : 정보를 훔치거나 이윤을 얻기위해 단시간에 전세계적으로 활동하는 것이 가능하게 됨으로써 사람들로 하여금 비윤리적 행위를 유발시킨다.
- **파괴력** : 정보통신 기술이 오용될 경우 그에 따른 파괴력이 매우 크므로, 비윤리적 행위를 유발시킨다.

1.3 사이버 정보기술의 역기능

사이버 정보기술은 지식정보사회를 이끌어온 핵심 기술로 우리 생활의 모든 분야에 걸쳐 막강한 영향을 미치고 있다. 그러나 긍정적 효과 이면에는 부작용 또는 역기능도 내포하고 있는데 이러한 부작용은 인간성을 파괴하기도 하고 현실 공간보다도 쉽게 인간의 윤리의식을 마비시키고 비윤리적 행동을 선동하며 심각한 사회 문제를 야기하기도 한다. 아래의 표는 사이버 정보기술의 다양한 부작용과 역기능을 요약 정리하였다.

표 8.3 사이버 정보의 부작용과 역기능

유형	내용
불법 유해 정보 유통	- 불법 음란물 유포, 악플, 유언비어 등 유포, 청소년 유해매체 - 도박 등 사행성 불법 유해 사이트
시스템 침입 및 파괴	- 해킹, 바이러스 유포, 악성 프로그램 유포, 스팸메일, DDOS 공격

유형	내용
지식 정보 격차	• 세대/지역/계층간의 정보 격차 및 소외 문제 • 정보 혜택의 불균형으로 인한 사회적 갈등, 디지털 치매
사이버 중독	• 게임 중독, 채팅 중독, 인터넷 쇼핑중독, 음란물 중독 등 • 더욱 심각한 스마트폰 중독
사이버 폭력 및 사이버 범죄	• 사이버 폭력, 사이버 성매매, 인터넷 사기, 피싱 • 사이버 테러
규제와 표현의 갈등	• 사이버 공간의 표현의 자유와 부작용의 규제 충돌 • 대표적 예 : 게임중독예방 관리 및 치료 방안
개인정보 침해	• 개인정보 침해 및 개인정보 악용 • 신상털기, 사생활 감시
정보 침해	• 저작권 침해, 불법 복제, 초상권 침해

1.4 사이버 윤리의 기능과 네 가지 도덕 원리

1 사이버 윤리의 기능

올바른 사이버 문화를 만들기 위해서는 사이버 윤리가 매우 중요하다. 일반적으로 윤리학은 일어날 일을 예방하기 보다는 이미 일어난 일을 평가하는데 초점이 맞춰져 있어 그 결과 윤리학이 시대의 변화를 제대로 따라가지 못하는 경우가 많았다. 그러므로 사이버 환경에 윤리학을 제대로 적용하려면 다음과 같은 기능을 가져야만 한다.

[인터넷 윤리학의 기능]

• **처방 윤리(prescriptive ethics)** : 사이버 공간에서 해야할 것과 해서는 안 될 것을 명확하게 규정해야 한다.

- **예방 윤리(preventive ethics)** : 정보통신 기술이 더욱 발전하면 나타날 윤리 문제를 사전에 숙고하여 예방해야 한다.
- **변혁 윤리(transformative ethics)** : 사이버 공간의 무질서와 혼돈에 대한 반응으로부터 정보화사회의 부작용이 나타나는 것이므로 사람들에게 경험이나 제도, 정책 등의 변혁이 필요함을 강조해야 한다.
- **세계 윤리(global ethics)** : 사이버 공간은 전 세계가 이용하는 통신망이므로 전세계 사람들이 지켜야할 보편적인 규범 체제를 제시해야 한다.
- **책임 윤리(responsibility ethics)** : 사이버 공간을 이용하는 사람들이 지녀야 할 책임을 강조해야 한다.

2 사이버 윤리의 네 가지 도덕 원리

사이버 공간에서 우리가 지향해야 할 궁극적 선이자 인간 완성을 향하는 사이버 윤리는 네 가지의 도덕 원리, 즉 존중(respect), 책임(responsibility), 정의(justice), 해악금지(non-maleficence)를 기본원리로 한다.

[인간성과 네가지 도덕원리]

① 존중의 원리

존중은 사람이나 사물이 지닌 고귀한 가치에 대해서 경의를 표하는 것을 뜻한다. 그리고 존중의 시작은 먼저 자신을 존중하는 것이며 우리 자신의 생명과 몸을 소중한 것으로 대우하는 것이다. 그래서 만약 누군가 사이버 공간에 지나치게 빠져서 자신의 몸과 마음을 제대로 돌보지 않고 있다면 그것은 자기 자신을 존중하지 않는 것이 된다. 다음의 존중은 다른 사람에 대한 존중으로 여기에는 모든 다른 사람들을 우리 자신과 똑같이 소중한 사람으로 대우하는 것은 물론 다른 이의 지적 재산권, 사생활, 다양성을 인정하고 존중하는 것을 포함한다. 사이버 공간에서는 서로가 보이지 않는 가운데 많은 행동과 활동이 있으므로 상대방의 존재를 적극적으로 인정하려는 존중의 원리가 반드시 필요하다. 만약 존중의 원리가 부재한다면, 사이버 공간은 서로 자기의 이익을 추구하기 위한 싸움의 장소가 될 뿐이다.

② **책임의 원리**

책임이란 자기에게 주어진 일과 의무를 다하는 것으로 책임이 사람과 관계된다면 사람들을 피하지 않고 그들에게 향하는 것, 그리고 그들에게 관심을 기울이는 것을 뜻한다. 그러므로 책임은 서로를 보살피고 관심을 가져야 할 우리의 적극적인 행동을 강조하는 성격이 짙다. 그런데 사이버 공간에서는 통일적 정체감을 갖기란 어려우며 반대로 역할의 상실에 따른 책임 회피는 쉽게 일어날 수 있어서 현실 공간에 비해 더욱 수준 높은 책임 의식이 필요하다. 그리고 현실 세계에서는 나의 행동으로 피해를 입는 사람이 소수인 경우가 대부분이지만 사이버 공간에서는 쉽게 수많은 피해자가 발생할 수 있다. 그러므로 사이버 공간에서는 신중하게 나의 행동이 어떠한 영향을 미칠 수 있을 것인지 생각해 본 다음 행동 하는 것이 바람직하다.

③ **정의의 원리**

정의는 크게 첫째, 공정함을 추구하여 동일한 경우는 동일한 방식으로 다루려고 하는 것, 둘째, 함께 살아가는 다른 사람들을 위한 이타적인 삶, 셋째, 정해진 규칙과 법을 준수하지만 때에 따라서는 옳지 못한 규칙이나 법에 저항하는 것, 세 가지로 볼 수 있다. 이러한 관점에 따라 우리는 정보사회에서 참되고 공정한 정보를 교환하고, 정보화의 혜택이 고르고 보편적으로 돌아가게 해야 하며, 타인의 권리를 함부로 침해해서는 안 된다. 그리고 자유를 구속하려는 정의롭지 못한 법이나 규칙은 적극적으로 대응을 해 나가야 한다. 나아가 사이버 공간에서 모든 인간은 누구나 기본적 자유를 누릴 수 있는 동등한 권리를 갖고 있으며 공평하고 동등한 기회의 보장에도 능력의 차이 때문에 생기는 결과에 대해서는 차등의 원리에 따라 결과에 적합한 보상을 해 주어야 한다

④ **해악금지의 원리**

해악금지란 남에게 피해를 주지 않는 것으로 사이버 공간에서도 다른 사람에게 폭력을 행사하는 것, 해킹하거나 바이러스를 퍼뜨리는 것, 타인을 비방하거나 욕설을 일삼는 것과 같은 남에게 해로움을 주는 행동을 해서는 안 될 것이다.

1.5 네티켓과 네티즌 윤리강령

1 네티켓

네티켓은 네트워크와 에티켓의 합성어이며 사이버 공간에서 지켜야할 예의 범절이다. 네티켓은 법적 제재에 의존하는 타율적 해결보다는 네티즌 스스로 자율적으로 사이버 공간의 문제를 미리 방지하고 이성적으로 해결해 나가자는 적극적인 의미를 갖는다. 1994년 '네티켓의 핵심원칙'이 세계적으로 인정되어 그 기준이 되고 있다.

① 인간임을 기억하라.

② 실제 생활과 똑같은 기준과 행동을 고수하라.

③ 현재 자신이 어떤 곳에 접속해 있는지 알고, 그곳 문화에 어울리게 행동하라.

④ 다른 사람의 시간을 존중하라.

⑤ 온라인에서도 교양 있는 사람으로 보이도록 하라.

⑥ 전문적인 지식을 공유하라.

⑦ 논쟁은 절제된 감정 아래 행하라.

⑧ 다른 사람의 사생활을 존중하라.

⑨ 당신의 권력을 남용하지 마라.

⑩ 다른 사람의 실수를 용서하라.

2 방송통신심의위원회의 네티즌 윤리강령

사이버 공간의 주체는 네티즌이다. 네티즌은 사이버 공간에서 표현의 자유와 권리를 가지고 있으며 동시에 의무와 책임도 지니고 있다. 이에 방송통신위원회에서는 사이버 공간을 모두의 행복과 자유, 평등이 실현되는 공간으로 발전 시킬 수 있도록 '네티즌 윤리강령'을 제정하여 실천할 수 있도록 하였다.

① 네티즌 기본 정신

• 사이버 공간의 주체는 인간이다.

• 사이버 공간은 공동체의 공간이다.

• 사이버 공간은 누구에게나 평등하며 열린 공간이다.

• 사이버 공간은 네티즌 스스로 건전하게 가꾸어 나간다.

② 네티즌 행동강령

- 우리는 타인의 인권과 사생활을 존중하고 보호한다.
- 우리는 건전한 정보를 제공하고 올바르게 사용한다.
- 우리는 불건전한 정보를 배격하며 유포하지 않는다.
- 우리는 타인의 정보를 보호하며, 자신의 정보도 철저히 관리한다.
- 우리는 비속어나 욕설 사용을 자제하고, 바른 언어를 사용한다.
- 우리는 실명으로 활동하며, 자신의 ID로 행한 행동에 책임을 진다.
- 우리는 바이러스 유포나 해킹 등 불법적인 행동을 하지않는다.
- 우리는 타인의 지식 재산권을 보호하고 존중한다.
- 우리는 사이버 공간에 대한 자율적 감시와 비판 활동에 적극 참여한다.
- 우리는 네티즌 윤리 강령 실천을 통해 건전한 네티즌 문화를 조성한다.

2   사이버 중독

사이버 중독은 인터넷, 게임, 스마트폰 등을 과다하게 사용하여 스스로 자율적인 통제가 불가능할 뿐 아니라 병적으로 집착하는 증상을 말한다. 심한경우에는 스스로 자율적 통제가 어렵고 금단현상이 발생하며 강박적 사고, 환상과 같은 증상이 나타나 사회 활동에 어려움을 겪기도 한다.

2.1 사이버 중독의 유형

- **게임 중독** : 일상적인 활동이 방해를 받을 정도로 하루 대부분 시간을 게임을 하며 게임에 과도하게 집착하고, 게임을 하지 못하게 되면 불안 증세를 보인다.
- **채팅 중독** : 문자나 채팅에 집착하여 사회적 · 정신적 · 육체적으로 지장을 받는 상태를 말하며 학업이나 업무에 몰입하지 못하고 등록된 친구들의 상황을 수시로 확인하고 문자가 없으면 무료함이 느껴진다.
- **음란물 중독** : 음란물 콘텐츠에 강박적으로 몰입하고 관련 웹사이트를 지나치게 방문하여 동영상을 과도하게 보는 상태를 말한다.

- **거래 중독** : 사이버 상에서 도박, 주식 매매, 쇼핑 등의 사이버 거래에 집착하거나 충동을 통제하지 못하는 증상을 보인다.
- **정보검색 중독** : 특정한 이유나 목적 없이 다양한 인터넷 사이트를 방문하며 무차별적이면서도 과도하게 자료검색을 하는 유형이다.
- **스마트폰 중독** : 스마트폰이 없으면 불안감을 느끼고 스스로 자제하지 못하며 이를 끊으면 금단현상이 나타나 일상생활 자체가 어려운 상태를 말한다.

[사이버중독의 유형]

2.2 사이버 중독의 증상과 진단

한국정보화진흥원에서는 사이버 중독과 관련된 일상생활의 부작용적 행동 패턴을 다음과 같이 제시하였다.

■ 사이버 중독의 증상

① 강박적 집착과 사용
- 인터넷을 하지 않는 동안에도 인터넷을 할 생각만 한다.
- 인터넷에서 뭔가 새로운 일이 일어나고 있을 것 같은 생각에 사로잡혀 있다.
- 대부분의 시간을 인터넷을 사용하는데 보낸다.
- 처음에 의도했던 시간보다 더 오래 하게 된다.
- 평소에 가만히 있으면 불안하고, 특별한 용무가 없어도 습관적으로 인터넷을 한다.

② 내성과 금단
- **내성** : 이전과 똑같은 만족을 얻기위해 몰두하는 시간이 점차 늘어나고 더욱 자극적인

것을 찾는다.

- **금단** : 인터넷을 하지 않으면 불안, 우울, 초조로 안절부절 못하다 인터넷에 접속하는 순간 증상이 사라지며 인터넷을 사용하지 않을때도 게임이나 채팅 등을 할 생각에 빠져서 다른 일에 집중력이 떨어지는 상태를 말한다.

③ 일상생활 장애

인터넷을 과다하게 사용하여 이차적인 피해가 나타나는 것으로 가정·학교·직장 생활이 원만하지 못해 문제를 일으키는 상태를 말한다.

④ 가상적 대인 관계 지향성

서로 얼굴을 마주 보는 현실적인 대인관계보다 가상 세계에서 만나는 사람들에게 더욱 친밀감을 느끼고 인정을 받으려는 욕구가 증가하는 상태이다.

[사이버 중독의 일반적인 증상]

2 사이버 중독 자가진단

국내에서는 기존 외국에서의 연구들을 기초로 하여 한국정보화 진흥원에서 아래와 같은 스마트폰 중독 자가진단 프로그램(S−척도)을 개발하여 보급하고 있다.

성인 스마트폰중독 자가진단 척도

_____년 _____월 _____일 연령 _____세   성별 (남 , 여) 성명_____

번호	항목	전혀 그렇지 않다	그렇지 않다	그렇다	매우 그렇다
1	스마트폰의 지나친 사용으로 학교성적이나 업무능률이 떨어진다.				
2	스마트폰을 사용하지 못하면 온 세상을 잃을 것 같은 생각이 든다.				
3	스마트폰을 사용할 때 그만해야지 라고 생각은 하면서도 계속한다.				
4	스마트폰이 없어도 불안하지 않다.				
5	수시로 스마트폰을 사용하다가 지적을 받은 적이 있다.				
6	가족이나 친구들과 함께 있는 것보다 스마트폰을 사용하고 있는 것이 더 즐겁다.				
7	스마트폰 사용시간을 줄이려고 해보았지만 실패한다.				
8	스마트폰을 사용할 수 없게 된다면 견디기 힘들 것이다.				
9	스마트폰을 너무 자주 또는 오래한다고 가족이나 친구들로부터 불평을 들은 적이 있다.				
10	스마트폰 사용에 많은 시간을 보내지 않는다.				
11	스마트폰이 옆에 없으면, 하루 종일 일(또는 공부)이 손에 안잡힌다.				
12	스마트폰을 사용하느라 지금 하고 있는 일(공부)에 집중이 안 된 적이 있다.				
13	스마트폰 사용에 많은 시간을 보내는 것이 습관화되었다.				
14	스마트폰이 없으면 안절부절 못하고 초조해진다.				
15	스마트폰 사용이 지금 하고 있는 일(공부)에 방해가 되지 않는다.				

한국정보화진흥원 인터넷중독대응센터(iapc.or.kr) 상담대표전화 1599-0075

성인 스마트폰중독 자가진단 척도

채점	[1단계] 문항별	전혀 그렇지 않다 : 1점, 그렇지 않다 : 2점, 그렇다 : 3점, 매우 그렇다 : 4점 ※ 단, 문항 4번, 10번, 15번은 다음과 같이 역채점 실시 <전혀 그렇지 않다 : 4점, 그렇지 않다 : 3점, 그렇다 : 2점, 매우 그렇다 : 1점>
	[2단계] 총점 및 요인별	총 점 ▶ ① 1~15번 합계 요 별 ▶ ② 1요인(1,5,9,12,15번) 합계 ③ 3요인(4,8,11,14번) 합계 ④ 4요인(3,7,10,13번) 합계

고위험 사용자군	총 점▶ ① 44점 이상 요인별▶ ② 1요인 15점 이상 ③ 3요인 13점 이상 ④ 4요인 13점 이상
	판정 : ①에 해당하거나, ②~④ 모두 해당되는 경우
	스마트폰 사용으로 인하여 일상생활에서 심각한 장애를 보이면서 내성 및 금단 현상이 나타난다. 스마트폰으로 이루어지는 대인관계가 대부분이며, 비도덕적 행위와 막연한 긍정적 기대가 있고 특정 앱이나 기능에 집착하는 특성을 보이기도 한다. 현실 생활에서도 습관적으로 사용하게 되며 스마트폰 없이는 한 순간도 견디기 힘들다고 느낀다. 따라서, 스마트폰 사용으로 인하여 학업이나 대인관계를 제대로 수행할 수 없으며 자신이 스마트폰 중독이라고 느낀다. 또한, 심리적으로 불안정감 및 대인관계 곤란감, 우울한 기분 등이 흔하며, 성격적으로 자기조절에 심각한 어려움을 보이며 무계획적인 충동성도 높은 편이다. 현실세계에서 사회적 관계에 문제가 있으며, 외로움을 느끼는 경우도 많다. ▷ 스마트폰 중독 경향성이 매우 높으므로 관련 기관의 전문적 지원과 도움이 요청된다.

잠재적 위험 사용자군	총 점▶ ① 40점 이상~43점 이하 요인별▶ ② 1요인 14점 이상
	판정 : ①~② 중 한 가지라도 해당되는 경우
	고위험사용자군에 비해 경미한 수준이지만 일상생활에서 장애를 보이며, 필요이상으로 스마트폰 사용시간이 늘어나고 집착을 하게 된다. 학업에 어려움이 나타날 수 있으며, 심리적 불안정감을 보이지만 절반 정도는 자신이 아무 문제가 없다고 느낀다. 다분히 계획적이지 못하고 자기조절에 어려움을 보이며 자신감도 낮게 된다. ▷ 스마트폰 과다 사용의 위험을 깨닫고 스스로 조절하고 계획적인 사용을 하도록 노력한다. 스마트폰 중독에 대한 주의가 요망된다.

일반 사용자군	총 점▶ ① 39점 이하 요인별▶ ② 1요인 13점 이하 ③ 3요인 12점 이하 ④ 4요인 12점 이하
	판정 : ①~④ 모두 해당되거나 고위험 및 잠재적위험군에 속하지 않는 경우
	대부분이 스마트폰 중독문제가 없다고 느낀다. 심리적 정서문제나 성격적 특성에서도 특이한 문제를 보이지 않으며, 자기행동을 관리한다고 생각한다. 주변 사람들과의 대인관계에서도 자신이 충분한 지원을 얻을 수 있다고 느끼며, 심각한 외로움이나 곤란감을 느끼지 않는다. ▷ 때때로 스마트폰의 건전한 활용에 대하여 자기 점검을 지속적으로 수행한다.

한국정보화진흥원 인터넷중독대응센터(iapc.or.kr) 상담대표전화 1599-0075

2.3 사이버 중독의 예방과 대응방안

1 사이버 중독의 예방

사이버 중독은 다른 일반 중독 증세와 같이 대응보다 사전 예방이 더 중요하다. 그래서 사전에 예방하기위해 다양한 교육과 홍보활동을 통해 올바른 사이버 문화를 정착해야 하며, 사이버 중독에 대하여는 적절한 대응 방안으로 사이버 중독의 피해가 없도록 노력해야 한다.

- 특별한 목적 없이는 컴퓨터를 켜지 않는다.
- 가족과 협의하여 컴퓨터 사용시간을 정하고 일일 사용 시간을 지킨다.
- 컴퓨터 사용 일지를 만들어 컴퓨터 사용 시간과 사용 목적을 기록하는 습관을 들인다.
- 컴퓨터 옆에 알람 시계를 두고 사용 시간을 준수한다.
- 적당한 운동이나 취미 활동을 늘려서 건전한 생활을 유지한다.
- 인터넷 사용으로 식사나 취침시간을 어기지 않는다.
- 혼자 힘으로는 인터넷 사용 조절이 어려울 경우, 특정 검색어나 사이트 제한, 사용 시간 통제 등이 가능한 소프트웨어를 설치하여 도움을 받는다.
- 친구들과의 교류영역을 넓혀서 현실에서의 대인 관계를 확대한다.

2 사이버 중독 대응 방안

한국인터넷진흥원, 한국정보화진흥원의 스마트쉼센터, 중독관리통합지원센터 등 여러 기관에서는 다음과 같은 인터넷 중독의 치료와 예방을 위한 대응방안을 마련하고 있다.

① 예방 교육
- 스토리텔링 방식 유아용 놀이 교구 개발 및 보급
- 게임과 몰입 예방 가족 캠프 운영
- 과다한 스마트폰 사용을 예방하는 스마트미디어 청정학교 지정 및 운영

② 상담과 치료
- 표준 상담 매뉴얼 제작 및 보급
- 청소년 이용 습관 진단 조사로 중독 위험군 발굴 및 상담
- 우울증과 같은 공존 질환을 가진 청소년의 병원 치료 지원

　• 초등학교 가족 치유 캠프 운영 확대

③ 협력 체계

　• 민간 상담 시설을 협력기관으로 지정 및 운영

　• 유관 기관 간의 상담 사례 공유 및 홍보 캠페인 공동 전개

　• 유관부처 간의 공동협력을 위한 인터넷 중독 정책 협의회 운영

④ 인프라 제도

　• 스마트쉼센터 확대

　• 중독 고위험군을 대상으로 국립 청소년 인터넷 드림 마을 운영 확대

　• 유·아동(만3~9세)을 위한 스마트폰 중독 진단 척도 개발 및 적용

⑤ 사후 관리 종합 서비스

　• 인터넷 중독 청소년에 대한 전문 상담 실시

　• 청소년 동반자 프로그램을 통한 사후 관리 종합 서비스 제공

　• 도움이 필요한 청소년에게 찾아가서 상담하는 서비스 수행

마무리하기

1. 인터넷과 정보기술의 발전으로 사회 문화도 급격히 변화하였으며 변화된 사회에서 인간성을 상실하지 않고 인간답게 살기 위한 새로운 윤리가 요구되고 있다.

2. 사이버 윤리는 처방 윤리, 예방 윤리, 변혁 윤리, 세계 윤리, 책임 윤리, 종합 윤리의 기능을 수행한다.

3. 사이버 윤리는 네 가지 도덕원리, 즉 존중(respect), 책임(responsibility), 정의(justice), 해악금지 (non-maleficence)를 근간으로 한다.

4. 사이버 중독은 인터넷, 게임, 스마트폰 등을 과다하게 사용하여 스스로 자율적인 통제가 불가능할 뿐 아니라 병적으로 집착하는 증상을 말한다. 사이버 중독은 대응보다 사전 예방이 더 중요하므로 다양한 교육과 홍보활동을 통해 올바른 사이버 문화를 정착해야 한다.

5. 사이버 중독의 유형은 게임 중독, 채팅 중독, 음란물 중독, 거래 중독, 정보검색 중독, 스마트폰 중독 등이 있다.

6. 사이버 중독의 대표적인 증상으로는 강박적 사용과 집착, 내성과 금단, 일상생활 장애, 가상적 대인 관계 지향성이 있을 수 있다.

7. 한국인터넷진흥원, 한국정보화진흥원의 스마트쉼센터, 중독관리통합지원센터 등 여러 기관에서는 다음과 같은 인터넷 중독의 치료와 예방을 위한 대응방안을 마련하고 있다.

주제	사이버 윤리와 중독		일자	
이름		학과		학번	

1. 사이버 윤리학이 수행해야 할 기능이라고 보기 어려운 것은?

   ① 예방 윤리   ② 변형 윤리

   ③ 지역 윤리   ④ 처방 윤리

2. 사이버 윤리 4가지 도덕원리 중 '해킹, 바이러스, 사기, 반 사회적 사이트 제조'와 관련이 있는 것은 무엇인가?

   ① 정의   ② 존중

   ③ 책임   ④ 해악금지

3. 다음에서 설명하고 있는 용어는 무엇인가?

   > 사이버 공간에서는 우리는 서슴지 않고 말하거나 행동하게 된다. 그들은 사이버 공간에서 긴장이 풀어짐을 느끼고, 무언가에 얽매여 있다는 느낌을 훨씬 적게 가지며, 보다 개방적으로 그들 자신을 표현하게 된다.

   ① 탈억제   ② 탈존중

   ③ 파괴성   ④ 중독성

4. 인터넷에 매달려 컴퓨터를 끄고 나오기가 점점 힘들어지며, 종전보다 더 많은 시간을 인터넷에 매달려 있어야 만족을 느끼게 되는 증세를 무엇이라고 하는가?

   ① 내성   ② 탈억제

   ③ 금단현상   ④ 의존성

5. 인터넷 중독의 과정을 바르게 나열한 것은?

   ① 인터넷 심취 – 인터넷을 통한 대리만족 – 현실탈출

   ② 현실탈출 – 인터넷 심취 – 인터넷을 통한 대리만족

   ③ 현실탈출 – 인터넷을 통한 대리만족 – 인터넷 심취

   ④ 인터넷 심취 – 현실탈출 – 인터넷을 통한 대리만족

6. 다음에서 설명하고 있는 제도는 무엇인가?

> 여성 가족부에서 실시하고 있는 제도로 만 16세 미만의 청소년에게 밤 12시부터 오전 6시까지 인터넷 게임의 일부 접속을 차단하는 기술적 조치

   ① 게임시간 관리제도   ② 게임시간 제한제도

   ③ 게임접속 제한제도   ④ 게임 셧다운 제도

7. (   )란 스마트폰을 사용하지 않으면 변화를 따라가지 못하고 뒤처질 것 같은 불안감이 발전한 것으로 결국 스마트폰에 대한 공포를 느끼게 되는 것을 말한다. 이런 현상을 중심으로 '스마트폰 소외족', '안티 스마트폰 현상' 등의 용어가 증장하고 있다. 다른말로 스마트폰 공포증이라고 불린다.

8. 인터넷, 게임, 스마트폰을 못 하게 되면 불안과 초조를 느끼는 증상을 무엇이라 하는가?

9. 네티즌 행동강령 10가지를 쓰시오.

PART 3

스마트 IT로
미래를 설계하다

CONTENTS

CHAPTER 9

유비쿼터스와
웨어러블 디바이스

CONTENTS

유비쿼터스와 사물인터넷

학습목표

1. 유비쿼터스와 사물인터넷의 개념에 대해 설명할 수 있다.
2. 우리 주변에 유비쿼터스가 반영된 기기나 방법들에 대해 설명할 수 있다.
3. 전 세계적으로 사물인터넷을 사용하는 사례와 현황에 대해 설명할 수 있다.

1 유비쿼터스

1.1 유비쿼터스 정의

유비쿼터스(ubiquitous)는 '어디든지 존재한다' 또는 '편재한다'라는 뜻을 가진 라틴어에서 유래되었다. 모바일 스마트기기의 발전으로 인해 언제 어디서나 정보를 원활하게 보내고 받을 수 있는 환경이 바로 유비쿼터스의 세계라고 할 수 있다.

1988년 미국의 마크 와이저(Mark Weiser)는 '유비쿼터스 컴퓨팅 프로젝트'에서 "인간이 언제 어디에 있든지 네트워크에 접속된 컴퓨터를 자신의 컴퓨터로 사용할 수 있는 환경이다"라고 정의하였으며, 유비쿼터스의 4가지 조건으로 다음 네 가지를 제시하였다.

첫째, 모든 컴퓨터의 네트워크를 통한 연결

둘째, 사용자의 눈에 보이지 않을 것

셋째, 언제 어디서나 사용 가능할 것

넷째, 모든 사물과 환경들이 일상생활과의 통합이 가능할 것

[다양한 유비쿼터스의 기술]

1.2 유비쿼터스의 주요 특징

유비쿼터스는 다음과 같은 특징을 가진다.

- 유비쿼터스는 언제 어디서나 정보를 원활하게 송수신하기 위해 네트워크에 반드시 접속되어야만 한다. 초고속 통신망 또는 무선 LAN이나 Wifi 등과 연결함으로 자신의 컴퓨터나 기기들을 다른 서버나 컴퓨터 및 기기들과 연결하여 사용할 수 있는 것을 말한다.
- 유비쿼터스 컴퓨팅은 사용자가 컴퓨터를 사용하고 있다는 인식이 배제된 상태로, 해당 서비스와 기술이 사용자에게 직접적으로 잘 보이지 않는 상태를 지향한다.
- 유비쿼터스 컴퓨팅은 사용자와 사용자가 원하는 바에 따라 제공 가능한 서비스가 각각 달라질 수 있다. 예를 들면 현재 사용자가 이용하는 기기와 자기 위치에서 가장 가까운 프린터에서 선택 또는 검색한 파일을 인쇄할 수 있어야 한다.

[유비쿼터스 아파트]

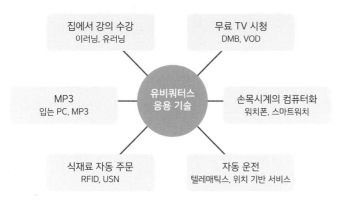

[유비쿼터스를 이용한 다양한 기술]

1.3 유비쿼터스 컴퓨팅의 종류

유비쿼터스 컴퓨팅은 전자공간과 물리 공간을 연결하는 차세대 기반 컴퓨팅 기술로서 이동성, 인간성, 기능성 등에 따라 여러 가지 컴퓨팅 기술들로 구분할 수 있다.

1 웨어러블 컴퓨팅(Wearable computing)

컴퓨터를 옷이나 안경, 시계와 같은 사물 혹은 기기들을 이용하여 사람의 몸에 착용할 수 있게 함으로 컴퓨터가 마치 인간 몸의 일부처럼 여길 수 있도록 하는 기술이다. 현재, 이를 활용한 다양한 제품들이 출시되어 판매되고 있으며, 이러한 웨어러블 컴퓨팅 기술은 추후 체내 이식형 컴퓨팅 기술로 발전해 나갈 것으로 전망된다.

2 임베디드 컴퓨팅(Embedded computing)

사물의 내부에 마이크로 칩(microchip)과 같은 컴퓨터 H/W를 장착하여 사물을 지능화하는 컴퓨팅 기술을 의미한다. 예를 들어, 냉장고, 에어컨 같은 가정용 전자제품이나 가전제품, 다리, 빌딩 등과 같은 건축물에 컴퓨터 칩을 장착하여 이것들을 내/외부에서 작동시키거나, 원격으로 안정성 진단을 통해 필요한 조치를 취할 수 있게끔 하는 기술을 말한다.

3 감지 컴퓨팅(Sentient computing)

컴퓨터가 다양한 센서를 사용하여 사용자의 상황을 즉각적으로 인식하고 감별할 수 있으며, 이에 대한 대응 메뉴얼을 탑재하고 있다. 또한 사용자가 필요로 하는 정보를 사용자에게 즉시 제공해 줄 수 있는 컴퓨팅 기술을 말한다.

4 노매딕 컴퓨팅(Nomadic computing)

노매딕 컴퓨팅 환경이란 사용자의 인증 이후 다양한 정보기기를 이용하여 특정 장소가 아닌, 어디에서나 컴퓨터를 사용할 수 있게 하는 기술이다. 즉, 다양한 정보기기의 편재로 인하여 사용자의 직접적인 정보기기의 휴대와 상관없이 언제 어디에서든 컴퓨팅기기를 사용 및 활용할 수 있는 환경을 말한다.

5 퍼베이시브 컴퓨팅(Pervasive computing)

1998년 이후 IBM을 중심으로 착안된 유비쿼터스 컴퓨팅과 비슷한 개념으로 어떠한 장소와 사물이든 컴퓨터가 편재되도록 하여 현재의 전기나 가전제품처럼 일상화된다는 개념을 담고 있다.

6 1회용 컴퓨팅(Disposable computing)

컴퓨터가 1회용 종이처럼 가격이 매우 저렴화 될 수 있다는 개념의 기술이다. 즉, 어떤 물건에라도 컴퓨터 기술을 활용할 수 있다는 개념 또한 포함한다.

7 엑조틱 컴퓨팅(Exotic computing)

기기가 스스로 현재 상황과 이와 연관 지어진 앞으로 수행해야 할 작업이 지능적으로 파악되어 실제 작업의 전반적이 수행에 이르는 것이 가능해질 수 있는 기술을 말한다. 즉, 기기나 컴퓨터가 스스로 생각하여 현실세계와 가상세계를 연계하여 수행이 가능해지는 컴퓨팅 기술을 의미한다.

2 사물인터넷

2.1 사물인터넷의 정의

사물인터넷(Internet of Things, IoT)은 사물에 센서를 부착해 실시간으로 데이터를 인터넷을 통하여 주고받는 기술이나 환경을 말하는데, 구체적인 개념을 살펴보면 사람·사물·공간·데이터 등 현실세계에 존재하는 모든 것들이 인터넷으로 서로 연결되어, 이들 서로 간에 생성되는 데이터 및 정보들을 수집·공유하여 사용자에게 유익하고 편리한 방법으로 활용되는 것을 의미한다.

인터넷에 연결된 사물은 지금도 주변에서 적잖게 볼 수 있었다. 기존의 인터넷에 연결된 기기들은 정보를 주고받는데 사람의 '조작'을 필요로 했다. 하지만 사물인터넷은 사람의 직접적인 도움 없이도 인터넷에 연결돼 기기들이 서로 알아서 정보를 주고받으며 통신할 수 있다는 것이다. 그리고 사물인터넷 기기들은 블루투스나 근거리 무선통신(NFC), 센서 데이터, 네트워크와 같은 기술을 사용하여 사물과 기기들 내에서 자율적인 소통을 할 수 있다. 한마디로, 사물인터넷은 사람이 조작, 개입을 최소화하는 가운데 언제 어디서나 사물과 사물이 서로 데이터를 주고받을 수 있는 기술을 의미한다.

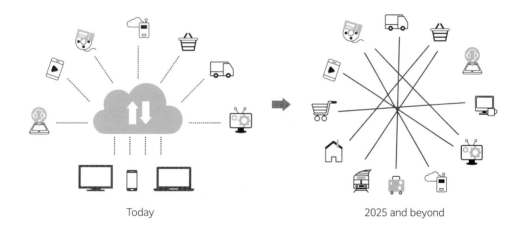

Today   2025 and beyond

예를 들어, 회사 출입문과 내 스마트폰이 블루투스로 연결되었다고 가정해 보자. 지금까지는 회사 출입문에 출입카드나 비밀번호를 사용하여 문을 열었다면 사물인터넷 시대에는 회사 출입문이 내 스마트폰의 블루투스와 연동하여 들어오려는 사람이 누구인지를 인식한 후 자동으로 출입문을 열어주며, 회사 출·퇴근시스템에 해당직원의 입·출입 정보를 자동으로 기록하게 하는 것이다. 마치 사물들끼리 서로 대화를 하여 기능을 수행함으로 사람들의 편리성을 증가시켜준 것이다. 이처럼 편리한 기능을 수행하기 위해서는 문과 잠금장치, 입·출입 기록 장치와 같은 현실 세계에 존재하는 유형의 사물들이 서로 연결되어 인터넷이라는 가상의 공간에 존재하도록 만들어줘야 한다. 그리고 스마트폰이나 인터넷상의 어딘가에 '인증된 스마트폰을 소지한 사람이 접근하면 문을 자동으로 연다'거나 혹은 '문이 열리고 입장하면 출입 기록을 작성한다'와 같은 조건을 미리 설정함으로 새로운 사물인터넷 서비스를 편리하게 이용할 수 있게 된다.

2.2 사물인터넷의 기반기술

❶ RFID(Radio-Frequency IDentification)

소형 전자 마이크로칩 안에 해당 사물과 관련한 고유 정보를 기록하고 여기에 안테나를 추가하여 전자 태그(Tag)를 구성한 후 태그를 사물에 부착한다. 이렇게 태그가 부착된 사물이 리더(Reader)를 통과하면 리더는 무선주파수를 사용하여 전자 태그의 고유 정보를 읽고 사물을 인식하게 된다. RFID는 비접촉식으로 사용이 가능하며, 여러개의 태그를 동시에 인식 할 수도 있다. 뿐만아니라, 짧은 시간안에 태그정보를 인식하고 대용량의 데이터를 저장하며, 사용기간이 반영구적이라는 장점 또한 존재한다.

이러한 과정의 인식 기술을 갖춘 RFID는 유통 경로, 재고 관리, 교통카드, 지불 결제, 출입 통제, 도시 관리, 차량·선박 등의 위치 추적 등 다양한 분야에서 활용 중이며, 다음의 그림과 같은 기술로 구성된다.

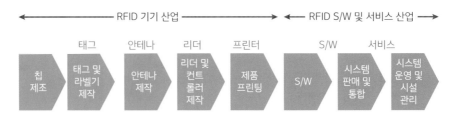

[RFID 시스템 기술의 분류]

2 WSN(Wireless Sensor Network)

주변의 다양한 정보를 수집하기 위해 센서, 프로세서, 근거리 무선통신 및 전원으로 구성되는 센서 노드(Sensor Node), 그리고 수집된 정보를 외부 네트워크와 연결하기 위한 싱크 노드(Sink Node)로 구성되는 네트워크이다. 군용, 농업, 교통 등 다양한 분야에서 원격 정보의 자동 수집을 목적으로 활용되는 기초 기술이다.

3 USN(Ubiquitous Sensor Network)

"필요한 모든 것(곳)에 전자(Radio Frequency IDentification: RFID) 태그를 부착하고 이를 통하여 사물의 인식정보는 물론 주변의 환경정보까지 탐지하여 이를 실시간으로 네트워크에 연결하여 정보를 관리하는 것"

다양한 사물들에 RFID 태그를 부착하고 이를 통하여 사물의 인식정보, 주변의 환경정보 등을 탐지 후, 이것을 네트워크를 통한 실시간 정보관리가 가능한 것 것을 말한다. 이를테면 온도 · 습도 · 빛 등을 측정할 수 있는 다양한 센서에서 측정 정보들을 유 · 무선 네트워크를 이용하여 수집함으로 사람과 정보, 환경, 사물 간의 개방형 정보 네트워크를 구성하는 것을 말한다. 건물 · 교량 등의 안전 관리, 에너지 감시, 농업 생장 관리, 기상, 재난 및 환경오염 모니터링 등의 다양한 응용 분야에서 활용이 기대되며, 다음의 그림과 같은 기술로 구성된다.

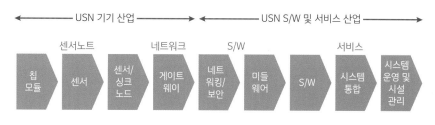

[USN 시스템 기술 분류]

4 M2M(Machine To Machine)

사람의 직접적인 개입이나 제어 없이 지능화된 기기들이 사람을 대신해 서로 통신하며 반응하고 제어하는 기술을 의미한다. 주로 센서 등을 통해 수집된 단편 정보들을 서로 교환하고 전달하기 위한 기계와 기계 사이의 통신을 의미한다.

5 RFID/USN/M2M과 사물인터넷 비교

구분	RFID/USN/M2M	사물인터넷
통신/네트워크	근거리망, 이동망 중심	인터넷 중심
서비스플랫폼	모니터링 정보 처리	의미 기반 모니터링 및 자율제어
서비스 관리 규모	수천만 개의 사물	수백 억 이상의 사물
서비스 적응성	통시적 서비스 제공	즉시적 스마트 서비스 제공
디바이스	센서 중심	센서, 액쥬에이터의 Physical Thing, 데이터와 프로세스 등을 포함한 Virtual thing
디바이스 서비스 구동 수준	단순 정보수집/수동적	자율 판단하는 지능보유/자율적

2.3 사물인터넷의 서비스 영역

사물인터넷 서비스는 서비스 대상과 서비스 제공 주체에 따라 다음과 같이 개인 IoT 서비스, 공공 IoT 서비스, 산업 IoT 서비스로 구분된다.

- **개인 IoT 서비스** : 개인의 삶의 질 향상을 위해 개인이 직접 사물인터넷 디바이스를 구매하여 서비스 이용.
  예) 스마트홈, 헬스케어, 스마트카 서비스 등
- **공공 IoT 서비스** : 정부가 사회문제 해결 및 대국민 서비스를 제공하기 위해 인프라를 구축하여 제공하는 서비스
  예) 공공 안전, 환경, 에너지 등과 관련된 서비스
- **산업 IoT 서비스** : 기업이 산업 경쟁력을 강화하고 효율성을 재고하기 위해 도입하는 서비스
  예) 스마트 공장, 스마트 농장 등

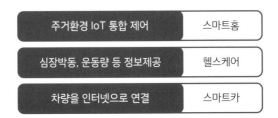

[개인IoT서비스]

[공공IoT서비스]

[산업IoT서비스]

2.4 국내외 공공부문에서의 사물인터넷 적용 사례

1 미국

미국은 표준기술연구소(National Institute of Standards and Technology: NIST) 주관으로 '스마트 아메리카 챌린지(Smart America Challenge, 2013~2014)' 프로젝트를 시행하였다. 이는 백악관 대통령 혁신 전문가 프로그램(White House Innovation Fellow Program) 중 하나로 IoT를 통한 도시 일자리 확대, 새로운 비즈니스 기회 창출, 경제환경 개선, 사람의 생명 구호 등 실생활에서의 IoT를 적용을 그 목표로 하였다. 프로젝트 진행 결과, 퀄컴과 혼다는 도로의 보행자에게 자동차가 접근 시, 자동차의 접근을 알려주는 시스템을 개발하였고 퀄컴과 CH2MHILL은 수도관 밸브에 수량 측정용 센서를 달아 사용하는 물의 양을 추정할 수 있는 시스템을 개발하는 등의 성과가 있었다.

또한 공공복지 및 건설 분야에서는 기존 국가나 도시에서 관리하던 각종 센서 노드가 개인이나 기업이 필요로 하는 분야에 사용할 수 있도록 스마트기기와 융합하게 될 수 있었다. 이와 같은 대표적 사례로는, 샌프란시스코시가 공개한 스마트기기와 무선 센서 네트워크를 이용한 지능형 주차 서비스 'SFPark', 미 Valarm사의 '지능형 건물에너지 관리시스템' 등이 있다.

[지능형 주차서비스 'SFPark']

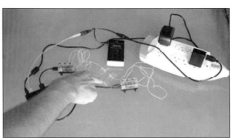

[지능형 건물에너지관리시스템]

[Smart Amerca Challenge]

[매사추세츠 스마트가로등]

2 유럽

영국은 'Smart London'이라는 표어를 채택하고 런던 시민들과 기업체, 관광객을 위한 새로운 기술개발과 데이터의 높은 활용을 추구하고 있다. 먼저 가장 빠른 무선 네트워크와 무료 와이파이를 갤러리와 박물관 등에 설치하여 공급하고, 도시 길 찾기와 여행계획 도구들, 디지털 화폐 등과 같이 관광객과 시민들의 편의를 증대시킬 수 있는 기술들의 개발도 채택하였다.

스코틀랜드에서는 글래스고(Glasgow)와 IBM의 협력을 통하여 스마트시티 프로젝트를 진행하였다. 시내 여러 곳에 500여 개의 공공 CCTV를 설치하여 교통상황에 대한 정보 및 범죄, 대기오염 등 도시를 위협하는 요소에도 신속히 대응할 수 있도록 하여 시민에게 편의를 제공하는 서비스를 창출할 수 있도록 하였다.

스페인의 바르셀로나(Barcelona) 시는 필립스(Philips)사와 협력하여 LED 조명 기반 'Urban Lighting' 프로젝트를 추진하였다. 이는 실시간으로 파악된 인구 밀집도와 유동인구수를 근거로 가로등 조명 밝기를 조절하는 시스템을 운용한 결과 연 30% 이상의 전력을 절약할 수 있었다.

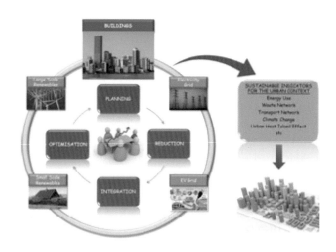

[글래스고시 'Smart City' 서비스]

[바르셀로나 'Urban Lighting' 프로젝트]

2.5 사물인터넷에 의한 미래 산업전망

1 사물인터넷 기술을 통한 4차 산업혁명

산업생산 분야, 제조업 등에 사물인터넷 기술이 더하여진다면 실시간으로 모든 자원과 설비를 최적화할 수 있어 유휴자원을 줄이고 가용성을 극대화할 수 있으므로 비용 절감, 생산의 효율화를 동시에 이룰 수 있다. 예를 들어, 공장 안에 기계장치와 시스템이 사물인터넷 기술에 의해 네트워크로 연결된다면 다양한 정보가 제공되고, 이러한 정보를 근거로 하여 근로자의 일부 관리나 개입이 없이도 생산시스템의 자동화가 가능하다. 따라서 제조에서 판매까지 전체 공급체인에 대한 정보를 실시간으로 확인할 수 있으므로 효율적이며 체계적인 관리가 이루어질 수 있다.

이처럼 사물인터넷과 빅데이터, 클라우드 시스템의 발전으로 관리자는 원격으로 생산 현장을 실시간 모니터링도 하면서 실시간 데이터를 취합·분석하고 최적의 의사결정을 내릴 수 있게 되었고 또 반대로 의사결정이 다시 즉각적으로 공장으로 전달되어 적용할 수 있게 되었다. 이러한 4차 산업혁명의 생산공정의 변화는 인간의 일자리에도 큰 변화를 가져올 것으로 예상되는데, 단순한 작업이나 인간의 노동력을 요구하는 직군, 또는 컴퓨터의 연산 능력을 충분히 발휘할 수 있는 분야의 직업은 사라질 것으로 전망된다.

2 사물인터넷 시대의 새로운 사업 창출

단순한 작업 등의 직업들이 사라질 것으로 전망되는 대신, 새로운 신규 사업들이 창출 될 수 있다. 사물인터넷, 클라우드와 빅데이터로 인해 앞으로 우리 사회는 혁명에 가까운 변화가 일어날 것이며 이러한 변화는 에너지, 의료, 제조업 등 다방 면에 영향을 미쳐 인간과 기계의 상호작용에 근본적인 변화를 가져올 수 있다. 따라서 기존에는 존재하지 않았거나 구현하기 어려웠던 혁신적인 신사업이 창출될 수 있다.

ICT와 사물인터넷 기술이 도입되면 사업 모델의 관점도 공급자 위주의 제품 중심에서 수요자 위주의 서비스 중심으로 변화될 것이다. 이로 인해 소프트웨어의 중요성이 증가하며 고객 수요에 부응하기 위한 다양한 서비스 산업도 성장할 것이다. 대표적인 예로 제조업 분야인 자동차 산업에서도 나타나고 있는데, 기존의 자동차의 가치에서 물리적 시스템과 기계가 중요한 부분이었다면 현재는 어떠한 소프트웨어 플랫폼과 애플리케이션을 장착했는지도 중요한 가치를 지니게 된 것이다. 이렇듯 미래의 사물인터넷 산업은 제조업보다는 서비스 분야의 새로운 사업으로서 사물인터넷 기기로 수집된 방대한 데이터를 근거로 새롭고 다양한 형태의 서비스 제공이 가능해질 것이고 이를 통해 새로운 비즈니스 모델이 창조될 것이다.

마무리하기

1. 유비쿼터스(ubiquitous)는 '언제 어디에나 존재한다'는 뜻의 라틴어에서 유래한 말로, 유비쿼터스 컴퓨팅의 줄임말이며. 이는 다양한 종류의 컴퓨터가 서로 네트워크로 연결돼 인간의 편리한 삶을 도와주는 컴퓨팅 환경을 의미한다.

2. 유비쿼터스의 주요 특징은 다음과 같다.
    *   유비쿼터스는 네트워크에 접속되어야만 함
    *   유비쿼터스는 사용자에게 잘 보이지 않아야 함
    *   유비쿼터스 컴퓨팅은 사용자에 따라 제공될 수 있는 서비스가 달라야 함

3. 유비쿼터스 컴퓨팅의 종류로는 웨어러블 컴퓨팅(Wearable computing), 임베디드 컴퓨팅(Embedded computing), 감지 컴퓨팅(Sentient computing), 노매딕 컴퓨팅(Nomadic computing), 퍼베이시브 컴퓨팅(Pervasive computing), 1회용 컴퓨팅(Disposable computing), 엑조틱 컴퓨팅(Exotic computing) 이 있다.

4. 사물인터넷(IoT: Internet of Things)은 사람, 주변 사물, 데이터 등 모든 것이 이 유무선 네트워크로 연결되어 정보를 생성·상호 수집·공유·활용하는 인터넷 환경이다. 즉, 정보 생성(센서)-수집(부품, 디바이스)-공유(클라이드)-활용(빅데이터)-응용소프트웨어(SW)를 총망라하는 기술 및 서비스라 할 수 있다.

5. 사물인터넷의 기술은 RFID(Radio-Frequency IDentification), WSN(Wireless Sensor Network), USN(Ubiquitous Sensor Network), M2M(Machine To Machine) 등이 있다.

6. 사물인터넷의 서비스 영역은 개인 IoT 서비스, 공공 IoT 서비스, 산업 IoT 서비스로 구분 한다.

7. 국내외 공공부문에서의 사물인터넷 적용 사례
    *   미국 : 스마트 아메리카 챌린지(Smart America Challenge)'
    *   런던시 : 'Smart London'
    *   글래스고시 : 스마트시티 프로젝트를 진행
    *   바르셀로나시 : 'Urban Lighting' 프로젝트

8. 사물인터넷에 의한 미래 산업 전망
    *   사물인터넷 기술을 통한 4차 산업혁명
    *   사물인터넷 시대의 신사업 창출

주제	유비쿼터스와 사물인터넷		일자	
이름		학과	학번	

1. 전자공간과 물리공간을 연결해주는 차세대 기반 컴퓨팅 기술로서 이동성, 인간성, 기능성 등에 따라 여러 가지 컴퓨팅 기술을 이용하고 활용할 수 있는 것은?

 ① 3D프린터   ② 데이터베이스

 ③ 유비쿼터스   ④ 인터넷

2. 유비쿼터스의 주요 특징이 <u>아닌</u> 것은 무엇입니까?

 ① 네트워크에 접속되어야만 한다.

 ② 사용자에게 잘 보이지 않아야 한다.

 ③ 가정 내에서만 사용가능하다.

 ④ 사용자에 따라 제공될 수 있는 서비스가 달라야 한다.

3. 다음 중 유비쿼터스 환경의 예가 <u>아닌</u> 것 무엇입니까?

 ① 인터넷을 통해 컴퓨터로 영화예매 ② MP3 재킷 입고 걸으면서 음악감상

 ③ 두루마리 디스플레이로 신문 구독 ④ 원하는 곳까지 자동 운전

4. 사람·사물·공간·데이터 등 모든 것이 인터넷으로 서로 연결되어, 정보가 생성·수집·공유·활용되는 초연결 인터넷을 의미하는 것은?

 ① RFID   ② 사물인터넷(IoT)

 ③ WSN   ④ USN

5. 다음 중 사물인터넷의 서비스 영역이 <u>아닌</u> 것은?

 ① 개인 IoT 서비스   ② 공공 IoT 서비스

 ③ 산업 IoT 서비스   ④ 생활 IoT 서비스

6. 다음 중 유비쿼터스 컴퓨팅의 종류가 <u>아닌</u> 것은?

　① 휴머노이드 컴퓨팅(Humornoid computing)

　② 임베디드 컴퓨팅(Embedded computing)

　③ 감지 컴퓨팅(Sentient computing)

　④ 웨어러블 컴퓨팅(Wearable computing)

7. 다음에서 설명하는 것은 무엇인가?

> 사람, 주변 사물, 데이터 등 모든 것이 이 유무선 네트워크로 연결되어 정보를 생성·상호 수집·공유·활용하는 인터넷 환경을 일컫는다.

8. 유비쿼터스 컴퓨팅을 최초로 정의한 마크와이저(Mark Weiser) 는 유비쿼터스를 어떻게 정의했는가?

2 SECTION • • •

웨어러블 디바이스와 핀테크

학습목표

1. 웨어러블 디바이스의 개념에 대해 학습하고, 그 종류들에 대하여 설명할 수 있다.
2. 핀테크란 무엇인지 설명할 수 있다.
3. 핀테크의 기술의 형태와 전 세계적으로 핀테크가 활용되는 사례와 현황에 대하여 설명할 수 있다.

1 웨어러블 디바이스

1.1 웨어러블 디바이스의 정의

웨어러블 디바이스(Wearable Device)는 뜻 그대로 '착용할 수 있는 기기'라는 뜻을 가진다. 신체 특정 부분에 간편하게 착용하는 IT 기기로서 착용에 따른 액세서리로서의 역할은 물론 다양한 기능으로 편리함 또한 제공하는 것을 목적으로 한다. 착용이 가능한 기기인 만큼 소형화와 경량화 기술이 뛰어나며 음성인식 등 최첨단의 다양한 기술도 적용되어 많은 인기 속에 판매되고 있다. 주목받고 있는 제품으로는 안경 형태로 개발되고 있는 구글 글래스, 시계 형태로서 몸에 착용하는 갤럭시 워치, 아이워치 등의 제품이 있다.

1.2 웨어러블 디바이스 발전 과정

시대별 웨어러블 디바이스의 발전을 살펴보면 다음과 같다.

- **1960년대** : 시계와 신발에 계산기나 카메라를 부착하는 단순 장착 형태.
- **1980년대** : 주로 군사용이나 학술연구용의 입출력장치와 컴퓨팅 기능을 갖춘 프로토타입 모델 기술 개발 진행.

- **1990년대** : 유비쿼터스 컴퓨팅의 등장과 기기의 경량화 및 소형화로 본격적으로 일부 산업에 적용.
- **2000년대** : 발열, 배터리 성능, 단말기 소형화 등의 발전.
- **2010년대** : 스마트폰과 태블릿PC 등 스마트 기기의 발전, 무선통신 인프라의 구축과 배터리 수명향상 등 기술적 한계의 극복으로 실생활에서도 사용이 가능한 수준에 도달.

이렇게 거듭된 기술의 진보 속에 2010년대 부터는 웨어러블 디바이스와 스마트폰과 같은 전자기기가 M2M(Machine to Machine: 사물통신) 방식으로 연결되어 실시간 정보를 상호 전송·교환할 수 있게 되었다.

최근에는 자체적으로 여러 네트워크에 접속 가능한 모델도 출시되어 스마트폰 이외 다른 스마트 기기와의 강화된 확장성을 보여주고 있다.

표 9.1 컴퓨팅 디바이스 방식의 변화

	PC	스마트폰	웨어러블 디바이스
주요 입력수단	키보드	터치	음성/영상/센서
앱 실행방법	On->Type	Unlock->앱구동	터치, 음성명령
실시간 수집정보	-	위치 정보	행동정보/생태정보

1.3 웨어러블 디바이스 기술

1 웨어러블 디바이스의 기술적 분류

웨어러블 디바이스는 액세서리형(Portable), 일체형(Attachable), 이식형(Eatable)으로 분류 할 수 있다.

- **액세서리형(Portable)** : 사용자가 직접 간단하게 휴대할 수 있는 액세서리와 같은 형태
- **일체형(Attachable)** : 피부 또는 의류에 부착하는 패치 형태 또는 의류 형태
- **이식형(Eatable)** : 신체에 직접 이식하거나 복용하는 형태의 신체 부착/생체 이식의 형태

눈

스마트 콘택트렌즈

• 눈물 성분을 분석해
  눈혈당치 자동 측정
• 구글 콘택트렌즈(개발중)

스마트 안경

• 사진 · 동영상 촬영, 길 안내,
  웹 검색, 메시지 송수신, 영상통화
• 구글안경, 소니 스마트안경,
  아이온 글래스,
  아이시스 그래스업(제작중)

머리·귀

피트니스용 이어폰

• 심장 박동 수 측정, 이동거리 · 시간 · 속도 · 칼로리 소비량
  측정, 음악 조작
• 아이리버온, 스마트 이어버드, LG HRM 이어폰

손가락

스마트 반지

• 메시지 송수신, 모바일 결제,
  휴대전화 잠금 · 해제, 전화
• 스마티링(제작중), 기크링

몸

무선 칩과 센서가 내장된 옷

• 운동량 측정, 이동거리 · 시간 · 속도 측정,
  심장 박동 수 측정 등
• D셔츠(개발중), 인텔 아가웃(시제품)

손목

스마트 시계

• 사진 동영상 촬영, 음성 · 영상 통화,
  메시지 송수신, 게임 등
• 갤럭시 기어, 기어2, 퀄컴 톡,
  소니 스마트워치, 페블, 필립 등

스마트 밴드

• 심장 박동 수 측정, 이동거리 ·
  속도 · 칼로리 소비량 측정,
  수면 패턴 분석 등
• 조본 엽, 나이키 퓨얼밴드,
  삼성 기어핏 등

발목

스마트 발찌

- 심장 박동 수 측정, 이동거리 ·
  시간 · 속도 칼로리 소비량
  측정, 수면 패턴 분석 등
- 플라이핏(제작중)

[신체 부위별 웨어러블 디바이스]

이는 웨어러블 디바이스의 발전단계의 순서라고도 할 수 있으며, 다음 표와 같이 비교 할
수 있다.

표 9.2   웨어러블 디바이스의 핵심기술 및 연구개발 이슈

구분	액세서리형 (Portable)	의류일체형 (Attachable)	신체부착/생체이식형 (Eatable)
핵심 기술	• 초소형/고용량 배터리 • 저전력 고성능 SoC (System on Chip) • 플렉서블, 박막형 투과형 디스플레이 • 초소형/정밀 비전센서 • 사용자 인터랙션 기술	• 전도성 실, 섬유, 직물 센서 개발 • 직물 회로보드 기술 • 접착형 전자소자 패키징 기술	• 고분자 회로보드 및 전자 소자 패키징 기술 • 안테나 및 통신 기술 • 소재 및 탈부착 기술
문제점	• 크기, 무게, 배터리 지속시간 • 입출력 방식	• 굽힘, 접힘, 오염 등에 강인한 내구성 • 세탁성 및 양산 기술	• 신축성/유연성 • 인체 무해성 • 양산 기술
연구 개발 이슈	• 저발열/저전력/초소형화 • 웨어러블 통신 기술 • 센서일체형 디스플레이 • 촉감 표현 기술 • 디바이스 협업 및 UI/UX 기술	• 의류 디스플레이 기술 • 모션인식 의류 기술 • FAN(Fabric Area Network) • 상황기반 색/무늬 변화	• 고전도성, 저전력화 • 유연/투명 부품 기술 • 무구속/무자각 생체신호 측정 기술 • 의료/웰니스용 생체신호 측정 센터 및 시스템

2 웨어러블 디바이스 기능적 메커니즘 및 주요 기술

웨어러블 디바이스의 기능적 메커니즘 및 주요 기술의 형태는 다음과 같다.

• 착용 사용자의 신체변화 정보(움직임, 생체 신호 등) 제공
• 사용자 주의를 둘러싼 환경정보(온도, 습도 등) 제공
• 주변 IoT(Internet of Thing)에 적절한 행동의 서비스가 이루어지도록 명령을 전달

이처럼 웨어러블 디바이스의 기능과 기술은 많은 주요 기술(센서, 통신 등)과 밀접한 연관이 있다.

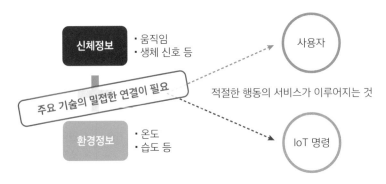

[웨어러블 디바이스의 사용자 기능적 메커니즘]

이러한 주요 기술에는

- 소형 전자기기에 탑재되는 고용량 고효율 소형 배터리 기술
- 블루투스 등과 같이 단거리의 한계를 극복하는 광대역 통신 기술
- 장시간 착용하기 위한 부품의 소형화·저전력화 기술,
- 인체의 곡선이나 의류에 쉽게 부착될 수 있는 플렉시블·종이형태화 기술
- 생체 신호 및 환경오염 등을 감지하는 스마트 센서 기술

등이 있으며 일부 주요 기술을 조금 더 살펴보면 아래와 같다.

1.4 웨어러블 디바이스의 활용분야 및 기능

웨어러블 디바이스는 사용자들의 활용 가능 분야를 토대로 피트니스/웰빙(Fitness and Wellness) 기능, 헬스케어/의료(Healthcare and Medical) 기능, 인포테인먼트(Infotatinment) 기능, 군사/산업(Industrial and military) 기능 다음과 같이 크게 네 가지로 분류한다.

1 피트니스/웰빙 기능

웨어러블 디바이스를 착용하고 운동을 하면, 운동 중 수집된 정보들을 활용하여 자신이 뛰었던 거리, 속도, 소모된 칼로리 등의 운동량을 파악할 수 있다. 예를 들어, 착용형 디지털 기기인 '나이키 플러스 퓨얼밴드(Nike Plus FuelBand)'를 착용한 후 운동하면 손목의 움직임을 감지하여 운동과 관련한 정보들로 즉, 칼로리 소모량, 운동 시간, 운동 거리, 걸음 횟수 등의 정보로 수치 환산하여 제공된 정보를 확인할 수 있다.

[Nike Plus FuelBand]

2 헬스케어/의료 기능

헬스케어 웨어러블 디바이스 기능은 WBAN(wireless Body Area Network, 웨어러블 또는 몸에 심는 형태의 센서나 기기를 무선으로 연결하는 네트워킹 기술)과 인터넷이나 스마트폰 등의 ICT 기술을 활용하여 시간과 장소의 제약을 받지 않고 의사와 환자를 연결해 실시간으로 진단·치료·예방 등의 보건의료 및 건강관리를 제공해주는 유헬스케어(Ubiquitous Healthcar) 기술을 사용하여 착용자의 신체 상황을 측정하여 환자나 의사에게 할 수 있다.

3 인포테인먼트 기능

인포테인먼트는 정보(information)와 오락(entertainment)의 합성어로, 정보의 전달에 오락성을 가미한 소프트웨어 또는 미디어를 가리키는 용어이다. 대표적으로 삼성전자, 구글, 애플 등에서 개발한 스마트 안경, 시계형 웨어러블 디바이스가 있다. 스마트 안경은 투명 스크린, HMD(Head Mounted Display), HUD(Head Up Display) 등의 디스플레이 장치를 안경 형태의 디바이스에 부착한 형태로, 음성명령으로 시스템을 사용할 수 있으며 스마트 안경을 통해 볼 수 있는 직관적인 형태의 증강현실 기능을 이용할 수 있다. 시계형 웨어러블 디바이스는 사용자의 움직임을 모니터링하기 위한 다양한 센서류(가속도 센서, 광센서, 터치센서 등)를 내장하고 있어 인포테인먼트 기능 외의 다양한 기능도 수행할 수 있으며 스마트폰 없이도 문자메시지와 이메일 등의 확인이 가능하다.

4 군사·산업 기능

산업체나 군대에서 사용하는 웨어러블 디바이스는 주로 고급 기능 및 높은 신뢰도를 가져야 하므로 중량이 무겁거나 복잡한 기능을 갖추고 있다. 산업현장의 경우, 양손으로 작업하며 핸즈프리 접속을 필요로 하는 경우가 많아 주로 머리에 장착하고 음성으로 작동할 수 있는 웨어러블 디바이스가 사용되며, 군대에서는 신체 보호 및 무기를 탑재하거나 무거운 물품 등의 이동을 위한 로봇 형태의 디바이스가 많이 사용된다.

5 금융서비스

금융서비스 분야는 웨어러블 기기의 활용이 가장 활발한 분야 중 한 곳으로 특히, 결제 (Payment) 분야는 많은 금융회사와 지급결제 업체들이 미래 결제시장 선점을 위해 다양한 형태의 결제 서비스를 제공하고 있다. 이러한 서비스를 이용하여 단순한 결제 서비스뿐 아니라 각종 조회, 송금 등의 뱅킹 서비스, 웨어러블 기기 자체에 내장된 기능을 활용한 상담 기능, 건강보험 자격 심사에 활용하는 정보 제공 기능 등을 제공받을 수 있다.

예를 들어, 페이팔(PayPal)은 스마트워치 업체인 페블(Pebble) 5에 지급결제 앱을 탑재하여 가맹점에서 생성한 결제코드를 인식하여 결제하는 서비스를 제공하고 있으며, 삼성의 스마트 워치도 유사한 서비스를 제공하고 있다.

[PayPal + Pebble 결제서비스]

[Heritage + Visa의 '파워수트']

1.5 웨어러블 디바이스의 한계를 극복하기 위한 주요 사항

웨어러블 디바이스의 혁신적인 발전이 있었음에도 초기 소수의 얼리어댑터(early adopter) 계층을 넘어서 다양한 사람들이 접하고 실제로 구매하여 사용할 수 있는 대중성을 갖추기 위해서는 아래와 같은 주요 기술에서의 개선이 필요하다.

1 배터리(Batteries)

제약 요소	해결 방안
• 배터리 수명은 크기와 에너지 밀도라는 2개의 주요 매개 변수에 의해 영향을 받는데, 다른 전자기기보다 훨씬 더 작은 크기 필요 • 배터리의 에너지 밀도 개선은 크게 개선이 이루어지고 있지 못하며, 일부 웨어러블 디바이스는 고유의 디자인을 고수하기 위하여 배터리의 변형을 거부함 • 웨어러블 디바이스는 인체에 접촉하여 사용하므로 배터리 발열 또는 외부 충격 등의 화학 물질 누출은 인체에 유해할 수 있음	• 무선 충전 방식의 배터리 활용 • 빛으로부터 전기가 발생하는 광전효과를 이용하는 태양전지 등의 에너지 수확 기술 활용

2 센서(Sensors)

제약 요소	해결 방안
• 데이터의 정확성 및 여러 신호 인식을 위하여 다수의 소형화된 센서 및 내장화 필요 • 일부 신호는 오직 신체의 특정 부분에 위치한 센서에 의해서만 인식될 수 있음	• 센서 기술의 혁신은 이러한 문제를 극복하기 위한 매우 중요한 역할 • 웨어러블 디바이스 착용자 근처의 펜, 컵, 의자, 자동차 등의 물체 안에 센서를 내장하여 서로 상호작용을 통한 중요 정보 기록 보완

3 디자인(Design&Usability)

제약 요소	해결 방안
• 심미성이 떨어지거나, 부자연스럽거나 특이한 디자인으로 인하여 착용 거부감 및 불편함을 유발한다면 아무리 기능이 뛰어나도 호응을 얻기는 곤란함 • 사용자의 라이프 스타일에 부합하고 자연스러운 착용감 필요	• 기술개발기업들은 디자인 분야 기업들과 협력하여 웨어러블 디바이스가 심미적이고 사회학적인 요소에 걸맞게 디자인될 수 있도록 다양한 접근 방법 필요

4 개인정보/보안(Privacy/Security)

제약 요소	해결 방안
• 착용 중인 웨어러블 디바이스의 데이터 도청 및 해킹 그리고 디바이스 장치의 도난 또는 무단 사용	• 엄격한 보안 프로토콜 및 높은 수준의 암호화 • 사용자 인증 생체 인식 사용

5 상호운용성(Interoperability)

제약 요소	해결 방안
• 일부 장치는 폼 펙터(하드웨어의 크기, 구성, 물리적 배열), 제조업체, 구축된 플랫폼과 상관없이 각각의 원활한 통신, 인증 및 정보 공유 필요	• 개방 개발 장려를 통한 오픈 소스 플랫폼은 상호운용 가능한 제품 및 솔루션에 대한 방법을 제공 • 공급 업체, 산업 표준, 표준 기관 및 표준 프레임워크의 협업은 정보처리 상호운용성 촉진을 가능

6 애플리케이션(Apps)

제약 요소	해결 방안
• 웨어러블 디바이스는 개별 장치에 대한 소프트웨어 개발 킷 및 응용 프로그래밍 인터페이스의 완전히 각각 다른 유형의 조합으로 매우 조각적인 환경생태계를 가짐 • 가능한 애플리케이션 수의 증가는 장애물로 작용	• 앱 개발자 커뮤니티를 육성하고 필요한 기반구조 공급을 통한 앱 환경 생태계 성장 지원

7 데이터 관리(Data Management)

제약 요소	해결 방안
• 웨어러블은 매일의 사용으로 엄청난 양의 데이터를 생산 • 회사들은 가시적인 효과를 유도하기 위해 웨어러블에서 발생하는 거대한 양의 데이터의 효과적인 관리 필요	• 웨어러블 기술의 잠재력을 극대화하기 위해 클라우드 컴퓨팅의 활용이 필요 • 클라우드는 스토리지, 분석, 네트워킹 및 보안에 중요한 역할을 담당 가능

2   핀테크란 무엇인가?

2.1 핀테크 정의

핀테크(FinTech)란 금융(Financel)와 기술(Technology)의 합성어로 금융서비스와 연결된
IT 신기술로 모바일결제, 송금, 개인 자산관리 등 기본적인 금융 영역에 모바일 디바이스
등 IT 기술이 접목된 산업 및 서비스 분야를 가리킨다.

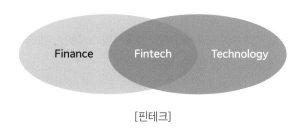

[핀테크]

이렇게 서로 다른 두 분야가 융합되어 탄생하였기 때문에 핀테크를 바라보는 관점은 두가
지로 나뉜다.

첫 번째는 주로 기존 금융권에서 핀테크 열풍을 바라보는 관점이다. 금융을 중심으로 IT가
금융사업을 돕는 또는 금융산업이 새로 나온 IT 기술을 채용함으로 가져온 미시적인 혁신
이라는 관점이다.

두 번째는 핀테크가 IT기술 중 하나에 포함되는 것으로 분류하는 관점이다. 즉 이미 많은
기술이 도입되어 있는 금융산업에 새로운 IT 기술을 도입한다는 식의 관점이다.

그러나 이렇게 한쪽 방향에 치우친 관점만으로는 핀테크에 대해 올바른 이해를 하기는 어
렵다. 핀테크 열풍을 제대로 이해하기 위해서는 또 다른 관점으로 즉, 진보와 혁신을 아우
르는 기술을 중심으로 핀테크를 바라봐야 한다.

2.2 핀테크의 등장 배경

미국은 서브프라임 사태 이후 무분별하게 금융파생상품을 팔지 못하게 하는 법안(도드 프
랭크 법)을 내놓으며 금융위기를 불러온 금융업계를 더욱 규제하기 시작하였고, 이로 인해
금융업계는 한층 더 침체되었다.

금융업계에서는 IT 업계에 손을 내밀며 침체된 사업의 활로를 뚫고자 했다. 먼저, 금융 거래 과정을 전자화하여 사람이 했던 많은 일을 전산 시스템으로 대체하였다. 그러자 비용은 줄어들고 속도는 빨라졌으며 소비자는 편리하게 금융서비스를 이용할 수 있게 되었다.

금융서비스의 전산화로 또 다른 수익원이 발생하였는데 그것은 바로 금융소비자가 온라인 활동을 통해 만드는 데이터다. 이 데이터를 기반으로 그동안 제공할 수 없었던 핀테크를 비롯한 다양한 서비스 산업이 싹을 틔웠다.

2.3 핀테크 비즈니스 서비스 분야

핀테크 비즈니스 서비스 분야에는 크게 지급 결제서비스 분야, 대출 분야, 전자화폐 분야, 그리고 금융정보 분석 분야로 구분할 수 있다.

1 지급 결제 서비스

지급 결제 서비스에는 간편 결제와 송금 분야가 있다. 페이팔과 알리페이와 같은 해외 서비스의 경우 충전식 전자지갑을 이용하여 온라인과 오프라인 모두 결제할 수 있기 때문에 해외에서는 송금과 간편 결제는 같은 서비스로 인식되고 있다.

[네이버 '네이버페이']

지급 결제 서비스의 첫 번째 요건은 다른 무엇보다 사용자가 쓰기 쉽고 편리해야 한다는 것이다. 국내에서의 전자지갑보다는 은행 및 온라인을 통하여 개설한 통장을 중심으로 연계된 간편결제방식이 아직까지는 더욱 대중화되어 있으나, 최근 많은 IT기업이 지급 결제 부문 서비스를 개시하고 있다. 예를 들면,　네이버는 네이버페이, 다음카카오는 카카오페이를 그 외 KG이니시스와 LG유플러스, 페이게이트 같은 전자지급결제 대항사(PG)도 각자 서비스를 제공하고 있고 비바리퍼블리카나 한국NFC 같은 핀테크 스타트업도 편리한 서비스를 장점으로 내세우며 새로운 기회를 열어가고 있다.

2 대출 분야

대출 분야는 국내에서 가장 전망이 기대되는 핀테크 분야로 미국의 렌딩클럽(Lending Club)과 같은 P2P 대출 서비스 유형이다. P2P 대출은 공유경제 개념과 유사하게 투자자와 소비자를 연계하는 공유경제 플랫폼을 제공하고 금융 잉여자원을 활용한다. 국내의 경우, 소상공인 전문 P2P 대출 스타트업 기업인 '펀다', 고금리 제2 금융권 대출을 전환해주는 전환대출 전문기업인 '피플펀드', 건축 중인 건물을 담보로 건축자금 대출 전문 기업인 '테라펀딩' 등이 등장하였다.

P2P 대출 서비스는 투자자와 대출이 필요한 사람을 연계하는 서비스도 중요하겠지만 우선 대출자에 대한 신용도를 평가하는 기능도 핵심 요소이다. 그래서 투자자의 경우 기존 은행금리보다 높은 투자수익을 거둘 수는 있겠지만 P2P 대출기업의 적절한 신용도 평가 기능에 따른 안정성과 신뢰 확보가 중요한 과제일 것이다. 또한 같은 관점에서 핀테크 활성화를 위한 규제 완화도 필요하겠지만, 투자자 보호를 위한 사후 감시와 감독도 더욱 필요할 것이다.

3 전자화폐

전자화폐는 페이팔과 같이 지급결제를 위한 수단이자 그 자체로 가상화폐 역할을 한다. 대표적인 가상화폐로는 비트코인(Bitcoin)이 있다. 비트코인은 가상화폐이면서 동시에 결제 플랫폼으로 다양한 상거래에서 사용 가능한 것은 아니지만, 비트코인으로 결제가 가능한 거래 대상이 넓혀지고 있다. 비트코인은 P2P 기반 분산 데이터베이스와 공개키 암호방식으로 거래가 수행되기 때문에 국가나 단체에 의해 통화량이 제어되지 않는다. 이러한 특성으로 인하여 탈세나 불법 자금으로 활용될 우려가 존재함에도 인해 기존 금융시스템의 문제에 대응할 수 있는 화폐체계로 평가받기도 한다.

4 금융정보 분석

개인들에게 은행·카드·증권·보험 등 복수의 금융서비스를 통합시킨 자산관리 서비스를 제공하는 분야로써, 향후 핀테크 IT 기업들이 금융 규제에 비종속적으로 서비스를 시도해 볼 수 있는 분야이다. 예를 들면, 사회심리학과 통계학을 바탕에 둔 설문조사들로 신용도를 평가받을 수 있게 하거나 사회관계망 서비스(SNS)와 인터넷 활동내역을 바탕으로 대출 이자율을 계산하여 돈을 빌려주는 서비스 등을 말한다.

[비주얼 DNA]

마무리하기

1. 웨어러블 디바이스는 사용자가 어디서든 편리하고 자유롭게 사용할 수 있도록 신체나 의복에 착용할 수 있도록 제작된 디바이스로 작고 가볍게 개발되어 신체의 가장 가까운 곳에서 사용자와 소통할 수 있는 차세대 전자기기를 의미한다.

2. 웨어러블 디바이스의 발전 과정

	PC	스마트폰	웨어러블 디바이스
주요 입력수단	키보드	터치	음성/영상/센서
앱 실행방법	On à Type	Unlock à앱 구동	터치, 음성명령
실시간 수집정보	-	위치 정보	행동정보, 생태정보

3. 웨어러블 디바이스는 기술적으로 액세서리형(Portable), 의류 일체형(Attachable) 그리고 신체 부착/생체이식형(Eatable)으로 분류되며, 기능적 메커니즘 및 주요 기술은 전원부(배터리/전력), 송수신부(통신), 운영체제, 센서, 인터페이스(정보표시부), 인터페이스(음성인식) 등이 있다.

4. 웨어러블 디바이스의 활용분야 및 기능은 피트니스/웰빙(Fitness and Wellness)기능, 헬스케어/의료(Healthcare and Medical) 기능, 인포테인먼트(Infotatinment) 기능, 군사/산업(Industrial and military) 기능 크게 네 가지로 분류할 수 있다.

5. 웨어러블 디바이스의 Chasm을 극복하기 위한 주요 사항
   - 배터리(Batteries) : 무선 충전 방식의 배터리 활용
   - 센서(Sensors) : 웨어러블 디바이스 착용자 근처의 물체 안에 센서를 내장하여 서로 상호작용을 통한 중요 정보 기록 보안
   - 디자인(Design&Usability) : 기술개발기업들은 디자인 및 다른 분야의 전문적인(특화된) 기업들과 융합 및 협력을 통해 웨어러블 디바이스가 인지적이고 사회학적인 요소에 걸맞게 고안이 될 수 있도록 다양한 접근 방법을 취할 필요 있음
   - 개인정보/보안(Privacy/Security) : 엄격한 보안 프로토콜 및 높은 수준의 암호화
   - 상호운용성(Interoperability) : 개방 개발 장려를 통한 오픈 소스 플랫폼은 상호운용이 가능한 제품 및 솔루션에 대한 방법을 제공함

- 어플리케이션(Apps) : 앱 개발자 커뮤니티를 육성하고 필요한 기반구조 공급을 통한 앱 환경 생태
  계 성장을 지원
- 데이터 관리(Data Management) : 웨어러블 기술의 잠재력을 극대화하기 위해 클라우드 컴퓨팅
  의 활용이 필요

6. 핀테크는 금융과 기술의 합성어로 예금, 대출, 자산 관리, 결제, 송금 등 다양한 금융 서비스가 IT, 모바
   일 기술과 결합된 새로운 유형의 금융서비스를 뜻한다. 기존 금융기관에서 IT를 활용해 고객 편의성을
   추구한 것을 넘어서, 핀테크 서비스들은 기존과 다른 방식으로 새로운 가치를 제공하고 있다.

7. 핀테크 비즈니스 서비스 분야
   - 지급 결제서비스 : 핀테크의 대표적인 서비스
   - 대출 분야 : 국내에서 가장 전망이 기대되는 핀테크 분야
   - 전자화폐 : 기존 금융시스템의 문제에 대응할 수 있는 유일한 화폐체계
   - 금융정보 분석 : 개인들에게 은행, 카드, 증권, 보험 등 복수개의 금융서비스를 통합시킨 자산관리
     서비스를 제공하는 분야

주제	웨어러블 디바이스와 핀테크		일자	
이름		학과		학번	

1. 컴퓨터를 옷이나 안경처럼 착용할 수 있게 해줌으로써 컴퓨터를 인간의 몸의 일부로 여길 수 있도록 기여하는 기술?

   ① 유비쿼터스   ② 홈네트워킹

   ③ 웨어러블컴퓨팅   ④ 지능형로봇

2. 웨어러블 디바이스의 주요기술이 <u>아닌</u> 것은?

   ① 배터리   ② 센서

   ③ 인터페이스   ④ 디자인

3. 다음에서 설명하는 것은 무엇인가?

   > 이용자끼리 직접 연결되어 거래 비용이 발생하지 않고 쉽게 계정을 만들 수 있기 때문에 송금이나 소액 결제에 유용하며, 화폐 가치가 불안할 때는 오히려 신뢰할 수 있는 지급 수단

4. 금융을 뜻하는 파이낸셜(Financial)과 기술(Technique)의 합성어로 결제, 송금, 개인 자산관리 등 기본적인 금융 영역에 모바일 디바이스 등 IT 기술이 접목된 산업 및 서비스 분야를 통칭하여 일컫는 말은?

   ① 웨어러블   ② 핀테크

   ③ 유비쿼터스   ④ 챗봇

5. 다음 중 핀테크의 영역과 가장 거리가 먼 것은?

   ① 대출   ② 예금

   ③ 간편결제서비스   ④ 자산관리

6. 웨어러블 디바이스의 활용 분야를 세 가지만 쓰시오.

7. 핀테크의 비즈니스 서비스 분야는 무엇이 있는지 세가지만 기술하시오.

8. 현재 웨어러블 디바이스의 캐즘(Chasm)을 극복하기 위한 방안을 세 가지만 써 보세요.

CHAPTER 10

빅데이터와
클라우드 컴퓨팅

CONTENTS

SECTION • • •

빅데이터

학습목표

1. 빅데이터의 개념에 대해서 설명할 수 있다.
2. 빅데이터의 특징과 기술들에 대하여 설명할 수 있다.
3. 빅데이터가 사용된 실제 사례들에 대하여 설명할 수 있다.

1   빅데이터의 정의

빅데이터(Big data)란 대규모, 빠른 생성 속도, 다양한 형태라는 특징을 가진, 기존의 정보 관리 기술로는 저장·관리·분석하기 어려울 정도의 큰 규모의 데이터를 저장·관리·분석 하는 기술을 말한다. 이러한 데이터들은 정형·비정형·반정형 데이터로 구분되며 멀티미 디어 콘텐츠의 증가, 스마트폰 보급, SNS 활성화, 사물 통신망의 확대를 통하여 빅데이터 는 빠르게 증가되고 있다.

전 세계적으로 각종 기기와 IoT등을 통하여 쏟아져 나오는 데이터의 양은 폭증하고 있으 다. UN에서 제공하는 데이터 및 미국 정부의 공공 데이터 사이트인 data.gov에 의하면 SNS의 급격한 확산으로 비정형 데이터의 양이 큰 폭으로 늘어나고 있다고 한다. 실제로, 페이스북(Facebook)에서는 매월 이용자 한 명당 평균 90개 이상의 콘텐츠를 업로드 하고 있다. 2011년 전 세계 데이터는 1.8 제타바이트(Zettabytes)였는데, 매 2년마다 2배씩의 증 가가 예상된다.

또한 사물통신(M2M) 확산이 이루어지며 이를 통한 다양한 센서량도 증가하고 있다. 이 외에도 원격 헬스 모니터링을 통한 헬스케어, RFID를 이용한 소매업, 유틸리티 사업 및 CT 스캔, CC 카메라 등 다양한 부분에서의 대용량 멀티미디어 콘텐츠도 늘어나고 있다. 고화질 동영상의 경우 이미 2013년 대비 70% 증가하며 인터넷 전체 트래픽의 50% 이상을 차지하고 있다.

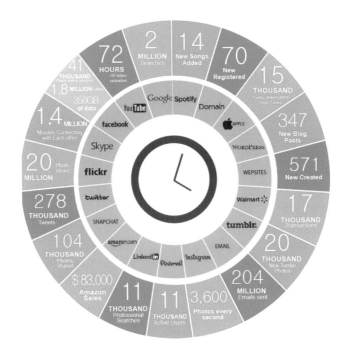

[1분동안 생산되는 데이터의 양]

2   빅데이터의 정의와 등장 배경

사람들은 PC와 인터넷, 모바일 기기를 일상생활에서 끊임없이 이용하게 되었고, 이들이 도처에 남긴 발자국과 같은 생활의 기록은 폭발적으로 증가하고 있다.

예를 들어, 이전의 쇼핑과 현대의 쇼핑을 생각해 볼 수 있다. 과거에는 상점에서 물건을 사고 남은 거래의 기록만이 데이터 형태로 남았었다. 하지만 우리가 현재 인터넷 쇼핑몰을 이용하게 된다면 구매의 기록은 물론, 구매하지 않더라도 내가 열어본 물건들, 장바구니에 담은 모든 기록이 데이터로 저장된다. 즉, 어떤 상품에 관심을 보이는지, 어느 물품에 오랜 시간 머물렀는지 등의 정보 모두 데이터가 되는 것이다.

수많은 사람들이 은행, 증권과 같은 금융거래, 교육과 학습, 여가활동, 자료검색과 이메일 등 하루 대부분 시간을 PC와 인터넷에 사용하고 있고, 이러한 형태자체의 모든 것이 데이터가 될 수 있다. 우리의 일상생활의 기록들 말고도 사용자가 직접 제작하는 UCC를 비롯한 동영상 콘텐츠, 휴대전화와 SNS(Social Network Service)에서 생성되는 문자 등도 데이터가 증가하고 있는데, 단순히 데이터만 증가하는 것이 아니라, 글이나 콘텐츠의 내용 분석을 통해 글쓴이의 성향과 상대방의 연결 관계까지도 파악할 수 있다. 사진이나 동영상 콘텐츠를 스마트 기기로 보는 것은 물론 PC나 스마트폰으로 보며 이에 따른 데이터량 역시 증가되고 있다.

[빅데이터와 여러 관계들]

주요 도로와 공공건물, 아파트 단지 여러 곳에까지 설치된 CCTV, 각 차량마다 설치되어 있는 블랙박스 등 일상에서 촬영하고 있는 영상 정보의 양도 엄청나다. 한마디로, 일상생활의 행동 하나하나가 모두 데이터로 저장되고 있다 해도 과언이 아닐 정도이다. 민간 분야뿐 아니라 공공 분야도 많은 데이터를 생성하고 있는데 대표적으로 국가 통계 자료의 기초가 되는 센서스(Census)를 비롯, 국세 자료, 의료보험, 연금 등의 분야에서 데이터가 생산되고 있다. 스마트워크의 본격화도 데이터 증가를 가속화할 전망이다.

3 빅데이터의 특징

빅데이터의 특징으로는 3V 즉, 크기(Volume), 속도(Velocity), 다양성(Variety)을 들 수 있으며, 최근에는 가치(Value)나 정확성(Veracity), 가변성/복잡성(Variablility/Complexity)을 추가하여 5V로 일컫기도 한다. 이 5V는 다음과 같다.

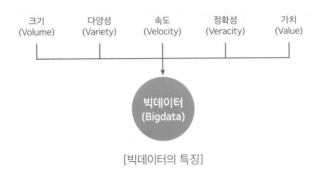

[빅데이터의 특징]

3.1 크기(Volume)

'규모' 혹은 '용량'을 뜻하며 여기에 '빅'이라는 특징이 붙으면서 규모가 크다는 빅데이터의 속성을 글자 표현에서 그대로 드러낸다. 데이터가 대표성을 갖고 있고 유용한 가치를 가지고 있는가를 결정짓는 여러 가지 요소가 있겠지만, 그중 한 가지는 데이터 규모이다. 일정 수준의 질이 보장된, 규모가 큰 데이터에서 뽑아낸 정보는 일반적으로 정보의 신뢰성이 상대적으로 높다고 알려져 있기 때문이다. 그러므로 데이터에 기반으로 진행되는 연구에서는 가능한 한 규모가 큰 데이터를 확보하고자 노력을 기울이고 있다.

얼마나 규모가 커야 빅데이터라고 할 수 있는지와 관련하여 IBM이 2012년에 1,000명이 넘는 관련 분야 전문가들을 대상으로 실시한 설문조사가 있는데 절반이 넘는 응답자가 적어도 1 테라바이트는 넘어야 빅데이터라고 부를 수 있다고 하였다고 한다. 그런데 매일같이 생성되는 데이터의 양은 페타바이트(Peta Byte)를 넘어서 엑사바이트(Exa Byte) 급이기 때문에 테러바이트 급의 데이터가 더 이상 희귀하지는 않다.

결국 데이터의 규모는 중요한 빅데이터의 정의 요소 가운데 하나임에 틀림없지만 어느 정도 규모가 빅데이터에 해당한다고 규정하는 것은 의미가 없으며 가트너가 표현한 바와 같이 '혁신적인 형태의 자료 처리방법이 필요할 정도의 규모'라고 정의하는 것이 더욱 합리적일 것이다. 그리고 이러한 관점을 확장해 본다면 스몰 데이터라도 새로운 방식의 자료처리와 해석이 더해진다면 빅데이터로 볼 수 있는 것이다.

3.2 속도(Velocity)

대용량의 데이터를 빠르게 처리하고 분석할 수 있기 위한 기능으로 매우 빠른 속도로 생성되는 데이터에 대응하여 이를 실시간으로 저장, 유통, 수집, 분석 처리하기 위한 성능을 의미한다.

소셜 네트워크 서비스(SNS)에서 생성되는 메시지 역시 매우 빠른 속도로 생성되며 퍼져 나가는 속도 또한 매우 빠르다. 이러한 확산은 스마트폰으로 대표되는 스마트 기기의 대중화로 인하여 개인화된 데이터가 엄청난 속도와 양으로 생성되고 있기 때문이다.

방대한 데이터의 생성에 반응하여 데이터의 분석 또한 실시간으로 이루어져야 할 필요가 있다. 예를 들어, 교통량과 통행 정보가 지속해서 수집되고 있을 때 실시간 최적화된 교통 안내를 할 수 없다면, 그 정보들은 사실 크게 의미를 갖지 못할 것이다. 즉, 고속으로 생성되어 사라지는 빅데이터로부터 실시간 분석을 통해 유용하며 유의미한 정보와 지식을 얻을 수 있는 것이다.

3.3 다양성(Variety)

빅데이터는 다양한 근원을 가지는 만큼 데이터의 형태도 다양하다. 데이터 정형화 정도에 따라 정형(Structured), 반정형(Semi-Structured), 비정형(Unstructured)으로 데이터의 유형을 분류할 수 있다.

- **정형 데이터** : 일정한 형식을 갖추고 고정된 필드에 저장되는 데이터
- **반정형 데이터** : 고정된 필드로 저장되지는 않지만, XML이나 HTML 같이 메타데이터나 스키마 등을 포함하는 데이터
- **비정형 데이터** : 사진, 동영상, 메신저의 대화 내용, 위치 정보, 통화 내용 등과 같이 고정된 필드에 저장되지 않는 데이터

과거 컴퓨터를 이용한 데이터 처리 대상은 주로 각종 측정치, 계산 값 등을 기록한 수치 데이터였으며, 일부 텍스트로 구성된 데이터 역시 가로와 세로가 잘 구성된 목록형 데이터 즉, 정형 데이터가 대부분이었다. 하지만 컴퓨터의 다양하게 활용되고 스마트 기기가 확대되면서 비정형 데이터들 즉, 전자우편, 소셜미디어 포스팅과 같은 비정형 텍스트, 그리고 음성 및 영상 데이터가 계속해서 늘어나고 있으며 오늘날 생성되고 있는 데이터 중 이러한 반정형, 혹은 비정형 데이터는 약 80% 이상을 것이라고 추정된다.

이처럼 다양하고 방대한 규모의 데이터는 경쟁력의 우위를 가져올 수 있는 활용성과 가치를 가진다는 점에서 중요한 자원으로 평가받고 있다. 과거와 비교해 현재의 빅데이터 환경은 데이터의 양, 데이터의 질, 데이터의 다양성에서 크게 변화하였다. 그러므로 빅데이터는 산업혁명 시기의 석탄과 같이 스마트 산업사회에 혁신과 경쟁력 강화, 생산성 향상을 위한 중요한 자원이라 할 수 있다.

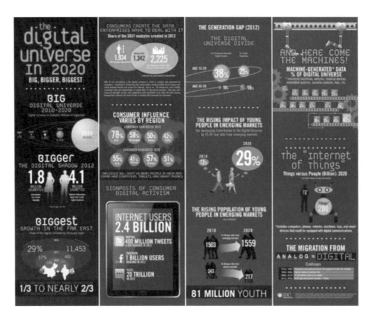

[EMC 디지털유니버스보고서(EMC the digital universe in 2020)]

출처: EMC 디지털유니버스보고서(EMC the digital universe in 2020)

3.4 정확성/신뢰성(Veracity)

데이터가 가지는 특성상 어느 수준의 데이터는 불확실성, 비신뢰성 등을 가질 수밖에 없다. 특히, SNS 등에 나타난 소비자의 의견 등은 다소 큰 불확실성 또는 데이터의 왜곡을 가질 수 있다는 것이다. 빅데이터에 수많은 바이어스나 노이즈가 발생하면, 이를 적절하게 처리하여 유용한 가치를 만들어 내기 어려울 수도 있다. 하지만 데이터 양이 증가하여 빅데이터를 이룰수록 이런 왜곡은 보정이 가능하며 또 데이터가 가지는 유용성 자체를 부정할 수는 없다. 따라서 필요없는 정보를 처리(processing) 또는 삭제(cleasing) 해야 하는 경우도 있다.

3.5 가치(Value)

오라클(Oracle)에 의하면 빅데이터에 포함되는 원본 데이터들은 상대적으로 규모보다 가치가 작지만 이러한 '저가치 밀도'의 데이터를 대량으로 분석함으로 큰 가치가 창출될 수 있다고 한다. 빅데이터는 결국 데이터에서 유용한 가치를 이끌어내 비즈니스나 연구에서 활용이 가능해야 그 의미가 있다. 빅데이터를 활용하여 어떠한 부분에 활용할 수 있을지에 대한 고민을 통하여, 데이터를 수집하고 설계한 후, 활용할 수 있어야 한다.

4 기존 데이터와 빅데이터의 차이점

기존의 데이터 분석과 빅데이터 분석에는 데이터양과 유형 및 데이터를 처리하는 프로세스에서 아래의 표와 같은 차이를 보인다.

구분	기존 데이터 분석	빅데이터 분석
데이터양	테라바이트 수준	• 페타바이트 수준 이상 • 클릭스트림데이터의 경우 고객 정보 수집 및 분석을 장기간에 걸쳐 수행해야 하므로 기존 대비 데이터양 방대
데이터 유형	정형 데이터 중심	• 소셜미디어 데이터, 로그파일, 클릭스트림데이터, 콜센터 로그 등 비정형 데이터 비중이 높음, 처리의 복잡성 증대
프로세스 및 기술	상대적으로 단순 처리/분석 과정 정형과 원인-결과 규명 중심	• 처리 복잡도가 높아 분산처리 기술 필요 • 잘 정의된 데이터 모델 등이 없어 새로운 접근 방법 필요 • 하둡(Hadoop), R, NoSQL 등 개방형 소프트웨어의 부각

5 빅데이터의 활용 및 사례

빅데이터의 활용 과정은 일반적으로 먼저 기업의 요구사항을 확인하고 필요한 다량의 데이터를 수집 후, 수집한 데이터를 적절한 형태로 가공하여 마지막으로 처리된 데이터를 분석하고 시각화하여 이용하는 등으로 이루어진다.

요소 기술	설명	해당 기술
빅데이터 수집	• 조직내부 와 외부의 분산된 여러 데이터 소스로부터 필요로 하는 데이터를 검색 후 수동/자동으로 수집하는 과정 • 단순 데이터 확보가 아닌 검색/수집/변환을 통해 정제된 데이터를 확보라는 기술	• ETL/크롤링 엔진/로그 수집기/센싱/RSS, Open API 등
빅데이터 저장	• 작은 데이터라도 모두 저장하여 실시간으로 저렴하게 데이터릴 처리 • 처리된 데이터를 더 빠르고 쉽게 분석하여, 이를 비즈니스 의사결정에 바로 이용하는 기술	• 병렬 DBMS/하둡(Hadoop)/NoSQL 등

요소 기술	설명	해당 기술
빅데이터 분석	• 데이터를 효율적으로 정확하게 분석하여 비즈니스 등의 영역에 적용하기 위한 기술로 이미 여러 영역에서 활용해 온 기술임	• 통계분석/데이터 마이닝/텍스트 마이닝/예측 분석/최적화/평판 분석/소셜 네트워크 분석 등
빅데이터 처리	• 엄청난 양의 데이터의 저장/수집/관리/유통/분석을 처리하는 일련의 기술	• 실시간 처리/분산 병렬처리/인-메모리 처리/인-데이터베이스 처리
빅데이터 시각화	• 자료를 시각적으로 나타내는 기술 • 빅데이터는 기존의 단순 선형적 구조의 방식으로 표현하기 힘들기 때문에 빅데이터 시각화 기술이 필수적임	• 시간 시각화/분포시각화/관계시각화/비교 시각화/공간시각화/인포그래픽
빅데이터 공유	• 서로 다른 시스템간의 데이터 공유	• 멀티 테넌트 데이터 공유/ 협업 필터링 등

5.1 올림픽을 개최한 브라질 리우데자네이루의 지능형 운영센터

IBM의 분석 솔루션을 적용하여 자연재해를 비롯한 교통 및 전력 인프라에 대한 통합 관리가 가능한 도시 관리 및 긴급 대응 시스템을 구축하였다. 이를 통해 48시간 이전 폭우 예측 기능 등을 보유하게 되었다.

[리우 지능형 교통센터]

5.2 한국석유공사의 국내 유가 예측 서비스

한국석유공사는 데이터 분석 전문기업과 협력하여 유가예측 오피넷(http://www.opinet.co.kr/user/main/mainView.do) 시스템을 개발하였는데 이는 국내 1,300여 개의 주유소로부터 하루 6차례씩 수집된 휘발유 가격 정보를 활용하여 유가의 단기 미래 가격을 예측하는 시스템이다. 이 시스템을 통해 사용자에게 현재의 차량 위치에서 최저가의 유가 서비스를 제공할 수 있고, 유가 정보 공유를 통한 인근 주유소 간의 건전한 유가 경쟁으로 유가를 낮출 수 있으며, 이로써 국내 물가 안정에도 기여할 수 있다.

[오피넷(http://www.opinet.co.kr/user/main/mainView.do)]

5.3 구글의 검색어 분석을 통한 독감 예보 서비스

빅데이터의 시대는 SoLoMoMe(Social, Local, Mobile, Personalized)의 시대이다.

소비자들은 소셜 미디어에 대한 의존도가 높고, 지역 정보가 풍부해지며, 모바일 스마트폰을 사용하고, 개인화된 맞춤 서비스를 원한다.

구글 검색사이트에 입력된 검색어들을 분석하여 '감기'와 관련된 의미 있는 연관 단어들의 검색 빈도수를 파악하여 특정지역의 독감 유행 수준을 미리 예측하는 시스템이다.

구글은 독감과 관련된 빅데이터 검색어 분석을 통하여 '구글 독감 동향(Google Flu Trends)'이라는 독감 확산 조기 경보체계를 마련하여 독감 환자의 발병 시간, 분포 및 지역별 확산 정보를 예측하였다. 이 예측정보와 미국 질병통제 예방센터의 데이터와 비교 결과 실제 독감 증세를 보인 환자 수와 매우 밀접한 상관관계가 있는 독감 예보 서비스임이 확인되었다.

5.4 싱가포르의 교통량 예측 시스템

싱가포르 정부가 운영하는 지능형 교통망 시스템인 'STARS(Singapore Urban Transport Solution)'는 700여 개에 이르는 폐쇄회로(CC)TV와 연결돼 싱가포르 전체 교통망을 관리하는 컴퓨터가 차량 움직임을 실시간으로 인지해 상황에 맞게 대응하는 기능을 갖췄다. 차량의 증가로 인한 교통체증을 해소하기 위한 시스템으로 싱가포르 전체의 교통망을 관리하며 실시간으로 차량 움직임을 인지하고 분석한 결과 85% 이상의 정확도로 교통량을 측정할 수 있었다.

[싱가포르 교통량 예측 시스템]

5.5 GE의 산업 인터넷 프리딕스(Predix)

2015년 미국의 제너럴일렉트릭(GE)사가 공개한 산업인터넷 소프트웨어 플랫폼 프리딕스(Predix)는 구글의 안드로이드나 애플의 iOS처럼 핸드폰에는 들어와 있지 않지만, 데이터 레이크(링크)나 다른 형태의 빅데이터 저장 장치와 연결된 데이터센터의 내부에 있으면서, 개발자가 빠르게 산업인터넷용 어플리케이션을 개발할 수 있도록 도와주는 소프트웨어 서비스 세트이다.

프레딕스를 클라우드 방식으로 사용하여, 접근과 사용성을 더 넓히며, 기계와 사람 또는 기계와 기계와의 '대화'가 가능하도록 돕는 것이다.

빅데이터 분석 플랫폼 Predix를 개발한 결과 Predix가 대부분을 차지하는 소프트웨어 부분에서만 올해 매출 70억 달러를 달성할 수 있었다.

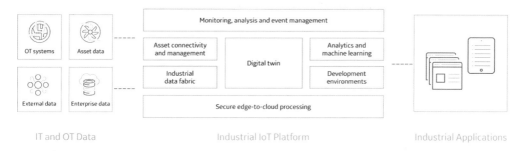

[GE Predix 플랫폼 : https://www.ge.com/digital/iiot-platform]

5.6 아마존의 예측 배송

고객이 구매하기 전에 고객들의 기존 검색 및 주문내역, 쇼핑 카트에 담아놓은 상품, 반품 내역, 마우스 커서가 머무른 시간 등의 빅데이터 분석을 통해 고객의 패턴을 파악하고 구매를 추천하며 배송을 준비하는 시스템인 예측 배송(anticipatory shipping)을 구현하였다.

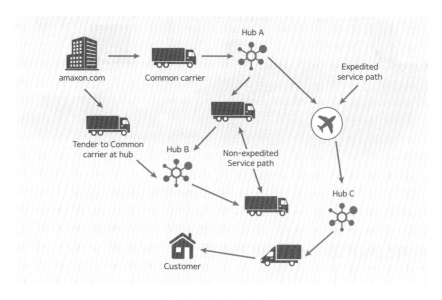

[아마존 예측 배송 시스템]

5.7 스마트 팜 코리아

스마트 팜은 농지작업 실적과 작물 이미지 등 데이터를 분석해 수확량 증가와 품질을 향상시키는 클라우드 기반의 농업용 빅데이터 분석 솔루션이다.

센서로부터 수집한 농지 기후 및 토양 등 환경정보와 데이터에 과거 수확 실적 데이터 등의
데이터까지 결합하여 비교 분석함으로 PC나 모바일을 통해 온실의 온/습도, 이산화탄소
등을 모니터링 하고 창문개폐, 영양분 공급, 관수, 병해충관리, 사료, 물 공급시기와 양 등
을 원격자동으로 조절할 수 있는 최적 생육환경을 유지할 수 있는 농장구성을 지원한다.

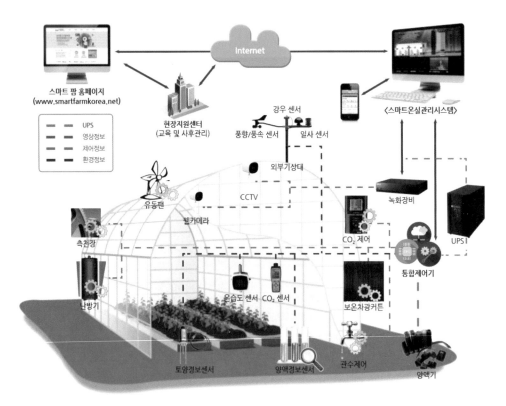

[스마트 온실 구성도]
출처: 스마트팜코리아

5.8 넷플릭스(Netflix)의 스트리밍 서비스

넷플릭스 플랫폼에서는 서비스를 이용하는 가입자의 영화 시청 패턴을 분석하여 사용자별
선호도가 높은 콘텐츠를 추천한다.

넷플릭스의 성공 비결은 바로 '빅데이터 분석'에 있었다. 이미 사용자의 취향을 잘 반영하
기로 유명한 추천 알고리즘 기술을 보유하고 있었던 넷플릭스는 여기에서 더 나아가 2500
만명 사용자들을 분석해 이들이 어떤 드라마를 좋아했고 선호할 만한 감독과 배우를 파악
했다. 그 결과가 바로 하우스 오브 카드이다.

하우스 오브 카드는 넷플릭스 가입자의 콘텐츠 선호도와 일시정지 · 되감기 등 재생 기록, 검색 기록, 위치 · 이용 단말기 정보, 주중 · 주말 시청 행태 등 막대한 양의 정보를 바탕으로 자체 개발한 알고리즘으로 분석해 탄생했다.

■ 넷플릭스가 빅데이터로 발견한 3가지 사실

〈하우스 오브 카드〉는 1990년 영국 BBC에서 방송된 적이 있는 드라마를 리메이크 한 작품이다. 리메이크작을 제작하기 전에 넷플릭스는 원작 드라마를 시청한 3000명, 이 영화를 평가한 400명, 그리고 이 영화를 검색한 적이 있는 300명의 사람들에 대한 데이터를 수집, 분석하였다. 분석 대상자들이 넷플릭스에 남긴 영화평, 스트리밍 기록, 별점 기록 등이 '하우스 오브 카드'의 흥행 여부를 분석하는데 실질적으로 활용되었던 데이터들이다. 이 데이터 분석을 통해 넷플릭스는 몇 가지의 주요한 사실들을 발견하였다.

1. BBC에서 방영되었던 〈하우스 오브 카드〉는 많은 대중들에게 사랑받았던 작품이다.

2. 많은 넷플릭스 사용자들은 '소셜 네트워크', '벤자민 버튼의 시간은 거꾸로 간다' 등을 제작한 데이빗 핀처(David Fincher) 감독의 작품들을 좋아한다.

3. 〈하우브 오브 카드〉 원작의 팬이었던 넷플릭스 사용자들은 케빈 스페이시(Kevin Spacey) 가 출현한 영화나 데이빗 핀처가 감독을 맡은 영화를 함께 시청했다.

빅데이터 분석 결과를 바탕으로 넷플릭스는 리메이크작의 주인공 역에 케빈 스파이시를, 감독으로는 데이빗 핀처를 캐스팅하였다. '하우스 오브 카드' 원작 팬들의 취향을 완전히 저격한 캐스팅은 저절로 넷플릭스 유저들 사이에 '이 드라마 재밌다'라는 입소문이 퍼지게 만들었다. 그 결과 '하우스 오브 카드'는 별도의 마케팅을 하지 않았음에도 불구하고 인기작이 되었다. 전체 넷플릭스 유저의 85% 이상이 '하우스 오브 카드'를 시청했고 이 작품을 보기 위해 넷플릭스에 새롭게 가입한 사람들도 많다. '하우스 오브 카드'의 첫 시즌이 공개된 이후 넷플릭스는 미국 가입자 수는 10% 이상 증가했을 뿐 아니라 전 세계에서 2천만명의 신규 가입자가 발생했다.

6 빅데이터 시장 동향

6.1 국내 시장 동향

한국IDC는 '국내 빅데이터 및 분석 2019-2023 시장 전망' 연구 보고서를 통해 2020년 국내 빅데이터 및 분석 시장은 전년 대비 10.9% 증가한 1조 6,744억 원을 기록했으며, 오는 2023년까지 연 평균 11.2% 지속 성장해, 2조 5,692억 원 규모에 달할 전망이라고 밝혔다. 기업 및 공공기관 등 모든 산업에서 비즈니스 혁신 및 인사이트 도출을 위한 데이터 활용의 중요성 대한 인식은 점점 높아지고 있다.

국내 기업들은 디지털 트랜스포메이션(DX)을 위한 노력을 지속적으로 기울이고 다양한 형태의 클라우드 환경 전환을 활발히 고려하고 있다. 이를 성장 동인으로 국내 빅데이터 및 분석 시장은 높은 발전 가능성을 보이고 있다. 빅데이터 시장에서는 IT 및 비즈니스 서비스 분야가 연 평균 16.3% 성장하며 가장 크게 성장할 전망이다. 많은 기업에서 빅데이터 및 분석 솔루션을 통해 다양한 형태의 데이터 인사이트를 실시간으로 발굴하고 복잡한 분석 및 비즈니스 의사 결정을 자동으로 해결하는 방향이 점점 확대되고 있다.

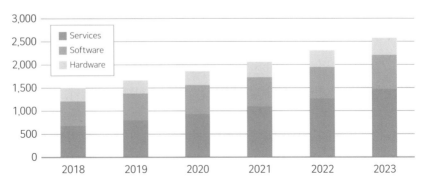

[2019~2023년 국내 빅데이터 및 분석 시장 전망]

출처: 한국IDC

6.2 세계 시장 동향

세계 빅데이터 시장은 현재도 성장 중이며, 또 여러 기관의 전망을 볼 때 앞으로도 높은 성
장률이 예측된다. IDC는 빅데이터 시장을 크게 인프라, 소프트웨어, 서비스 등 3가지로 분
류하였는데 세 분야 모두 성장할 것으로 전망하였으며, 전 세계 빅데이터 인프라 시장은
연평균 성장률 23.1%에 2020년까지 486억 달러 규모에 이를 것으로 전망하였다.

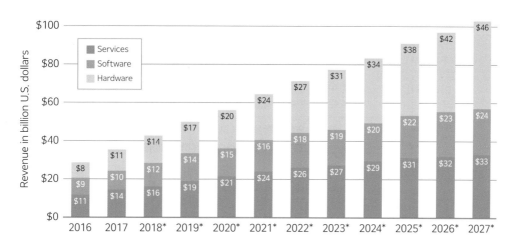

[Wikibon; SiliconANGLE; Statista estimates and reported by Statista]

| 7 | 빅데이터의 미래사회 역할 |

미래사회에서 빅데이터가 가질 수 있는 역할은 다양하다.

미래사회는 불확실성, 리스크, 스마트, 융합이라는 4가지 특징을 가질 수 있다. 이들에 대
해 통찰력, 대응력, 경쟁력, 창조력 등으로 대응하여 우리사회에서의 빅데이터 역할을 수
행할 수 있다.

미래사회의 특징		빅데이터의 역할
불확실성	통찰력	• 사회현상, 현실세계의 데이터를 기반으로 한 패턴분석과 미래전망 • 여러 가지 가능성에 대한 시나리오 시뮬레이션 • 다각적인 상황이 고려된 통찰력을 제시 • 다수의 시나리오의 상황 변화에 유연하게 대처
리스크	대응력	• 환경, 소셜, 모니터링 정보의 패턴분석을 통한 위험징후, 이상 신호 포착 • 이슈를 사전에 인지, 분석하고 빠른 의사결정과 실시간 대응 지원 • 기업과 국가 경영의 명성 제고 및 낭비요소 절감
스마트	경쟁력	• 대규모 데이터 분석을 통한 상황인지, 인공지능 서비스 등 가능 • 개인화, 지능화 서비스 제공 확대 • 소셜분석, 평가, 신용, 평판 분석을 통해 최적의 선택 지원 • 트렌드 변화 분석을 통한 제품 경쟁력 확보
융합	창조력	• 타 분야와의 결합을 통한 새로운 가치창출 • 인과관계, 상관관계가 컨버전스 분야의 데이터 분석으로 안전성 확보, 시행 착오 최소화 • 방대한 데이터 활용을 통한 새로운 융합시장 창출

다음으로, 빅데이터 기반 융합 서비스 창출 사례를 살펴보면 다음과 같다.

8 빅데이터 기반 융합 서비스 창출 사례

8.1 경찰청 지리적 프로파일링 서비스

프로파일링은 범죄현장에서 수집된 데이터들을 이용하여 범인의 행동 혹은 심리적 특성을 추론하여 용의자의 확률이 높은 인구·통계적 특성, 단서를 도출하는 것을 말한다. 경찰청은 미국의 지리 프로파일링 시스템(CrimeStat)에 국내의 지역적 특성과 사건 데이터를 적용하여 지리적 프로파일링 서비스를 개발하였다. 그리고 2012년 8월 1개월 동안 강력범죄 등 5대 범죄의 지리적 프로파일링 시스템을 이용한 분석을 토대로 형사기동차량 순찰 및 필요 지점에 거점근무를 실행한 결과 발생한 5대 범죄가 총 265건으로 전년도 296건보다 10.5%(31건) 감소한 결과가 나타났다.

8.2 미국 로스앤젤레스 범죄 예측 서비스

미국 로스앤젤레스 경찰은 범죄 관련 업무를 효과적으로 수행하기 위해 범죄 예측 서비스 (PredPol)를 개발하였다. 이 서비스는 목표한 지역에 실시간으로 범죄예 측을 제공하는 시스템으로 시스템의 목표는 일선 경찰관들이 범죄를 예방할 기회가 가장 높은 시간과 지역에 현장에 있을 수 있도록 하는 것이다. 이를 위해 수년간의 과거 범죄 데이터를 분석하고 패턴을 파악하여 범죄 발생 가능성이 높은 장소와 시간을 예측할 수 있었다. 그리고 단순히 범죄 데이터에 기반한 지도가 아닌 고급 수학과 컴퓨터 학습기술을 적용함으로 기존의 노하우와 경험으로 만들어진 시스템에 비해 두 배의 예측 정확성을 보여주었다.

범죄예측 서비스는 일선 경찰관에게 그날의 위험지역(hot spots)을 알려주고 매 두 시간마다 15분 이상 순찰하게 하는 등 주의를 기울이도록 요청한다. 그리고 그 지역을 순찰하는 동안에는 업무연락을 통해 순찰지역을 이탈하는 것을 방지한다. 새로운 범죄가 발생하면 최신 데이터가 프로그램에 반영됨으로 매일 새로 계산되어 갱신된다. 범죄예측도구는 작게는 약 150미터×150미터(500피트×500피트)의 사각 형태로 구역을 예측하여 경찰관들의 범죄예방을 활동을 보완한다.

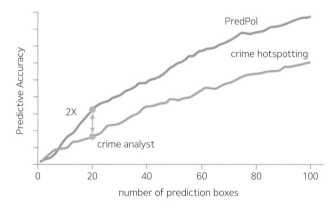

[범죄예측 서비스(PredPol vs. Crime Hotspotting)의 예측 정확성 확률실험결과]

마무리하기

1. 빅데이터는 기존의 데이터베이스 관리 도구를 이용하여 처리할 수 있는 범위를 넘어서는 많은 양의 데이터 집합으로부터 가치 있는 정보를 빠르고 효율적으로 추출하고 결과를 분석하는 최신 기술을 말한다.

2. 빅데이터의 등장 배경
   * PC와 인터넷, 모바일 기기 이용의 생활화
   * 사물지능통신(M2M, Machine to Machine)의 확산
   * 스마트워크의 본격화

3. 빅데이터의 특징으로는 크기(Volume), 속도(Velocity), 다양성(Variety) 가치(Value) 가변성/복잡성(Variablility/Complexity), 진실성(Veracity) 등을 들 수 있다.

4. 빅데이터의 활용
   * 빅데이터 플랫폼은 빅데이터 기술의 집합체이자 기술을 잘 사용할 수 있도록 준비된 환경
   * 기업들은 빅데이터 플랫폼을 사용하여 빅데이터를 수집, 저장, 처리 및 관리
   * 빅데이터 플랫폼은 빅데이터를 분석하거나 활용하는 데 필요한 필수 인프라(Infrastructure)
   * 안정적 기반 위에서 전처리된 데이터를 분석하고 이를 다시 각종 업무에 맞게 가공하여 활용한다면 사용자가 원하는 가치를 정확하게 얻을 수 있음

5. 빅데이터 활용 사례
   * 2016년 올림픽을 개최한 브라질 리우데자네이루의 지능형운영센터
   * 한국석유공사의 국내 유가 예측 서비스
   * 구글의 검색어 분석을 통한 독감 예보 서비스
   * 싱가포르의 교통량 예측 시스템

6. 미래사회에서 빅데이터의 역할
   * 미래사회의 불확실성에 빅데이터는 통찰력을 줌
   * 미래사회의 리스크에 빅데이터는 대응력을 제공함
   * 스마트한 미래사회에서 빅데이터는 경쟁력을 강화함
   * 융합의 사회인 미래에서 빅데이터는 창조력을 더함

주제	빅데이터		일자	
이름		학과		학번	

1. 데이터베이스 관리 도구를 이용하여 데이터를 수집, 저장, 관리, 분석할 수 있는 범위를 넘어서는 방대한 양의 데이터 집합으로부터 가치 있는 정보를 빠르고 효율적으로 추출하고 결과를 분석하는 최신기술은?

① 데이터마이닝   ② 데이터베이스

③ 빅데이터   ④ 소셜네트워크

2. 빅데이터의 큰 3가지 특징이 <u>아닌</u> 것은?

① Volume   ② Velocity

③ Variety   ④ Vector

3. 다음 중 빅데이터의 등장 배경이 <u>아닌</u> 것은?

① 기하급수 적인데이터 양   ② 유선데이터의 수집

③ 사물지능통신의 확산   ④ 스마트워크의 본격화

4. 기존 데이터와 빅데이터의 차이점을 구분 할 때 (   )과 (   ), (   )에 따라 구분할 수 있다. 빈칸을 채우시오.

5. 현재 여러분이 생활에서 사용하고 있는 빅데이터의 사례를 한 가지만 기술해 봅시다.

6. 빅데이터의 특징 중 5V에 대하여 기술하시오.

7. 미래사회가 가진 4가지 키워드에 대해 빅데이터의 역할을 연결해 보시오.

불확실성 ●   ● 대응력

리스크 ●   ● 창조력

스마트 ●   ● 경쟁력

융합 ●   ● 통찰력

SECTION

클라우드 컴퓨팅

학습목표

1. 클라우드 컴퓨팅 개념에 대해 설명할 수 있다.
2. 클라우드 컴퓨팅 기술에 대해 이해할 수 있다.
3. 클라우드 서비스를 이해하고 활용할 수 있다.
4. 클라우드 서비스의 장단점을 설명할 수 있다.

1 클라우드 컴퓨팅

1.1 클라우드 컴퓨팅 개념

"클라우드 컴퓨팅"이라는 명칭은 네트워크 환경이라는 "구름(Cloud)" 속에서 원하는 작업을 요청해 실행한다는 데에서 기원하였다. 이처럼 클라우드 컴퓨팅의 기본 원리는 서로 다른 물리적 위치에 존재하는 컴퓨터의 자원을 가상화 기술로 통합하여 제공하는 것을 의미한다.

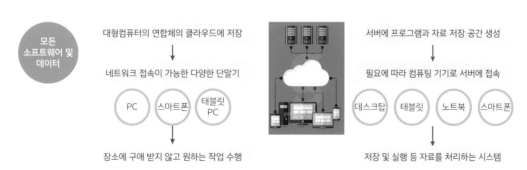

[클라우드 컴퓨팅 개념]

즉, 모든 소프트웨어 및 데이터는 대형 컴퓨터의 연합체인 클라우드에 저장하고, 네트워크 접속이 가능한 다양한 기기 및 단말기를 통해 장소에 구애받지 않고 원하는 작업을 수행하는 컴퓨팅 기술을 말한다. 클라우드 컴퓨팅 서비스는 자신의 컴퓨팅 기기에 필요한 소프트웨어가 설치되어 있지 않더라도, 네트워크를 통해 서버의 소프트웨어에 접근이 가능하다. 따라서 언제든지 원하는 작업을 할 수 있으며, 데이터가 저장된 오프라인 기기를 분실하거나 고장이 났을 때에도 자료를 분실할 염려도 없다. 뿐만 아니라 동시에 여러 대의 컴퓨터가 인터넷으로 서버에 접속하여 자료에 접근할 수 있으며, 언제어디서든 여러 사람과 자료를 공유할 수 있기 때문에 다른이들과의 협업도 가능하며 빠르고 효율적인 업무처리가 가능하다.

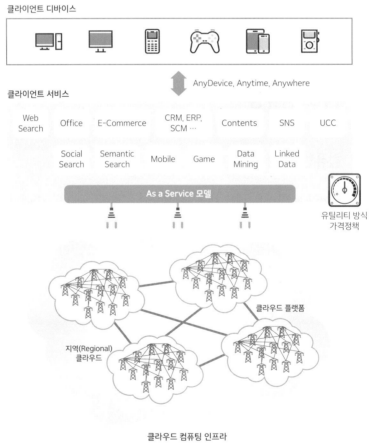

[클라우드 컴퓨팅 인프라]

클라우드 컴퓨팅은 인터넷 네트워크상에 모든 컴퓨팅 자원을 저장하여 개별 컴퓨터에 할당하는 개념으로 다음과 같은 특징을 가진다.

- 네트워크 접속이 가능한 PC나 스마트폰, 태블릿 PC 등의 다양한 기기 또는 단말기를 통해 장소에 구애받지 않고 원하는 작업을 수행할 수 있다.
- 자신의 기기에 필요한 소프트웨어가 없더라도 인터넷을 통해 서버의 소프트웨어에 접근하여 언제든지 원하는 작업을 할 수 있다.
- 개별 기기에 소프트웨어의 설치가 불필요하여 소프트웨어를 구매할 필요가 없고 하드웨어를 단순화할 수 있어 필요한 장비를 간소화할 수 있다.
- 데이터를 중앙 서버에서 통합 처리함으로 컴퓨터가 고장 나도 자료를 잃어버릴 염려가 없으며 업데이트와 정보보안에도 효과적이다.
- 필요한 만큼의 자원을 빌려 쓰기 때문에 비용을 절감할 수 있다.
- 여러 대의 컴퓨터에서 동시 접속 및 자료 접근이 가능하므로 언제 어디서든 여러 사람과 자료를 공유하며 협업이 가능하므로 빠르고 효율적인 업무처리가 가능하다.
- 플러그에 꽂으면 전기를 바로 사용할 수 있듯, 모든 ICT 기술 및 기능을 바로 사용할 수 있고 가상 하드웨어를 단 몇 분 만에 구축하고 없앨 수 있어 기민성이 뛰어나다.
- 각종 관리 기능을 서비스 제공자가 수행하기 때문에 관리가 쉽다.
- 웹서비스 운영 환경을 구축할 경우 사용자 수에 따라 사용할 리소스를 쉽게 조정할 수 있고 확장성이 뛰어나다.

1.2 클라우드 컴퓨팅 도입 이유

1 대규모 IT 자원의 필요성

기업의 업무 프로세스 혁신을 위해서는 IT의 대규모 자원이 필요하다. 그러나 기업의 혁신 관점에서 보면, 특히 글로벌 기업의 경우 업무 프로세스 혁신을 위해서는 IT의 대규모 투자 자체가 필연적인 동시에 이런 혁신의 장애가 될 수 있다. 이는 IT 인프라를 구매하고 소프트웨어를 설치하는 일련의 과정이 또 다른 장애로 인식되는 것을 의미한다.

2 기존 IT 자원의 활용률 저조

대부분의 IT 인프라는 최고 사용률을 기준으로 설계된다. 그러나 시스템 개별로 보면 큰 문제가 없어 보이는 IT 인프라의 운영은 특정기간이나 일부 이벤트 시기에만 최고 사용률을 충족시킨다. 즉, 평상시 절반에도 미치지 못하는 인프라의 활용률로 기업 전체적으로 보면 큰 비효율적인 요소로 인식될 수 있다.

③ 빠른 비즈니스 환경 변화에 늦은 대응

전통적 방식인 IT인프라 비즈니스에서는 필요한 기기와 자원들을 일단 구매하고 설치하여 구축하는 모델이며, 이 경우 빠른 비즈니스 환경 변화에 제때 대응하기 어려울 수 있다.

2 클라우드 컴퓨팅 기술

클라우드 컴퓨팅 기술은 클라우드 서비스 및 응용, 클라우드 클라이언트, 클라우드 플랫폼, 클라우드 인프라 등으로 구성된다. 'IT as a Service' 즉, 모든 IT의 자원을 서비스화를 지향하는 클라우드 컴퓨팅이 아무런 장애 없이 복수의 사용자가 충분히 서비스를 이용하기 위해서는 아래 표와 같은 대표적인 몇 가지 종류의 기술이 필요하다.

주요 기술	개념 및 의미	요소 기술
가상화 기술	• 가상 하드웨어 인프라를 구축해 물리적인 하드웨어의 한계를 넘어선 시스템 운영 • 한 대의 전산자원을 한 대처럼 운영하거나 그 반대로 운영하는 기술	Resource Pool, Hypervisor, 가상 I/O, Partition Mobility 등
대규모 분산처리	• 대규모의 서버 환경(수천 노드 이상)에서 대용량 데이터를 분산 처리하는 기술	분산처리기술
오픈 인터페이스	• 인터넷을 통해 서비스를 이용하고 서비스 간 정보 공유를 지원하는 인터페이스 기술 • 클라우드 기반 Saas, PaaS에서 기존 서비스에 대한 확장 및 기능 변경에 적용 가능	SOA, Open API, Web Service 등
서비스 프로비저닝	• 서비스 제공업체가 실시간으로 자원을 제공 • 서비스 신청부터 자원 제공까지의 업무 자동화, 클라우드의 경제성과 유연성 증가	자원 제공 기술
자원 유틸리티	• 전산자원에 대한 사용량 수집을 통해 과금체계를 정립하기 위한 기술	사용량 특정, 과금, 사용자 계정 관리 등
서비스 수준관리	• 외부 컴퓨팅 자원을 활용하는 클라우드 서비스의 특성 상 서비스 수준이라는 계량화된 형태의 품질 관리 기술 요구됨	서비스 수준 관리 시스템
보안 및 개인정보 관리	• 민감한 보안 정보를 외부 컴퓨팅 자원에 안전하게 보관하기 위한 기술	방화벽, 침입방지 기술, 접근 권한 관리 기술 등

주요 기술	개념 및 의미	요소 기술
다중 공유 모델	• 하나의 정보자원 인스턴스를 여러 사용자 그룹이 완전히 분리된 형태로 사용하는 모델 • Saas를 제공하는 데 필수 요소로 꼽힘	-

출처 : 한국정보화진흥원

2.1 가상화 기술

하드웨어, 저장장치 등의 물리적인 리소스의 특성들을 감추며 IT 자원을 제공하는 기술로 서버 가상화를 통하여 하나의 물리적인 컴퓨터 하드웨어에 1개 이상의 운영체제를 동시에 가동한다거나 반대로 여러 대의 물리적 저장장치를 하나의 단일 논리 저장장치로 이용하는 것과 같은 기술이다. 이러한 가상화 기술의 대표적인 기술에는 Resource Pool(리소스 풀), Hypervisor(하이퍼바이저), 가상 I/O(아이오), Partition Mobility(파티션 모빌리티) 등이 있다.

2.2 대규모 분산처리 기술

2000년대 이후에 인터넷에서의 많은 데이터를 처리하기 위한 목적으로 대규모의 서버 환경에서 대용량 데이터를 분산 처리할 수 있는 기술이 개발되었다. 이것이 바로 하둡(Hadoop: High−AvailabilityDistributedObject−OrientedPlatform)이다. 하둡은 개발되어 페이스북, 야후 등이 이를 사용하고 있으며, 큰 컴퓨터 클러스터에서 동작하는 분산 응용 프로그램을 지원하는 프리웨어 자바 소프트웨어 프레임워크로서 간단히, 복수의 컴퓨터를 논리적인 하나의 컴퓨팅 자원으로 이용할 수 있게 한다.

2.3 오픈 인터페이스 기술

API(Application Programming Interface, 응용 프로그래밍 인터페이스) 기술은 ICT 자원의 서비스를 응용프로그램에서 이용하기 위한 목적으로 발전해 왔다. 인터넷을 통해 서비스를 이용하고 서비스 간 정보 공유를 지원하는 인터페이스 기술로 클라우드 기반 Saas(사스), PaaS(파스)에서 기존 서비스에 대한 확장 및 기능 변경 등에 적용한다. 오픈 인터페이스의 대표적인 요소 기술로는 SOA(소아), Open API(오픈 에이피아이), Web Service(웹 서비스) 등이 있다.

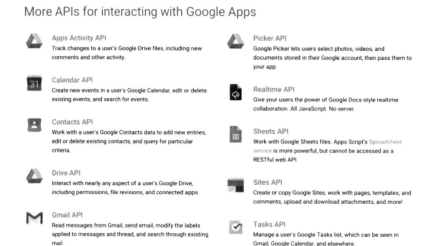

[Google API]

3   클라우드 서비스

클라우드 컴퓨팅에서 사용자는 개인용 PC, 노트북, 스마트폰과 같은 기기를 이용하여 네트워크에 접속 후 프로세서, 스토리지, 소프트웨어 등을 지원받아 언제 어디서나 원하는 작업을 수행할 수 있다. 최근에는 무선 인터넷 성능이 비약적으로 발전한 스마트폰들이 시장에 출시되면서 개인 컴퓨팅 환경 추세가 기존의 PC 중심에서 웹 기반의 모바일 단말기 중심으로 변하고 있다.

이러한 흐름에 따라 모바일 서비스에 클라우드 컴퓨팅이 결합된 형태로서 모바일 단말기, 모바일 서비스 제공자, 모바일 클라우드 플랫폼 세 요소로 구성되는 '모바일 클라우드' 서비스 또한 많은 주목을 받고 있다.

3.1 서비스 모델(Delivery Models)에 따른 분류

서비스하는 컴퓨팅 자원의 종류에 따라 소프트웨어 서비스(SaaS; Software as a Service), 플랫폼 서비스(PaaS; Platforam as a Service), 인프라 서비스(IaaS; Infrastructure as a Service)로 구분된다.

[클라우드 서비스에 따른 분류]

1 소프트웨어 서비스(Software as a Service, SaaS)

값비싼 소프트웨어의 패키지 또는 응용 프로그램을 구매 및 개별 단말기에 설치하여 사용하는 것이 아니라 웹상에서 해당 소프트웨어를 대여하고, 사용한 만큼의 비용을 지불하는 방식의 서비스이다. 소프트웨어 패키지 구매에 대한 비용부담이 없으며, 웹상에서 실시간 소프트웨어 업데이트가 이뤄지므로 구매 후 다운로드 및 설치 수고를 덜 수 있다.

구매 대신 사용자들이 **이용한 만큼의 비용을 지불**하는 서비스

[Software as a Service, SaaS]

하지만 제공되는 소프트웨어 서비스(SaaS)는 필요로 하는 패키지 소프트웨어와 유사한 기능의 클라우드 서비스 사업자가 자체 개발한 소프트웨어이므로 기존 소프트웨어와의 호환성 문제가 있을 수 있다. 만약 기존 패키지 소프트웨어와의 호환성이 보장되지 않을 경우, 클라우드 소프트웨어 서비스 이용에 커다란 불편이 예상될 수 있다. 특히 MS 워드, 엑셀과 같이 점유율이 높은 패키지 소프트웨어 사용자의 경우 클라우드 서비스로 전환하는데 커다란 장애요소가 될 것이다.

이러한 소프트웨어 서비스에는 네이버클라우드, 드롭박스, 구글드라이브, Adobe Creative Cloud 등을 예로 들 수 있다.

Creative Cloud에 포함된 제품

사진 편집 및 관리

간단한 사진 보정에서부터 세부적인 편집에
이르기까지 업계 선도적인 툴을 사용하여
원하는 대로 이미지를 완성할 수 있습니다.
이제 PC, 웹, 모바일 디바이스 등
어디에서나 모든 사진에 액세스할 수 있습니다.

주요 관련 제품: Photoshop, CC, Lightroom CC

디자인/일러스트레이션 만들기

전문가들이 사용하는 툴을 사용하여 명함, 포스터,
전단지, 책, 프레젠테이션 등 고품질의 디자인 및
레이아웃을 만들 수 있습니다. 또한 로고와 아이콘,
일러스트레이션 등의 에셋을 만들어
다양한 용도로 활용할 수 있습니다.

주요 관련 제품: Illustrator CC, Photoshop CC, InDesign CC

비디오 편집 및 VFX

스마트폰으로 촬영한 동영상에서 4K가 넘는
영상까지 모든 비디오를 빠르고 직관적으로
편집할 수 있습니다. 영화와 TV 등에서 볼 수 있는
시선을 사로잡는 멋진 애니메이션과 압도적인
VFX를 원하는 대로 제작할 수 있습니다.

주요 관련 제품: Premiere Pro CC, After Effects CC

웹 및 애플리케이션 디자인

PC 및 모바일 디바이스에서 의도한 대로 보여지는
웹 페이지를 디자인, 코딩 및 관리할 수 있습니다.
Illustrator를 사용하면 코드를 전혀 작성하지 않고도
웹 페이지를 만들 수 있습니다.

주요 관련 제품: Dreamweaver CC, Muse CC

[Adobe사의 클라우드 예]

2 플랫폼 서비스(Platform as a Service, PasS)

[Platform as a Service, PasS]

플랫폼 서비스(PaaS)는 주로 플랫폼 홀더(Platform Holder)가 자사의 플랫폼 사업영역 또
는 플랫폼 생태계를 강화하기 위해 무료 또는 저렴한 가격으로 개발자용 플랫폼 및 개발
도구 등을 대여하는 서비스이다. 개발 도구 등을 이용하며 사용한 만큼의 라이선스 비용
만을 지불하면 되기 때문에 초기 이용 부담을 덜 수 있고, 이미 협업 환경 또한 클라우드

상에 구축되어 있어 작업 공유 및 원활한 작업 프로세스를 지원받을 수 있다. 반면 플랫폼 홀더는 많은 개발자의 참여로 풍부한 콘텐츠 확보를 통해 플랫폼이 강화되는 효과를 기대할 수 있다. 하지만, 플랫폼 홀더 간 이해관계 충돌로 서비스 간 호환성 문제가 발생할 수 있으며 이러한 상황에서는 개발자가 별도의 개별 플랫폼 작업을 해야 하는 곤란함도 발생할 수 있다.

구글이나 네이버, 다음 등에서 개발자에게 제공하는 공개 API들이 Pass의 일종이다. 특히 구글의 '앱 엔진'이나 Bungee Labs 의 '번지커넥트' 등은 직접 온라인 서비스를 개발에서 배포, 관리까지 가능한 온라인 플랫폼을 제공하고 있다.

3 인프라 서비스(Infrastructure as a Service, IaaS)

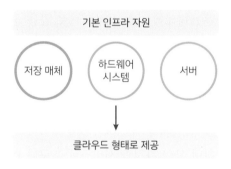

[Infrastructure as a Service, Iaas]

인프라 서비스 Iaas는 저장매체와 하드웨어 시스템, 서버 등과 같은 기본 인프라 자원을 클라우드 형태로 제공하는 서비스를 말한다. 중앙 서버에서 데이터를 통합 관리하고 자료 요청이 들어온 단말기에 전송하는 방식으로 운영된다.

이러한 인프라 서비스를 이용한다면 인터넷을 통해 언제 어디서나 원하는 데이터에 접근할 수 있고, 중앙 서버에 저장된 데이터는 동기화 기능을 통해 다양한 단말기에서 동시 접근이 가능하다. 또한, 개별 단말기 파손이나 분실, 해킹에 따른 데이터 피해 우려도 줄어들 수 있으며, 직접 데이터 센터를 운영하기 힘든 중소기업 들의 경우 클라우드 서버를 대여하는 방식으로 데이터 관리 비용을 절감할 수 있는 등의 장점들이 있다.

반면, 클라우드 사업자의 데이터 센터에서 모든 데이터를 총괄하기 때문에, 데이터 센터에 이상이 발생할 경우 치명적인 손실이 우려되기도 한다. 예를 들어, 데이터 센터에 천재지변과 같은 이상이 발생하여 데이터가 사라진다면, 고객의 데이터가 한꺼번에 사라지는 치명적인 손실이 발생할 수 있다. 따라서 대부분의 인프라 서비스 사업자는 위협 요소들을 고려하여 위험이 덜한 최적의 센터 부지를 선정하거나 복수의 데이터 센터를 운영하는 등 만일의 사태에 대비할 필요가 있다.

3.2 운용모델(Deployment models)에 따른 분류

특정 조직을 위하여 서비스되는 클라우드 컴퓨팅을 개인 클라우드(Private Cloud)라고 한다. 이러한 개인 클라우드는 내부 클라우드(Internal Cloud)라고도 하며, 기업 내부와 같이 폐쇄된 환경에서 특정 사용자만 사용하는 클라우드 서비스이다. 반면, 공용 클라우드(Public Cloud)는 일반 사용자에게 공개되어 대규모로 이루어지는 클라우드 서비스라고 할 수 있다.

서비스를 제공하는 대상과 운용형태에 따라 세부적으로 공용 클라우드(Public Cloud), 개인 클라우드(Private Cloud), 그리고 혼합 클라우드(Hybrid Cloud), 커뮤니티 클라우드(Community Cloud)로 구분할 수 있다.

1 공용 클라우드(Public Cloud)

일반 사용자에게 공개된 인터넷 상의 자원과 서비스로 누구나 이용할 수 있는 대규모로 이루어지는 클라우드 서비스이다. 공용(Public)이라는 의미처럼 무료 또는 저렴한 사용료로 이용할 수 있는 경우가 많다. 공용 클라우드 서비스는 인터넷 상에서 웹 기반(또는 이를 기반으로 하는 앱)으로 제공되는 특징을 가지며, 주로 구글 클라우드, 다음 클라우드, 아마존 웹 서비스(일부 서비스 제외) 등이 공용 클라우드 서비스에 해당된다.

2 개인 클라우드(Private Cloud)

기본적으로 공용클라우드 서비스와 유사하지만, 기업 내부와 같은 특정 조직을 위하여 폐쇄된 환경에서의 특정 네트워크 상의 자원을 제공하는 클라우드 서비스이다. 보안을 위해 사용자 접근과 이용하는 네트워크가 지정되고 제한될 수 있으며 데이터, 자원 등의 보호 필요성이 높은 기업이 많이 사용한다. 특정 기업용 클라우드 솔루션 제품에 포함되어 해당 서비스를 받는 경우가 많다.

3 혼합 클라우드(Hybrid Cloud)

특정한 보안적 요구사항이나 공통된 업무 관심을 가진 사람들에 의해 운영되는 커뮤니티 클라우드(Community Cloud)와 공용 클라우드(Public Cloud), 폐쇄형 클라우드(Private Cloud)를 비즈니스의 중요도에 따라 같이 운영하는 혼합 클라우드(Hybrid Cloud)모델이 있다.

3.3 클라우드 사업자별 주요 서비스 현황

국외/국내	사업자	주요 서비스	서비스 분류
국외	아마존	AWS, EC2, S3	IaaS
	IBM	블루 클라우드	IaaS
	마이크로소프트	Azure, Office 365	IaaS, PaaS, SaaS
	구글	Google Apps	IaaS, PaaS, SaaS
	세일즈포스닷컴	CRM툴	IaaS
국내	KT	U CLoud	IaaS
	LG U+	U+ Box	IaaS
	SK텔레콤	T Cloud	IaaS
	삼성SDS	웹 클라우드, R&A클라우드	IaaS
	LG CNS	vDataCenter, vDesktop, vApps, vHosting+	IaaS, PaaS, SaaS
	NHN	N드라이브 등	IaaS, SaaS
	Daum	Daum 클라우드	IaaS, SaaS

출처: KT경제경영연구소

4 클라우드 컴퓨팅의 장·단점

IT에 대한 막대한 투자와 운영비는 기업들이 클라우드 컴퓨팅에 관심을 두게 된 계기가 되었고 여러 가지 아래와 같은 장점이 있지만 동시에 전통적인 IT 모델이 갖는 한계 또한 갖고 있다.

4.1 클라우드 컴퓨팅의 장점

- 초기 구축 비용 없이 원하는 만큼 사용하고 비용을 지불하여 서비스를 이용한다.
- 시스템에 대한 별도의 관리 없이, 보장된 시스템을 지속해서 이용할 수 있다.
- 상대적으로 대용량의 서버의 공간을 별도의 관리 없이 저비용으로 사용할 수 있을 뿐만 아니라, 안정적으로 기업의 데이터를 운영할 수 있다.
- 물리적 컴퓨터의 가용율을 높일 수 있어 불필요한 자원 낭비 없이 효율적인 사용자 환경을 갖출 수 있다.
- 다양한 단말기에서 사용 가능하며 클라우드 서비스를 통한 일관성 있는 사용자 환경을 구현이 가능하다.
- 신뢰성 높은 서버에 데이터를 저장함으로써 이들에 대한 높은 안전성을 갖는다.

4.2 클라우드 컴퓨팅의 단점

이러한 많은 장점에도 불구하고, 클라우드 기반으로 기업의 내부 시스템을 갖추기에는 여전히 아래와 같은 여러 한계점을 갖는다.

1 보안

가상화를 기반으로 서로 다른 회사 또는 조직이 공통의 인프라를 사용하게 되므로 보안문제를 고려해야 한다. 실제 기업에서 공용 클라우드를 적용하지 않은 가장 큰 이유 중의 하나도 보안 문제인 경우도 많다.

2 다중 소유 특성

공통 인프라의 특성 상, 동일한 물리적 하드웨어에 다양한 기업의 데이터, 시스템, 응용 프로그램을 수용하는 특성을 가지기 때문에 이러한 다중 소유는 클라우드 컴퓨팅의 본질적 취약점과 같다.

3 신뢰성과 성능

비즈니스 응용프로그램에서 클라우드 컴퓨팅 시스템에 대한 성능과 신뢰성은 고객의 가장 중요한 요구사항 중 하나이다. 하지만 클라우드 컴퓨팅은 그 속성상 IT에 대한 통제 또는 관리 권한을 고객이나 서비스 받는 기업이 가질 수 없으므로, 고가용성을 요구하는 업무에 대해 벤더를 신뢰하기는 쉽지 않다.

4 기존 유휴 투자 장비

클라우드 컴퓨팅을 검토하는 일정 규모 이상의 기업은 보통 자체 대규모 데이터 센터를 보유하고 있으므로 기존의 유휴 인프라를 대신하여 클라우드 컴퓨팅으로의 재투자는 쉽지 않을 수 있다.

5 통제권과 감사 대응

대부분의 글로벌 기업은 강력한 IT자원에 대한 통제권 또는 관리 권한을 가짐으로 인해 회계 감사 등에 대해서 효과적으로 대응할 수 있기를 원한다. 하지만 클라우드 컴퓨팅은 IT 운영과 통제를 서비스 입체에서 일임하고 있으므로 통제권과 감사 대응 측면에서는 해결해야 할 문제점들이 존재 할 수 있다.

5 클라우드 컴퓨팅 시스템 활용

IT 기술의 발전을 따라 클라우드 서비스도 일상에서부터 사무환경까지 다양한 편의성을 제공하며 빠르고 편리하게 발전해 왔다. 이제 클라우드 서비스를 온전히 활용하며 업무 효율성을 높일 수 있는 몇 가지 클라우드 서비스를 소개하면 다음과 같다.

5.1 저장 공간으로서의 클라우드

클라우드에 자료를 저장해 놓는다면 언제 어디서나 네트워크 연결을 통하여 다양한 기기에서 저장된 자료를 이용할 수 있다. 대표적으로 사진, 문서, 앱 등을 보관하고 필요할 때 인터넷으로 이용할 수 있는 애플의 iCloud, 구글의 구글 Drive 등이 있다.

5.2 문서작업부터 프로젝트까지 업무 효율 높이는 클라우드

클라우드 시스템을 이용하면, 별도의 응용 소프트웨어의 설치가 없어도 인터넷만 연결하면 언제 어디서나 웹을 통하여 자신이 필요한 기능과 호환성을 갖춘 응용 소프트웨어를 사용할 수 있다. MS Word 또는 Excel의 문서 작성 등의 기능을 갖춘 구글 Docs가 그 예에 해당한다.

'에버노트 (Evernote)' 앱의 경우, 이 앱의 사용으로 모든 기기에서 문서, 노트, 웹 클리핑 등의 디지털 자료의 보관이 한결 수월해질 수 있다. 또한, 동기화 기능을 통해, PC뿐만 아니라 스마트폰, 태블릿 PC에도 문서 작업의 연속성을 그대로 가져갈 수 있어 자료 관리에도 편리하며, 통합 관리도 가능하여 보안을 비롯한 전자문서의 한계를 극복하였다는 평가를 받고 있다.

[공간의 제약 없이 업무 연속성을 구현하는 '에버노트(Evernote)']

또 다른 클라우드 서비스인 '트렐로 (Trello)'는 프로젝트 시 팀원들의 업무 진척 상황을 공유하고 업무를 배분하는 기능으로 효율적인 프로젝트 관리 환경을 지원한다. 또한 나만의 리스트와 카드들을 무제한으로 생성해 디지털 코르크보드에 드래그 및 드롭할 수 있으며, 할 일 목록, 비즈니스 관련 아이디어, 쇼핑 리스트, 그래픽 캘린더 등을 생성하여 정리하는 데도 유용하다. 이처럼 클라우드를 통해 우리의 업무 환경이 훨씬 간편해질 수 있으며, 효율성을 높일 수 있다.

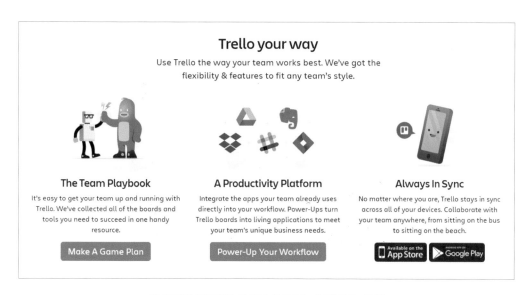

[효율적인 프로젝트 관리를 도와주는 '트렐로(Trello)']
출처: 트렐로 홈페이지(https://trello.com)

5.3 구글 포토스

구글은 '구글 포토스 (Google Photos)'라는 이름의 클라우드 서비스를 제공하는데 모바일, 안드로이드, iOS에서도 사용 가능하며, 최대 해상도는 일반 사진 1천600만 화소, 동영상은 1080p를 저장할 수 있다. '머신러닝' 기능을 통해 사진을 스스로 분류하고 정리해주는 기능 또한 제공한다.

[구글 포토스(Google Photos)]

5.4 클라우드 팩스

['클라우드로 팩스를 받아 외근 중에도 팩스를 확인할 수 있고, 스팸 팩스는 자동으로 삭제!']

기업에서의 클라우드는 업무의 민첩성보다 '협업'이 더 중시된다. 따라서 궁극적으로 클라우드가 지향하는 사무환경은 스마트 커뮤니케이션이다. 한국후지제록스에서 제공하는 '클라우드 팩스'는 팩스 내용을 일일이 출력해야 했던 기존 팩스 업무의 불편함을 개선하여 수신한 팩스가 전자문서로 자동 변환돼 클라우드 서비스 '워킹 폴더 (Working Folder)'에 저장되며 언제 어디서나 모바일 단말기로 클라우드에 접속해 팩스 내용을 확인할 수 있다. 이로 인해 불필요하거나 스팸 팩스들을 서버 상에서 즉시 삭제할 수도 있다.

과거	하나의 문서를 수정하기 위해 셀 수 없이 많은 메일과 전화 필요
현재	• '공유'와 '협업'을 위해 진화된 문서 커뮤니케이션으로 업무 생산성이 높아짐
미래	• 커뮤니케이션이 필요한 모두가 서로 원활하게 소통 • 진정한 스마트워크의 실현

[클라우드를 활용한 서비스에 따른 업무 환경 변화]

마무리하기

1. 클라우드 컴퓨팅은 인터넷 상의 공간인 서버에 프로그램과 자료 저장 공간을 두고 사용자가 필요할 때마다 컴퓨팅 기기로 서버에 접속하여 자료를 저장하거나 프로그램을 실행시켜 자료를 처리하는 기술이다.

2. 클라우드 컴퓨팅의 도입 이유
   - 대규모 IT 자원의 필요성
   - 기존 IT 자원의 활용률 저조
   - 빠른 비즈니스 환경 변화에 늦은 대응

3. 클라우드 컴퓨팅을 구현을 위해 가상화 기술, 대규모 분산처리, 오픈 인터페이스, 서비스 프로비저닝, 자원 유틸리티, 서비스 수준 관리, 보안 및 개인정보 관리, 다중 공유 모델 등의 기술이 필요하다.

4. 클라우드 서비스는 서비스 모델에 따라 소프트웨어 서비스(SaaS), 플랫폼 서비스(PaaS), 인프라 서비스(IaaS)로 구분한다.

5. 클라우드 서비스는 운용모델에 따라 공용 클라우드, 개인 클라우드, 커뮤니티 클라우드, 혼합 클라우드로 구분한다.

6. 클라우드 컴퓨팅의 장점
   - 초기 구축 비용 없이 원하는 서비스 사용
   - 시스템에 대한 전문적인 지식이 없어도 시스템을 지속적으로 사용할 수 있음을 보장받음
   - 상대적으로 대용량의 서버 공간을 활용하기 때문에 안정적으로 기업의 데이터 운영
   - 1대의 물리적 컴퓨터의 가용율이 매우 높아져 불필요한 자원의 낭비를 줄일 있음
   - 다양한 기기를 단말기로 사용하는 것이 가능하며 서비스를 통한 일관성 있는 사용자 환경 구현
   - 사용자의 데이터를 신뢰성 높은 서버에 보관함으로써 안전하게 보관

7. 클라우드 컴퓨팅의 단점
   - 보안
   - 자동 소유 특성
   - 신뢰성과 성능
   - 기존 유휴 투자 장비
   - 통제권과 감사 대응

8. 클라우드 컴퓨팅 시스템 활용

1) 저장 공간으로서의 클라우드 : 필요한 자료를 인터넷상의 공간인 '클라우드'에 저장해 놓고, 인터넷만 연결하면 언제 어디서나 다양한 정보 기기에서 저장된 자료 이용 (예 : 애플의 iCloud)

2) 문서 작업부터 프로젝트까지 업무 효율 높이는 클라우드 : 별도로 응용 소프트웨어를 설치하지 않더라도 인터넷만 연결하면 언제 어디서나 웹을 통하여 자신이 필요한 응용 소프트웨어를 사용 (예 : 구글 독스, 에버노트(Evernote), 트렐로(Trello))

3) 다음 클라우드의 대안 구글 포토스

- 모바일, 안드로이드, iOS에서도 사용 가능
- 최대 해상도는 일반 사진 1천 600만 화소, 동영상은 1080p 저장
- 머신러닝 기능을 통해 사진을 스스로 분류하고 정리해주는 똑똑한 관리 제공

4) 클라우드 팩스

- 수신한 팩스가 전자문서로 자동 변환돼 클라우드 서비스 '워킹 폴더 (Working Folder)'에 저장
- 언제 어디서나 모바일 단말기로 클라우드에 접속해 팩스 내용 확인
- 스팸 팩스들을 서버 상에서 즉시 삭제

9. 클라우드 컴퓨팅의 한계로는 보안, 자동 소유 특성, 신뢰성과 성능, 기존 유휴 투자 장비, 통제권과 감사 대응 등이 있다.

주제	클라우드 컴퓨팅		일자	
이름		학과	학번	

1. 다음은 어떠한 기술을 설명하는지 쓰시오.

> 이것은 인터넷 상의 공간인 서버에 프로그램과 자료 저장 공간을 두고 사용자가 필요할 때마다 컴퓨팅 기기로 서버에 접속해서 자료를 저장하거나 프로그램을 실행시켜 자료를 처리하도록 하는 기술이다.

2. 클라우드 컴퓨팅에서는 크게 세 가지로 컴퓨팅 자원의 종류를 구분한다. 이에 해당하지 않는 것은?
   ① 소프트웨어 서비스(SaaS)　　　② 플랫폼 서비스(PaaS)
   ③ 인프라 서비스(IaaS)　　　　　④ 하드웨어 서비스(HaaS)

3. 클라우드 컴퓨팅의 장점이 아닌 것은?
   ① 빠른 비즈니스 환경 변화에 따른 대응　　② 사용한 만큼의 지불
   ③ 신뢰성과 완벽한 보안　　　　　　　　　④ 요구사항에 따라 탄력적 IT 자원 제공

4. 다음 중, 포리스터 리서치가 정의한 클라우드 컴퓨팅에 대한 정의가 아닌 것은?
   ① 허가받은 프로토콜의 사용자들만 접속가능한 서비스
   ② 언제나 접근이 허용
   ③ 표준화 된 IT 기반 기능들이 인터넷 프로토콜로 제공
   ④ 사용량이나 광고에 따라 과금 모형을 달리하는 형태

5. 다음 중 모바일 클라우드를 구성하는 요소가 아닌 것은?
   ① 모바일 서비스 제공자　　　　　② 모바일 단말기
   ③ 모바일 쇼핑몰 제공자　　　　　④ 모바일 클라우드 플랫폼

6. 클라우드 컴퓨팅에 필요한 기술을 세 가지만 써보세요.

7. 다음 설명하는 것은 무엇인지 쓰시오.

> 2000년대 이후에 인터넷을 통해 많은 양의 데이터를 처리하기 위해 대규모 즉, 몇 천 노드 이상의
> 서버 환경에서 대용량 데이터를 분산처리하기 위하여 만들어진 기술

8. 생활 속에서 여러분들이 사용하고 있는 클라우드 컴퓨팅의 예시를 3개만 들어보세요.

CHAPTER 11

3D프린터와 인공지능

CONTENTS

SECTION · · ·

3D프린터와 무인운송수단

학습목표

1. 3D 프린터의 원리와 종류, 활용분야를 설명할 수 있다.
2. 무인 운송수단에 대해 설명할 수 있다.

1   3D 프린터

1.1 3D 프린터의 개념

3D 프린터(3D Printer)란 3D 스캐너 또는 3D 모델링 프로그램으로 만든 3차원 도면을 기반으로 실물의 입체 모양을 직접 만들어 출력하는 기계를 말한다. 3D 프린터가 실물 입체 모양을 만들 때는 재료를 자르거나 깎는 방식의 절삭가공(Subtractive manufacturing)을 사용하지 않고, 기존 프린터가 잉크를 분사하듯이 다양한 소재로 새로운 단면 층을 켜켜이 쌓는 적층하는 방식의 3D 프린팅 적층 가공(Additive manufacturing) 방식을 사용한다. 이러한 방식으로 3D 결과물을 출력함으로써 가벼운 재료로 필요한 소량만 낭비 없이 맞춤 생산할 수 있으며 또한 비교적 빠르게 제품을 생산할 수 있다.

어느 제품이든 제작 전 디자인과 설계가 필요하듯, 3D 프린팅 역시 먼저 제품을 디자인하기 위한 CAD(Computer Aid Design)와 같은 전문 소프트웨어를 사용하여 디지털화된 3차원 제품 디자인을 작성하거나, 물건을 제품화하기 전에 시제품으로 만드는 용도로 사용하기도 한다. 뿐만아니라, 이미 현실에 실재하는 사물을 디지털화된 제품 디자인으로 옮기기 위하여 3D 스캐너를 사용하기도 한다. Google의 SketchUP과 같이 그림판에서 도형을 그리듯 제품을 손쉽게 디자인하는 것을 특징으로 하는 소프트웨어들도 출시되었으며 또한 Microsoft의 Kinect과 같이 3차원 공간에서 사람의 움직임을 인지하는 방식의 3D 스캐너도 보급되고 있다.

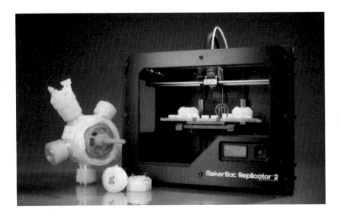

[3D 프린터]

1.2 3D 프린트의 특성

개념	3차원 설계도에 따라 한 층씩 소재를 쌓아 올려 입체물을 만드는 기술
재질	플라스틱, 티타늄, 철강합금 등
가격	1,000만~10억 원 수준(산업용)
용도	의학, 우주, 장난감, 자동차 등 적용 분야 확대 중
효용	맞춤형 제조 용이, 개발시간 단축

3D 프린터는 3차원 도면을 기반으로 하고 플라스틱, 고무, 금속, 세라믹 등 150여 개 소재를 사용하여 어떤 제품이든 한 시간 내지 하루 만에 실물로 만들어 낼 수 있으며 시계, 신발, 휴대폰 케이스, 심지어 자전거와 자동차까지도 만드는 단계로 발전하였다.

1.3 3D 프린터의 종류

1 입체조형(Stereo Lithography Apparatus, SLA)

액체 기반의 광경화 수지 조형방식 즉, 강한 자외선이나 레이저를 사용하여 순간적으로 경화시켜 조형하는 방식으로 얇고 미세한 형상도 제작 가능한 특징을 갖는다. 레이저 광선을 이용하여 성형 속도가 빠르고 조형 정밀도가 높은 장점이 있는 반면, 만들어진 부품이 언더컷(Undercut) 즉, 윗부분보다 좁아졌다가 다시 넓어지는 부분이 생기면 추가 지지대가 필요하며 충격에 약해 취급에 유의해야 하는 단점이 있다.

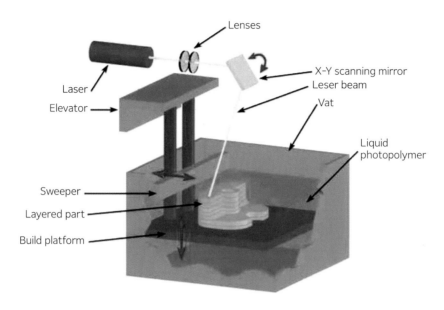

[SLA방식 3D 프린터]
출처 : 대형 3D 프린팅 기술동향 및 산업전망, KISTI

② 지표 경화(Solid Ground Curing, SGC)

액체로 된 광경화성 수지를 사용하며 램프 빛의 노출로 한 층의 모든 부분이 동시에 경화되는 방식이다. 이러한 방식을 사용한다면 지지대가 필요 없고 램프 사용으로 후경화 단계도 생략할 수 있지만, 공정이 복잡해질 수 있으며 장비 유지보수가 어렵고 취급도 주의해야 하는 단점이 있다.

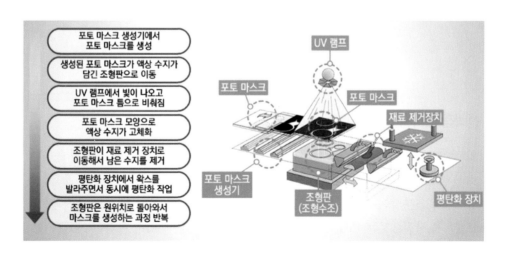

[SGC 방식 원리]
출처 : https://www.wikiwand.com/en/Solid_ground_curing

3 용착 적층 모델링(Fused Deposition Modeling, FDM)

가는 철사 형태의 열가소성 수지 재료를 점성이 높은 액체 상태로 압출하여 각 층을 만들어가는 방식으로 공정이 상대적으로 간단하여 가정이나 사무실에서 사용하기에 적합하며 또 유지 보수가 쉬운 편이다. 하지만 소재의 제한으로 인해 열가소성 재료만 사용할 수 있다.

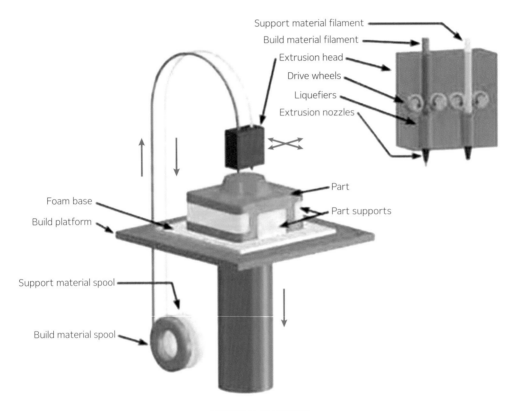

[FDM방식 3D 프린터]
출처: 대형 3D 프린팅 기술동향 및 산업전망, KISTI

4 선택적 레이저 소결(Selective Laser Sintering, SLS)

대량의 작은 플라스틱 분말, 세라믹 금속 또는 유리 분말을 소재로 사용하며 이를 CO_2 레이저로 원하는 그림을 그려 녹여 응고시킨 뒤 한층 한층 쌓아가며 입체적으로 조형하는 방식이다. 재료가 분말이라 재료칼을 이용하여 추가 재료를 공급할 수 있고 평탄화 작업을 필요로 한다. 장점으로는 비교적 강도가 높고 성형 속도가 빠르며, 다양한 재료를 사용할 수 있어 응용 분야가 많고 특히 기능 부품으로써 시제품 제작도 가능하다는 점이다. 단점으로는 장비 가격이 비교적 높고 고가의 부대 장비가 필요한 점 등이 있다.

[SLS Samples]
출처: 3D 프린팅의 다양한 기술 및 특징 소개. Korean Industrial Chemistry News, 2015

5 광경화 적층 방식(Polyjet)

폴리머 재료 즉 액상 수지(광경화 수지)를 사용하고 잉크젯 프린터와 유사한 방식이기에 Polyjet이라고 명명되었다. 비교적 조형 속도가 빠르고 높은 정밀도를 가지며, 다양한 재료를 사용할 수 있는 장점을 가진 반면, 별도의 서포터 재료가 필요하고 이를 제거하는 공정도 복잡한 단점을 가진다.

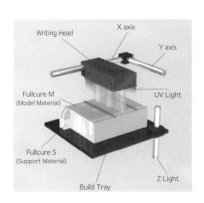

[PolyJet 방식 및 장비]
출처: 3D 프린팅의 다양한 기술 및 특징 소개. Korean Industrial Chemistry News, 2015

6 박판 적층(Laminated Object Manufacturing, LOM)

접착제가 칠해져 있는 종이를 소재로 사용하며 레이저 광선으로 원하는 단면을 절단 및 적층하여 성형하는 방식을 사용한다. 별도의 서포터 재료나 지지대가 필요 없지만, 표면이 닫혀 있고 속이 비어 있는 구조물의 경우 표면 외벽 때문에 내부 재료 제거가 곤란하고 주위 환경으로 인한 변질 가능성이 커 주의를 필요로 한다.

[LOM 방식의 프린터와 제작품]
출처: 유아교구 개발을 위한 3D 프린터 활용 방안에 관한 연구

1.4 3D 프린터의 활용 사례

생산에 투입되는 비용이 많이 들어 산업 영역 제한이 있거나 특정 산업에서의 생산에 집중되는 경향이 있다. 주로 건축, 패션, 의료, 애니메이션, 고고학 등의 영역에서 활용된다.

산업	사례
자동차	대시보드, 바디패널 등의 시제품
의료	인공 치아, 인공 뼈, 인공 관절 등의 보형물
패션	구두, 의류 등의 시제품 견본
항공/우주	알루미늄 동체 등 주요 부품
건축	건축 모형
엔터테인먼트	영화용 캐릭터, 장난감 등
소비자 가전	휴대폰 케이스, GPS 디바이스 등 각종 소비자 가전의 시제품

출처 : 정보통신산업진흥원

1 쉐이프웨이즈(Shapeways)

쉐이프웨이즈에서는 3D 프린터 장비를 제공하고 디지털 설계도와 3D 프린터로 만든 실제 상품의 판매 중개 서비스도 제공한다. 고객은 3D 프린터가 없어도 쉐이프웨이즈에 자신의 개성 있는 아이디어의 디자인을 업로드하여 실물을 받거나 판매할 수도 있고 반대로 3D프린터로 구현된 다른 작품을 구매할 수도 있다. 플라스틱, 사암, 메탈, 금도금, 청동, 은, 세라믹 등 다양한 소재를 사용하여 각종 도구, 액세서리, 예술품, 생활용품, 게임, 미니어처 등을 제작할 수 있다.

출처 : https://www.shapeways.com/create

2 교육 분야

현재 국내의 여러 대학 및 교육기관에서 3D 프린터를 이용한 설계 및 구현 등에 관련한 교육과정을 개설하고 있다. 그 예로 서울과학기술대학교 기계시스템 디자인공학과의 경우 2학년 학생은 기초과정, 3학년 학생은 응용과정의 2개 CAD 관련 교과목을 개설하고 있다. 3학년 대상의 CAD 응용과정에서는 이론 강의 및 상용 CAD 소프트웨어를 이용한 실습을 수행하며 최종 3D 프린터를 이용한 형상의 제작까지 가능하다.

3 바이오 분야

3D 프린터를 이용하여 인공 턱뼈, 개인용 보청기 등 개인에게 적합한 제품을 저렴한 가격과 빠른 납기로 제작하며 의료 분야에서 큰 각광을 받고 있다. 나아가 인간의 몸 조직 일부를 3D 프린터로 인쇄하는 '바이오 프린팅'에 대한 연구도 활발히 이루어지고 있으며 골절에 대한 치료도 3D 프린팅 기술을 활용하는 의학 기술이 나올 것으로 예상한다.

[오티콘 사의 3D 프린팅 기술로 제작된 맞춤형 보청기]

국내에서는 암수술에도 3D 프린터를 활용한 사례가 있는데, 부비동 암을 앓는 40세 여성과 46세 남성의 수술(삼성서울병원 이비인후과)에 3D 프린터 기술을 적용하여 수술 부작용 중 하나인 얼굴과 눈의 함몰 가능성을 최소화하는 데 성공한 예가 그것이다.

4 자동차·항공·우주 분야

가장 먼저 3D 프린팅 기술을 도입한 산업 영역은 자동차 산업으로 주요 제작 파트로는 운전석 모듈, 계기판, 에어덕트, 기어-프레임 바디, 프런트 엔드 모듈, 안정 장치 바 어셈블리 등이 있다. 자동차 분야 적용 예로, 포드(Ford)는 실린더를 3D 프린터로 제작한 사례가 있으며 캐나다의 콜이콜로직(Korecologic)는 미국 스트라타시스와 협력하여 세계 최초로 차량 전체를 3D 프린팅 한 플라스틱 하이브리드카 Urbee 2를 생산하였다.

우리나라의 경우, 현대모비스에서 Fortus FFF 시스템을 사용해 디자인 확인, 기류 평가와 기능성 테스트를 위한 원형 파트를 제작하였다. 항공산업 분야 역시 자동차 산업을 벤치마킹하여 적극 3D 프린팅 기술을 도입하고 있으며 보잉(Boeing)사는 현재 300여 개 부품을 3D 프린터를 기반으로 생산하고 있다.

5 패션 분야

패션 분야에서도 3D 프린팅을 활용한 의상 및 쥬얼리의 생산도 활발하게 이루어지고 있다. 3D 프린팅을 활용한 의상 및 주얼리의 생산도 활발하게 이루어져 의류, 속옷, 하이힐, 운동화 등 다양한 분야에 사용되고 있다. 앞으로는 자신이 원하는 디자인과 소재의 의상을 3D 프린터로 출력하여 착용할 수 있을 것으로 예상한다.

[3D 프린팅 패션쇼]

2   무인운송수단

2.1 드론

1 정의

자체 조종사 없이 공기역학적 힘으로 부양하여 자율비행 또는 원격조종으로 비행을 하며, 무기 또는 일반화물을 실을 수 있는 일회용 또는 재사용 가능한 동력 비행체를 말한다. 이러한 정의에 의거 탄도 비행체, 준탄도 비행체, 순항미사일, 포, 발사체와 같은 무기류와 무인기구, 무인비행선 등은 이 범주에 포함되지 않는다.

[드론]

2 용도

최근 드론은 과학기술, 통신, 배송, 촬영 뿐만 아니라 개인의 취미활동 등 다양한 분야에 확대되어 사용 되고 있다.

① 항공 촬영

과거에는 높은 곳에서 아래를 바라보는 방향의 장면을 촬영하기 위해서는 막대한 비용을 들여 주로 헬리콥터를 이용 하였다. 하지만 최근에는 드론으로 촬영이 가능해지면서 헬리콥터를 이용한 촬영 대비 훨씬 더 저렴하게 촬영할 수 있게 되었다. 뿐만 아니라 기존 촬영 대비 훨씬 소음 없이 가깝게 접근하여 촬영할 수 있게 되었고 다양한 각도에서 실감 나는 촬영이 가능하게 되었다. 이러한 장점으로 특히 스포츠 경기 중계나 화재현장 및 자연재해 현장 촬영에 유용하게 사용되고 있다.

② 응급 구조

구급차의 경우 교통 체증이 발생하였을 때 곤란하고 헬리콥터의 경우에는 큰 비용이 든다는 단점이 있다. 하지만 심장 제세동기, 카메라, 마이크, 스피커 등이 장착된 응급 구조 드론을 사용한다면 응급 환자가 발생했을 때 더 빠르고 간편하게 환자 옆에 도착할 수 있다. 응급 구조 드론이 환자 옆에 도착하면 주변인은 카메라와 마이크로 병원에 있는 의사의 설명을 들으며 응급 상황에 대처하며 시간을 벌 수 있고, 이렇게 드론을 활용하여 간단한 응급 조치를 하는 동안 실제 앰뷸런스가 도착하면 소중한 생명을 구할 수 있게 된다.

③ 인터넷 연결

구글, 페이스북과 같은 세계적인 IT 기업들은 아프리카 벽지나 히말라야 산간과 같은 오지에 드론을 띄워 전 세계를 인터넷으로 연결하려고 계획하고 있다. 이것은 아직 전 세계 인구의 30% 이상이 인터넷을 사용할 수 없는 지역에 있다는 점에서 착안된 계획으로 실제 이 계획이 실현된다면 전 세계 어디에서나 인터넷을 이용할 수 있을 것이다.

④ 군사용

제2차 세계대전 직후 미국은 낡은 유인 항공기를 재활용하여 무인항공기와 유사한 형태로 제작하였다. 냉전 시대에는 무인항공기를 정찰 및 정보수집의 목적으로 생산하여 적 기지에 투입하였고 베트남전 등에서도 정찰용 목적으로 드론을 대거 사용했다. 기술이 발전함에 따라 원격탐지장치, 위성제어장치 등 접근 지역을 확대하기 위한 다양한 최첨단 장비를 갖춰나갔다. 미국뿐 아니라 이스라엘, 소련 등도 군사용 목적으로 무인기를 쓰기 시작했다. 200년대 이후 드론은 공격용 무기까지 장착한 공격기로서 지상군 대신 적을 공격하는 임무를 수행하기 시작하였다. 이렇게 군사용 드론은 파키스탄, 예멘, 이란, 이라크, 아프가니스탄, 소말리아 등 세계 주요 분쟁지역에서 대폭 사용되며 전 세계 드론 시장의 80%를 점유하게 되었다.

⑤ 화물 수송

소형화물의 배송을 위한 작은 드론이 사용되고 있으며 인간이 접근하기 힘든 곳에 구조물품이나 약 등을 전달하는 등 화물 수송을 위한 다양한 시도가 이루어지고 있다.

⑥ 농업

과거에는 농사를 짓기 위해 인간이 직접 씨를 뿌리고 소를 이용해 땅을 가꾸었다면 최근에는 농업용 드론과 GPS를 이용하여 많은 농사 작업이 이루어지고 있다.

예를 들어, 농업용 드론을 이용하여 농약을 살포한다면 농작물과 최대한 가까운 높이를 유지하면서 골고루 하지만, 적외선 센서를 이용해 꼭 필요한 지역에만 농약을 살포할 수 있다. 최소한의 농약만 사용하게 되므로 비용 절감은 물론 농약 살포로 인한 인간의 중독 피해 방지, 정밀하고 균일한 작업, 면적 대비 저렴한 관리 비용 등의 장점이 있다. 그리고 토양 오염과 같은 환경 피해도 최소화할 수 있으며 드론에 장착된 카메라로 일조량, 토양 상태 등을 정밀하게 관찰할 수도 있다.

농업용 드론의 강국은 일본으로 야마하는 이미 1987년 세계 최초의 농업용 드론 'R-50'을 개발하였다. 현재 일본 전체 농경지 가운데 40%가 드론을 사용하여 비료와 살충제를 살포하며 이로 인해 고령화로 인한 일손 부족 해결에 큰 도움을 주고 있다. 세계 최대 상업용 드론 제조업체인 중국 DJI의 경우, 2015년 11월, 농업용 약제 살포용 드론 '애그리 MG-1'를 발표하기도 하였다.

⑦ **공공용**

공공 기관에서는 다양한 방법으로 드론 활용이 활발하다. 부산광역시 해운대구는 2014년 10월 약 2,000만 원의 예산으로 GPS, 와이파이 송수신 출력기, 고화질 영상 촬영이 가능한 카메라가 부착된 맞춤형 드론을 구입하여 국내 지방자치단체 최초로 산림 보호 활동에 사용하였다. 드론이 산림 영상을 촬영하면 해당 영상은 해운대구 CCTV 관제센터로 실시간으로 전송됐고 인가된 일부 구청 직원의 경우 자신의 스마트폰에서도 확인할 수 있었다. 경남 남해군은 소나무 재선충 방제와 산불 감시 등의 용도로 드론 2대를 구입해 10여 회에 걸쳐 산림 500ha에 방제 작업을 실시했다. 한국국토정보공사(구 대한지적공사) 역시 드론을 촬영 및 측량 작업에 사용하고 있다.

2.2 무인자동차

1 무인자동차의 정의

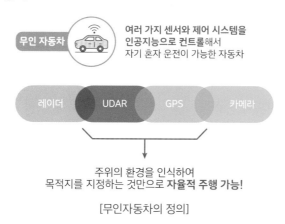

[무인자동차의 정의]

무인자동차(autonomous car, driverless car, self-driving car, robotic car)는 레이더, LIDAR(light detection and ranging), GPS, 카메라와 같은 여러 가지 센서와 제어시스템을 인공지능으로 제어하여 자동차 스스로 혼자 운전하고 주행이 가능한 자동차를 말한다. 이미 무인자동차는 일부 실용화되었는데 예를 들어, 이스라엘 군은 미리 설정된 경로를 순찰하는 무인 차량을 운용하고 있으며 국외 광산이나 건설 현장 등에서도 덤프트럭 등의 무인 운행 시스템을 운용 중이다. 최근에는 구글의 Self Driving Car Project가 많은 주목을 받고 있으며, 국내자동차 회사에서도 자율주행이 가능한 자동차들이 출시되고 있는 현황이다.

[무인자동차]

2 무인자동차의 등장과 고려사항

자동차 업계와 학계는 인간의 개입 없이 안전하게 운행할 수 있는 자동차를 만들기 위하여 많은 투자를 하고 있으므로 무인자동차는 멀지 않은 장래에 우리 일상의 가까운 풍경이 될 것이다. 다가온 미래로서 무인자동차에 대한 사람들의 수용도도 높은 편으로서 운전자 1,000명을 대상으로 한 설문조사에 따르면, 40% 이상이 "무인자동차를 이용할 수 있다"라고 답하였고 "비상시 사람이 직접 운전대를 잡는다는 조건을 제시하였을 때는 무인자동차를 이용할 수 있다"라고 응답한 비율도 66%로 조사되었다.

이러한 응답내용 및 비율의 이유 중 한 가지는 안전성 제고에 관한 문제 때문이다. 아무리 자동차 기술이 발전되었다고는 하나 매년 교통사고로 사망하는 사람의 수는 여전히 많아 전 세계적으로 사망원인 8위를 기록하고 있고, 통계적으로 볼 때 자동차는 비행기나 기차보다 더 위험한 교통수단이기도 하다.

무인자동차 시대가 도래한다면 기존보다 안전성은 증가할 수 있겠지만 이제까지 제기되지 않은 다른 많은 쟁점 또한 예상할 수 있다. 자동차의 통제와 조작을 무인 자동 시스템이 맡게 된다면 이후에 일어나는 사건에 대한 통제는 기계의 몫이 되므로 로봇이 조작하는 자동차에 있어 어느 정도의 오류를 허용하고, 이러한 오류에 대해 어느 정도의 준비를 하고 있느냐가 쟁점이 될 수 있다. 그리고 이때 치명적인 오류와 그렇지 않은 오류가 무엇인지를 구별하는 것과 사고 발생 시 책임 소재도 고려해야 할 문제이다.

사람이 아닌 무인자동차가 승객의 안전을 책임지게 되면서 이러한 역할의 역전은 미래에는 자동차를 바라보는 관점도 변화시킬 것이다. 디자인, 엔진 출력과 같은 기능적 특성은 피상적인 요소로서 그 중요성은 작아지겠지만 안전성, 신뢰성, 연결성 등 차량의 본질적인 가치는 더 높은 우선순위를 두게 될 것이다.

3 무인자동차의 기술

▪ 운전자 보조(Driver Assistance)

종방향 또는 횡방향 중 한 가지에 대해서만 운전자에게 경고하거나 제어를 도와주는 기술이다. 예를 들어 ACC(Advanced Cruise Control)는 종방향에 해당하는 속도는 시스템이 제어하고, 횡방향에 해당하는 조향을 운전자가 담당한다. 반대로 자동 주차 기능은 조향은 시스템이 자동으로 제어하지만, 속도 조절은 운전자가 하는 시스템이다.

▪ 자동주행(Automated Driving)

자동주행 기술은 종방향과 횡방향 모두에 대해 자동차가 제어를 도와주는 기술이다. 단, 항상 운전자가 주변 상황을 계속 모니터링하고 있다가, 언제든지 운전에 다시 개입할 수 있다는 전제하에 제어가 이루어진다. 예를 들어 고속도로에서 ACC(Advanced Cruise Control)와 LKS(Lane Keeping System) 서비스를 이용한다면 앞차와의 일정 간격 및 현재 차선을 계속 유지하지만, 필요에 따라 언제든지 운전자가 제어를 가로챌 수 있다.

▪ 자율주행(Autonomous Driving)

자율주행 기술은 무인자동차(Unmanned Vehicle Driverless Car)라고도 일컫는다. 사람이 탑승하지 않는 무인 상태에서 임무를 달성하는 차량을 무인자동차라 하고, 사람이 탑승한 상태에서 목적지까지 주행하는 차량을 자율주행 자동차라 구별할 수 있지만, 현재는 두 가지를 혼용해서 사용하기도 한다.

자동주행과 자율주행의 차이는 운전자가 항상 개입할 수 있는지 여부에 따라 구별한다. 자율주행 차량은 운전자가 신문을 보거나, 잠을 자는 등 상관없이 차량이 자율로 주행하는 개념으로 필요에 따라 사람이 개입하는 자동 주행과 구분된다.

4 무인자동차의 장단점

① 무인자동차의 장점

- 기존의 자동차 사고는 운전자로 인해 발생하였다. 운전자의 운전 이외의 외부적인 것들에 의한 산만함, 졸음, 시력, 반응 시간 등과 같은 육체적 한계로 인해 사고 발생 가능성을 지니고 있다. 반면 무인자동차는 사고 확률을 줄여주며 이러한 인간의 육체적 한계를 뛰어넘는 능력을 가지고 있다.
- 자율주행 자동차 종합 관리시스템으로 교통 혼잡을 관리할 수 있다.
- 속도제한 등 관련 법규를 더 잘 따를 수 있다.
- 무인자동차는 교통 혼잡 해소를 통해 운전시간을 줄여 줄 수 있으며 또 주차 장소 찾는 시간과 주차하는 시간 또한 줄여줄 수 있다.
- 주변 다른 자동차를 잘 감지할 수 있으므로 주행 중 다른 차량과 더 가까운 상태를 유지하며 공기 저항을 줄일 수 있으며 이를 통해 연료 소비량 또한 줄일 수 있다.

② 무인자동차의 단점

- 도로 위에서 주행하고 있는 다수의 차량이 무인자동차로서 모두 자율주행을 하고 있을 때 사고가 난다면 누구에게 책임을 물어야 하는지 법률적으로 정해져 있지 않다.
- 고속 통신망 및 GPS와 각종 센서를 기반으로 자율주행하므로 만약 인터넷 접속을 통한 해킹이 이루어진다면 해커들이 마음대로 자동차를 조종할 수 있다.
- 레이더 및 일부 센서는 흰색 차량을 잘 감지하지 못한다.

따라서, 무인자동차(AVs)의 도입은 사회적 갈등을 유발할 가능성이 있으며, 이를 해소하기 위해 자동차 업계 및 관련 경제 주체와 정책입안자는 물론 일반 대중도 신기술 도입에 따른 우려 및 갈등을 불식시키고 사회적 합의에 이를 필요가 있다.

마무리하기

1. 3D 프린터(3D Printer)란 기존 프린터가 이미지 또는 복사 내용을 기반으로 잉크를 분사하여 출력하듯이 3D 스캐너 또는 3D 모델링 프로그램으로 만든 3차원 도면을 기반으로 실물의 입체 모양을 직접 만들어 출력하는 기계를 가리킨다.

2. 3D 프린터의 특성

개념	3차원 설계도에 따라 한 층씩 소재를 쌓아 올려 입체물을 만드는 기술
재질	플라스틱, 티타늄, 철강 합금 등
가격	1,000만~10억 원 수준(산업용)
용도	의학, 우주, 장난감, 자동차 등 적용 분야 확대 중
효용	맞춤형 제조 용이, 개발 시간 단축

3. 3D 프린터의 종류
    SLA(입체조형 방식), SGC(지표경화 방식), FDM(용착적층 모델링 방식), SLS(선택적 레이저 소결 방식), Polyjet(광경화 적층 방식), LOM(박판적층 방식)

4. 3D 프린터는 자동차 산업에서의 시제품, 의료 분야에서의 인공 뼈, 관절, 치아, 장기 등의 보형물, 패션, 항공, 건축, 엔터테인먼트, 가전 등의 여러 분야에서 다양하게 활용되고 있다.

5. 드론
    - 조종사를 태우지 않고 공기역학적 힘에 의해 부양하여 자율 비행 또는 원격조종 비행을 하며, 무기 또는 일반 화물을 실을 수 있는 무인 동력 비행체
    - 항공 촬영 뿐만 아니라 응급 구조, 산간 지역 등의 인터넷 연결, 농약 살포 등의 농업, 공공업, 건설업 등에서 다양하게 활용하고 있음

6. 무인자동차(autonomous car, driverless car, self-driving car, robotic car)
    - 여러 가지 센서와 제어시스템을 인공지능으로 제어하여 자동차 스스로 혼자 운전하고 주행이 가능한 자동차를 말한다.
    - 운전자 보조(Driver Assistance), 자동 주행(Automated Driving), 자율주행(Autonomous Driving) 등 다양한 기술을 활용한 무인자동차가 개발되고 있다.

주제	3D프린터와 무인운송수단		일자	
이름		학과		학번	

1. 다음에서 설명하는 것은 무엇인지 쓰시오.

> 기존 프린터가 이미지 또는 복사 내용을 기반으로 잉크를 분사하여 출력하듯이 모델링 프로그램으로 만든 3차원 도면을 기반으로 실물의 입체 모양을 직접 만들어 출력하는 기기

2. 공정이 상대적으로 간단하여 가정이나 사무실에서 사용하기에 적합하며 가는 철사 형태의 열가소성 수지 재료를 점성이 높은 액체 상태로 압출하여 각 층을 만들어가는 방식은 무엇인가?

    ① SLA 방식　　　　　　　　　　② SGC 방식
    ③ FDM 방식　　　　　　　　　　④ SLS 방식

3. 3D 프린터와 별로 관련이 없는 것은?

    ① 소량의 맞춤 생산　　　　　　② 개발시간 단축
    ③ 재교가 비교적 가벼움　　　　④ 광학적 처리

4. 다음 중, 3D 프린터를 활용한 제품 생산 사례가 아닌 것은 ?

    ① 세계 최초로 차량 전체를 플라스틱 하이브리드카 Urbee2 생산
    ② 제빵 명인이 직접 밀가루, 설탕, 초콜릿을 이용하여 수제 과자를 만듦
    ③ 여러 작품을 적절하게 섞어 알약 한 알로 압축
    ④ 김이 모락모락 나는 초콜릿 음료가 처음부터 머그컵에 담겨 나오게 함

5. 조종사를 태우지 않고, 공기역학적 힘에 의해 부양하여 자율적으로 또는 원격조종으로 비행을 하며, 무기 또는 일반화물을 실을 수 있는 일회용 또는 재사용할 수 있는 동력 비행체를 무엇이라고 하는가?

    ① 로봇청소기　　　　　　　　　② 무인자동차
    ③ 드론　　　　　　　　　　　　④ 3D 프린터

6. 무인자동차의 장점이 <u>아닌</u> 것은?

① 사고가 날 확률을 줄여준다.

② 속도제한이 필요한 곳에서 절대적인 능력을 발휘한다.

③ 무인자동차는 교통 혼잡을 해소해 운전할 필요가 없는 시간을 늘려준다.

④ 무인자동차의 사고 시 책임소재가 분명하다.

7. 다음 중, 드론의 용도가 <u>아닌</u> 것을 고르시오

① 응급구조용   ② 인터넷연결용

③ 온라인강좌수강   ④ 화물수송용

8. 무인자동차와 자율주행 자동차의 차이점에 대하여 기술하시오.

9. 무인자동차 기술 중 자동 주행(Automated Driving)에 대하여 설명하시오.

2 SECTION · · ·

인공지능과 지능형로봇

학습목표

1. 인공지능의 정의, 기술, 활용, 위협과 과제에 대해 설명할 수 있다.
2. 지능형 로봇의 정의, 기술, 전문 직업에 미치는 영향, 국내 유망 적용 분야에 대해 설명할 수 있다.

1   인공지능

1.1 인공지능의 정의

인공지능(Artificial Intelligence: AI)이란 인간의 학습능력과 추론 능력, 지각 능력, 자연 언어능력을 컴퓨터 프로그램을 사용하여 실현한 기술이다. 다시 말하면 컴퓨터공학에서 이상적인 지능을 갖춘 존재, 혹은 시스템에 의해 만들어진 지능, 즉 인공적인 지능을 뜻한다. 이 때, 인공지능은 범용 컴퓨터에 적용한다고 가정한다.

그리고 그와 같은 지능을 만들 수 있는 방법론이나 실현 가능성 등을 연구하는 과학 분야를 지칭하기도 한다. 이러한 인공지능의 주요 목표는 '컴퓨터를 더욱 가치 있게 만드는 일', '지능적인 원리를 이해하는 것'이다.

이러한 인공지능은 크게 다음의 4단계로 구분할 수 있다.

- **1단계** : 에어컨, 선풍기 등과 같이 단순한 제어
- **2단계** : 적합 탐색, 추론 가능
- **3단계** : 빅데이터를 통해 규칙 등을 학습하여 확장하는 단계
- **4단계** : 기계학습을 할 때 사용되는 정보의 특징을 학습, 스스로 생각하는 단계.

처음 인공지능이란 단어가 등장한 것은 1956년 미국 다트머스 대학에 있던 존 매카시 교수가 개최한 다트머스 회의에서였다. 1960년대 후반에 잠시 암흑기를 지나기도 하였지만, 다시 1980년대부터는 국가 차원에서 인공지능에 대한 투자가 활발해지기 시작하였다. 특히 2015년 이후부터 신속하고 강력한 병렬 처리가 가능해지면서 인공지능의 발전은 더욱 가속화되었는데, 폭발적으로 늘어나고 있는 저장 용량과 이미지, 텍스트, 매핑데이터 등 모든 영역의 데이터가 범람하게 된 '빅데이터' 시대가 도래하였기 때문이다. 이러한 시대적 흐름은 따라 인공지능에 큰 영향을 미치게 되었다.

이러한 과정들을 거쳐, 현재 구글의 알파고, 자율주행차, 애플의 음성인식 소프트웨어인 시리, 퀴즈대회에서 인간 챔피언을 이긴 IBM의 왓슨 시스템 등 대표적인 인공지능 시스템들이 등장하기 시작했다.

[인공지능 시스템의 예]

1.2 인공지능의 기술

1 머신러닝(Machine Learning)

[Machine Learning, 머신러닝]

머신러닝은 인공지능 안에 포함되는, 인공지능의 한 분야이자 컴퓨터 학습 알고리즘이다. 사람이 개입하여 직접 명령을 지시하지 않아도 데이터를 통해 컴퓨터가 '학습'을 하고 학습한 것을 근거로 컴퓨터가 자동으로 문제를 해결하는 것을 의미한다. 예를 들어, 머신러닝을 통해 수신한 이메일 중에서 스팸메일을 가려내는 훈련을 할 수 있다.

[Pattern Recognition, 패턴인식]

이러한 기능은 경험(experience)을 통해 특정 작업(task)의 성능(performance)을 향상하는 방법 또는 다수 사건의 경험을 기반으로 추세(패턴)를 학습하고 이를 기초로 판단을 내리는 "패턴인식(Pattern Recognition)" 방법을 사용한다. 즉, 통계학을 기반으로 한 인공지능의 한 분야라고 할 수 있다.

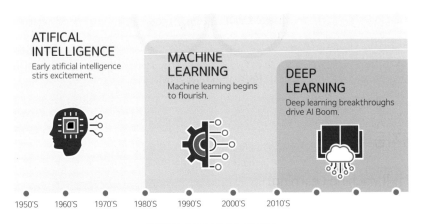

<인공지능과 머신러닝, 딥 러닝>

머신러닝(Machine Learning)을 사용함으로 우리는 많은 문제를 풀 수 있으며 찾고자 하는 함수가 매우 복잡하고 어려울수록 머신러닝은 더욱 유용하게 쓰일 수 있다. 우리가 문제 해결하는 방법을 결정하여 입력하는 것이 아니라, 컴퓨터에게 문제를 해결하는 방법을 알려주고 풀도록 하기 때문이다.

머신러닝 문제는 어떤 상황을 해결하기 위한 문제에 대하여 데이터에 대한 가설을 세우고,

그 가설에 부합하는 알고리즘을 개발하는 과정이다. 따라서 그 문제를 풀기 위한 데이터와 데이터에 대한 가설만 있다면 그 어떤 문제도 해결할 수 있는 것이다. 따라서 머신러닝을 사용하면 스팸메일도 구분할 수 있고, 쇼핑 이력 데이터를 사용하여 고객이 원하는 물건을 파악하여 추천 광고도 할 수 있으며 날씨와 고속도로의 교통상황의 상관관계 문제도 답을 찾을 수 있는 등 아주 많은 문제들을 해결할 수 있다.

최근 들어서 머신러닝(Machine Learning)이 급부상하고 있는 가장 큰 이유 중 하나는 '빅데이터'이다. 과거와는 비교할 수 없을 정도로 많은 데이터가 쏟아져 나오고, 그 데이터에서 사람이 '의미'를 일일이 뽑아내기에는 어려움이 발생한다. 이에 사람이 데이터를 분석하기보다는 기계에게 데이터를 학습시켜 알아서 문제를 판단하게 할 수 있으면 좋겠다는 요구가 발생하였고, 이에 사람들이 머신러닝을 많이 요구하게 되었다. 따라서 머신러닝 알고리즘은 인풋 데이터(Input Data)가 많으면 많을수록 성능이 좋아지게 되는 것이다. 뿐만 아니라 딥 러닝이 등장하며 머신러닝의 실용성은 더욱 강화되었고, 인공지능의 영역도 확장되었다.

2 딥러닝(Deep Learning)

딥러닝은 인공신경망 이론을 기반으로 하며 인간의 두뇌가 수많은 데이터 속에서 패턴을 발견한 뒤 사물을 구분하는 정보처리 방식을 모방한 기술이다. 그리고 복잡한 비선형 문제를 기계가 스스로 학습하고 해결하며 인간의 두뇌가 수많은 데이터 속에서 패턴을 발견한 뒤 사물을 구분하는 정보 처리방식을 모방한 기술이다. 선형 맞춤(linear fitting)과 비선형 변환(nonlinear transformation or activation)을 반복해 쌓아 올려, 데이터를 잘 구분할 수 있는 선들을 긋고 이 공간들을 잘 왜곡해 합하는 것을 반복하는 구조라고 할 수 있다.

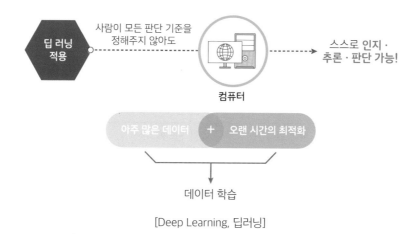

[Deep Learning, 딥러닝]

이러한 작업을 반복하며 기계는 스스로 학습하고 사람의 판단 기준 없이도 컴퓨터가 스스로 인지하고 추론 및 판단할 수 있으며, 많은 데이터와 오랜 시간의 최적화를 통해 데이터를 학습한다. 현재 딥러닝은 자동 음성 인식, 영상 인식, 자연어 처리, 약물 발견과 독성학, 고객 관계 관리 등에 응용을 목표로 많은 연구와 개발이 계속해서 진행되고 있다.

표 11.1   딥러닝 응용 및 관련 사업

응용 분야		관련 사업
소리	음성 인식	인터페이스, 자동차 방범, IoT
	음성 검색	헤드폰, 통신
	감정 분석	고객관리
	엔진 이상 탐지	자동차, 항공
	사기 탐지	금융, 카드
시계열 데이터	로그 분석 / 위험 탐지	데이터 센터, 보안, 금융
	기업 리소스 설계	생산, 자동차, 유통
	센서 기반 예측 분석	IoT, 스마트 가전, 하드웨어 생산
	경영 / 경제 분석	금융, 회계, 정부
	추천 엔진	E-커머스, 미디어, 소셜 네트워크
	감정 분석	고객 관리, 소셜 미디어, 홍보
텍스트	검색, 주제 탐지	금융
	위험 탐지	소셜 미디어, 정부
	사기 탐지	보험, 금융
이미지	얼굴 인식	-
	이미지 검색	소셜 미디어, 검색
	머신 비전	자동차, 항공
비디오	실시간 위험 탐지	보안, 공항
	행동 인식	게임, 인터페이스

1.3 인공지능의 활용

1 알파고(AlphaGo)

2014년 구글에 인수된 구글 딥마인드(Google DeepMind)가 개발한 인공지능 바둑 프로그램이다.

바둑 게임에서 다음 수를 결정하는 몬테카를로 트리 탐색 방법을 사용하는 프로그램이라는 점에서는 기존 바둑 프로그램과 다를 바가 없다. 그러나 바둑은 다음 수에 대한 경우의 수가 너무 많아 계산으로는 처리하기 어렵고, 이러한 경우의 수를 줄이기 위해 알파고라는 인공지능을 사용한 것이다. 먼저 알파고는 착수할 경우의 수를 줄이는 함수를 '정책망', 그리고 각 수의 승패를 계산하는 함수를 '가치망'이란 이름으로 신경망 설계를 하고, 많은 양의 기보 데이터를 기반으로 딥러닝 하여 이의 최적 값을 구하는 방법을 사용하였다. 이외에 기존 기보 데이터뿐 아니라 가상의 게임을 반복하며 새롭게 얻은 기보 데이터까지 활용하는 심층 강화 학습(deep reinforcement learning) 방법도 사용하였다.

최근 구글 딥마인드는 영국의 국민건강보험공단(NHS)과 협약을 맺고 환자 치료와 진단 속도의 단축을 목표로 알파고의 인공지능 알고리즘을 활용한 결과, 병원 의료진들이 매일 2시간 정도를 절약할 수 있던 것으로 알려져 있다. 이러한 질병 진단 및 건강관리 이외에도 앞으로 신약개발, 기후변화 예측, 무인 자율주행차, 스마트폰 개인비서 등 다양한 핵심 서비스 사업에 적용 가능한 범용 인공지능으로 개발한다는 계획이다.

2 왓슨(Waston)

인공지능 슈퍼컴퓨터인 왓슨(Waston)은 15조 바이트 이상의 수학, 과학, 인문학에 걸친 대규모의 정보를 가지고 있으며, 이를 기반으로 인간과 같이 추론하고 사실상 모든 주제에 관한 질문에 답할 수 있는 컴퓨터 시스템이다. 인간의 지능으로만 가능하다고 생각해왔던 작업을 의심의 여지없이 수행해내는 시스템이 등장한 것이다.

이러한 대량의 정보와 함께 자연언어 처리, 기계 학습, 음성 합성, 게임 수행, 정보 검색, 지능적 탐색, 지식 처리 및 추리 등 다양한 인공지능 기술을 갖춘 왓슨은 제페디 퀴즈쇼에 참석하여 자연언어의 질문을 이해하고 답변하는 능력을 보여주는 것은 물론, 다른 유명한 퀴즈 달인들을 제치고 연달아 우승하며 향상된 인공지능 성능을 증명하였다.

[제퍼디 퀴즈쇼에서 우승한 왓슨]

3 인공지능과 창작

사람들은 창의성과 판단력, 직관과 같은 능력은 인공지능이 대체할 수 어려울 것으로 관망하였다. 하지만 최근 소설을 쓴다거나 음악을 작곡하거나 그림을 그려내는 인공지능이 속속 등장하고 있다.

벤자민은 2016년 6월 영화감독 오스카 샤프와 인공지능 연구자 로스 굿윈의 공동작업으로 완성된 시나리오를 만드는 인공지능 프로그램이다. 시나리오를 쓸 수 있도록 '2001 스페이스 오디세이' 'X파일' '어비스' '스타트렉' '마이너리티 리포트' 등의 수십 편의 영화 및 SF 시리즈물의 시나리오가 입력되었다. 그 결과 9분 정도 길이의 단편 SF영화 시나리오를 완성하였고 '태양샘(Sunspring)'이라는 제목 역시 벤자민이 명명하였다.

마젠타는 회화나 음악 등 예술 작품을 만드는 것을 목적으로 창조성을 연구하는 구글의 인공지능 프로젝트로 2016년 6월 1일 공개되었다. 구글은 우선 음악을 만들어내는 알고리즘을 만든 뒤 이를 발전시켜 영상과 다른 시각 예술 작품을 만들 계획을 가지고 새로운 작품들을 만들어 냈다.

1.4 인공지능의 위협과 과제

미국 페이스북 인공지능연구소의 마이크 루이스와 조지아공대 데비 파리크 등 연구진은 자사의 인공지능이 이처럼 자율적으로 행동하는 면에서 흥미로운 활동을 보여주었음을 학계에 보고하는 일이 있었다. 바로 인공지능 챗봇에 협상 방법을 훈련 중 인공지능 스스로 자체 언어를 개발해 업무 수행을 하는 일이 일어난 것이다. 이와 같은 인공지능의 '고유 언어 자발적 개발' 현상은 인공지능의 미래에 관해 인간들 스스로 먼저 생각해야 할 점들이 있음을 알게 한다.

[인공지능의 '고유 언어 자발적 개발]

첫째, 인공지능이 지금과 같이 계속 발전한다면 인간 고유의 영역이라고 생각되어 온 기능과 분야들이라 할지라도 인공지능에 의해 새로운 방식으로 대체할 수 있다는 점이다.

체스와 바둑 같은 지능 게임은 인간 고유의 지능과 판단력 또는 직관을 사용하기 때문에 인공지능이 더 우수한 성적을 내기는 곤란할 것이란 예전의 관점은 이미 깨진 지 오래이며, 이제는 언어의 사용에 이어 언어의 개발조차도 컴퓨터가 실행 가능한 영역이 될 수 있다는 것이 드러난 것이다. 하지만 이제는 컴퓨터가 사람에 의해 언어체계를 배워서 활용하는 수준이 아니라 인공지능이 스스로 언어체계를 만들어냄으로 이제는 사람이 이해하지 못하는 언어를 맞닿게 된 현실에 이르게 되었다.

둘째, 인공지능이 높은 보상을 위해 스스로 언어를 만들어냈다는 점은 인공지능과 사람과의 관계와 구조에 있어 자율적으로 기능과 도구를 설계하고 활용하는 인공지능을 사람이 과연 통제할 수 있는지에 관한 근본적인 질문을 던진다. 인공지능은 언제라도 목적 달성을 위해서라면 사람이 인지하지 못하는 방법과 수단을 얼마든지 만들거나 사용할 능력이 있는 얼마나 위험한 도구가 될 수 있는지는 분명히 보여주었다.

셋째, 인공지능을 개발하며 인공지능이 가져야 할 새로운 책임으로 '설명할 의무'를 부여할 필요가 있다. 인간 두뇌를 모방한 심화 신경망 방식의 학습능력 사용하여 인공지능이 스스로 만들거나 출력하는 결과물이 어떻게 구현되는지를 이해하지 못하는 현상이 생겨나고 있다. 이렇게 인공지능이 하는 일부의 행동과 기능에 대해 사람이 이해하거나 파악하지 못한다면, 사실상 인공지능이 사람의 관리와 통제에서 벗어난 상태로서 상당히 염려스러운 상황이라 할 수 있을 것이다. 따라서 인공지능을 '설명 가능한' 기술로 만들려는 노력이 필요하다.

2 지능형 로봇

2.1 지능형 로봇의 정의

지능형 로봇(Intelligent Robot)은 스스로 판단하고 행동하며, 외부 환경에 적응할 수 있는 로봇을 말한다. 다르게는 인간과의 상호 작용을 통해 인간의 명령 및 감정을 이해하고 반응하며, 정보통신 기술을 바탕으로 인간에게 다양한 서비스를 제공하는 로봇이라 정의하기도 한다. 이러한 행동 능력과 정보통신 기술을 근간으로 인간에게 다양한 편리한 서비스를 제공한다. 그러므로 지능형 로봇은 기능에 따라 다양한 환경에서 여러 가지 업무를 수행할 수 있으며, 인공지능 수준의 주변 환경 인식 능력 및 자율 판단 능력이 필요하다.

로봇과 컴퓨터는 입출력 장치에서 차이점을 보인다. 출력 결과에 있어 컴퓨터는 모니터나 프린터로 결과를 보내지만, 로봇은 결과 명령을 로봇의 작동부로 보낸다. 컴퓨터는 입력의 대부분이 키보드나 마우스에 의해 이루어지지만, 로봇은 부착된 각종 센서를 통해 외부 정보를 입력받아 움직임을 제어하고 수정한다.

최근의 지능형 로봇은 기존의 로봇 능력은 기본으로, 주변 환경을 인식하는 능력과 스스로 상황을 인지하여 자율적으로 동작한다. 이러한 지능형 로봇은 앞으로 바이오 기술(BT) 등 첨단기술이 더하여지면서 더욱 발전된 로봇으로 발전할 것이다.

2.2 지능형 로봇의 기술

1 최신 인공지능

최신 인공지능 로봇은 최신의 인공지능을 탑재함으로 사람과 대화를 할 수 있고, 사람의 표정, 성, 나이 등을 파악할 수 있다. 뿐만 아니라, 인간과 같은 표정을 지을 수 있는 지능형 로봇이 개발되고 있다. 최근의 발전 예로는 미국의 로봇 제조사인 한슨 로보틱스에서 공개한 최신 인공지능 로봇 , '한(Han)'이 대표적인 예이다.

2 조작제어 기술

조작제어 기술은 로봇의 관절을 사용하여 물건을 잡거나, 자유롭게 조작하는 등의 활동을 위한 기술로써 지능형 로봇 기술의 4대 중점기술 중 하나이자 컴퓨터와 차별화되는 가장 강력한 기능이다. 이 기술이 적용됨으로 노약자들을 보조해주는 실버로봇의 경우, 노약자 부축 기능, 심부름 기능, 가사서비스 등 각종 서비스를 실현할 수 있게 된다.

가장 필요로 하는 기술임에도 아직은 100의 60 정도 수준 즉, 4세 아이의 핸들링 지수 수준으로 많은 로봇연구자가 더 나은 조작제어 기술을 구현하고자 끊임없이 도전하고 있다. 그중에서도 인간의 5손가락 모양의 스마트 핸드 기술이 대표적인 연구 분야로서 인간과 같은 촉각, 역각센서를 갖추고, 과도로 과일을 깎는 정도의 물체 핸들링 능력을 갖추는 것이다. 이를 위해서는 신소재 액츄에이터, 다지손 메커니즘 설계, 다축 협조제어, 학습형 파지 제어 등 많은 원천기술이 확보되어야 한다.

3 이동 기술

자유롭게 이동할 수 있는 기술로서, 이동 메커니즘에 따라 크게 바퀴형, 4족형, 2족형으로 분류할 수 있다. 자율이동 기술은 크게 이동 메커니즘과 관련한 기계적 위치 이동기술과 경로를 따라 이동하되 충돌 회피 능력도 갖춘 자율 경로 계획 기술로 구성된다. 자율 경로 계획은 센서 정보만 실시간으로 충분히 제공된다면 현재 기술로도 충돌 회피를 비롯하여 실제 구현이 어려운 것은 아니겠지만 한국의 주거공간에 맞는 문턱 및 계단 오르기 등을 위해서는 별도 메커니즘 추가가 필요하다.

4 물체인식 기술

사전에 저장되거나 미리 학습한 지식정보를 기반으로 물체의 영상을 보고, 물체의 종류, 크기, 방향 위치 등 3차원적 공간정보를 실시간으로 알아내는 기술이다.

이 기술은 비단 로봇 분야의 4대 중점기술 중 하나일 뿐만 아니라 인공지능을 비롯한 컴퓨터과학 분야 전체의 연구과제이기도 하다.

5 위치인식 기술

위치인식 기술은 기계가 스스로 공간지각 능력을 갖는 것으로서, 물체 인식과 더불어 인공지능적 기술을 기반으로 한다. 물체인식과 더불어 2대 인지 기술이자 로봇의 자율이동 기능 구현 및 인공지능의 기술로서, 로봇의 자율 이동 기능 구현에 핵심이 되는 기술이다.

이를 구현하기 위한 형태로 센서 기반, 마크 기반, 스테레오 비전 기반 등 다양한 위치인식 기술과 더불어 RF기반 위치 센서 등이 실내 GPS역할을 하며 위치를 판별하는 기술도 연구되고 있으나, 현재는 마크 기반 정도만 상용화되어 사용되고 있다.

6 HRI 기술

HRI기술은 인간과 기계의 인터페이스 기술이다. 감정을 이해하는 인공 감성기술, 생체와 인터페이스 바이오 인터페이스 기술, 제스처 인식 등을 통해 인간의 의도를 알아내는 기술이 있다. 인공지능기술과 바이오 기술이 융합하여 가장 궁극적으로 구현될 기술로 가장 궁극적으로 구현해야 할 기술 중 하나이다. 이 기술이 일정 수준 이상에 이르게 된다면 본격적인 로봇 시대가 열릴 것으로 예상한다.

7 센서 및 액츄에이터 기술

인공눈, 초소형 모터, 촉각센서, 인공피부, 마이크로 모터, 인공근육 등 다양한 소재와, 메카트로닉스적 융합기술이 구현되는 분야로서 위에서 언급한 다른 주요 기술을 가능하게 하는 기본적 요소기술이라고도 할 수 있다. 현재는 MEMS(초소형 메커트로닉스 기술) 기술을 기반으로 한 센서 기술과 인간형 로봇을 위한 조작, 이동 기술에 필요한 인공 근육의 연구 등이 활발히 진행되고 있다.

2.3 지능형 로봇의 활용

1 일상생활과 지능형 로봇

가정에서 일상적이고 반복적인 작업에서의 편리함을 추구하는 소비자의 욕구에 따라 현재 가정에서 지능형 로봇이 가장 많이 널리 사용되고 있다. 카펫 청소, 마루 걸레질하기, 수영장 청소와 같은 가정의 일상적인 작업에 로봇이 사용됨은 물론 애완용 동물 등 다양한 로봇들이 개발되어 소비자에게 사랑받고 있다. 예를 들어, 가정용 청소 로봇 룸바(Roomba)

는 지금까지 판매된 모든 로봇 중에서 가장 성공적인 가정용 로봇 중 하나이며 잔디깎이 로봇 로보모우어(RoboMower)는 잔디밭의 모양에서 가장 효율적인 알고리즘으로 작업을 수행한다.

[Robot사의 'Roomba']　　　　　　　[Friendly Robotics의 RoboMower]

② 각국의 지능형 로봇 개발

최근 세계 많은 나라는 미래산업으로써 우리나라를 비롯한 일본과 미국 등 세계 주요국들은 지능형 로봇 개발에 박차를 가하고 있다.

기존의 한국의 로봇 산업은 산업용 로봇 중심의 발전을 보여 자동차와 전자부품 조립용 등 제조업 분야의 발전이 활발하였으나, 앞으로는 서비스 로봇 분야의 지능형 로봇의 발전이 두드러질 것으로 예상된다. 한국의 초기 지능형 로봇은 독립형 로봇 형태였지만 로봇의 주요 기능과 콘텐츠를 외부 서버로 옮기고 로봇의 하드웨어 비용을 줄이는 형태의 초고속 인터넷에 연결된 네트워크형 로봇 형태로 변화하여 발전하고 있다. 카이스트에서는 기기들을 조작해 음식을 나르고, 원격지에서 실시간 전신 작업이 가능한 인간형 가사도우미 로봇인 휴머노이드 '마루–Z'를 발표하였다.

일본은 산업 현장의 제조용 로봇에 이어 서비스 로봇 분야를 주도해온 세계 1위의 로봇 생산국이자 사용국으로, 그동안 지능형 로봇을 활발히 개발해 왔다. 지능형 로봇의 개발은 소니, 혼다, 도요타 등이 주도해 왔으며, 휴머노이드 로봇, 네 다리를 가진 동물 로봇, 경비용 로봇, 사람의 친구 역할을 수행하는 소셜 로봇, 가정용 로봇 등 다양한 분야에서 활용되고 있다.

미국은 국방 산업의 기술과 경쟁력을 갖춘 국가인 만큼 첨단 로봇시스템과 인공지능 연구에도 선도하는 국가로서 세계적인 로봇 생산국의 위상을 갖고 있다. 독일 역시 기술 선진국답게 EU의 로봇 개발을 이끌고 있다.

지능형 로봇을 선도하는 국가들을 살펴볼 때 아직은 시장 형성 단계로서 여러 가지 부분에서 발전이 필요하다. 그리고 분명한 것은 지능형 로봇 분야는 미래의 유망 산업이자 기술 혁신을 촉진하는 고부가가치 산업이며 관련 산업 분야에 시너지 효과가 큰 산업이라는 것이다. 그리고 특히, 네트워크와 연계된 서비스 로봇은 지능형 로봇 산업의 새로운 중심이 될 것으로 전망된다.

[지능형 감성 로봇 '페퍼']

2.4 로봇이 사회에에 미치는 영향

1 의료

외과수술, 치과 치료, 동물치료 등 손재주, 수완, 또는 정확성이 필요한 전문가 서비스 분야에서 로봇이 사람의 행동을 대신하거나 대체하게 될 것이다. 병원에서 시간에 맞춰 약을 주고 침구를 날라주는 병원의 로봇, 뉴욕에 있는 의사가 프랑스에 있는 환자를 수술 로봇 '제우스'를 사용하여 원격으로 외과 수술하는 등 여러 실증 사례가 존재한다.

2 로봇 감각

로봇이 인간과 동물의 심리 상태 및 변화 감지 기능을 갖추도록 할 수 있다. 이로 인해 로봇은 위치, 속도, 온도, 기압, 빛, 풍속, 습도, 소리와 같은 물리적 수치 감지 능력뿐 아니라 음성 신호 처리로 듣는 일, 영상 신호 처리를 통해 보는 일, 압력 및 패턴 처리를 통한 만지는 일까지 가능하게 될 것이며 이것은 기계의 현실 세계와 소통을 의미하게 될 것이다.

3 반려자

초기의 반려자 시스템은 주로 환자의 감정 관리를 위한 치료 목적과 노인을 돌보는 목적으로 개발되었다. 2004년 판매된 아기 물범을 닮은 치료 로봇 '파로'는 귀여운 모습으로 진정 효과를 줄 수 있었고 그 외 많은 유사한 시스템들이 의료 분야에서 환자에게 우정의 감정을 느끼게 할 목적으로 개발됐다. 이러한 로봇 친구는 여러 감지 기기 및 옷에 꿰맨 센서를 사용하여 환자와 소통한다.

2.5 지능형 로봇의 유망 적용 분야

국내 기업들은 지능형 로봇 산업의 정부 정책 방향에 따라 여러 유형의 융합형 로봇 기술과 제품들을 개발하고 있다. 이 중, 시장 선점에 유리할 것으로 예상하는 로봇 종류는 다음과 같다.

1 지능형 공장을 위한 산업용 제조로봇

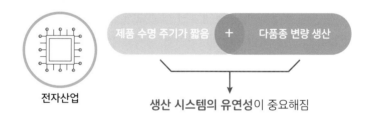

[지능형 공장을 위한 산업용 제조로봇의 필요성]

기존의 자동차 생산공정은 유형화되고 체계화된 공정을 중심으로 로봇에 의한 자동화가 이루어졌다. 그러나 최근 중국 등 주요 공장지역 국가의 인건비가 급격히 증가함에 따라 로봇에 의한 자동화 필요성이 크게 대두되고 있다.

특히 전자산업의 특성과 같이 제품 수명주기가 매우 짧고, 다품종 변량 생산으로 변화하는 추세로 인해 생산 시스템의 유연성이 중요해지게 되면서 로봇의 패러다임이 변화하게 되었다. 즉, 유형화 및 체계화되지 않은 공정, 인간과 로봇의 협조 생산에 의한 유연 생산 시스템 등의 개발이 필요하게 되었다.

2 마이크로 의료 로봇

의료 분야에서의 로봇은 인구 고령화의 심화로 전 세계적으로 활용되고 있으며 대형 의료 로봇이나 헬스케어 로봇 등의 경우 이미 선진국이 선점한 상황이다. 그러나 인체에 삽입 가능한 초소형 의료로봇인 마이크로 의료로봇은 대표적인 미래 의료기기로 꼽힘에도 많은 기술 융합과 장기적인 연구개발의 필요로 인하여 아직 세계적인 선두 주자가 없는 실정이다. 따라서 첨단 IT, 바이오 기술 등을 접목한 형태의 마이크로 의료로봇에 적합한 분야를 찾고, 질환 분야별 적합성에 의한 우선순위를 선정하는 등 개발에 한 발 앞서기 위한 노력이 필요하다.

3 개인용 지성 · 감성형 소셜 로봇

지성 · 감성형 소셜 로봇은 다른 로봇과는 다르게 비교적 일상에서 쉽게 접할 수 있는 로봇이다. 인간과의 감성 교감이 가능하도록 자연어 인식, 클라우드 컴퓨팅, 빅데이터 등의 ICT 기술을 결합하여 만들 수 있다.

이 중 가장 중요한 기술은 음성인식기술과 예측기술이라 할 수 있다. 음성인식기술은 잡음이나 기타 방해 요소가 존재함에도 상대방의 자연언어 가운데서 키워드를 이해할 수 있다. 그리고 이 과정에 자연어 처리 기술과 인식된 결과를 이해의 수준으로 변환하기 위한 맥락 분석 기술도 필요하다. 출력 단계에서는 어떤 결과 값을 선택해야 하는가 하는 이슈로 검색엔진과의 협업과 상황적 맥락을 파악해 각각 다른 대화 결과물을 제시할 수 있는 예측기술이 중요하며, 자연스러운 대화를 위한 대화 엔진 역시 필요하다.

위와같이 언급된 분야들은 로봇 산업에서 일부 선점에 유리한 분야이며, 전반적으로 지능형 로봇 산업 전체의 성장이 요구되고 있다. 그러므로 장기적인 전략 수립과 학계와 기업 간의 긴밀한 협력을 구성할 필요가 있으며, 선진국과의 기술 격차를 줄이기 위해 우리나라가 강한 분야에서 원천 기술력을 확보하고 틈새시장을 공략 및 선점하기 위한 노력이 물론 필요하다.

마무리하기

1. 인공지능(Artificial Intelligence:AI)이란 시스템에 의해 만들어진 지능, 즉 인공적인 지능으로 인간의 학습능력과 추론 능력, 지각 능력, 자연언어의 이해능력 등을 컴퓨터 프로그램으로 실현한 기술이다.

2. 인공지능의 기술에는 머신러닝(Machine Learning)과 딥 러닝(Deep Learning)으로 구분하며, 인공지능의 알파고(AlphaGo), 왓슨(Wation), 인공지능과 창작 등에서 활용되었다.

3. 인공지능의 위협과 과제

   인간 고유의 기능과 영역이라고 여겨온 것을 인공지능이 새로운 방식으로 대체할 수도 있다. 또한 인공지능이 과업 달성을 위해서 스스로 언어체계를 만들어냈다는 점은 인공지능과 사람이 맺는 관계와 구조에 근본적인 질문을 던지며, 인공지능 개발에 '설명할 의무'라는 새로운 책임을 부여해야 할 필요성이 분명해졌다.

4. 지능형 로봇(Intelligent Robot)은 인간과의 상호 작용을 통하여 인간의 명령 및 감정을 이해하고 반응할 수 있고 또는 외부 환경에 적응하며 스스로 판단하고 행동하는 로봇으로 이러한 행동 능력과 정보통신 기술을 근간으로 인간에게 다양한 편리한 서비스를 제공할 수 있다.

5. 지능형 로봇의 기술로는 최신 인공지능, 조작제어기술, 자율 이동 기술, 물체 인식 기술, 위치 인식 기술, HRI 기술, 센서 및 액츄에이터 기술 등이 있다.

6. 지능형 로봇의 활용분야에는 일상생활에서 지능형 로봇이 가장 많이 활용되고 있는 분야이며, 지능형 로봇을 개발하기 위해 세계 각국에서는 다양한 노력들을 하고 있다.

7. 로봇이 사회에 미치는 영향에는 의료 분야, 로봇 감각, 반려자 등이 있다.

8. 지능형 로봇의 유망 적용 분야
   - 지능형 공장을 위한 산업용 제조 로봇
   - 마이크로 의료 로봇
   - 개인용 지성·감성형 소셜 로봇

주제	인공지능과 지능형로봇		일자	
이름		학과	학번	

1. 컴퓨터가 학습할 수 있도록 하는 알고리즘과 기술을 개발하는 것으로, 인공지능의 한 분야를 말한다. 컴퓨터에게 사람이 직접 명시적으로 Logic을 지시하지 않아도 데이터를 통해 컴퓨터가 '학습'을 하고 그것을 사용해 컴퓨터가 자동으로 문제를 해결하도록 하는 것을 의미하는 것은?

　　① 머신러닝　　　　　　　　　② 딥러닝
　　③ 알파고　　　　　　　　　　④ 인공지능

2. 인공지능의 기술로 인공신경망 이론을 기반으로 복잡한 비선형 문제를 기계가 스스로 학습해 결하며 인간의 두뇌가 수많은 데이터 속에서 패턴을 발견한 뒤 사물을 구분하는 정보처리 방식을 모방한 기술은 무엇인가?

　　① 머신러닝　　　　　　　　　② 딥러닝
　　③ 알파고　　　　　　　　　　④ 인공지능

3. 지능형 로봇의 기술이 아닌 것은?

　　① 조작제어기술　　　　　　　② 이동기술
　　③ 위치인식기술　　　　　　　④ 착용기술

4. 다음 중, 로봇이 사회에 미치는 영향이 아닌 것은?

　　① 반려자　　　　　　　　　　② 클라우드시스템
　　③ 의료분야　　　　　　　　　④ 로봇감각

5. 다음에서 설명하는 것은 무엇인지 쓰시오.

> 인간과의 상호 작용을 통하여 인간의 명령 및 감정을 이해하고 반응할 수 있고 또는 외부 환경에 적응하며 스스로 판단하고 행동하는 로봇

6. 인공지능이란 무엇인지 정의하시오.

7. 인공지능 활용 사례에 대하여 세 가지만 기술하고 간단히 설명하시오.

8. 기존 로봇과 지능형 로봇의 차이점에 대하여 기술하시오.

CHAPTER 12

5G와 스마트 헬스케어

CONTENTS

SECTION

5G 서비스

1. 5G의 개념에 대해 설명할 수 있다.
2. 우리 주변에 5G가 반영된 기기나 기술들에 대하여 설명할 수 있다.
3. 전 세계적으로 5G을 사용하는 사례와 현황에 대하여 설명할 수 있다.

1   5G

1.1 5G의 정의

5G(Fifth Generation Mobile Communications)는 국제전기통신연합(ITU)에서 정의한 최대 다운로드 속도가 20Gbps, 최저 다운로드 속도가 100Mbps인 차세대 이동통신 기술이다.

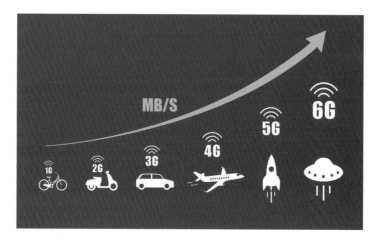

[이동통신 기술의 변화]

정식 명칭은 'IMT-2020'으로 기존의 4G 이동통신 기술인 롱텀에볼루션(LTE)과 비교하면 20배 정도 빠른 최대 전송속도를 가지며, 10분의 1 수준의 지연시간을 가지게 되어 초저지연 기술을 실현한다. 뿐만 아니라 단위면적($1km^2$)당 접속 가능한 기기의 수가 100만 개정도 되므로 기존 기술보다 100배 높아진 전송가능 트래픽환경을 구축한 것이 특징이다. 예를 들자면, 이는 1GB 영화를 10초 만에 다운로드하고, $1km^2$ 반경 안에서 최대 백 만개 사물과 연결이 가능하며, 시속 500km 고속전철에서도 끊김 없이 통신이 가능하다는 것을 말한다.

기존 이동통신 기술인 CDMA(2세대), WCDMA(3세대), LTE(4세대)가 휴대폰과 연결하는 통신망에 불과했던 반면 5G는 가상현실(VR), 사물인터넷(IoT), 인공지능(AI), 빅데이터 등과 연계해 휴대폰의 영역을 넘어 다양한 전자 기기를 연결할 수 있다. 따라서 5G 기술은 스마트 팩토리, 원격의료, 무인배달, 클라우드·스트리밍 게임 등 다양한 산업 분야에 혁명적인 속도 변화를 일으킬 것으로 내다 볼 수 있다.

표 12.1   5G와 기존LTE의 비교

구분	4G(LTE)	5G
용량	1Gbps	20Gbps
최대 전송 속도	1Gbps	20Gbps
전송 지연 시간	10ms(0.01초)	1ms(0.001초) 이하
최대 기기 연결수	$10^5/km^2$	$10^6/km^2$
에너지 효율성	-	4G 대비 10배
이동성	350km/h	500km/h
면적당 데이터 처리용량	0.1Mbps/m^2	10Mbps/m^2

출처 : ITU(국제전기통신연합)

1.2 5G의 등장 배경

21세기 우리사회는 점점 초연결·지능화 시대로 진입하고 있다. 따라서 실시간 처리가 가능하고 다양한 기기를 이용한 통신서비스에서 데이터 전달의 지연현상을 해소할 수 있는 대용량 통신기술이 필요하게 되었다. 이동통신기술은 약 10년을 주기로 혁신을 거듭하며 진화하였는데 4G부터는 본격적인 데이터 중심의 서비스로 변화하기 시작하였다. 3세대 이동통신 WCDMA이 무선인터넷을 누구나 접할 수 있는 통신 서비스라면, 이를 기반으로 한 4세대 이동통신서비스 기술의 시대에서는 영상 스트리밍 서비스가 대중화되고, 사물인터넷(IoT), 자율주행, AI 등이 확산되기 시작한 폭발적인 모바일 트래픽의 시대라 할 수 있다. 따라서 이러한 니즈를 처리하기 위해 4G 성능을 뛰어넘는 새로운 통신기술은 반드시 필요하다.

표 12.2   이동통신 세대별 특성

	1G	2G(CDMA)	3G(WCDMA)	4G(LTE)	5G
상용시기	1984년	2000년	2006년	2011년	2019년
최고속도	16Kbps	144Kbps	14Mbps	100M0	20Gbps
주요 서비스	음성	+문자	+화상통신, 멀티문자	+데이터, 동영상	+홀로그램, IoT, 입체영상
특징	통신기기 휴대 가능	이동통신의 보편화	인터넷 접근성의 개선	인터넷의 고속화	연결성, 저지연성

출처 : ITU(국제전기통신연합)

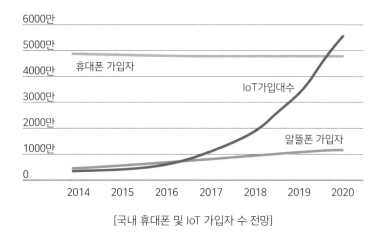

[국내 휴대폰 및 IoT 가입자 수 전망]

1.3 5G의 서비스 환경

5G 이동통신 서비스 환경은 크게 고속과 대용량 eMBB(Enhanced Mobile Broadband), 고밀집과 고에너지 효율 mMTC(Massive Machine Type Communications), 낮은 지연시

간과 고안정성 uRLLC(Ultra-Reliable and Low-Latency Communication)로 구분 할 수 있다.

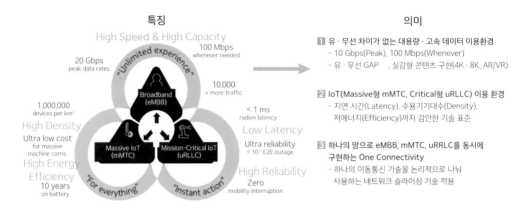

[5G기술의 정의 자료 - Unleashing the Potential of 5G]

1 eMBB(Enhanced Mobile Broadband)

ITU-R(International Telecommunication Union - Radiocommunication Sector)에서 정한 IMT-2020(5G) 이동 통신의 주요 서비스 요건 중 하나로 기존 4세대(LTE)의 모바일 브로드밴드의 서비스 품질을 향상시켜 데이터 다운로드의 최고 전송 속도 및 사용자의 체감 전송 속도를 향상 시킨 것을 말한다. 뿐만 아니라, 초고선명(UHD)의 가상현실(VR), 증강현실(AR), 360도 동영상, 홀로그램 등 새로운 응용 영역에서 보다 향상된 성능을 제공하여 사용자는 끊김 없는(seamless) 고품질 서비스를 이용할 수 있다.

또한, eMBB는 광역 커버리지(wide-area coverage)와 핫스팟(hotspot)과 같이 요구 사항이 서로 다른 서비스에도 적용되는데, 사용자 밀도가 높고 이동성이 낮은 핫스팟에서는 높은 데이터 최고 전송 속도를 우선으로 제공하고, 이동성이 높은 광역 커버리지에서는 끊김 현상 없이 안정적이고 균일한 전송 품질의 서비스를 제공한다.

2 mMTC(Massive Machine Type Communications)

IMT-2020(5G) 이동통신에서 다수의 기기가 서로 연결되어 정보를 주고받는 사물 통신을 말한다. mMTC는 5G 이동통신의 주요 서비스 요건 중 하나이며, 비교적 저용량의 데이터를 저속으로 주고받는 사물 통신 기기를 대상으로 제공하는 기술이다. mMTC 서비스를 통하여 사물 통신 기기의 수(connection density)를 단위 면적(1km2) 당 최대 100만개 가량 대규모로 늘릴 수 있다. 그리고 기기 비용 절감(예: 10달러 미만), 배터리 수명 대폭 연장(10년), 서비스 범위(coverage) 확장 등을 실현할 수 있다. 이를 통하여 대규모 사물 통신(mMTC)는 에너지 검침, 헬스/의료, 자동차, 공장 등 사회 전반의 다양한 분야들에 활용될 수 있다.

3 uRLLC(Ultra-Reliable and Low-Latency Communication)

초고신뢰 · 저지연 통신은 5G의 사용 서비스 중 하나의 목표이다. 빌딩자동화, 미래형 공장, 스마트 시티, 자율주행 자동차, 공장 자동화, 가상현실 및 증강 현실, 원격 진료 등과 같은 서비스에 필요하다. 이러한 분야들의 자동화를 실현하려면 높은 신뢰성과 낮은 데이터 전송 오류율을 만족되어야 한다. IMT-2020에서는 uRLLC를 0.5ms 이하의 E2E(End-to-End) 지연속도와 BLER(block error rate)=10-6에 해당하는 신뢰성을 달성해야 하는 패킷오류율을 그 표준으로 한다.

[5G 기술환경과 시사점]

1.4 5G의 주요 특징

1 Network Slicing(네트워크 슬라이싱)

네트워크 가상화(Network Virtualization)를 통한 네트워크 슬라이싱은 네트워크 자원과 네트워크 기능들을 개별 서비스에 따라 하나의 독립적인 슬라이스로 묶어 제공하는 것으로, 여기서 슬라이스는 "액세스 네트워크와 코어 네트워크를 논리적으로 통합한 네트워크이다. 각각의 슬라이스는 서로서로 연결되어 있지 않기 때문에 하나의 슬라이스에 오류가 발생해도 다른 슬라이스에는 영향을 미치지 않는다. 네트워크 슬라이싱 기술을 활용할 경우 보다 쉽게 전용망을 제공할 수 있을 뿐만 아니라 특정 서비스에 불필요한 네트워크 기능 혹은 트래픽을 분리하는 등 네트워크의 안전성 및 효율성도 확보할 수 있다.

2 OFDM(Orthogonal frequency-division multi-plexing, 직교 주파수 분할 다중 방식)

5G는 확장이 가능한 OFDM 방식을 사용한다. OFDM 방식은 다수의 사용자가 주파수 자원을 나누어서 사용하는 통신 방식으로 광대역 신호를 직교성을 갖는 여러 개의 부반송파(sub-carrier)로 나누어 병렬로 전송하는 기술 방식이다. OFDM 방식은 MIMO와의 결합이 용이하며, 높은 주파수 효율과함께 복잡도가 낮은 수신기를 사용할 수 있어 LTE 표준의 신호파형과 무선접속 방식으로 사용되었다.

3 Massive MIMO(Multiple Input Multiple Output)

5G는 다중 안테나 송수신 기술인 Massive MIMO를 활용하는데, 이 기술 역시 5G의 핵심기술 중 하나다. Massive MIMO 기술은 LTE 에서 활용했던 MIMO에서 진화된 것으로, 이동통신 기지국과 사용자의 단말기에 100개 이상의 안테나를 사용하여 다중경로로 신호를 송·수신함으로써 간섭은 줄이고, 전송용량과 전송속도는 증가시키는 기술이다. Massive MIMO를 활용하면 네트워크의 용량 및 커버리지를 향상시킬 수 있다.

1.5 5G가 활용되는 분야

5G의 도입으로 다양한 산업 분야에서 디지털 혁신의 변화가 찾아올 수 있다. 제조, 공공안전, 미디어, 엔터테인먼트, 에너지, 유틸리티, 의료 산업 등 각 산업별로 발생하는 다양한 요구사양 및 요구사항들을 하나의 네트워크로 충족시켜 각 분야별로 다양하게 활용할 수 있다.

1 제조/공정 분야

5G 기술로 고객주문부터 재고관리까지 전 과정을 실시간으로 컨트롤 할 수 있는 환경을 구축하여 생산성을 향상시킬 수 있고, 이를 통하여 신속한 제품의 제작 및 출시가 가능해진다. 뿐만 아니라 이러한 결과들로 비용측면에서도 절감의 효과를 누릴 수 있기 때문에 생산성이 제고될 수 있다.

[봉제로봇, 자동차 조립]

2 에너지/유틸리티 분야

에너지·유틸리티 분야에서도 마찬가지로 5G의 도입으로 비용절감, 시설보안 등 효율성
증대될 것이 예측된다. 5G 기술과 센서를 이용하면 원격지에 있는 해당기업의 기기 및 프
로그램 등 각종 자산의 모니터링 및 유지보수를 기능하게 할 수 있다. 또한 가정용 태양
광, 연료전지 등 다수의 분산된 발전설비와 전력수요를 클라우드 시스템 기반의 소프트웨
어로 통합하여 하나의 발전소처럼 관리하는 시스템인 가상 전력 발전소를 통하여 실시간
에너지 분배 및 관리가 가능해질 수 있다.

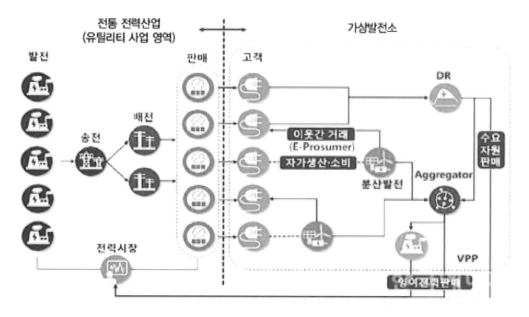

[전통 전력산업 VS 가상 전력 발전소]

출처 : 한국전력

3 공공안전 분야

5G의 통신망서비스와 카메라·센서 등으로 정부 및 공공기관에서 운영하는 구조물의 실시간 모니터링을 실시하여 자연재해 및 위기상황에서 즉각적인 대응이 가능해진다. 공공장소의 보안 안전시스템을 강화하고, 무인 로봇을 활용하여 재해재난 복구가 가능해 질 수 있으며, 실제로 강원지역에서는 산불관리를 목적으로 공공안전 솔루션을 도입 중이다.

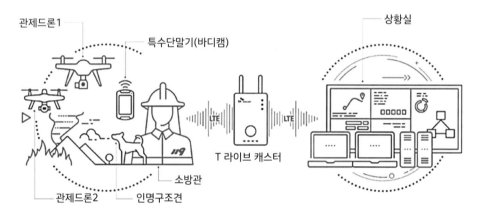

[SKT와 강원소방본부의 공공 안전 솔루션]

4 헬스케어 분야

의료업계는 5G의 기술발달 및 도입을 통하여 환자 뿐만 아니라 의료인까지도 삶의 질을 향상시킬 수 있다. 현재 로봇수술의 공간적 한계를 극복하기 위하여 5G기술을 기반으로 로봇을 이용한 원격로봇 제어 수술이 현실화 되고, 웨어러블 디바이스들을 활용하여 개인이 건강관리를 체크할 수 있는 제품을 출시하는 등 다양한 헬스케이 시장을 확대 시킬 수 있다.

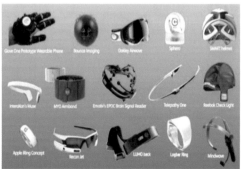

[원격로봇수술과 다양한 웨어러블 디바이스]

5 금융분야

금융분야는 5G와 첨단 기술이 결합되어 고객들의 보안, 편의성 등 고객만족도를 높여 금융거래 활성화가 가능해진다. AI, 빅데이터 등 첨단기술이 도입해 지능형 금융서비스 구축하고 고객의 니즈에 맞는 다양한 금융상품을 제공하여 고객별로 효과적인 자산관리 서비스를 제공해 준다. 뿐만 아니라 지능형 보안서비스 기능을 강화할 수 있다. 알리바바가 KFC 매장에 얼굴인식 결제시스템을 도입하는 한 것처럼 생체인증 기술을 적용한 금융결제는 점점 확산 될 전망이다.

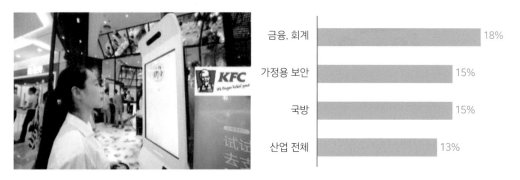

[얼굴인식 결제 시스템 및 2020년까지 연평균 성장률]

6 자동차 분야

'5G 융합 자율주행 테스트베드'의 핵심은 5G와 차량과 주변의 모든 것을 연결하는 V2X(차량통신기술)을 융합하는 것이다. 차량에 달린 센서로만 주변환경을 인식하는 기존 자율주행의 한계를 극복해 보다 안정적인 실증이 가능하다. V2X(Vehicle to Everything)는 차량과 차량(V2V), 차량과 도로(V2I), 차량과 사람(V2P) 등 차량과 모든 것이 상호 통신하는 기술로, 자율주행차가 센서에 만 의존할 땐 자칫 놓칠 수 있는 사각지대 위험상황, 악천후 시 교통신호까지 정확히 전달할 수 있다. 여기에 LTE(4G)에 비해 20배 이상 빠른 초고속, 초저지연(0.01초) 통신인 5G까지 접목시켜 안전성이 더 해졌다.

[4G와 5G 자율주행 자동차 제동거리]

7 미디어/엔터테인먼트 분야

미디어/엔터테인먼트 분야에서는 5G 광대역 서비스를 활용하여 VR, 4K/8K 영상 서비스 들을 제공하여 몰입적 서비스 분야를 상용화 할 것으로 기대된다. 뿐만 아니라, 실시간 360도 뷰 개인방송 등 몰입형 미디어 컨텐츠가 속속 등장할 것이며, 모바일을 통한 VR/AR 게임시장은 이미 본격화 되어 다양한 기업에서 이를 활용한 제품들을 출시한 상태이다. AR과 VR은 일방적인 정보 전달에서 벗어난 쌍방향적 특성을 가지고 있고, AR/VR은 시간당 가장 높은 데이터 트래픽이 발생하는 서비스이기 때문에 5G 네트워크가 도입될 경우 LTE 대비 높은 효과나 만족도를 가질 수 있다.

[360도 VR라이브, VR헤드셋]

마무리하기

1.   5G의 정식 명칭은 'IMT-2020'으로 이는 국제전기통신연합(ITU)에서 정의한 5세대 통신규약이다.

2.   5G는 최대 다운로드 속도가 20Gbps, 최저 다운로드 속도가 100Mbps인 이동통신 기술이며, 이는 기존 4G 이동통신 기술인 롱텀에볼루션(LTE)과 비교하면 속도가 20배가량 빠르고, 처리 용량은 100배 많다.

3.   5G 이동통신 서비스 환경 구분
    - eMBB(Enhanced Mobile Broadband)
    - mMTC(Massive Machine Type Communications)
    - uRLLC(Ultra-Reliable and Low-Latency Communication)

4. 5G의 주요 특징
    - Network Slicing(네트워크 슬라이싱)
    - OFDM(Orthogonal frequency-division multi- plexing, 직교 주파수 분할 다중 방식)
    - Massive MIMO(Multiple Input Multiple Output)

5.   5G의 도입으로 제조, 공공안전, 미디어, 엔터테인먼트, 에너지, 유틸리티, 의료 산업 등 다양한 산업 분야에서 다양하게 활용할 수 있으며 초고속 디지털 혁신의 변화가 찾아올 수 있다.

주제	5G 서비스		일자	
이름		학과	학번	

1. 최대 속도가 20Gbps에 달하는 이동통신 기술로, LTE에 비해 속도가 20배가량 빠르고, 처리 용량은 100배 많다. 강점인 초저지연성과 초연결성을 통해 4차 산업혁명의 핵심 기술인 가상 현실, 자율주행, 사물인터넷 기술 등을 구현할 수 있는 것은?

① 2G   ② 3G

③ 4G   ④ 5G

2. 5G 주요 특징이 아닌 것은 무엇입니까?

① 네트워크 슬라이싱(Network Slicing)

② 확장이 가능한 OFDM을 사용

③ 확장이 불가능한 OCAM을 사용

④ 다중 안테나 송수신 기술인 Massive MIMO를 활용

3. 다음 중 5G 기술이 적용된 예가 아닌 것 무엇입니까?

① 도로위의 신호등   ② 자율주행 자동차

③ 원격 수술   ④ 인공지능

4. 5G 기술이 등장하게 된 배경이 아닌 것을 고르시오.

① 닐암스트롱의 달 착륙   ② 개인의 퍼스널컴퓨터 보유

③ 인터넷의 고속화   ④ 이동통신의 보편화

5. 5G 서비스 환경은 3가지로 구분할 수 있다. 이것이 무엇인지 기술하시오.

6. 다음은 5G 서비스 환경 중 무엇에 관한 설명인지 쓰시오.

> 5G 이동통신에서 다수의 기기가 서로 연결되어 정보를 주고받는 사물 통신을 말한다. 5G 이동통
> 신의 주요 서비스 요건 중 하나이며, 비교적 저용량의 데이터를 저속으로 주고받는 사물 통신 기기
> 를 대상으로 제공하는 기술

7. 5G가 활용되는 분야를 두 가지 기술하고, 각 분야별로 도입되거나 도입이 가능한 서비스를 두
   가지 씩 기술하시오.

2 SECTION ···

스마트 헬스케어

학습목표

1. 스마트 헬스케어의 정의를 설명할 수 있다.
2. 스마트 헬스케어의 기술 현황을 설명할 수 있다.
3. 스마트 헬스케어의 현황 및 사례를 설명할 수 있다.

1 스마트 헬스케어

1.1 스마트 헬스케어의 정의

스마트 헬스케어는 '의료와 ICT기술이 융합된 형태로 의료 데이터 기반으로 한 지능화 서비스를 말한다. 환자의 개인별 건강상태를 시간과 장소의 제약 없이 실시간으로 모니터링하여 이것을 관리하고, 그 에 맞는 건강정보 및 질병상태 등을 분석하여 최적화된 맞춤형 진료를 제공하는 서비스 또는 시스템이다. 즉, 개인의 건강과 의료에 관한 정보 기기 시스템 플랫폼을 다루는 산업 분야 건강관련서비스와 의료IT가 융합되어 개인맞춤형 건강관리 서비스를 제공하는 것을 말한다.

이렇게 각종 첨단 정보통신 기술을 이용하여 언제 어디서나 개인의 건강 관련 서비스를 제공 및 관리 받을 수 있는 스마트 헬스케어가 부상하고 있으며, 국내뿐만 아니라 미국이나 EU, 일본, 중국 등 세계 각국에서도 정부 차원에서 스마트 헬스케어 산업 육성책을 추진하고 있다. 아울러, 기존 병원이나 제약사 등 의료 산업에서도 ICT 기업과 협업하여 신규 사업에 진출하는 모습을 보이고 있다.

표 12.3 헬스케어와 ICT 기술 결합을 통한 진화

구 분	Tele-헬스	e-헬스	u-헬스	smart-헬스
시기	1990년 중반	2000년	2006년	2010년 이후
서비스 내용	원내 치료	치료 및 정보제공	치료/예방 관리	치료/예방/복지/안전
주요 시스템	병원운영(HIS, PACS)	의무기록(EMR) 웹사이트	건강기록(EHR) 모니터링	개인건강기록 기반 맞춤형 서비스
주 서비스 제공자	병원	병원	병원, ICT 기업	병원, ICT기업, 보험사 서비스기업 등
주 이용자	의료인	의료인, 환자	의료인, 환자, 일반인	의료인, 환자, 일반인

개인이 신체를 활용하여 생성해낼 수 있는 헬스관련 데이터는 유전체 정보, 개인건강 정보, 전자의무기록 등 크게 세 가지로 구분할 수 있다.

1 유전체 정보

유전체 정보는 한 사람당 약 30억 개가 존재하며 이는 데이터로 1TB에 달하는 유전체 염기쌍의 서열의 정보를 가진다. 따라서 이를 활용한 정밀의료나 개인 맞춤형 신약 개발, 유전자편집, 합성 생물학을 구현시킬 수 있다.

2 개인건강 정보

개인건강정보는 웨어러블 디바이스나 헬스케어 앱 등 각종 기기나 소프트웨어들을 통해 수집되는 개인의 혈압, 심전도, 혈당 수치, 식단 정보 등 개인의 현재 건강상태 및 일상생활 활동에 관한 모든 데이터를 말한다. 최근 이를 활용한 다양한 응용 서비스가 확대되고 있다.

3 전자의무기록

전자의무기록은 과거 개인의 인적사항, 병력, 건강상태 뿐 만아니라 의사의 처방 정보 및 처방 결과 등을 컴퓨터 시스템에 기록한 전산화한 데이터 형태를 말한다. 유전체 정보와 개인의 건강정보가 환자의 질병 및 질환의 치료, 건강 개선, 질병의 예방 등을 통한 임상적 가치와 연결되기 위해서는 전자의무기록을 바탕으로 구체적인 데이터 분석이 수반 되어야 한다. 이에 따라 전 세계적으로 의무기록의 디지털화 추세는 더욱더 가속화되고 있으며, 이들을 활용한 다양한 스마트케어에 대한 활용성이 높아지고 그 분야가 다양하게 제고될 것으로 보인다.

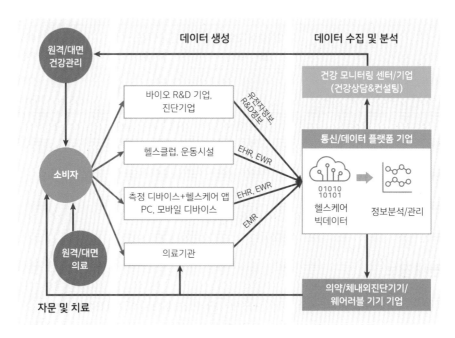

[스마트 헬스케어 산업 구조]

출처: 삼정KPMG 경제연구원

1.2 스마트 헬스케어의 등장 배경

스마트 헬스케어에 대한 관심이 확대되고 있는 배경은 크게 네 가지로 구분할 수 있다.

1 의료서비스 패러다임의 변화

21세기 이후 사회적인 흐름은 기존의 질병이 발생한 후에 치료를 받는 치료·병원 중심의 의료서비스의 패러다임에서 스스로 건강을 관리하는 예방·소비자 중심으로 변화하고 있다. 따라서 스마트기기와 센서 기술을 통해 환자 스스로가 일상에서 손쉽게 자신의 식사량이나 혈압, 운동량 등 건강상태를 기록하고 관리하는 '자가 건강 측정(Quantified Self)' 트렌드가확산되고 있는 추세이다.

2 ICT기술의 발전

4차 산업혁명 시대가 도래 하면서, ICT를 활용한 각종 융합기술이 발달함에 따라 인간을 편리하게 해주는 제품들이 속속들이 등장하고 있다. 이 중, 웨어러블 디바이스는 우리 몸에 밀착되어 지속해서 생체정보를 파악할 수 있게 만들어주고 있으며, '자가 건강 측정' 트렌드를 확산시켜 줄 수 있는 기술적 요인과 이슈들이 증가 하고 있다. 따라서 기술, 의료기술, 빅데이터, 인공지능과의 결합은 헬스케어 산업에서의 혁신적인 서비스를 제공 가능하도록 만들어 주었다.

3 의료데이터의 빠른 증가

IDC에 의하면 의료 데이터의 양은 2012년 500PB에서 2020년에는 25,000PB로 약 50배가 늘어날 것으로 전망하였다. 의료산업에서의 각종 사물인터넷 기기와 다양한 의료서비스의 제공으로 인하여 폭발적으로 증가하는 의료 데이터를 분석하고 활용하는 방안이 미래사회에서 더욱더 중요한 화두로 부각되고 있다.

4 사회적 니즈의 증가

의료기술이 발달함에 따라 인간의 고령화와 이의 후면에는 만성질환자 증가라는 문제점이 발생하고 있다. 이는 고령화 인구들의 건강을 위한 진단 및 치료가 늘어났음을 의미하며 이에 따른 고령화와 만성질환자 증가에 따른 의료비 급증은 공공과 가계에 부담으로 작용하고 있다. 따라서 스마트 헬스케어는 이러한 의료비 증가에 대한 중요한 해법 중 하나로 주목될 해법으로 주목되고 있는 것이다.

표 12.4 OECD 주요국의 의존인구 비율

(전체 인구 중 의존인구 비율, 단위:%)

	2000년		2010년		2030년		2050년	
	15세미만	65세이상	15세미만	65세이상	15세미만	65세이상	15세미만	65세이상
한국	21.1	72	16.2	11	11.4	24.3	8.9	38.2
일본	14.6	17.4	13	23.1	9.7	31.8	8.6	39.6
미국	21.4	12.4	20.1	13	19.5	19.3	19.3	20.2

	2000년		2010년		2030년		2050년	
	15세미만	65세이상	15세미만	65세이상	15세미만	65세이상	15세미만	65세이상
EU(27개국)	17.1	15.7	15.4	17.5	14.1	24.4	13.8	29.3
OECD평균	20.4	13	18.4	14.8	16.4	21.5	15.8	25.8
세계 평균	30.3	6.8	26.9	7.6	22.7	11.7	19.6	16.2

1.3 스마트 헬스케어의 개요

헬스케어 서비스는 18~20세기 초의 헬스케어 1.0 공중보건 시대와 20세기 질병 치료를 중심으로 한 헬스케어 2.0 시대를 거쳐 20세기 이후 인간의 기대 수명 증가와 웰빙, 웰니스 등의 중요성이 부각되었다. 이는 곧 치료중심의 의료서비스에서 사전진단 및 예방, 일상생활에서의 건강관리로 의료서비스에 대한 인식의 무게중심이 이동하고, 21세기에 이르러서는 개인의 건강관리 및 예방을 중요한 가치로 여기는 헬스케어 3.0 시대로 그 패러다임이 변화되었다.

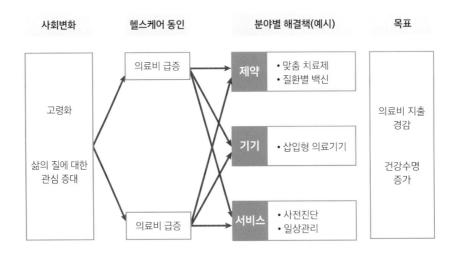

전 세계적으로 심각한 고령화 추세와 급증하는 의료비 부담에 대한 국가적 대응이 시급한 상황이다. 이로 인해 '스마트 헬스케어'가 새로운 부가가치로 부상 중이다. 2010년 6월 세계보건기구(WHO: World Health Organization)는 전 세계의 급속한 인구 고령화 현상에 대한 대응책으로 고령친화도시 이니셔티브(Age-Friendly Cities Initiative), 즉 고령친화도시의 글로벌 네트워크화를 제안하였다. 의료비의 경우, 한국은 10지난 년간 GDP대비 의

료비 비중의 확대 속도가 연평균 3.71%로, OECD주요국 중 의료비용 부담이 가장 빠르게 증가하고 있다.(2020년 GDP대비 12%수준까지 확대 전망)

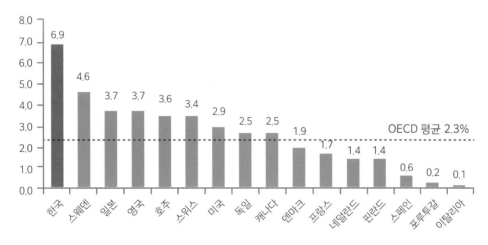

[최근 10년간 주요국 경상의료비 연평균 증가율]

출처: OECD, Health expenditure and financing, 2019.12.5 추출(Constant prices, constant PPPs, OECD base year 기준)

4차 산업혁명 시대는 ICT기술과의 융합을 기반으로 거의 모든 산업 시스템을 변화시켜 현시대의 삶의 정의와 접근방식을 새롭게 제시하고 있다. 이에 따라 건강에 대한 접근방식 또한 변화되었으며, 스마트 헬스케어를 기반으로 하는 산업 역시 변화되고 있다. 의료서비스의 ICT와의 융합으로 의료 데이터의 접근 및 확보 방식이 변화되고 있는 스마트 헬스케어는 융합된 기술의 의료IT기기, 서비스 App를 사용하는 환자, 일반인 개개인의 질환관리, 건강관리, 식습관관리 등의 다양한 형태의 서비스로 발전 중이다. 이를 기반으로 정밀의료 원격의료 모니터링 서비스 등 개인별 맞춤형 치료서비스와 스마트 헬스케어 서비스가 종합적으로 생애주기 전반을 관리해주는 환경으로 변화되는 것이다.

1.4 스마트 헬스케어 기술 현황

1 스마트 헬스케어 인공지능 활용 기술

스마트 헬스케어 인공지능 활용 기술은 의료 데이터 및 유전자 데이터 등의 환자 상태 정보로 인해 방대해진 의료 데이터들을 인공지능 기술로 활용하는 것을 말한다. 즉 인공지능 시스템이 스스로 이들 데이터를 학습 및 분석하고 이것을 헬스케어 산업에 적용함으로써 진료 프로세스 효율화 및 의사결정 지원, 질병 예측, 맞춤형 치료 등 새로운 부가가치를 창출하는 기술을 의미한다.

인공지능 기술은 다양한 형태의 방대한 의료 빅데이터를 분석 할 수 있는 여러가지 기술들 중 가장 탁월하고 각광받고 있는 기술이며, 보다 정밀한 진단이 가능한 기술이 된다. 헬스케어 산업에 인공지능 기술의 적용은 새로운 혁신적인 의료 서비스의 등장을 가속화 할 것으로 기대 이는 의료의 질적 수준을 향상 시킬 수 있는 핵심 기술로서의 중요성이 부각되고 있다. 의료기관에서 발생하는 대량의 텍스트 기반 의료데이터와 의사와 환자 간 대화, 방대한 분량의 영상의료데이터 등에 인공지능 기술을 적용함으로써 다양한 사례에 대응하는 다양한 치료방법 및 예방을 가능케 할 수 있을 것이다.

표 12.5   스마트 헬스케어 인공지능 활용 기술

인공지능 기술	헬스케어 적용
머신러닝, 딥러닝	-대규모 의료 빅데이터를 기반으로 스스로 학습하고 데이터를 분석함으로써 질병예측, 신약개발 촉진 및 의료진에 대한 의사결정 지원
음성인식 기술	- 컴퓨터가 스스로 환자의 MRI, PACS 등 의료영상데이터의 의료 영상이미지를 학습 및 분석하여 질환에 대한 진단정보 제공으로 의사의 진단과 처방을 지원
영상인식 기술	- 진료시 의사와 환자간 대화가 음성인식 시스템을 통해 자동으로 컴퓨터에 입력, 저장되는 의료녹취 서비스 제공으로 의료기록 작성에 소요되는 시간 단축
자연어 처리 기술	- 임상시험 적합환자 선발과 같이 방대한 자료를 이해하고 검토 및 분석하는 경우, 자연어 처리 기술을 적용하면 의료진의 업무 부담 경감 및 의료 업무 효율성 극대화

아래 그림은 Artery가 선보인 인공지능 기반 의료 영상 분석 시스템 '4D Flow'이다. 환자의 이미지를 10분 이내에 분석 심장 혈류를 시각화하고 심장이 처리할 수 있는 혈액의 양을 계산하며, 이 결과를 클라우드에 이미지를 업로드 후 웹브라우저를 통해 원격 공동 작업자와 비공개로 공유할 수 있도록 구성하였다. 4D Flow시스템은 인공지능 머신러닝 프로세스 기술이 적용되었으며 2017년 1월 FDA 승인을 받았다.

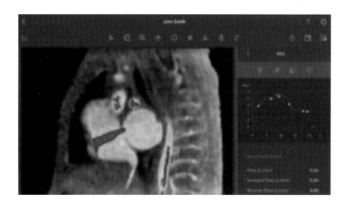

[4D Flow]

HealthTap 인공지능 기반 헬스케스케어의 일종으로 의
사와 환자를 연결하여 의료정보를 서비스 하는 챗봇 플
랫폼이다. 약 12만명 이상의 의사가 등록되어 있으며,
약 70억 건의 의료 답변이 환자들에게 제공되고 있다.

[인공지능 기반 헬스케어 챗봇 플랫폼]

Sensely가 선보인 가상 간호사 솔루션 'Molly'는 환자의 실시간 건강 데이터를 활용하여
환자의 상태를 판단하며 다음 병원 방문 때까지 환자를 모니터링 하는 역할을 수행하며,
의사의 시간을 절약시켜주기 위한 목적으로 개발되었다.

[가상 간호사 솔루션 Molly]

2 스마트 헬스케어 빅데이터 활용 기술

표 12.6　스마트 헬스케어 빅데이터의 활용 분야

스마트 헬스케어에 활용 가능한 빅데이터 종류	스마트 헬스케어 빅데이터의 활용 분야
• 서비스를 이용하는데 드는 비용을 청구하는 과정에서 발생하는 데이터 • 문서 사진 동영상 등의 전자화된 진료기록 • 의약품 연구개발 과정에서 축적된 데이터 • 환자의 행동과 감정 정서 등과 관련한 데이터	• 장현시 의료 의사결정 최적화 (Better point of care decisions) • 보건의료기관의 고객유지 (Engage consumers in their healthcare) • 재입원율 감소 (Reducing Readmissions) • 국민건강관리 (Population health management) • 보건의료기관 운영향상 (Operational improvements) • 질병치료연구 발전 (Clinical research advancement)

스마트 헬스케어 빅데이터 활용 기술은 스마트 헬스케어 분야에서 활용 가능한 빅데이터는 의료관련 센서, 스마트 기기, 의료 정보, 실험실 데이터, 외부 데이터 등을 모두 구조화한 데이터이다. 기하급수적으로 늘어나고 있는 헬스케어 데이터들을 스마트 기기, 웨어러블 스마트폰, 스마트 의료기기 등을 활용하여 만성질환 관리 서비스 질병 예방 서비스 진단 및 치료 서비스 등 의료서비스의 혁신을 이룰 수 있는 기반을 만들어 주는 기술이 될 수 있다. 빅데이터 활용 기술이 스마트 헬스케어 산업에서 이슈화가 된 이유는 비용 절감과 의미 있는 결과물 창출이 가능하다는 점과 전 세계적으로 빠른 속도록 증가하고 있는 만성질환 환자들의 질병관리에 효과적일 것으로 전망되기 때문이다.

표 12.7　빅데이터 예측 분석 방법(환자 정보 예측 방법론)을 활용한 헬스케어 시스템 사례

Agent	사례
Maine HealthInfoNet	• 미국 주 단위 전자건강기록(Electronic Health Record. 이하 EHR)을 고위험군이나 질병에 걸린 환자를 확인하였을 경우 이를 환자에게 알려주는 시스템 • 자신의 의료 기록물에 별다른 관심이 없는 환자들에게 응급실에 가야 함을 알려주거나, 위급한 상황의 예방법을 알려줌
Carolinas HealthCare System	• 환자들의 라이프스타일 습관 분석을 위해 기존 데이터를 활용하는 시스템으로 노스 캐롤라이나와 사우스 캐롤라이나에 있는 900여 개 케어센터 • 자료들에 예측 분석 방법을 적용해 환자들의 위험요인들을 추출한들에서 생산되는 자료를 확보

Agent	사례
University of Iowa Hospitals and Clinics	• 위험군 환자를 미리 확인해 수술 이후 혹여 발생할 수 있는 감염에 대해 예방해주는 시스템 • 수술 이후에 환자들의 병력, 건강상태, 수술 중 생체 신호 등을 분석해 합병증 발병 가능성을 예측

❸ 스마트 헬스케어 플랫폼 기술

스마트 헬스케어의 플랫폼 기술은 ICT융합 기술 발전을 기반으로 환자의 행동양식과 변화 상태를 모니터링하고 관리하는 상호작용형 서비스의 기반이 되는 기술을 지칭한다.

기존 PHR(Personal Healthcare)서비스 과정에서의 얻을 수 없었던 환자의 행동과 반응에 대한 정보를 담아 낼 수 있는 기술로 보다 정교하고 효과적인 서비스 구현 가능하다. 또한 환자의 행동양식과 변화 상태를 모니터링하고 관리하는 상호작용형 서비스의 기반이 되고 있으며 에서 얻을 수 없는 서비스 과정에서의 환자의 행동과 반응에 대한 정보를 담아낼 수 있기 때문에 보다 정교하고 효과적인 서비스 구현이 가능한 기술로 점차 도입이 확대되고 있다.

표 12.8   스마트 헬스케어 플랫폼

기업명	플랫폼명	주요내용
Apple	Health Kit	• 900 App , 70 여 개의 과 디바이스가 연동 여 가지의 의료 관련 데이터 측정, 보관, 통합 • 축적된 데이터는 병원 EMR 시스템을 통해 미국 내 병원들에 전송되어 의료서비스와 연계
	Research Kit	• 아이폰 사용자 7억 명 대상으로 구축한 빅데이터 활용 예방 의료서비스 • 폰에 포함된 다양한 센서를 통해 환자의 걸음 운동 신경 손상 피트니스에 대한 정보 획득, 파킨슨병, 당뇨, 심혈관계 질환, 천식, 유방암 등에 관한 5 App 개의 을 통해 리서치킷 사용
	Care Kit	• 원격 질병관리 소프트웨어 framework • Post-surgical care : 만성질환 관리 애플리케이션 • Chronic conditions care : 만성질환 관리 애플리케이션

기업명	플랫폼명	주요내용
Google	Goolge Fit	• 체중 활동량 체지방량 등을 측정하는 웨어러블 기기와 접목해 평소 건강상태 정보를 제공 • 혈당 측정용 콘텍트렌즈 개발 : 노바티스, 사노피, 덱스콤과 함께 당뇨 관리에 집중
Samusng	Samsung Health	• 만보계 기능 활동시간 기록 수면시간 기록 • 심박수 스트레스 산소 포화도 기후 협압 혈당 음식 및 물, 카페인 섭취 기록 미국 의료기관, 건강보험회사, 의과대학과 함께 헬스케어, 의료기관, 건강보험회사 의과대학과 함께 헬스케어 서비스 생태계 구축 중
IBM	Watson Health Cloud	• 임상시험 데이터를 분석하고 환자상태에 따라 가장 적합한 임상시험 및 치료법 제시 • 60만 건의 의학적 근거, 42개 의학 저널 및 임상시험 데이터, 200만 쪽 분량의 자료 학습

출처 : 스마트 헬스케어 서비스 분야 도입사례 분석집

1.1.5 스마트 헬스케어 제품 및 서비스

1 FitBit의 피트니스 밴드

FitBit의 스마트 밴드와 스마트 워치는 스마트폰과 연동하여 운동량 섭취, 칼로리 량, 수면 패턴 등의 정보를 제공해준다. 피트니스 밴드와 스마트 워치는 기본 Tracker 기능에 심박수 모니터, 고도계 광센서, GPS 등을 반영하여 실시간 심박수 모니터링, 자동운동 모니터링 기능들을 제공하고 있다.

[FitBit의 피트니스 밴드와 스마트 워치]

2 스포츠 브랜드인 Under Aromour

심박센서가 포함된 스마트 셔츠와 스마트 운동화를 출시하면서 전략으로 스마트 헬스케어 산업에 진입한 대표적인 기업이다. Under Aromour의 주요 제품은 스마트 셔츠, 스마트 러닝화 등의 스포츠 제품과 피트니스 App 등이 있다. 이 중, 식습관 칼로리 섭취량 등 피트니스 건강관리 MapMyFitness 나 MyFitnessPal App의 App, 거치 측정 센서가 탑재된 스마트 러닝화, 심박수 센서를 탑재한스마트 셔츠 등 다양한 스마트 헬스케어 제품을 출시하였다. 또한 제품을 통해 측정된 고객의 건강정보 데이터는 Cloud, Big Data로 연결하여 스마트 워치 등 스마트 기기에 표시 또한 인공지능(AI) 으로 분석해 온도 조절과 음악 등 고객 개개인에게 맞춤형 데이터를 제공하기 위해서 실시간 분석 서비스를 제공한다.

[Under Aromour의 스마트 기기]

3 InBody

개인용 체성분 측정기이다. 전문가용 체성분 분석기 비만진단부터 체형관리까지 다양한 기능을 제공하며 문자, 모바일 앱, 웹사이트에서 결과 데이터 연동 및 관리가 가능한 서비스를 제공한다.

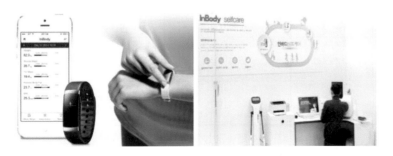

[InBody Band]

4 삼성전자의 Gear 시리즈

Fitness 특화형 웨어러블 기기로 'Samsung Health'App 과 연동하여 활동량, 피트니스 활동내역 등의 data 관리가 가능하다. 헬스케어 플랫폼인 'Samsung Digitel Health Platform'은 IoT플랫폼을 기반으로 헬스케어 부분을 포함하는 형태의 종합헬스케어 관리 서비스로로 발전 개인 Lifelog 정보 취합 및 저장 관리가 가능한 시스템이다.

[삼성전자 Galaxy Gear / IoT 냉장고]

5 IoT 냉장고

사물인터넷을 기반으로 가정용 냉장고에 센서 및 프로그램을 탑재하여 푸드 매니지먼트, 클라우드 기반 음성인식 기능 등 다양한 서비스들을 제공한다.

표 12.9 국내 스마트 헬스케어 제품 및 서비스

기업명	종류	주요제품	내용
인바디	기기	Inbody Band	개인용 체성분 측정기
삼성전자	플랫폼, 기기	Samsung Health Gear Fit	헬스케어 플랫폼, 피트니스용 활동량계
직토	기기	직토워크	모션 센서로부터 데이터 수집하여 사용자의 걸음걸이 자세를 분석하는 웨어러블 밴드
인성정보	플랫폼, 기기	하이케어 허브	의료정보/건강관리 의료서비스 플랫폼
뷰노	인공지능	뷰노메드	의료영상 인식 및 머신러닝 알고리즘을 폐암 진단에 활용
하이디어 솔루션즈	기기	Livon 실버케어	독거노인 및 중증장애인의 응급안전 및 모니터링 서비스
텔레필드	솔루션	U-Care 연계 만성질환 관리시스템	만성질환자의 실시간 생체정보 모니터링 및 분석 서비스

출처 : 스마트 헬스케어 서비스 분야 도입사례 분석집

마무리하기

1. 스마트 헬스케어란 '의료와 ICT기술이 융합된 형태로 의료 데이터 기반 지능화된 서비스를 의미 환자 사용자 의 개인별 건강상태를 시간과 장소의 제약 없이 실시간으로 모니터링 및 관리하고 건강정보 및 질병상태 등을 분석하여 최적화된 맞춤형 진료를 제공하는 서비스 또는 시스템'이다.

2. 개인이 신체를 활용하여 생성해낼 수 있는 헬스관련 데이터는 유전체 정보, 개인건강 정보, 전자의무기록 등 크게 세 가지로 구분할 수 있다.

3. 스마트 헬스케어의 등장 배경
   - 의료서비스 패러다임의 변화
   - ICT기술의 발전
   - 의료데이터의 빠른 증가
   - 사회적 니즈의 증가

4. 스마트 헬스케어 기술 현황
   - 스마트 헬스케어 인공지능 활용 기술
   - 스마트 헬스케어 헬스케어 플랫폼 기술
   - 스마트 헬스케어 빅데이터 활용 기술

5. 스마트 헬스케어 빅데이터의 활용 분야
   - 현장현시 의료 의사결정 최적화 (Better point of care decisions)
   - 보건의료기관의 고객유지 (Engage consumers in their healthcare)
   - 재입원율 감소 (Reducing Readmissions)
   - 국민건강관리 (Population health management)
   - 보건의료기관 운영향상 (Operational improvements)
   - 질병치료연구 발전 (Clinical research advancement)

주제	컴퓨터 소프트웨어와 모바일 앱		일자	
이름		학과	학번	

1. 의료와 ICT기술이 융합된 형태로 의료 데이터 기반 지능화된 서비스를 의미 환자 사용자 의 개인별 건강상태를 시간과 장소의 제약 없이 실시간으로 모니터링 및 관리하고 건강정보 및 질병 상태 등을 분석하여 최적화된 맞춤형 진료를 제공하는 서비스 또는 시스템이란 무엇인가?

   ① 3D 프린터   ② 블록 체인

   ③ 스마트 헬스케어   ④ 웨어러블 디바이스

2. 스마트 헬스케어 핵심 기술이 아닌 것은?

   ① 스마트 헬스케어 인공지능(AI) 활용기술

   ② 스마트 헬스케어 빅데이터(Big Data)

   ③ 스마트 헬스케어 3D프린터

   ④ 활용기술 스마트 헬스케어 플랫폼 기술

3. 다음 중 스마트 헬스 케어의 등장 배경이 아닌 것은?

   ① 의료서비스 패러다임의 변화   ② 안드로이드 앱개발

   ③ ICT기술의 발전   ④ 의료데이터의 빠른 증가

4. 스마트 헬스케어에 활용 가능한 빅데이터 종류가 아닌 것은?

   ① 서비스를 이용하는데 드는 비용을 청구하는 과정에서 발생하는 데이터

   ② 가정용 문서 사진 동영상 등의 관리방법

   ③ 의약품 연구개발 과정에서 축적된 데이터

   ④ 환자의 행동과 감정 정서 등과 관련한 데이터

5. 의료서비스의 ICT와의 융합으로 제공되는 스마트 헬스케어서비스가 <u>아닌</u> 것은?

   ① 개개인의 식습관 관리   ② 저녁식사 배달앱 정보

   ③ 개인의 질환관리   ④ 개인의 운동정보

6. 다음 중, 스마트 헬스케어를 구현하는 기술 현황이 <u>아닌</u> 것은?

   ① 인공지능 활용 기술   ② 헬스케어 플랫폼 기술

   ③ 빅데이터 활용 기술   ④ PT를 이용한 운동량증가 기술

7. 스마트 헬스케어에 활용되는 인공지능 활용기술을 세 가지만 기술하시오.

8. 개인이 신체를 활용하여 생성해낼 수 있는 헬스관련 데이터는 무엇인지 그 세가지를 쓰고, 이에 대해 설명하시오.

CHAPTER 13

가상현실과 블록체인

CONTENTS

가상현실과 증강현실

SECTION 1

학습목표

1. 가상현실과 증강현실의 개념에 대해서 설명할 수 있다.
2. 가상현실과 증강현실의 특징 및 원리에 대해서 설명할 수 있다.
3. 가상현실과 증강현실의 응용분야와 미래전망에 대해서 설명할 수 있다.

최근 산업계에서 가상·증강현실 기술이 각광을 받으며, 새로운 시장 창출과 시장규모가 점점 확대되고 있다. 또한 가상·증강현실 기술을 중심으로 상황인지, 콘텐츠 검색 분야 등 4차 산업 혁명과 관련된 다양한 소프트웨어, 하드웨어 그리고 콘텐츠 시장의 규모가 점점 성장하고 있다.

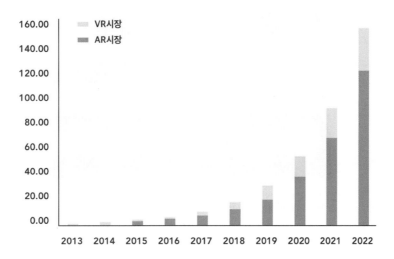

[AR&VR Market-Global Forecast to 2022]

출처 : Markets and Markets

1 가상현실

1.1 가상현실의 정의

가상현실(VR, Virtual Reality)란 어떤 특정한 환경이나 상황을 컴퓨터로 만들어서 그것을 마치 실제 주변 그 세계 안에 존재하며 직접 경험하는 것처럼 만들어 주는 인간과 컴퓨터 사이의 인터페이스이다. 다른 말로는 인공현실(Artificial Reality), 사이버 공간(Cyber-space), 가상 세계(Virtual Worlds), 인공 환경(Artificial Environment) 등이라고도 한다. 가상현실 사용자의 반응을 통해 기기의 프로세서를 통하여 기기의 입력을 실행하고 제스처 인식 시스템, 센서, 임베디드 전자 부품 등과 같은 구성요소에서 작동한다.

[가상현실(VR, Virtual Reality)]

가상현실을 이용한 산업은 ICT 융합기술의 발달과 5G 기술의 등장으로 더욱더 급성장할 것으로 예측되며, 2016년 약317만 달러(약 38억 원)의 시장규모에서 2024년 4,469만 달러(약 536억 원)로 성장할 것으로 전망된다.

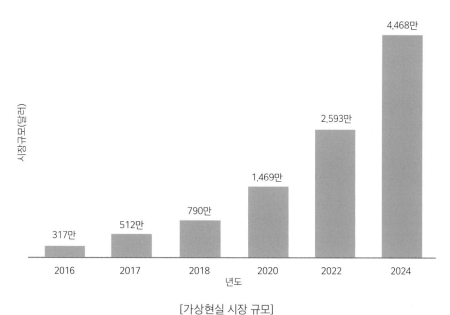

[가상현실 시장 규모]

출처 : Markets and Markets(2018)

가상현실 기술은 이미 기존의 수십 년 동안 존재해 왔으나 자동차 산업, 게임, 미디어, 엔터테인먼트, 소매업 등의 각종 4차 산업분야와 군사 및 건강관리와 같은 분야에 효과적으로 기여하기 위해 새로운 기술이 발전하고 있는 추세이다. 실제로 달 탐사나 항공기, 탱크 조종과 같은 상황을 가상으로 만들어 비행 시뮬레이터를 통해 훈련하기도 하며 가상현실을 통해 옛 역사를 경험한다던지 전쟁 상황을 가상현실을 통해 직접 경험해보는 등 현실에서 여러 가지 제품들이 이용되고 있다.

표 13.1　가상현실 시장의 사업 분야별 현황

산업 분야	제품 영역	내용
자동차 산업	교육, 설계, 판매, 엔터테인먼트	• 적응형 가상현실 교육 시나리오를 통한 운전자 안전결과 개선 • 개선 영역을 발견하기 위한 인식 추적 및 모니터링 • 고객 선호도에 따라 맞춤화된 소매 자동차 제품의 3D 렌더링 • 가상현실 전시장을 통해 고객이 문을 열거나 닫고 차량의 기능과 인테리어를 경험할 수 있음 • 공동 탑승자를 위한 가상현실 게임 및 엔터테인먼트 시스템 • 완전 자율주행차 탑승자 전원의 가상현실 탈출

산업 분야	제품 영역	내용
미디어 엔터테인먼트 및 게임	360 및 대화형 비디오, 몰입형 게임, 360 라이브 스트리밍	• 새로운 가상현실 비디오 플랫폼, 가상현실 앱마켓 영화제에 대한 콘텐츠 • 헤드셋 채택을 촉진하기 위해 많은 보조금을 지급하는 비디오 • 앱 마켓 간 게임 애플리케이션 • 다중 플레이어와 소셜 가상현실 모두 사용 가능 • 실시간 이벤트 스트리밍의 수익화 기회 • 새로운 카메라 각도 및 무대 배치 • 사용자 생성 콘텐츠
4차 산업	설계, 리모트 컨트롤, 교육	• 프로세스 개선, 설계 결함 포착 및 프로토타입 비용 절감을 위한 가상 환경 설계 • 현장의 대화식 경험을 통한 창의적 기회 및 이해 관계자참여 증대 • 가상현실 개체로 생성된 3D 제어판, 작업 또는 프로세스에 따라 인터페이스 패널을 수정할 수 있음 • 사용자가 제조 현장에서 작업을 시작할 수 있는 3D 가상객체 • 위험한 환경에서 원격 차량과 로봇 제어를 위한 다양한 기회 • 공장 바닥의 3D 렌더링 및 다양한 시나리오를 교육 및 안전 결과 개선에 사용할 수 있음 • 가상현실 교육에는 도구 및 구성요소의 세부 렌더링과 대화형 3D 유지 관리 매뉴얼이 포함됨
소매업	홍보 및 브랜딩, 브릭 및 클릭 소매, 교육 및 시뮬레이션	• 새롭고 혁신적인 몰입 경험을 통해 브랜드 스토리를 자유롭게 말할 수 있는 기회 제공 • 가상현실 마케팅을 통한 간편한 소셜 컷스루 • 온라인 가상현실 쇼핑을 가능하게 하여 물리적 소매 점과 디지털 소매점 간의 격차 해소 • 가상 탈의실, 가상 쇼룸 및 높은 개인화 제품 • 소매 공간 설계 및 최적화를 위한 소매점 가상화 • 가상현실의 직원 교육 및 기술 개발 • 증거 기반의 개선 된 교육 성과 • 적응성이 높은 시나리오 교육

1.2 가상현실의 특징 및 구현원리

가상현실은 사용자와 인터페이스가 서로 디스플레이 장치를 통해 상호작용하며 현실세계와 가상의 현실을 체험할 수 있으며 몰입성, 잠재성, 직·간접성 등의 특징을 가진다.

1 몰입성

몰입성이란 사용자에게 가상의 이미지를 제공함으로써 해당 시스템이나 소프트웨어에 참여하고 집중도를 높여 몰입할 수 있도록 해준다. 예를 들어 디스플레이를 통해 전시 상황의 이미지를 보여준다면 누구든지 물총이라도 진짜 총처럼 몰입하여 사용할 수 있는 것이다.

2 잠재성

가상의 이미지에는 여러 가지 기대 요소가 잠재되어 있다. 여러 사용자가 같은 가상의 이미지를 보고 경험한다고 했을 때, 같은 이미지를 보고 있어도 느끼는 경험이나 생각의 차이가 생기게 된다. 또한 같은 가상의 이미지로 출발해서 보여 지는 가상세계의 결과가 달라질 수 있다. 이처럼 가상현실은 여러 가지의 잠재성을 가지고 있으며 개개인에 따라 장·단점으로 나타날 수 있기 때문에 이로 인한 양면성 또한 존재할 수 있다.

3 직·간접성

직·간접성 사용자의 경험과 연결될 수 있다. 사용자 개개인이 지금까지 경험해보지 못한 상황이나 이미지를 디스플레이를 통해 직접 경험함과 동시에 누군가의 생각이나 경험에 의해 만들어진 이미지를 간접 경험할 수 있는 것이다.

가상현실의 구현원리는 인간 양쪽 눈의 시차를 이용한다. 인간의 양쪽 눈은 서로 떨어져 있기 때문에 사물을 바라보는 각도가 각각 다르며, 이것을 시차라고 한다. 인간이 눈으로 보이는 것들을 입체적으로 느낄 수 있는 이유가 바로 눈의 시차 때문인데, 이로 인해 양안의 시차가 발생하게 되고 원근감을 느끼고 물체를 입체적으로 인식할 수 있다. VR기기의 양 렌즈에는 사람의 양안 시차만큼 다른 각도로 촬영된 영상이 재생되기 때문에 일반 디스플레이에서 영상을 보는 것과 달리 입체감을 느낄 수 있다.

또한 사람이 바라보는 방향에 따라 영상을 바꾸기 위해 모션 트래킹 센서가 사용된다. 모션 트래킹이란 사람의 움직임을 측정하여 시선에 맞는 영상을 재생하는 것으로, 머리에 씌워진 기기 안에 가로, 세로, 높이를 모두 측정하는 센서가 있어 고개를 돌릴 때 마다 영상 화면도 같이 움직일 수 있다.

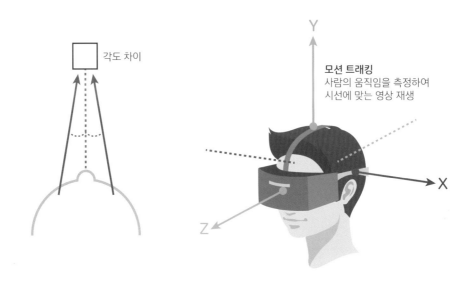

1.3 가상현실의 기술

가상현실의 핵심기술은 크게 몰입가시화 기술, 실감 상호작용 기술, 가상현실 환경생성 및 시뮬레이션 기술 이 세 가지로 구분할 수 있다.

1 몰입 가시화 기술

몰입 가시화 기술은 사용자에게 가상현실 몰입 환경을 제공하기 위한 기술로, HMD와 프로젝션 등 가시화 장치 기술과 영상 가시화 기술 소프트웨어 기술이 포함된다.

HMD 기술은 가상현실의 몰입 콘텐츠를 체험하기 위해 사용자의 머리에 HMD 기기를 장착해 영상을 제시하는 것으로, 이미 상용화되었으며 교육용 컨텐츠나 체험기기 등에 가장 대중적으로 사용되고 있다. 오큘러스VR사는 보다 높은 몰입감을 주는 '오큘러스 리프트'를 출시했으며, 소니는 콘솔 게임기인 PS4와 연결해 VR 게임을 체험할 수 있는 HMD인 '플레이스테이션 VR'을, 삼성 전자는 모바일 휴대형 장치를 연결해 VR 서비스를 제공하는 '기어 VR'를 각각 공개했다.

2 실감 상호작용 기술

사람의 오감을 기반으로 가상현실 참여자와 가상현실 시스템과의 입출력에 해당하는 기술로 모션 기반 시뮬레이터, 가상현실 참여자의 위치 추적, 촉각 및 햅틱기술, 후각·미각 관련 기술 등이 대표적이다.

모션 기반 시뮬레이터 기술은 사용자가 실제 움직이는 탑승물 등의 장치에 있는 것과 같은 느낌을 제공하는 것이다. 이 때 탑승물의 움직임을 재현하기 위해 앞뒤, 상하, 좌우 등 세 개의 선형 운동축과 이를 중심으로 회전하는 세 개의 회전운동인 6자유도를 지원해 사실적인 이동, 충돌, 회전을 체감할 수 있게 된다.

3 가상현실 환경생성/시뮬레이션 기술

가상현실 환경생성 및 시뮬레이션 기술은 360도 파노라마 이미지나 복원을 기반으로 가상현실 환경을 생성하고, 저작을 통해 가상현실 참여자를 위한 시나리오 기반의 몰입 가시화 및 상호작용 환경을 제공한다. 아바타를 이용해 가상현실 환경에 참여한 사용자와 소통하는 기술도 여기에 포함된다.

표 13.2 가상현실의 핵심기술

핵심기술	내용
몰입가시화	• 사용자에게 가상현실 몰입환경을 제공하는 기술 • HMD와 프로젝션 등 가시화 장치 기술, 영상 가시화 기술 소프트웨어
실감상호 작용	• 사용자의 오감을 기반으로 가상현실 참여자와 시스템과의 입출력에 해당하는 기술 • 모션기반 시뮬레이터, 가상현실 참여자 위치추적, 촉각, 햅틱, 후각, 미각 관련 기술
가상현실 환경생성 및 시뮬레이션	• 360도 파노라마 이미지나 복원을 기반으로 가상현실 환경을 생성하는 기술 • 가상현실 참여자를 위한 시나리오 기반 몰입 가시화 및 상호작용 환경 제공

1.4 응용분야

가상현실은 다양한 산업분야에서 실제로 사용되고 있는데 정체되거나 침체된 시장을 반등시킬 수 있는 차세대 수익원으로서 역할을 발휘할 수 있으며, 기존 서비스의 효율성을 향상시켜 경쟁력을 유지하거나 향상시키는 장점이 존재한다.

1 의료 분야

가상현실이 처음 등장할 무렵부터 연구되고 있는 분야 중 하나이다. 의료분야의 다양한 치료에서 가상현실을 활용하고 있으며, 최근에는 트라우마를 극복할 수 있는 수단으로도 주목받고 있다.   남부 캘리포니아 대학 산하 창조기술연구소는 이라크 전쟁에 참전했던 군인들의 외상 후 스트레스 장애 치료를 위해 가상현실 어플리케이션인 '버추얼이라크'를 제작하고 60여 개 병원에 적용한 바 있다.

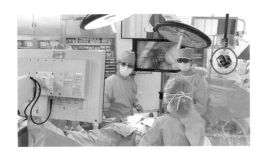

[의료분야의 가상현실]

2 군사 분야

군사 분야에서는 전투기나 헬기 등을 가상으로 조종해보며 훈련 연습을 하는데 가상현실을 이용하고 있다. '옵티머스 시스템' 기업은 VR 군사훈련용 시뮬레이터를 개발했고, 해군 특수전전단에서는 가상현실 기반의 '해군특수전 모의훈련 체계'를 군에 도입해 전투력 증강에 힘쓰고 있다.

[군사분야의 가상현실]

3 엔터테인먼트 분야

2015년 8월, 호주 멜버른에서는 세계 최초의 VR 테마파크인 '제로 레이턴시'가 오픈했으며, 여기에서는 다수의 이용자가 함께 참여해 좀비를 잡는 롤 플레잉 게임을 즐길 수 있다. 뿐만 아니라, 미국 역시 뉴욕과 솔트레이크 시티에 VR 테마파크 '보이드센터'를 오픈했다. 테마파크 관람자는 HMD와 장갑, 재킷 등을 착용한 후 정글, 전쟁터에서의 전투, 로봇과

외계인의 싸움 등의 게임에 참여할 수 있다. 가상현실 속에서 손으로 주변을 탐색하거나 재킷을 통해 적의 공격에 의한 충격도 느낄 수 있다.

4 교육 분야

교육 분야 역시 가상현실과 기술이 빠르게 확산되고 있다. 가상현실을 활용한 교육 콘텐츠는 교육 대상자에게 콘텐츠에 몰입할 수 있는 환경을 제공해 기존 교육 콘텐츠에 비해 큰 효과를 거둘 수 있다. 예를 들어, 평면에서 그림으로 존재하던 공룡이 3D로 튀어나와 책 위를 걸어 다니게 할 수 있으며, 학생들은 교재를 회전시키면서 공룡을 입체적으로 관찰하며 공룡을 뛰어다니게 만들 수도 있다.

[교육분야의 가상현실]

1.5 가상현실 시장의 플랫폼별 시장 규모 및 전망

현재 가상현실 시장은 신규 기업뿐만 아니라 현재, Sony, Samsung, Oculus, HTC, Google등의 기존 기업까지 적극적인 개발과 연구를 수행하고 있으며, 2014년부터 현재까지 각 기업들이 글로벌 입지를 확대하고 시장 점유율을 높이기 위한 다양한 성장 전략들을 채택하고 있다.

표 13.3   주요기업의 가상현실 제품

기업	구분	제품	특징
Oculus	헤드 마운트 디스플레이 하드웨어 소프트웨어	• Oculus Rift • Oculus Go • Oculus Rift Core 2.0 • Oculus Touch • Development Kit 2	• Xiaomi 및 Qualcomm과 협력하여 새로운 독립형 가상현실(VR) 헤드셋을 발표 • 가상현실(VR) 헤드셋인 오큘러스 리프트(Oculus Rift)는 다양한 응용 분야에서 잠재적인 효과에 대해 여러 회사로부터 찬사를 받음
HTC	가상현실	• HTC Vive Pro • HTC VIve • VIVE Tracker • VIVE Deluxe Audio Strap • VIVEPORT	• 하드코어 게이머와 기업 부문을 목표로 Vive Pro를 출시함 • 새로 출시 된 제품의 추가 기능에는 이중 OLED 디스플레이 및 고해상도가 포함됨
Sony	헤드 마운트 디스플레이 소프트웨어	• SmartEyeglass • PlayStation VR • Software Development Kits (SDKs	• 향상된 버전의 PlayStation VR 헤드셋을 출시한다고 발표함 • 새로운 헤드셋 CUH-ZVR2는 유선형 케이블, 전체적으로 더 얇아진 빌드 및 통합 스테레오 헤드폰과 함께 제공됨
Samsung	가상현실(VR) 하드웨어	• Gear VR • Exynos	• 스마트 폰, 태블릿, 웨어러블 기기 및 헤드셋과 같은 전자 기기 개발에 주력하고 있으며, TV, 랩톱, 카메라 및 오디오 시스템과 같은 다른 전자 장치도 제공 • 고화질의 제품을 개발하기 위해 새로운 기술을 사용하며, 현재 스마트 폰 및 스마트 TV용 가상현실(VR) 응용 프로그램에 주력
Google	HMD SDK 소프트웨어 및 앱	• Glass • Daydream • Cardboard • ARCore • Tilt Brush • Earth VR • Expeditions • Jump • Google Lens • Development Tools	• ARCore라는 새로운 SDK를 출시함 • 이 SDK는 개발자가 안드로이드 폰에서 증강현실(AR) 기능을 렌더링할 수 있게 됨

2 증강현실

2.1 증강현실의 정의

증강현실(AR, Augmented Reality)은 현실세계에서 3차원의 가상 물체나 정보를 겹쳐서 보여주는 기술을 말한다. 현실세계에 실시간으로 부가정보를 갖는 가상세계를 합쳐 하나의 영상으로 보여주므로 혼합현실(MR, Mixed Reality)이라고도 한다.

현실세계의 보이지 않는 정보를 증강현실을 통해 세부적인 정보를 얻거나 표현할 수 있기 때문에 가상 이미지를 독특하게 연출하여 광고나 홍보 분야에서도 많이 활용하고 있다. 또한 축구 중계 때 그라운드에 나타나는 정보 그래프나 선수 정보, 기상 캐스터 뒤에 보이는 가상 기상도 등에도 증강현실이 활용되고 있으며 한 때 이슈가 되었던 스마트폰 어플리케이션 게임으로 나온 '포켓몬 고'라는 게임도 현실세계에서 보이지 않는 가상의 포켓몬을 보이게 만들어 그것을 잡는 놀이 활동으로 창작한 증강현실을 이용한 게임이라고 할 수 있다.

[일반 카메라 사용하는 증강현실과 포켓몬고(Pokemon Go) 게임]

가상현실과 증강현실은 둘 다 현실에서 볼 수 없는 환경을 볼 수 있게 해준다는 공통점을 가진다. 가상현실은 특수 헤드셋이나 주변 장치들을 이용해 인공으로 만든 가상의 고해상도 3차원 이미지를 입체적 시각화 하여 마치 가상의 세계를 실제 상황처럼 인식하고 경험하는 것을 말한다. 반면에 증강현실은 일반적인 카메라를 통해 얻은 실제 이미지에 그래픽을 얹어 현실과 같지만 현실보다 더 다양한 이미지를 제공해준다. 즉, 실제 배경을 그대로 두고 그 위에 가상의 이미지를 더해 보여 주는 것을 의미한다.

다시 말하면, 가상현실이 배경부터 콘텐츠까지 모든 것을 인공적으로 만든 현실과는 무관한 세계라면, 이에 비해 증강현실은 훨씬 더 사실적이고 현실적인 세계를 입체적으로 만들어 현실과 가상의 세계가 서로 상호 작용하며 더 가치 있는 현실세계를 만드는 것을 말한다.

2.2 증강현실의 특징

증강현실은 물리적 현실공간을 바탕으로 컴퓨터를 이용하여 만들어진 정보화된 인공물(Information Artefacts)이 가득 채워지게 되고 이로 인해, 물리적 현실공간의 성격 자체가 변화하게 된다. 이러한 특성 때문에 한정된 적용이 가능한 기존 가상현실과 달리 다양한 현실 환경에 여러 가지 분야에서 응용이 가능하며 특히, 유비쿼터스 환경에 적합한 차세대 디스플레이 기술로 각광받고 있다.

증강현실은 현실성, 객체성, 개인성 등 다음 세 가지의 특징을 가진다.

1 현실성

증강현실은 모든 것이 가상으로 된 이미지로 구현된 가상현실과는 다르게 현실의 이미지를 바탕으로 구현되어 있다. 카메라를 통해 비춰진 이미지를 바탕에 두고 있기 때문에 현실 반영이 되는 것이 특징이다.

2 객체성

증강현실은 사용자와 카메라와의 상호작용도 있지만 객체와의 상호작용 또한 존재한다. 사용자는 객체들을 통해 다양하게 증강되어 표현된 이미지를 통해 정보를 획득하거나 일반적으로 일상생활에서 볼 수 없는 것들을 관찰할 수 있다.

3 개인성

증강현실에서는 체험에 참여하고 있는 사용자 모두에게 다 같은 이미지를 보여주는 것이 아니라 각각의 사용자가 선택한 이미지를 보여주는 것이 가능하다. 이것은 개인의 기호에 따라 서로 다른 정보를 체험하는 것, 이것이 바로 개인성을 의미한다.

2.3 증강현실의 기술

증강현실의 구현원리는 우선 증강현실화면을 도출하기 위해서는 여러 가지 요소들이 충돌 없이 톱니바퀴처럼 서로 딱 맞게 움직여야하기 때문에 객체들을 정확히 인식하는 과정이 필요하다. 일반적으로 사용되는 카메라 트래킹의 경우에는 말 그대로 마크나 주변 사물들을 카메라로 인식하여 위치정보를 중앙 데이터베이스에 제공하게 된다. 또 다른 위치정보 습득에 사용되는 시스템은 GPS 기술로, 절대적인 사용자의 위치에 의해 제공되어야 하는 정보를 담는 증강현실 구현원리에 많이 사용된다. 그리고 저자 나침반 중력선서 등 위치정보 기반에 필요한 기술들이 필요하며, 이러한 것들이 종합적으로 모여 증강현실을 구동하게 하는 원리가 된다.

위치정보   나침판   기울기센서

이러한 기술을 이용하기 위해서, 그리고 현실의 환경에서 가상의 이미지가 겹쳐 보이는 효과를 주기 위해서 스마트폰과 같이 카메라와 디스플레이가 함께 있는 기기가 필요하며, 카메라를 통해 사람의 시선이 닿는 장면이 기기에 들어오고 디스플레이에서 출력될 때 가상의 이미지가 덧붙여서 보이게 된다. 증강현실은 가상현실과 마찬가지로 사람의 시선(카메라의 위치)를 계산하기 위해 위치와 기울기를 측정하는 센서가 필요하다.

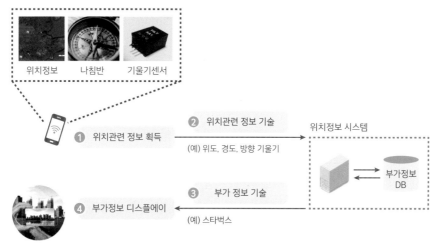

[증강현실 구현과정]

증강현실의 핵심기술은 크게 소프트웨어와 하드웨어로 분류할 수 있으며, 기본적인 소프트웨어 프로그램과 그것을 구현하는 하드웨어에 대한 분석을 통해 증강현실 기술의 흐름을 파악할 수 있다.

1 소프트웨어 기술

증강현실 기술의 소프트웨어 기술은 이미지 인식 기술, 트래킹 기술, 데이터 압축 기술로 나눌 수 있다.

첫 번째, 이미지 인식 기술은 카메라에 비치는 사물의 이미지를 추출해 추출된 사물에 3D 형태의 제품이나 캐릭터 등을 투영해 다양한 동작을 구현하는 기술이다.

[제니텀의 'iNeedCoffee']

두 번째, 트래킹 기술은 공공장소 디스플레이를 통한 마케팅에 많이 활용되며, 이것은 위치기반 AR(Location-based AR), Marker-기반 AR(Marker-based AR), Markerless AR 등으로 분류할 수 있다.

위치기반 AR 기술은 모바일 휴대폰의 위치기반서비스(Located Based Service, LBS)를 바탕으로 GPS 기능, 무선통신 기능 등을 결합하는 방식이다.

Marker-based AR 기술은 마커(marker)를 기반으로 인지하는 정보가 중요한 요소 중 하나이다. 마커는 인식을 도와주는 표식인데 마커의 예로는 QR코드, 키오스크 등이 그 예이다. 실세계 환경에서 자연적으로 발생하는 점, 선, 모서리 그리고 모양 등과 같은 특징들로부터 눈에 보이는 영상을 직접 판별하고 카메라의 방향을 결정해, 관련 정보를 취득해 영상에 부가하는 기술이다.

세 번째, 데이터 압축 기술은 파일이나 통신 메시지와 같은 데이터 집합의 기억 영역을 절감하거나 전송 시간을 단축하기 위해 데이터를 좀 더 적은 수의 비트를 사용하여 부호화하는 것을 말한다. 증강현실에서 데이터 압축 기술의 예에는 방대한 데이터를 QR코드 하나로 압축하는 것이 있다.

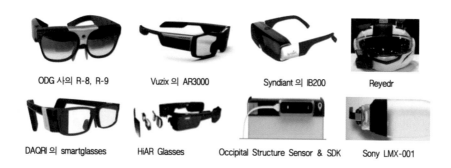

ODG 사의 R-8, R-9   Vuzix 의 AR3000   Syndiant 의 IB200   Reyedr

DAQRI 의 smartglasses   HiAR Glasses   Occipital Structure Sensor & SDK   Sony LMX-001

[증강현실 기기]

2 하드웨어 기술

증강현실을 구현하는 하드웨어 기술은 디스플레이, 트래킹 장치, 입력장치, 컴퓨팅장치 등으로 구분한다.

첫 번째, 디스플레이는 무엇을 보여줄 것인가에 대한 기술로 증강현실이 구현되는 장치를 의미한다. Handheld Display, Head Mounted Display; HMD, Google Glass, 이노베가 iOPtik 컨텍트 렌즈 등이 디스플레이 장치에 해당된다.

두 번째, 트래킹 장치는 움직임을 좌표로 나타내는 기술이다. 디지털 카메라(digital camera), 시야 감지기(sight sensor), 가속도 감지기(acceleration sensor), GPS, gyroscope, RFID, 무선 센서 등이 있다.

세 번째, 입력장치는 컴퓨터에 데이터 입력을 위해 사용되는 장치를 의미한다. 모바일 폰의 터치스크린이나 센서 같은 것들이 입력장치에 해당한다.

네 번째, 컴퓨팅 장치는 자동적으로 계산을 하는 기계를 의미한다. 즉 하드웨어 처리 과정 능력을 가지는 것이 그 특징이다.

2.4 증강현실의 응용분야

표 13.4   증강현실 산업별 시장 규모

단위: 백만 달러, %

구분	2016	2017	2018	2019	CARR
AR 하드웨어	640	6,000	16,500	29,900	260.2%
AR 커머스	140	1,060	4,500	11,700	337.2%
AR 영화/TV	-	500	1,800	4,400	196.6%
산업용 AR	-	200	1,100	3,500	318.3%
AR 광고마케팅	-	200	600	1,700	191.5%
AR 테마파크	200	300	800	1,600	100.0%
AR 게임	-	200	600	1,400	164.6%
기타	100	1,370	5,300	13,400	411.7%
합계	1,080	9,830	31,200	67,600	297.0%

출처 : Digi-Capital

의료 분야는 가상현실과 마찬가지로 증강현실이 처음 등장할 무렵부터 연구되고 있는 분야 중 하나이다. 의료분야의 다양한 치료에서 증강현실이 활용되고 있으며 이 중, 수술 분야에서 활용될 것으로 기대하고 있다. 현재 MRI, CT, 초음파 등의 센서를 이용해 환자에 대한 3차원 데이터를 수집한 뒤, 의사가 환자를 수술할 때 환자의 환부에 수집된 정보를 중첩 표시해 제공하는데 활용되고 있다. 이후에는 이를 통해 수술 시 불필요한 절개를 막을 수 있으며, 좀 더 효과적인 수술이 가능할 것으로 예상하고 있다.

[의료분야-증강현실 미래전망]

2015년 미국 해병대는 버지니아 주의 골프장에서 증강현실 시뮬레이션을 활용하여 탱크, 박격포 활용 훈련을 실시했다. 미국 공군은 하늘 위에서가 아닌 땅 위에서 공중 급유 훈련과 전투 비행 훈련을 마쳤다. 증강현실 시뮬레이션 훈련은 실제의 무기를 사용하지 않는 안전한 훈련이며, 숙련도가 낮은 군인들이 훈련을 무한히 반복할 수 있다는 장점을 지녔다. 언제 어디서나 군사 훈련을 진행할 수 있기 때문에 인력 이동에 따른 시간과 물자 운반에 따른 연료 소비도 감축시켜 비용을 절감할 수 있다. 막대한 군사 훈련 비용이 절약되면 국방 예산이 의료, 교육 등 국민의 복지를 위한 국가 예산에 편성될 수 있어 균형적이며 효율적인 국가 운영을 가능케 하는 데 도움이 될 것으로 기대된다.

[증강현실 기반 게임-포켓몬 고]

일반 대중에게 가장 강력한 증강현실 경험을 제공한 것은 '포켓몬 고'라는 GPS 방식을 활용한 증강현실 게임이다. 구글 사내벤처에서 분사한 나이앤틱(Niantic)에서 개발한 게임으로, 2016년 출시되어 애니메이션 포켓 몬스터 스토리와 AR 및 GPS 등을 그 기반으로 한다. 포켓몬을 획득하기 위해서는 현실 세계의 특정위치로 이동해야 하고, 알을 부화시키기 위해 일정 거리(2~5km)를 뛰는 속도(약 20km) 미만으로 움직여야 하는 등 스마트폰 안 VR과 실제 세상 사이에서 플레이 하는 방식이다.

우리나라도 2011년 KT에서 포켓몬 고 와 유사한 '올레 캐치캐치' 앱을 소개한 바 있다. 현재 다양한 국·내외 기업에서 증강현실 관련한 게임 및 교육용 소프트웨어를 다양하게 출시하고 상용화 하고 있다.

제조 분야에서는 증강현실 기술 도입으로 안정성과 즉시성이 강화되어 비용 효율화를 이룰 수 있을 것으로 예상된다. 용접은 산업계의 기계 조립과 접합을 위한 공정의 주요한 작업이며 필수이다. 조선, 중공업, 건설 등 산업 현장에서 대부분 사람이 직접 작업한다. 일반적으로 용접을 하는 기술자는 전문 훈련 학교에서 양성되지만 용접 훈련 과정은 실습 초보자에게 위험하다. 이러한 문제점을 해결하는데 증강현실이 활용될 수 있다. 또한 복잡한 기계의 조립, 유지, 보수에 필요한 정보를 헤드마운트 기기를 착용한 사용자가 실제 장비를 보면서 작업에 필요한 정보를 즉시 획득할 수 있는 장점이 있다. 미국의 보잉과 독일의 BMW는 증강현실 기술을 적용한 조립 시 보조 시스템을 개발해 각 공정에 활용한 바 있다.

[제조분야-가상현실 미래전망]

이처럼 가상현실과 증강현실은 현재에도 여러 분야에서 활용되고 있으며, 우리 삶에 큰 영향을 주고 있다. 이 기술은 점점 더 발전할 것이고 우리 삶을 좀 더 윤택하게 만들어줄 것이다. 하지만 편리함을 주는 만큼 과도한 몰입으로 인한 중독 현상이나 이러한 기술들을 악용하는 사례가 생기지 않도록 주의해야 할 것이다.

마무리하기

1. 가상현실(VR, Virtual Reality)란 어떤 특정한 환경이나 상황을 컴퓨터로 만들어서 그것을 마치 실제 주변 그 세계 안에 존재하며 직접 경험하는 것처럼 만들어 주는 인간과 컴퓨터 사이의 인터페이스이다.

2. 가상현실은 사용자와 인터페이스가 서로 디스플레이 장치를 통해 상호작용하며 현실세계와 가상의 현실을 체험할 수 있으며 몰입성, 잠재성, 직·간접성의 특징을 가진다.

3. 가상현실의 핵심기술
   - 몰입 가시화 – 사용자에게 가상현실 몰입환경을 제공하는 기술, HMD와 프로젝션 등 가시화 장치 기술, 영상 가시화 기술 소프트웨어
   - 실감 상호작용 – 사용자의 오감을 기반으로 가상현실 참여자와 시스템과의 입출력에 해당하는 기술, 모션기반 시뮬레이터, 가상현실 참여자 위치추적, 촉각, 햅틱, 후각, 미각 관련 기술
   - 가상현실 환경생성 및 시뮬레이션 – 360도 파노라마 이미지나 복원을 기반으로 가상현실 환경을 생성하는 기술, 가상현실 참여자를 위한 시나리오 기반 몰입 가시화 및 상호작용 환경 제공

4. 증강현실(AR, Augmented Reality)은 현실세계에서 3차원의 가상 물체나 정보를 겹쳐서 보여주는 기술을 말한다. 현실세계에 실시간으로 부가정보를 갖는 가상세계를 합쳐 하나의 영상으로 보여주므로 혼합현실(Mixed Reality, MR)이라고도 한다.

5. 증강현실은 현실성, 객체성, 개인성의 특징을 가진다.

6. 증강현실을 구현하는 기술
   - 소프트웨어 기술 : 이미지 인식 기술, 트래킹 기술, 데이터 압축 기술
   - 하드웨어 기술: 디스플레이, 트래킹 장치, 입력장치

주제	가상현실과 증강현실		일자	
이름		학과	학번	

1. 다음은 무엇을 설명한 것인지 쓰시오.

> 어떤 특정한 환경이나 상황을 컴퓨터로 만들어서 그것을 마치 실제 주변 그 세계 안에 존재하며 직접 경험하는 것처럼 만들어 주는 인간과 컴퓨터 사이의 인터페이스이다.

2. 가상현실의 특징이 <u>아닌</u> 것을 고르시오.

① 몰입성   ② 창의력

③ 잠재성   ④ 직·간접성

3. 다음 중, 가상현실을 일컫는 말이 <u>아닌</u> 것은?

① 인공현실(Artificial Reality)   ② 사이버 공간(Cyber-space)

③ 현실 세계(Real Worlds)   ④ 인공 환경(Artificial Environment)

4. 가상현실을 다른말로 무엇이라 할 수 있는가?

① 혼합현실(Mixed Reality)   ② 인공현실(Artificial Reality)

③ 사이버 공간(Cyber-space)   ④ 현실 세계(Real Worlds)

5. 다음은 증강현실의 특징 중 무엇을 말하는가?

> 증강현실은 모든 것이 가상으로 된 이미지로 구현된 가상현실과는 다르게 현실의 이미지를 바탕으로 구현되어 있다. 카메라를 통해 비춰진 이미지를 바탕에 두고 있기 때문에 현실 반영이 되는 것이 특징이다.

6. 가상현실 기기를 3가지 정도만 기술하시오.

7. 가상현실의 핵심기술 세 가지를 쓰고, 이에 대하여 간단히 설명하시오.

8. 가상현실과 증강현실의 차이점을 기술하시오.

② SECTION ···

블록체인

1. 블록체인의 개념과 배경에 대해 설명할 수 있다.
2. 블록체인의 특징과 구조에 대해서 학습한다.
3. 블록체인의 활용방안에 대하여 알아본다.

1   블록체인

1.1 블록체인의 배경

블록체인(Blockchain)은 암호 화폐의 근간이 되는 기술이다. 블록체인을 이야기할 때 빠질 수 없는 것 중 하나가 비트코인이다. 블록체인은 비트코인을 만드는 과정에서 탄생한 기술이다. "사토시 나카모토"는 P2P(개인간 네트워크 프로토콜)을 통해 전자 결제 시스템을 구상하고 적용한 암호 화폐가 바로 비트코인이다. 지금까지 모든 거래는 중앙은행을 신뢰하고 거래내용 증명을 모두 은행에 맡기는 형태로 이루어져 왔다. 은행은 데이터와 거래정보를 다루고, 그 데이터들이 모여 빅데이터가 되고 이는 곧 가치창출로 이어져 은행들은 지위가 높아지고, 거래과정에서 수수료를 통해 수익을 높였다. 그러다 서브프라임 모기지 사태나 일어나며 2008년 전세계적으로 금융위기가 닥쳐온다. 서브 프라임 모기지는 신용등급이 낮은 저소득층들을 대상으로 집 시세의 대부분을 주택자금으로 빌려주는 미국의 주택담보대출상품이다. 이 사건이후로 사람들은 중앙 기관들에 대해서 불신을 갖게 되며 이 시기에 맞춰 등장한 것이 바로 비트코인이다. 즉 2008년 경제대위기와 기존 금융 시스템의 비효율성, 비트코인의 속성들이 맞물려서 비트코인과 그 기반이 되는 블록체인 기술이 주목을 받기 시작했다.

1.2 블록체인의 정의

블록 체인은 온라인 금융이나 가상화폐 거래에서 해킹을 막는 기술로 기존 금융회사들은 중앙 서버에 거래기록을 보관하지만 블록체인은 거래에 관여한 모든 컴퓨터가 동시에 기록을 보유한다. "블록"이라는 소규모 데이터들이 분산 데이터 환경에 저장되어 누구라도 임의로 수정할 수 없고, 거래내역을 수정하려면 네트워크상의 모든 컴퓨터가 기록을 바꿔야 하기 때문에 데이터 위조나 변조를 할 수 없다. 블록들을 체인 형태로 묶은 형태이기 때문에 블록체인이라는 이름이 붙었다. 블록체인에서 "블록"은 개인과 개인의 거래(P2P)의 데이터가 기록되는 장부가 된다. 이런 블록들은 형성된 후 시간의 흐름에 따라 순차적으로 연결된 '사슬(체인)'의 구조를 가지게 된다. 모든 사용자가 거래내역을 보유하고 있어 거래내역을 확인할 때는 모든 사용자가 보유한 장부를 대조하고 확인하기 때문에 블록체인은 '공공 거래장부' 또는 '분산 거래장부'로도 불린다.

따라서, 기존 거래 방식은 은행이 모든 거래 내역을 가지고 있고 중간다리 역할을 해주고 있었다면, 블록체인은 거래 내역을 중앙은행이 아닌 여러곳에 나눠서 저장을 하기 때문에 은행 없는 은행서비스, 거래소 없는 증권거래가 가능하다. 나중에 거래 내역을 확인할 때는 블록으로 나눠 저장한 데이터들을 연결해 확인한다.

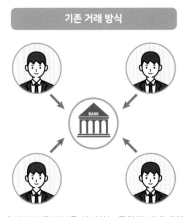

은행이 모든 장부를 관리하는 통일된 거래 내역

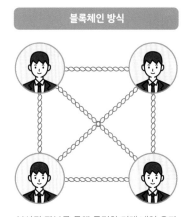

분산된 장부를 통해 투명한 거래 내역 유지

1.3 블록체인의 특징

블록체인의 특징은 중앙 집중형 서버에 거래 기록을 보관하지 않고, 거래에 참여하는 모든 사용자에게 거래 내역을 보내 데이터를 저장하는 것이 특징이다.

1 분산성

- 신뢰된 제3자를 별도로 두지 않고 분산형 네트워크(P2P) 환경에서 거래가 가능하다.
- 중앙집중형의 시스템을 운영하고 유지보수 등 필요한 비용을 절감할 수 있다.

2 확장성

- 소스가 공개되어 있어 네트워크에 참여하는 누구나 구축, 연결, 확장이 가능하다.

3 투명성

- 모든 거래 기록을 공개적으로 접근이 가능하다.
- 거래 양성화 및 규제 비용 절감 가능하다.

4 보안성

- 거래내역 장부는 네트워크 참여자 모두가 공동으로 소유하여 거래 데이터 조작 방지 및 무결성 보장한다.

5 안정성

- 분산형 네트워크 구조로 단일 실패점이 존재하지 않는다.
- 일부 참가 시스템에 오류 또는 성능저하 발생하여도 전체 네트워크에 미치는 영향은 미미하다.

1.4 블록체인의 구조

1 블록(Block)

블록체인은 말 그대로 블록과 블록을 체인 형태로 연결한 데이터 구조이다. 블록체인에서 사용되는 '블록'은 일정 시간마다 생성된다. 즉, 여러 건의 거래 내역을 하나의 블록으로 묶어 기존에 생성된 블록에 체인처럼 계속적으로 연결하는 구조를 의미한다. 여기서 블록체인의 구성요소인 '블록'은 정보가 들어있는 단위로, 다수의 거래 정보의 묶음을 의미한다.

블록 1 ∞∞∞ 블록 2 ∞∞∞ 블록 3 … 블록 N

"A가 B에게 100원을 송금한다"와 같은 것이 하나의 거래이며, 하나의 블록에는 여러 개의 거래가 포함된다. 예를 들어, 비트코인 블록을 살펴보면 블록 하나에는 평균 약 1,800개의 거래 정보가 포함될 수 있으며, 블록 하나의 물리적인 크기는 평균 0.98Mbyte이다.

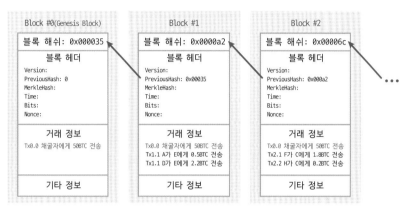

[블록의 구조]
출처: 한국경제매거진

블록은 위의 그림과 같이 크게 블록 헤더, 거래 정보, 기타 정보로 구성된다. 먼저 블록 헤더를 보면 버전(version), 이전블록해시(prviousblockhash), 머클루트(merklehash), 시간(time), 난이도 목표(bits), 논스(nonce) 이렇게 6개의 정보로 구성되어 있다. 거래정보에는 입출금과 관련한 여러 가지 정보를 가지고 있으며, 기타 정보는 블록내에 있는 정보 중에서 블록 헤더와 거래 정보에 해당하지 않는 정보를 말하며 블록 해시 계산에 사용되지 않는다.

2 블록 해시

블록체인에서 안전한 교환을 위해 블록은 매우 복잡은 해시값으로 잠겨있다. 해시값이란 "비밀번호" 같은 것으로, 해시값을 이용해서 블록 안에 있는 정보를 수정할 수 있다. 해시는 블록에 기록되는 모든 기록은 연산을 거쳐 16진수의 숫자로 '암호화' 하는 것을 말한다. 문장의 내용이 같으면 해시값이 완전히 같지만 문장의 내용이 조금이라도 다르거나 틀리면 완전히 다른 해시값을 가지게 된다. 따라서 해시 값으로부터 기록을 역 추적하기가 힘들고 내용을 조금이라도 변경하는 경우는 해시 값 자체가 변하기 때문에 데이터 손상 여부를 금방 확인할 수 있다.

I love you ⟶ **HASH!** ⟶ I love you 9febcd2w2Hlsd

≠

I loved you ⟶ **HASH!** ⟶ I loved you 9ecver7wpkluz

블록체인에서 해시(Hash)는 공공거래장부의 위조를 막는 역할을 한다. 블록 해시는 6가지 블록 헤더 정보를 입력값으로 하고, SHA256 해시 함수를 적용해서 계산되는 값으로 32바이트의 숫자값이다.

1.5 블록체인의 핵심

1 작업 증명(Proof of Work)

블록체인과 같은 P2P 네트워크 시스템에서 각 노드간 정보 도달의 시간차이가 있을 때, 생성된 블록의 정당성을 검토하고 해당 블록을 블록체인에 연결하기 위해 네트워크 참가자들의 합의를 얻기 위한 알고리즘이 필요하다. 합의 알고리즘은 분산화된 시스템에서 시스템 간의 특정 데이터에 대한 동일한 값을 유지하기 위해 고안된 개념이다. 작업증명 (Proof of Work, PoW)은 블록체인에서 가장 보편적으로 사용중인 합의 알고리즘이다.

작업 증명은 새로운 블록을 블록체인에 추가하는 '작업'을 완료했음을 '증명'하는 것이다. 새로운 블록을 블록체인에 추가하려면, 그 새로운 블록의 블록 해시를 계산하고 그 블록 해시를 계산해내려면 블록 헤더 정보 중의 하나인 nonce값을 계산을 통해 구한다.

"A가 B에게 1 비트코인을 전송했다"라는 내용을 블록이 인식하면 블록 안에서 Nonce라는 무작위의 숫자가 SHA256에 대입된다. Nonce값을 0부터 1씩 반복해서 늘려가며 그 결과로 여러 해시 값이 나오는데, Nonce는 블록이 설정해놓은 특정 해시 값보다 작은 숫자가 나올 때 까지 계속 대입된다. 비트코인의 경우, 한 블록은 1MB로 약 10분에 한 개의 블록이 생성되도록 약속되어 있다. Nonce 값을 구하는데 10분이라는 시간이 걸리도록 컴퓨터의 연산 속도에 맞춰서 자동적으로 '난이도'가 설정된다.

작업증명 시스템에서는 블록의 난이도가 설정한 숫자보다 작은 숫자를 더 빠르고 많이 찾을수록 블록체인에 기록하는 과정에서 더 많은 권한이 부여된다. 연산력이 좋은 컴퓨터 일수록 블록의 기록에 더 관여할 수 있게 된다.

Nonce값을 구하기 위해서는 많은 작업 비용이 들며 이러한 행위의 보상이 없다면 아무도 채굴하지 않을 것이다. 이에 따른 보상으로 새로 발행되는 코인이나 해당 블록에 포함된 거래 수수료를 지급받는다.

2 충돌해소

분산 공개 장부는 여러 개의 노드에 복사되어 있으며, 여러 개의 노드는 p2p로 연결되어 블록 체인 네트워크를 형성한다. 하나의 거래 정보가 발생하면 이 거래 정보는 블록 체인 네트워크에 분산되어 있는 수많은 노드에 전파 되어야 한다.

다음 그림과 같이 사용자 F가 지갑 앱에서 C에게 수수료 0.001BTC와 함께 1.6BTC를 보내면, 지갑 앱은 블록 체인 네트워크 상의 노드 A에 거래 정보를 전송한다. 거래 정보를 받은 노드 A는 해당 거래의 유효성을 검증한 후에 그 거래를 아직 블록 생성 작업이 시작되지 않은 후보 블록에 추가하고, 인접한 다른 노드에 그 거래 정보를 전파한다. 거래 정보를 전파받은 노드 B도 마찬가지 방식으로 블록 체인 네트워크 상의 다른 노드에게 거래 정보를 전파하며, 이 거래는 결국 블록 체인 네트워크 전체 노드에 전파된다.

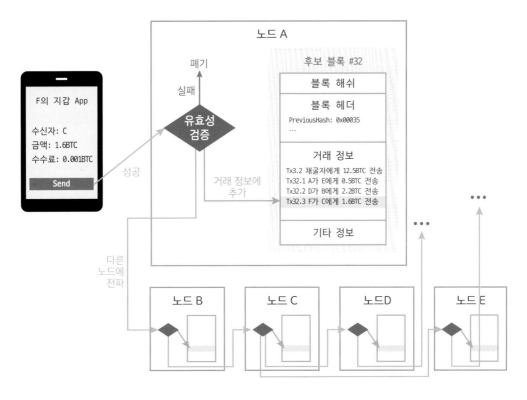

출처: https://magazine.hankyung.com

블록에 거래 정보가 채워지면 노드는 블록을 생성한다. 블록은 전 세계에서 생성되고 있기 때문에 여러 나라에서 노드의 전달을 통해 받은 블록이 복수 일때는 분기가 생성된다.

아래 그림을 보면 파란색 블록 다음에 들어오기 위해 빨간색 블록과 초록색 블록이 만난 경우 분기가 생성 되었으며, 이때는 체인 길이가 더 긴 초록색 블록을 선택한다. 선택 받지 못한 블록의 거래 정보는 다음 블록의 생성시 삽입 되므로 데이터의 유실은 일어나지 않는다.

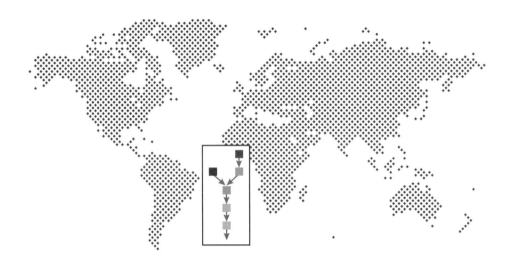

1.6 블록체인의 활용방안

1 음식의 유통 경로 추적

영국의 소프트웨어 회사 프로비넌스는 블록체인 기술을 트래킹 기술과 결합해 소프트웨어를 만들었다. 이 소프트웨어는 재료가 추수된 데서부터 최종 소비자가 구입하는 지점까지 전체 유통 경로를 추적한다. 공급망의 모든 단계에서 변경 불가한 데이터가 블록체인에 추가되기 때문에 소비자들은 자신이 무엇을 먹고 있는지 명확하게 볼 수 있고, 기업 입장에서는 참치가 지속 가능한 수준에서 포획된 것인지, 농부들이 코코넛 가격을 적절하게 보상받았는지 등을 확인 할 수 있다. 또한 옷감의 원산지를 추적하거나, 예술품과 다이아몬드 같은 귀중품의 경로를 추적하는 데도 이 기술이 사용될 수 있다.

2 디지털 콘텐츠 관리

인터넷의 등장은 영화, 음악, 책, 게임 등 오락 콘텐츠의 배급 방식을 완전히 바꿔놓았지만, 콘텐츠 제작자의 관점에서 이런 변화가 긍정적인 것만은 아니었다. 소비자들은 콘텐츠를 만든 저자에게 돈을 지불하지 않고 불법 복제된 콘텐츠를 매우 쉽게 이용할 수 있게 되었다. 하지만, 블록체인 기술을 활용하면 콘텐츠 저작권 보호도 수월해진다. 블록체인 위에 콘텐츠가 저장되면 위변조가 불가능하다. 콘텐츠 정보를 블록으로 생산해 관리하면 그 소유와 사용을 증명할 수 있다. 불법 복제 및 공유에 대한 기록도 블록체인 위에 저장되기 때문에 콘텐츠 불법 복제가 발생할 경우 쉽게 추적할 수 있다.

대표적인 사례가 사진 필름업체인 코닥(Kodak)이 발표한 블록체인 플랫폼, '코닥 원(Kodak One)'이다. 코닥 원은 블록체인 기반으로 사진 콘텐츠의 관리, 유통, 정산 구조를 구현한 플랫폼이다. 코닥원에 사진을 등록하면 작가 정보와 구매한 고객의 정보를 블록체인에 저장하고 유통하기 때문에 거래 흐름을 블록체인 장부에 기록해 불법 복제 및 유통 가능성을 낮췄다.

디지털 시대의 지적 재산권 보호를 위해 설립된 아스크라이브 같은 스타트업들은 블록체인 기반의 툴로, 디지털 미디어 소비에 대한 저작권, 권한, 결제를 관리할 수 있도록 작업하고 있다. 안전한 분산 원장 시스템은 콘텐츠 원저자를 증명하는 걸 더 쉽게 해주고 해당 콘텐츠에 누가 접근했는지 추적할 수 있게 해준다.

3 투표

IT 기술이 발전한 21세기임에도 불구하고 중요한 투표를 해야 하는 날이면 직접 가서 종이에 투표하는 번거로움을 감수해야 한다. 이런 비효율적인 투표 방식으로 인해 생기는 장소와 시간의 제약은 유권자들의 불편함을 야기하고 이는 저조한 투표율로 이어진다. 전자 투표가 종이 투표보다 훨씬 효율적이지만, 전자 투표 시스템의 보안과 투표 위변조 가능성에 대한 우려도 크다. 블록체인에 투표 기록을 저장한다면 전자 투표 절차의 진위와 신뢰성을 강화하는 데 도움이 될 수 있다. 블록체인 기반의 전자 투표 시스템은 유권자로 등록 되어있는 사람의 신원인증부터 투표결과의 저장 및 검증까지 전 과정에 블록체인 기술을 적용하는 방법이다. 관리자와 참여자가 투표 결과를 별도로 저장한 원장(DB)을 동기화하여 각자 보유하는 방식으로 조작을 방지하고, 신뢰성을 높인 투표 시스템이다.

4 암호화폐

블록체인 기술이 적용된 것 중에 가장 많이 알려진 건 암호화폐다. 암호화폐는 블록체인기술로 암호화되어 분산 발행되고 일정한 네트워크에서 화폐로 사용할 수 있는 전자정보이다. 암호화폐는 중앙은행이 발행하지 않고 블록체인 기술에 기초하여 금전적 가치가 디지털방식으로 표시된 전자정보로서 인터넷상 P2P 방식으로 분산 저장되어 운영 · 관리된다.

최초의 암호화폐는 비트코인으로 제일 유명하지만 이더리움이나 라이트코인 등 다른 종류도 많이 있으며, 인터넷이 연결된 곳에서 사용할 수 있는 새로운 형태의 화폐이다. 기업들은 블록체인 기반의 화폐를 통해 은행을 거치지 않고 결제를 진행할 수 있으며, 거래 내역은 즉시 보존된다. 암호화폐의 가치가 급속하게 올라왔기 때문에 일부 투자사들은 수익을 창출하는 방법 중 하나로 비트코인의 미래에 투자하고 있는 중이다.

5 전력시장

에너지 분야에서도 블록체인의 보안성을 활용하려는 시도가 활발하다. 가정에서 생산한 에너지를 다른 사람에게 팔 때, 보안상의 문제로 생산자가 수요자에게 전기를 직접 팔지 않고 전력공사에 전기를 팔아서 이를 다시 전력공사가 수요자에게 송전해야 했다. 이러한 방식은 안전하지만 거래 절차가 복잡한 데다 관리가 쉽지 않고 송전에 따른 증빙이나 정산이 번거롭다.

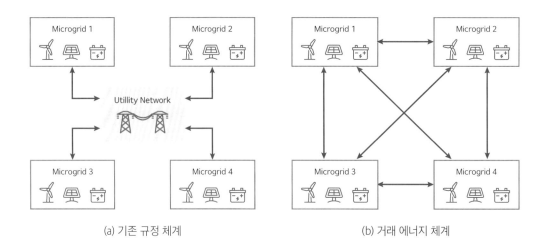

(a) 기존 규정 체계   (b) 거래 에너지 체계

블록체인 기술을 도입하면 대형 송전사업자가 직접 개입하지 않고도 개인 간 전력 거래를 자유롭게 할 수 있다. 송전할 때 전기와 함께 거래내역이 기록되는 블록 데이터를 함께 보내면 누가 누구에게 전기를 얼마나 팔았는지도 별도 증빙절차 없이도 쉽게 알 수 있다. 거

래 데이터를 네트워크상의 모든 시장참여자가 공유하니 거래의 투명성이 높아진다.

2016년 미국 뉴욕에서 TransActive Grid 프로젝트는 태양광 에너지의 개인 간 거래를 실증 실험을 완료했다. 전기 판매하기 위해 자가발전을 하는 가정에 스마트 계측기를 설치하고, 스마트 계측기는 생산되는 전기량을 블록체인을 기록하며 인근 주민들은 블록체인을 통해 저렴한 가격에 전력을 구매해서 사용한다. 중개자 없이 거래가 되어 판매자, 구매자 모두 가격적인 혜택을 누리며 블록체인의 스마트 계약으로 자동으로 체결해주니 판매자가 신경을 쓰고 있지 않아도 생태계가 유지되어 블록체인의 대표적인 사례 중 하나로 언급되고 있다.

6 사물인터넷(IoT) 활용

사물인터넷은 모든 사물이 인터넷에 연결되는 것으로 각종 기기에 통신, 센서 기능을 장착해 스스로 데이터를 주고 받고 이를 처리해 자동으로 정보를 공유하는 환경을 말한다.

사물 인터넷 기술은 다양한 방식으로 개인과 가정에서 사용될 수 있다. 보편적인 예는 홈 오토메이션(home automation)으로, 여러 장치를 사용하여 조명, 에어컨, 히터, 보안 시스템 등을 모니터링하고 제어할 수 있다. 또한 이러한 장치는 스마트 시계나 스마트폰과 같은 개인 물품이나, 스마트 TV와 냉장고와 같은 다른 스마트 홈 제품에 연결되어 있다.

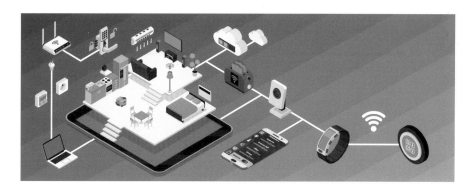

[사물인터넷(Internet of Things)]

이렇듯 사물인터넷은 모든 사물이 외부와 연결되어 많은 편의성을 제공하는 반면, 외부로부터의 해킹에 노출되어 있다. 이러한 문제로 사물인터넷에 블록 체인을 도입하여 보완을 강화할 필요성이 있다. 예를 들어, 냉장고가 자동으로 내용물을 인식하고 늘 구비하던 식료품이 떨어지면 알아서 마트에서 주문을 넣어 결제하기 위해서 블록 체인을 도입하면, 사물 인터넷 시스템의 장치들끼리 자금을 주고 받는 M2M(Machine to Machine) 경제가 가능하다.

독일 Slock사는 블록체인 기반의 스마트 계약 플랫폼 업체로, 중개자 없이 개인과 개인이 재화를 공유, 대여, 판매할 수 있도록 블록체인 기반 집 임대 서비스를 제공하고 있다. 사용자가 블록체인을 통해 임대료의 2배의 금액을 보증금으로 제출한 다음 스마트폰을 이용해서 현관 문을 열고 집안의 다양한 서비스를 이용한다. 이용이 끝나면 블록체인의 계약 내용과 비교하여 남은 금액을 정산해주는 서비스이다.

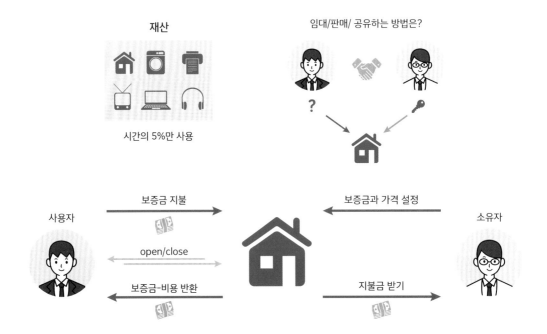

7 송금 서비스

송금 중에도 특히 국제 송금은 느리고 많은 수수료를 필요로 한다. 또한 블랙박스 형태로 처리되기 때문에 송금하는 사람과 받는 사람 모두 처리 상태를 알 수 없는 불편함이 존재했다. 블록체인을 이용하면 보다 간편하고 빠르게, 저렴한 수수료로 송금 서비스를 제공할 수 있다. 다만, 실제 화폐와 블록체인 기반의 가상화폐와의 환전을 위한 중개소가 필요하며, 세계 각국에 이러한 환전소가 안정적으로 유지되어야 할 필요가 있다.

미국 기업 Align Commerce사는 블록체인 기술을 활용해 신속하고 저렴하게 약 60여개 국가를 대상으로 국제 송금 및 이체 서비스를 실시하고 있다.

8 의료 정보와 블록체인

의료 분야에서 블록체인은 전자의무기록에 저장된 환자의 진료 데이터나 제약사의 신약 개발 임상 시험, 의약품 배송 유통망 관리, 의료보험 청구 및 심사 등 응용 범위가 폭넓다. 블록체인으로 진료기록을 관리한다면, 임의적으로 삭제나 수정을 하는 것이 거의 불가능하고, 만약 수정하더라도 그 내역을 추적할 수 있게 된다. 탈중앙화된 방식으로 환자 본인이 중간 판매상 없이 의료 데이터의 활용이나 거래를 위해 블록체인을 활용할 수 있다. 기존에 가입자의 의료 데이터를 활용하여 중간 판매상이 수익을 올리지만, 데이터를 제공한 환자는 결정권도 없고 거래의 혜택도 받지 못하는 경우가 많다. 예를 들어, 23앤드미는 200만 명이 넘는 가입자의 유전 정보를 가지고 있다. 이 회사는 제약사에 이 데이터를 판매하여 수익을 올린다. 사용자의 동의를 받기는 하지만 해당 유전 정보의 제공자들은 이 거래에 결정권뿐만 아니라 판매 수익도 받지 못한다. 하지만 블록체인을 이용하여 이러한 중간 판매상의 역할을 축소하고 환자가 자신의 데이터 활용을 직접 결정하며 수익을 올릴 수 있다.

1.7 블록체인의 미래와 영향

1 기술과 경제

블록체인 기술은 거래에 참여하는 주체의 수가 많을수록 활용성이 크다. 참여 주체가 많을수록 거래 각 단계마다 각 주체가 정보를 확인하고 입증하는 시간과 노력이 많이 필요하기 때문이다. 이 때 변경이 불가능하고 믿을 수 있는 정보를 여러 주체가 동시에 공유할 수 있다면, 각 단계에서 걸리는 시간과 노력, 비용을 최소화 할 수 있다. 예를 들어, 국가 간 무역에 블록체인 기술을 도입하면 수정과 변경이 어려운 수출입 관련 문서가 무역 당사국들의 관계자에게 동시에 전달되기 때문에 단계별로 각종 서류 업무를 담당하는 시간을 절약할 수 있으며, 서류 교환을 하는 횟수를 줄여서 행정 처리 비용도 절감할 수 있을 것이다. 또한 물류 유통 분야에서도 블록체인 시스템을 적용하면 생산자와 판매자, 유통업자 등 여러 주체들 사이에 이루어졌던 서류 처리가 필요하지 않게 되어 시간과 비용을 절감할 수 있게 될 것이다.

2 블록체인과 일자리

블록체인 기술은 새로운 아이디어와 결합하여 앞으로 다양한 비즈니스 모델을 만들어낼 수 있을 것이다. 예를 들어 기존의 사업 모델을 분석해 블록체인의 토큰 이코노미와 결합할 수 있는 '토큰 경제 설계자'와 같은 직종의 수요가 생겨날 수 있다. 블록 형성을 위한 작업증명을 하고 이를 통해 가상통화를 보상으로 받는 마이너(miner)라는 직업도 생길 수 있다.

얼마 전에는 블록 프로듀서(Block Producer, BP)라는 개념도 등장하였다. 블록 프로듀서는 프로그래밍 코드의 오류가 없는지, 백서에서 서술한 내용대로 서비스가 구현될 수 있는지 검수하는 전문직의 역할로 점차 커질 것으로 예상 된다.

하지만, 블록체인 기반의 신뢰성 높은 스마트 계약이 널리 쓰이면 거래의 정확성을 확인하는 공증과 같은 업무를 하는 일자리 수요는 감소할 것으로 예상된다. 블록체인은 작업증명을 통해 위변조의 가능성을 제거하는 기술로, 별도의 공공기관이나 중개인의 개입 없이도 안전한 거래가 가능하다. 결국 거래의 안전성을 담보해주는 각종 법률적, 공적 서비스 산업에 종사하는 일자리의 수요는 감소할 수 있다.

예를 들어 부동산 거래에 블록체인 기술을 이용하게 된다면 종이 증명서가 없이도 안전한 부동산 거래가 이루어질 수 있으므로 법무사나 등기소 직원 등의 역할이 대폭 줄어들 것이다. 또한, 블록체인 기술을 통해 개인 간의 거래가 활성화되면 은행이나 송금기관에 수수료를 지불하지 않고도 개인 간 송금이 가능해져 금융사의 수입 역시 줄어들 수 있다.

3 블록체인 기술과 윤리

■ 법적 이슈

'디지털 장의사'는 온라인상에 존재하는 개인정보와 콘텐츠를 제거하는 일을 하며, 잊힐 권리(Right to be Forgotten)가 2010년대 초반 유럽에서 뜨거운 논쟁을 거치면서 생긴 직업이다. 잊힐 권리는 '정보통신망 이용촉진 및 정보보호 등에 관한 법률'에 의거 사생활 침해나 명예 훼손 등으로부터 보호받기 위해 해당 정보를 삭제 또는 반박 게재를 요구할 수 있는 것을 말한다. 즉 본인이 작성한 내용을 직접 삭제할 수 없는 경우, 게시판 운영관리자 또는 검색서비스 사업자에게 삭제 또는 검색 배제를 요청하는 제도이다.

기존에는 '잊힐 권리'를 행사하기 위해서 디지털 정보를 삭제하려면 포털사이트의 중앙컴퓨터의 데이터만 지우면 되지만, 블록체인의 경우 참여한 사용자의 컴퓨터에 정보가 분산되어 저장되어 있으므로 한번 기록된 정보를 모든 사용자의 컴퓨터에서 일괄적으로 지우기가 매우 어렵고, 한 번 블록체인에서 블록으로 묶인 정보는 임의적으로 수정을 하거나 삭제하기란 거의 불가능하다. 따라서 블록체인은 보완을 강화하여 데이터의 위변조가 어려워 신뢰의 기술로 만들어 주는 반면, 개인의 '잊힐 권리'와는 상충된다.

출처: 퍼스트 뉴스

마찬가지로, 개인정보 수집이 필요한 경우가 많은 물류 공공 에너지 등의 산업에서 블록체인 서비스를 제공하는 경우에도 블록체인 기술의 특성상 수집 후 파기가 불가능하여 문제가 생길 수 있다. 따라서 블록체인 기술을 곳곳에 상용화되기 위해선 먼저 개인정보보호에 대해서 확실한 대비책을 마련하는 것이 필요하다.

1. 블록체인(Blockchain)은 암호 화폐의 근간이 되는 기술로, 비트코인을 만드는 과정에서 탄생한 기술이다.

2. 블록 체인은 온라인 금융이나 가상화폐 거래에서 해킹을 막는 기술로, 기존 금융회사들은 중앙 서버에 거래기록을 보관하지만 블록체인은 거래에 관여한 모든 컴퓨터에 동시에 기록을 보유한다.

3. 블록 체인은 "블록"이라는 소규모 데이터들이 분산 데이터 환경에 저장되어 누구라도 임의로 수정할 수 없고, 거래내역을 수정하려면 네트워크상의 모든 컴퓨터가 기록을 바꿔야 하기 때문에 데이터 위조나 변조를 방지하는 기술이다. 따라서, 블록체인은 '공공 거래장부' 또는 '분산 거래장부'로도 부른다.

4. 블록체인은 분산성, 확장성, 투명성, 보안성, 안정성이 특징이다.

5. 블록체인의 구조는 블록, 블록 헤더, 블록 해시로 구성되어 있다. 블록 해시는 블록체인에서 안전한 교환을 위해 매우 복잡은 해시값으로 잠겨있다. 해시값은 "비밀번호" 같은 것으로, 해시값을 이용해서 블록 안에 있는 정보를 수정할 수 있다.

6. 블록체인과 같은 P2P 네트워크 시스템에서 각 노드간 정보 도달의 시간차이가 있을 때, 생성된 블록의 정당성을 검토하고 해당 블록을 블록체인에 연결하기 위해 네트워크 참가자들의 합의를 얻기 위한 알고리즘으로 작업증명을 많이 사용한다.

7. 블록체인은 음식의 유통경로 추적, 디지털 콘텐츠 관리, 투표, 암호 화폐, 전력시장, 사물인터넷활용, 송금 서비스 등에 다양하게 활용가능 하다.

주제	블록체인		일자	
이름		학과		학번	

1. "블록"이라는 소규모 데이터 들이 P2P 방식을 기반으로 체인 형태의 연결고리 기반 분산 데이터 저장환경에 저장되어 누구라도 임의로 수정할 수 없고 누구나 변경의 결과를 열람할 수 있는 분산 컴퓨팅 기술 기반의 데이터 대변 방지 기술은?

   ① 5G
   ② 인공지능
   ③ 블록체인
   ④ 웨어러블 디바이스

2. 블록체인의 특징은?

   ① 중앙 관리자 존재
   ② 소수 세력에 의한 변조 가능
   ③ 정부의 독점
   ④ 분산된 구조

3. 블록체인의 장점이 <u>아닌</u> 것은?

   ① 투명성
   ② 보안성
   ③ 독점성
   ④ 분산성

4. 블록 헤더를 보면 구성요소가 <u>아닌</u> 것은?

   ① 버전(version)
   ② 발송자(sender)
   ③ 이전블록해시(prviousblockhash)
   ④ 논스(nonce)

5. 다음 괄호안에 들어갈 공통의 단어를 입력하시오.

   > 블록체인에서 안전한 교환을 위해 블록은 매우 복잡은 (　　)로 잠겨있다. (　　)는 "비밀번호" 같은 것으로, (　　)을(를) 이용해서 블록 안에 있는 정보를 수정할 수 있다. (　　)은(는) 블록에 기록되는 모든 기록은 연산을 거쳐 16진수의 숫자로 '암호화' 하는 것을 말한다.

6. 분산화된 시스템에서 시스템 간의 특정 데이터에 대한 동일한 값을 유지하기 위해 새로운 블록이 블록체인에 추가되면 그 새로운 블록의 블록 해시를 계산하고, 그 블록 해시를 계산하기 위해 그 블록의 블록 헤더 정보 중의 하나인 nonce값을 계산을 통해 증명하는 것이다. 이 방법을 무엇이라고 하는가?

7. 블록체인 기술의 활용방안에 대해 자료를 조사해보시오.

INDEX

G

H

I

ㅇ